渓の旅、いまむかし

山懐に漂い半世紀

高桑信一

山と溪谷社

目次

*掲載の遡行記録や図は一九八〇〜二〇〇〇年代の著者（および浦和浪漫山岳会）遡行時のものです。

*文中にある「文神沢（文珠沢）」などの表記は、古くからの地元の呼称や文献の表記を優先しており、カッコの（文珠沢）は国土地理院発行二万五千分ノ一地形図に記載の名称です。

*参考文献　浦和浪漫山岳会会報、郡山山岳会会報、亀田山岳会年報『風雪四号』、『奥利根の山と谷』（小泉共司著／白山書房）、『日本登山大系2 南会津・越後の山』（白水社）。

*本文中の引用は一部を除き、現代仮名遣い、新字体に改めました。

朝日岳登山道入口

東北の民、葛根田川をさまよう

東北　雫石川支流葛根田川　二〇〇八年夏

葛根田《かっこんだ》大滝を右から巻き終え、緑が流れのかたわらに下りてくる森に着いたのは二日目の昼近くであった。少し先の滝ノ又沢の二俣に台地があり、格好の幕場を提供しているが、利用者が多いうえに薪が乏しく、いつものように手前の森にタープを張る。

葛根田川のアプローチに山越えを用いたのは初めてだった。下流の「お函《はこ》」のゴルジュが増水していたのである。お函は葛根田川の白眉ともいえる壮大なゴルジュで、平水なら流れから離れずに遡行していける気持ちのいい渓なのだが、増水すると一転して、手の付けられない難渓になる。

乳頭《にゅうとう》温泉郷の蟹場《がにば》温泉から、南八幡平《みなみはちまんたい》の縦走路を越えて戸繋《こつなぎ》沢を下降した。戸繋沢は名のとおり、昔は道として利用したやさしい沢で、古い看板が残っているが、大石沢からどこへつづいたものか、行方の知れない不思議な古道の沿う沢である。

出発が遅れたために戸繋沢の下流で一泊し、翌朝、大石沢と合流すると、葛根田川の本流は目前であった。夏の光を返す本流に立って下流を望むと、お函の出口がよく見えた。すでに平水に戻っている。

お函をべつにすれば、葛根田川には二〇メートル足らずの大滝があるにすぎない。標高差にしても、地熱発電所の先から入渓すれば、稜線まではわずかに六〇〇メートル足らずで、遡行に専念すれば一日で稜線に立てる。稜線には八瀬森《やせもり》山荘という快適な避難小屋が建っている。私は過去、一日で葛根田川を遡行し終えたことがない。足が遅いのではなく、あえてそうしなかったのだ。葛根田の森に宿らなければ、葛根田川を十全に味わったことにはならないからである。

加齢に逆らわず、滝やゴルジュのある険しい渓から、沢旅にふさわしいおだやかな沢に目標を転じた私にとって、葛根田川は願ってもない渓なのであった。

夏の午後のひとときを森で過ごした。上流の流れのたもとで、のちに妻となる岩城史枝《いわきふみえ》が竿を振っていた。テンカラ竿である。距離はおよそ六メートル。私は彼女を渓の添景として捉えていたのだが、不意に霞がかかるような感触を覚えて目を瞑《つむ》ると、次の瞬間、右の瞼がちくりと痛んだ。毛鉤に釣られたのである。

不思議に動揺はなかった。私は眼球の無事を確認してから、彼女に命じて、瞼を貫いた毛鉤を一気に引き抜かせた。

ちょっとでも間違えば惨事になっていた事態を史枝はしきりに詫びるのだが、もしかしたら、彼女のせいではないのかもしれない、と考えていた。

彼女の竿に乗り移って私の瞼を貫いたのは、葛根田の森の精霊か、北の山の神々だったのではないだろうかと思ったのである。

それは、ときおり故郷の山に還る私への、もっと頻繁に来なければならないという手荒い警告なのか、その地に私を縫い付けてしまおうという神々の意思なのか。

後年になって、あのときの恐怖が濃度を増してよみがえる。いま少し角度が違えば右目の眼球に鉤が刺さり、もしや「返し」まで達していれば失明はまぬかれかなった。

だが、もしもそれが神々の啓示なら、甘んじて受けようと思った私がいる。

岩魚釣りに興じる岩城史枝。事件はこのあとに起きた

川岸に張ったタープの泊まり場。まるでサンカのようだといつも思う

葛根田川は、アイヌ語で「カッコウ、そこに入る、森」なのだという。意味は不明だが、雰囲気はよくわかる。葛根田の森に流れていたのは縄文の風であった。

＊

ふるさとの秋田を離れて半世紀が過ぎた。首都圏の企業に就職した当時は故郷忘じ難く、帰れるものならいつでも帰りたいと願っていた。雪のない正月など考えられなかったが、いつしか関東の水にも慣れた。

まっさらな少年が入社した電電公社はＮＴＴに名前を替え、やがて不況のどん底で、五十歳以上の賃金三割カット再雇用を宣告されるに及んで、私は潔く会社を辞めてフリーランスの物書きと山岳ガイドになった。

売れない物書きである。売れないというのは自嘲だが、売れているとも言い難い。勤めていた時分はかなりの余禄だった原稿料も、退職して年老いてしまえば原稿依頼やガイドの仕事も間遠になり、乏しい年金暮らしのかたわら、ときおり振りこまれる小遣い程度の恩恵である。もちろん、書かなければ一円にもならない。

上京して以降、ふるさとは遠くから思う存在になった。それは多くの地方出身者に共通する認識であろう。

ふるさとは遠きにありて、という詩があったと思いついてネットを開くと、たちどころに全文が現われた。つくづく便利な時代である。

ふるさとは遠きにありて思ふもの
そして悲しくうたふもの
よしや

うらぶれて異土の乞食となるとても
帰るところにあるまじや
ひとり都のゆふぐれに
ふるさとおもひ涙ぐむ
そのこころもて
遠きみやこにかへらばや
遠きみやこにかへらばや

室生犀星が故郷の金沢にいて、ふたたび上京する際に詠んだという、ふるさとへの惜別の詩である。ちなみにこの詩は、詩集『抒情小曲集』の中の「小景異情（その二）」の全文である。しかし私は余情あふれる冒頭の二行よりも、そのあとの三行が気にかかる。ふるさとは、異国で乞食になり果てて、失意と絶望を背負って帰る場所ではなく、もっと純粋に恋焦がれる地であれ、と解釈するが違っているだろうか。乞食でもいいではないか、と私は思う。うらぶれて万策尽き、体も弱り、せめて故郷で死にたいと願うのなら帰ればいい。故郷はそのための場所であっていい。べつにふるさと論を展開しようとして稿を起こしたのではない。だが、私がほかの地方出身者と違うのは、東北の民だということだ。

関東の水に馴染んだからといって、いささかも東北の民の心を忘れなかった。私は縄文の末裔であり、蝦夷《えみし》の血を継ぐものである。

アイヌだけが縄文の血を引いているというのは時代錯誤の古い考えだ。近年の研究によって、アイヌのＤＮＡと縄文人のＤＮＡが酷似していることが判明している。その結果、二〇〇八年、国会で「アイヌ民族を日本の先住民族とすることを求める決議」が満場一致で採択された。

地球の寒冷に伴って出現した新モンゴロイドは、寒さに適応した平たい顔と薄い体毛をもつ人種として、列島を覆ったのである。

古い時代に、渡来人によって稲作が伝わり、栽培に適した西日本を席巻して大和朝廷を生み、当時彼の地にまで勢力を伸ばしていた蝦夷を逆に追い立てて、北辺に封じこめたというのが定説だった弥生文化に、痛烈な異議を申したてたのが、哲学者の梅原猛《うめはらたけし》であった(『日本の深層——縄文・蝦夷文化を探る』集英社文庫/一九九四年)。

近年の東北の縄文遺跡の発掘過程から、蝦夷は、東北の地に稲作をもたらした弥生文化に感謝すべき存在ではなく、それ以前の高度な縄文文化を生んだ、誇り高き民族だったのであると。

私は梅原の著書によって、東北は「文化の果つる辺境の地」ではなかったと知らされたのだが、しかし強大な弥生文化に対する、微細だが根深い自虐と劣等感を、いまでも東北の民は遺伝子の細部に、無意識にいだいていると思う。その蝦夷の末裔の存在を、弥生の末裔が怖れたのである。

時代が下った幕末の新政府軍との戊辰《ぼしん》戦争でさえ、それまでの幕藩体制のほころびの責任を担わされたのは、奥羽越列藩同盟を最後まで支えた長岡藩と会津藩なのであり、とりわけ会津藩は、その後も下北半島の荒れ地に追いやられ、「斗南《となみ》藩」として塗炭の苦しみを嘗めさせられたのだ。

いわれなき冤罪というべきだろう。薩長を頂点とする新政府軍は、縄文の血を宿す東北の民を完膚なきまでに叩き潰さなければ、安心して明治政府の樹立に向けて邁進できなかった。まるで征夷大将軍の坂上田村麻呂を差し向けて、蝦夷を滅ぼした時の朝廷のように。

＊

私はバイリンガルである。日本語と外国語ではもちろんない。東京弁とズーズー弁を巧みに使い分けるのだ。特技と言ってもいい。職場のある埼玉では東京弁を話すが、帰郷して友人と会うと、瞬時にしてズーズー弁に戻るのである。若いころは、その特技を得意げに語ったが、近年は重荷に思うようになっている。バイリンガルは混血の子だからだ。

言語教育の根幹を担うのは、古来変わることなく母親であろう。乳飲み子にたゆまず語りかけ、夜泣きをあやし、子守唄に託して言葉を教える。戦後の標準語教育がはじまる以前の東北の母親たちの言語は、縄文の民が使ったズーズー弁にほかならない。

その独特の音韻をもつ東北地方の方言は、長じて都会に出ていく少年少女にとって、きわめて矯正の難しい言語であった。

私や兄姉が言葉の苦労をせずにすんだのは、母が東京人だったからだ。秋田で生まれ育った父が東京に出て母と出会い、戦争の疎開によって父の生家に入った母から東京弁を学んだのである。それは外国で生まれた子どもに、家では日本語で話しかけ、外ではその国の言葉を話させる教育と同じ手法だ。

といって母が意図的に東京弁を話したのではない。母もまた異郷の地で、慣れない東北の方言に馴染もうとして苦労したのである。

いずれにしても、東北の民である父と、生粋の東京人の母との婚姻は、縄文と弥生の結合であった。その結果、私は縄文と弥生の双方の血を宿した。

混血はハーフだがｂｏｔｈ、つまり両方でもある。半分ではなく両方の輝きをもつ豊穣の存在であろうというのが私の混血に寄せる思いだが、しかし東北の民との血と言語の混交に関するかぎり、やはり私はダブルではなくハーフなのだという劣等感を拭いきれない。

＊

上京して登山に親しむようになった私は、幼いころには関心もなく、登ることのなかった東北の山々にまなざしを向けた。その長ずるまでの歳月は、私にとって故郷を突き放して眺め、故郷への思いを醸成するために必要な歳月でもあった。

　東北の山々が視界に入ってきたのは、ひととおり登山を覚え、沢登りや雪山に親しんでからのことである。出版社から依頼された取材以外のプライベートな登山は、すべて登山道ではないバリエーションルートだった。

　鳥海山では山スキーを駆使したし、月山もまた山スキーと沢登りの山だった。

　東北の山々は、目的であると同時に手段でもあった。山行の往還の途次に各地の遺跡を訪ね、縄文の痕跡を探し求めた。蝦夷征伐の前進基地だった宮城の多賀城など各地の城柵や、蝦夷の長だった阿弖流為《あてるい》が本拠を置いた胆沢《いさわ》の地。あるいはまた、白神《しらかみ》山地を横断するいにしえのマタギ道。

　それは聖地巡礼であり、五体投地であった。私は自身の内部に潜む縄文の血を湧き立たせ、その血と照応する東北の山河を旅したかったのである。

　拠りどころにしたのはアイヌ語の地名であった。東北にはアイヌ語に由来する地名が多い。文献によれば、鉄を求めて南下したアイヌ民族が居住した地に残した地名であるという。知られたところでは、八幡平がそうであり、安家《あっか》や安比《あっぴ》もそうである。

　当然のように、アイヌ民族の痕跡は北に厚く南に薄い。

「ナイ」はアイヌ語の川を意味し、北東北の日本海側に多い。比立内《ひたちない》や盆踊りで有名な西馬音《にしもな》内《い》がある。

　ことさら「ナイ」の付く渓を求めて遡行したつもりはないが、内陸の和賀山塊の堀内《ほりない》沢や、虎毛山塊の保呂内《ほろない》沢を遡行しながら、この地に住んだであろう縄文の民に思いを馳せて、豊かな気持ちに浸った覚えがある。

そういえば、私が生まれ育った秋田の男鹿半島の伝統行事であるナマハゲは、坂上田村麻呂に征服された蝦夷の霊を祭る行事であると、梅原猛が著書の中で紹介している。その説の入手先を明らかにしていないが、私にとっては新鮮な知見であった。ナマハゲは鬼であり、鬼は蝦夷そのものである。

幼いころからの言い伝えでも、長じてからの知識でも、ナマハゲと坂上田村麻呂の関係はどこにも記されていない。どこかで見えない意志が働いていたのだろうか。

ともあれ、それで納得したことがある。私は以前から坂上田村麻呂が好きではなかった。いかなる大義名分を掲げようが、彼は侵略者であり征服者であった。

いずれにしても、故郷の男鹿半島が縄文の民の巣窟だったという説は、縄文の末裔を自認する私にとって、心安らぐ援軍であった。

＊

水の引いた葛根田川は、それからしばらく好天がつづいた。沢旅の目的は、本流を忠実に遡行して南部大白森《なんぶおおしろもり》に立つことだった。

大白森に南部が冠されるのは、対岸の稜線上にある、同じ名前の大白森と区別するためで、あちらは湿原を登山道が貫くが、南部大白森は登山道から遠く離れた湿原の山である。

扇状に広がる葛根田川の支流のほとんどを遡行していたが、本流は未知の領域だった。

滝ノ又沢を左に分け、すぐ先に現われる滝で八瀬森に通じる左沢を分けて進むと滝が出てくる。いくつかの滝は通過が難しく、いずれも左から高巻いて懸垂下降を強いられた。葛根田川では本流の難度がもっとも高い。

滝場を終えても、沢形が地の暗がりのようにつづいた。その単調に飽いて右岸の段丘に上が

南部大白森の山頂にザックを置いて湿原をさまよう。北の大地の神々が憩う森だ

って進むが、こんどは藪に覆われた小沢が幾本も横切るのである。

足元の小沢に気づかず、先行する史枝が宙を踏んで姿を消した。転げ落ちたのである。肋骨を強打したが、幸い難場は過ぎている。

痛む胸をかばい、遅くなった彼女の歩みに付き添って進むと、ようやく両岸が浅くなり、広大な湿原の一角に抜け出た。見はるかす彼方まで湿原が広がっている。その珠玉の湿原を傷つけないようにして山頂に向かう。

なんというゆたかな空間なのだろうと、ときおり立ち止まっては周囲を見わたす。空との境目が、まるで水平線のように丸まって見える。いま私たちは間違いなく秘境に立っている。そう思える空間であった。

南部大白森のゆるやかな山頂にザックを置いて周辺を歩き、ふたたびザックを背負う。さすがに湿原の山頂に泊まるわけにはいかなかった。

湿原を伝い、藪を漕いで登山道を西へ向かう。関東森を経て八瀬森山荘に着いたのは、日没間近な夕刻であった。

沢旅を日常としていれば、避難小屋に泊まることさえめったにない。それまで休憩では使ったが、初めて泊まる八瀬森山荘は、焚き火はできないものの快適な一夜であった。

すでにここまで三日を費やしていた。贅沢な沢旅の末にここにいる。わずかな食糧しか持たず、岩魚や山菜をおかずにした米味噌山行であった。明日は南八幡平の縦走路を歩いて乳頭温泉郷に下り、山麓の湯治場に泊まるのだ。そんな下山後の愉しみを知ったのも、東北の渓をめぐるようになってからのことだ。

曲崎山《まがりさき》から大沢森を越えて縦走路を歩き、大白森の避難小屋で休むと、大白森の湿原が、すぐ先に広がっていた、沢を介して葛根田川を取り巻くふたつの大白森を結んだのだ。

山麓からほど近い稜線の一角に、これほどの規模の湿原がさりげなくたたずんでいるのも、ブナ帯文化を育んだ東北の山々の、深さと広がりのゆえであろう。

小白森山を越えて縦走路を離れ、蟹場温泉への道を下りたが、あと二〇〇メートルで駐車場という地点で熊と出会った。登山道のかたわらのブナの樹上に、子熊二頭を連れた母熊がいて、私たちを見下ろしていたのである。だが、毛鉤の手荒い洗礼を思えば、いまさら驚くことでもない。北の山の神々の周到な送迎であった。

荒唐無稽に等しい神々の啓示を信じた私は、その声に従って葛根田川を訪ね、いつしか葛根田川は、もっとも多く遡行を重ねた東北の川になった。

いまだ遡っていない葛根田川の支流は明通沢《あけどおし》であり、その左岸の稜線に広がる栗木ヶ原である。南部大白森よりも規模の大きな栗木ヶ原の湿原に立つことが、私の最後の課題として残されたが、もしかしたら、このまま未見に終わってしまいそうな予感がある。

繰り返すが、そこまで私は老いたのである。

これまでの渓

山岳会設立と活動

一九八四年九月十三日、
川内山塊の早出川本流を遡行して
矢筈岳に立つ、坂内幸男と私。
ともに三十代の若き日。

登山に親しんで半世紀を超えた。若くして登山を知り、街の小さな山岳会で登山に没頭するに及んで、それまでの趣味や遊びのすべてから足を洗い、無雪期は渓に、積雪期は未知未踏の雪稜へと、いささかもぶれずに邁進したのは、われながら健気であろう。

あれから半世紀が過ぎ、体力も失せ、足腰の衰えを自覚しながら、なおも見苦しく遡行人生の延命を図ろうとする私にとって、これまで歩んできた歳月はなにものだったのか。遠い記憶をまさぐりつつ、備忘録のように紡いでみるのも意味のないことではあるまい。

沢登りへの道

故郷を離れて入社した職場の同期に山好きがいて、彼に連れられて二年ほど低山を歩いたが、彼はそれ以上の発展を望まず、私はより高みをめざして、それぞれの道に分かれた。

その年の晩秋に、単独で南八ヶ岳の縦走を行ない、余勢を駆って初冬の北アルプスの蝶ヶ岳から常念岳への単独縦走を企てた。

上高地から長塀《ながかべ》尾根を登って蝶ヶ岳ヒュッテの冬季小屋に泊まった翌朝、朝焼けの槍・穂高連峰に感動する間もなく風雪になり、さらに一泊の停滞を強いられて、常念岳へは一歩も進めずに往路を逃げ帰った。孤立無援の初心者の無謀を思い知らされた山行であった。

下山してすぐ入会したのは、埼玉県大宮市にあった小さな山岳会である。そこでは山行への参加はもとより、日時を問わず山岳会への関与を求められた。時間を自由に使える若者の特権とでもいえようか。いまから思えば狂信的な匂いがしないでもないが、個人の登山技術を高めるよりも組織力でピークをめざそうとする、力乏しき登山者の群れだった。

山岳会がチームであるかぎり、個人の能力よりも組織的な団結力を優先したのである。のちに浦和浪漫山岳会を創立し、「封建的な山岳会」という、好ましからざる評価を頂戴した素地がここにある。

　歴史の浅い山岳会だったから、実績のある会員はおのずと乏しく、遭難を起こさないことを至上命令にしながら、少しずつ実績を積み重ねていった。

　私が山岳会に身を投じた一九七〇年代初頭は、昭和初期に次ぐ第二次登山ブームの真っただ中で、当時の意欲的な登山者にとって、はるかな目標はヒマラヤの八〇〇〇メートル峰だった。そのための技術獲得の手段は沢登りであった。丹沢の渓の遡下降を手はじめに、難度に応じて奥多摩や奥秩父の渓へと移行し、やがて谷川岳や北アルプスの穂高連峰などの岩壁に足を踏み入れた。それは、この国の名だたる岩壁が渓谷の最奥に展開しているからだ。

　ヨーロッパアルプスのマッターホルン北壁、アイガー北壁、グランド・ジョラス北壁の世界三大北壁が日本人の手に落ち、ヒマラヤでは小西政継《こにしまさつぐ》率いる山学同志会がジャヌー北壁（一九七六年）、カンチェンジュンガ北壁（一九八〇年）の初登攀で気を吐いた。

　国内でも数々の初登攀がなされ、対象を渓谷に求める、いわゆる渓谷登攀論争（※註）が巻き起こったのもこのころである。

　思えば当時の沢登りには情緒の欠片もなく、大自然の精緻で雄大な空間を楽しむ余裕もなかった。向かう対象が同じでも、目的が異なれば見える景色が違ってくる。つまり沢登りは徹底してクライミング技術習得の場であった。

　ヒマラヤへの過程にすぎなかった沢登りだが、専門集団が登場したのは一九六〇年代である。それからしばらく遅れて、わが浦和浪漫山岳会も、ささやかな足跡を登山史の一角に刻むことになる。

浦和浪漫山岳会の誕生

街の小さな山岳会は内紛を繰り返し、私は会を辞して山岳会浪人になった。そんな私に声をかけてくれたのが、職場にあった山岳会である。

もとより客分のつもりだから、会の運営に口を挟むつもりはなかったが、慣れてくるにつれて意見を求められ、差し出がましい言い分も多くなる。社会人山岳会を経験した私にとって、職域山岳会はそれほど温《ぬる》くて甘い存在であった。

加えて、会員の減少に悩んでいながら失地回復の手段をもたず、ならばいっそ、会員を集めやすい社会人山岳会に転身してはどうか、と提案したのはそんな時分であった。

当時は社会人山岳会が全盛で、街には山岳会があふれていた。「三人寄れば山岳会」といわれた時代である。たとえば東京の山岳会だけでも、「東京朝霧山岳会」「獨標登高会」「東京緑山岳会」「鵬翔山岳会」「山学同志会」「東京徒歩渓流会」「雲表倶楽部」などの名前が綺羅星のごとく並んでいた。

職域で会を立ち上げた古参会員以外のすべての会員の賛同を得て、新生「浦和浪漫山岳会」は誕生した。

会名募集に応じた仲間の示した「浪漫」が支持を集めたのだが、私はこれを、なんとしても「ろうまん」と読ませたかった。「ろまん」はロマンチックを連想させるが、私たちは決してロマンチックな集団ではなく、むしろ硬派のつもりだったのである。

だが、会の活動の評価が高まるに及んで、いつしか「浦和ロマン」の名前が定着したのは皮肉といわねばなるまい。

こじつけになるが、ヒマラヤの登攀手段でしかなかった時代の沢登りが、応用の利かない「教条主義」だとすれば、自然との一体感を前面に押し出した対極の「浪漫主義」に、沢登りを解放したかったのかもしれない。いずれにしても、「ろうまん」とルビを振らなかったのは失敗であった。もしくは、もっとわかりやすい硬派なイメージの会名にすべきだったのである。

価値観の共有「地域研究」

新生「浦和浪漫山岳会」が、それまでの一般社会人山岳会の通念であるオールラウンドの登山から脱して、沢登り専門の会に転身したのは一九七〇年代後半のことである。

それまでの山の登り方に疑念を覚えたのである。たとえば登山道は、登山者のために先人が切り拓いたものである。つまり私たちは登らされてきたのであって、夏の登山道を登っているかぎり、そこには創造の生まれる余地がなかった。

冬ならば、道なき山にも雪が登路を拓いてくれる。問題は冬以外の無雪期の山々において、いかにして創造的登山ができるか。私たちの狙いはその一点にあった。そのための手段が登山道からの解放であった。登山道という線から面へ、さらには面から空間への広がりである。

そのように目を転じると、山には深い森と清冽な流れがあった。鳥がいて獣がいて、山菜やキノコや岩魚などの山の恵みが私たちを手招いたのである。

流れを登路にするのなら、どこをどのように遡ってもいい。その自由な登高の果てに山頂があればなおいい。沢登りという新鮮な発見は、私たちが全力を投入して悔いなき対象であることを教えてくれた。もしかしたら、それまでアルピニズムの従属物にすぎなかった沢登りに、新たな価値を与えられるかもしれない。

そのために、いま一歩踏みこんだのが地域研究の採用であった。沢登りもまた争いとまでは言わないにせよ、だれが最初にその渓をきわめたかは重要な焦点であった。つまり、初めてというのがいちどかぎりの栄冠であり、未踏がやがて消え失せる対象である以上、記録を見ない山域を集中的に解明しようとする地域研究は、登山界が求める必然だったのである。

したがって、私たちが沢登りに転じるはるか以前から、各山岳会による地域研究が盛んだった。「わらじの仲間」は飯豊連峰の難渓で膨大な足跡を残していたし、「ゼフィルス山の会」は奥利根における偉大な先達であった。

そのような多くの先人が、地域研究を意図的に山岳会結束の手段にしたかどうかは不明だが、地域研究という手段が、結果として山岳会の発展を招いたことは明らかだろう。

会員全員が同じ価値観を共有するには、同じ山域で山行を重ねることだ。しかも、少数の会員が総力を挙げて取り組める山域にしなくてはならない。優先すべきは「未踏」ではなく「未知」であった。

いちどでも遡行を許した沢には未踏狙いの遡行者は訪れない。それが初遡行以後の空白を生む。記録の有無にさえこだわらなければ、渓はいつでも未踏に等しい原生に還る。その原生の未知を楽しめばいい。私たちは未知未踏を逆手にとったのである。

難しすぎてもならず、対象が大きすぎてもいけなかった。地域研究に没頭して存分に楽しみ、なおかつ達成感を味わうために、二十人足らずの会員が十年をかけて成し遂げられる山域はないか。

有力な山岳会が、豊富な陣容を駆使して活動を展開している朝日連峰や飯豊連峰の難渓は、最初から念頭になかった。山域の規模が大きすぎて、私たちの手に余るのである。

二年の偵察の末に選んだのが奥利根であった。

奥利根の成功が川内・下田山塊に繋がり、南会津に夢を結んだのである。つまり三十年遊ばせてもらったことになるが、そのぶん私も三十年、歳を重ねた。

その地域研究も、未知未踏の消失とともに自然消滅したが、その最後の光芒に、落ち穂拾いのごとき参入ながら立ち会った自覚がある。

これからの遡行界が、どのように変貌するのかはわからない。だが、むしろ未知未踏の呪縛からの解放を好機と捉え、自在に渓を楽しめばいい。未知未踏が消えても、渓の魅力はいささかも変わらないのだから。

山岳会の運営

もともと親分肌ではない私が代表を引き受けたのは、ほかになり手がいなかったにすぎない。山岳会の運営に必要なのは経験則と統率である。組織として山を捉え、いかに安全に頂に立ち、いかに安全に帰ってくるか。それはなにも無難なルートを選べということではない。難しいルートに果敢に挑んでなお、無事に頂上に立ち、無事に帰ってくるための準備と配慮を欠かさないということだ。

特に冬山では、リーダーのわずかな判断ミスがパーティ全員の生命に関わってくることになる。

つまり力乏しき山岳会を十全に機能させるためには、上意下達を旨とする封建的手段を採用せざるを得なかったのである。むろん、風通しをよくするための下意上達も欠かせなかった。そのための経験の多寡が全体の安全を担保する。そのような登り方を、私は街の山岳会で学んでいた。

登ること、表現すること

山行記録を残すことは、山岳会として欠かせぬ表現行為であった。山行は史実と同じで、書かねばなにも残らず、現実にあったかどうかも定かではなくなるが、書けば残る。遡行図を記し、山行記録を書いて会報で共有すれば、それが山岳会の財産になる。その山行に加わっていなくても、記録者自身の新鮮な体感が、次の遡行者への継承になる。

山行は常に計画を万全にし、下山した後は記録に残すことを強いてきた。山行は、書くことで完結する一連の行為なのだ。とかく山行は積極的に行なっても、記録を書く段になると腰が引けるもの。しかしたとえ強制でも、書いてさえいれば、やがては上達する。それが文章の極意である。

べつに下手でもいいから、気持ちをこめて書けばいい。文章とはおもしろいもので、書けば磨かれ、書かなければ輝きを失う。それでいて調子に乗ると筆が滑る。まことに文章というものは難しい。

だが、書くという行為を積み重ねると、いつの間にか起承転結を覚え、書き方にこだわるようになる。みずからの体験を、仲間たちに過ちなく伝えようとするからだ。

記録の反映は月報であった。青焼きコピーから街のコンビニの十円コピーに替わりはしても、ワープロの登場までは一貫して手書きであった。それも字のきれいなひとりの会員に任せたのは、統一された字体のほうが読んでもらいやすいからで、なおかつ読みやすさが文章の破綻を救うのである。

月にいちど、仕事帰りに原稿を持ち寄って会員の家に集まり、字のきれいな女性会員が手書きするかたわらで私が巻頭言を書き、だれかが書き終えたページを抱えてコンビニに走る。時間は限られている。

やがて、戦い終えて日もとっぷりと暮れ、最終電車までの短い時間、製本の済んだ月報を前にして、ささやかな祝杯を挙げる。その営みが、何とも言えず充実のひとときだったことを鮮明に覚えている。

その月報の集積が年報となって、一年の成果を世に問うことになる。登ることと書くことは、かくも密接に繋がっているのである。

登山情報の源は、山岳雑誌や各山岳会が発行する部会報がすべてだった時代、自分たちの存在を知らしめ、記録発表を積み重ねることによって、山岳会の維持発展に寄与することは当然の行為であろう。

本書に収録した各山域の紹介をするにあたって、古い会報を丹念に読み返してつくづく思う。だれもが、なかなかの書き手だとあらためて知らされて、うれしくなった。

山域への憧憬と遡行してきた渓への思い。それらの記録は、歳月を重ねてなお光り輝く。そんな会報の蓄積は、一途に山と向き合って生きた私たちの、かけがえのない財産であり軌跡なのだ。

※註　一九八〇年代初頭。先鋭的な登攀によって未踏の岩壁が失われていく過程で、渓谷の奥に潜む岩壁に未踏を求めることの是非をめぐる論争。

隣の山男

坂内幸男

聞き書き＝麻生弘毅

そのころ、俺は埼玉県与野市（現・さいたま市）にある職場の独身寮におりました。寮といっても、ひとつの部屋をベニヤ板で仕切り、作り付けの机とベッド、タンスが置かれた三畳くらいの小さな部屋。そんな寮の隣に住んでいたのが高桑さんでした。寮母さんがいて、賄いが付いて、寮費はいくらだったか……。ともかく、俺は二十歳だったから、四つ上の高桑さんは二十四歳でしょう。

部屋が隣とはいえ、職場は違ったし、話をしたことはなかった。高桑さんはあのとおり、決して愛想のいい人じゃないですから。ただ、高桑さんが山に登っていることは知っていました。ドアの前にいつもザックが置いてあったし、寮報に山の文章を載せていましたから。あのザックが県岳連に作ってもらった手製のものだと聞いたのは、ずいぶんあとのことです。

高桑さんは当時、いつもチロリアンシューズを履いていました。高桑さんが寮の廊下を歩くと、キュッキュッという音が響くから、帰ってきたことがすぐにわかる。ところが、しばらくするとドアをバタンと閉め、ふたたびビブラムソールを鳴らして出ていってしまうんです。飲み歩いているのか、山に入り浸っているのか。存在感のある人だったけれど、寮で姿を見ることはめったになかったですね。

登山を知ったのは二十歳前。初めは普通の山に登っていたけれど、そのうち雪山に憧れるようになりました。それで、寮長の送別会だったかな、思い切って声をかけてみたんです。雪山にはどうやって登るのですか。すると、今度職場の山岳会で雪上訓練をやるから一緒に来るかい、って。それが、高桑さんと初めて交わした言葉でした。

そうして十一月の富士山に行き、雪上歩行や滑落停止技術を教わりました。けれど、俺は山岳会に入る気はありませんでした。団体行動が好きではなかったし、シゴキみたいなイメージもありましたし。それでも、話を聞いているうちにその気になって、入会したのは四カ月後、二十五歳の春のことです。

当時の会員は二十人ほどでした。ただ、会ったことのない幽霊会員みたいな人もかなりいて、まじめに登っていたのは高桑さんほか数人程度。高桑さんは以前所属していた山岳会を辞して、職場の山岳会に拾われた身だからなんて言っていたけれど、俺が入ったときにはすでに実質的なリーダーでした。初めて参加した集会で退会を申し出た人がいたのですが、それを聞いて猛烈と怒っていました。「なぜこの場でいきなり言い出すんだ。辞めるなら辞めるでやり方があるだろう！」って。

職場の山岳会は行き詰まっており、会員が集まりませんでした。なんとか仲間を増やそうと写真展を開いてみても、なかなか。だったら手をこまねいておらず、社会人山岳会として独立しようということになり、高桑さんをリーダーに、小松正秋、舘岡恵、水野栄次ほか十人ほどの仲間と共に立ち上げたのが浦和浪漫山岳会です。

会名に「浪漫」と付けたのは高桑さんじゃないかな。しかも、前々から考えていた節がありました。その前につける言葉をどうしよう、「埼玉」じゃあ田舎くさいし……などと言っているうちに「浦和」に落ち着いたのをよく覚えています。俺が山岳会に入って二年目くらいのできごとですね。

奥利根に通いはじめたのは、俺が入会した年からでした。後に浦和浪漫山岳会が沢登りに特化していくきっかけは、間違いなくこの奥利根にありました。

当時、奥利根に入るには、湖岸道を延々と歩くか、ボートで行くしかなかった。最初に奥利根入りしたとき、俺はゴムボートで渡ったのですが、途中でオールが折れてしまってね。仕方ないからスコップで漕いだのですが、そういうことが新鮮で、こんな登山があるのかと思いました。雪山をやりたくて山岳会に入ったのだけれど、沢登りは俺の性に合っていたんでしょうね。生まれが栃木県の黒羽《くろばね》で、子どものころ、那珂《なか》川でよく遊んでおり、そのときの記憶がよみがえるようでした。

当時の登山界には未知未踏をめざすという空気があったけれど、奥利根にしても川内山塊にしても、先人によってほぼ明らかにされていました。それでも高桑さんがよく言う「重箱の隅をつつく」ように、登られていないであろう小さな沢まで丹念に登ったものです。ただ、俺としてはどこに行っても「自分にとっては未知」という気持ちが大きかった。水の流れは常に沢を作り変えていくから、以前登れなかった滝が容易に登れたり、その逆があったり。そういうおもしろみというかな、それが変わり続ける自然の姿なのだと思います。

奥利根を皮切りに、川内・下田山塊、南会津とよく通いました。年間百回ほどの山行を行ない、それを二十年以上も続けてきたのだから、よく遊んだものです。

高桑さんはよく、山行と会務は車の両輪みたいなものだと言っていました。山岳会結成当初は毎週集会があり、それ以外にも担当ごとの打ち合わせがありました。綿密な計画書を作り、山行報告を月報にまとめ、年報に仕上げる。そんななかで生まれる幾多の役割を若い人に与えて、責任とやり甲斐を感じてもらえるよう腐心していました。もちろん、山行でも、長く意欲的に取り組める山域を見つけだし、訓練山行などでリーダーを育てながら、若者たちを導いていく。そうして、高桑さんみずからが率先して山に入り、年間山行日数は会内で常に上位でした。もちろん、それぞれ仕事や家庭をもっていたので、すべての合宿に参加するわけにはいきません。俺も行きたい山行に参加できず、いまごろみんなは楽しんでいるだろうな、なんて思ったものです。特に晴れた日なんかはね。

一般的に思われているほど、浦和浪漫山岳会は登攀力に優れている会ではありません。北アルプスの岩場や難渓の劒沢などには行っておらず、自分たちの登れる範囲で活動をしていました。だけど、本当にしつこいぐらい山域に通い詰めて、だんだん見えてくる弱点を攻略していく、そんな粘り強さがありました。登れる者もいたけれど、そうではないメンバーもいたし、女性会員も多かった。それでも総員というのかな、みんなをその気にさせて登らせてしまう、そういう組織力の強さがありましたね。

会心の登山といえば、やはり高桑さんと最初に行った川内山塊の早出川本流です。初年は俺が食料担当だったけれど、それほど軽量化を考えず、九日分の荷物はとんでもない重さに。ああいうことをやろうと思うのは、やっぱり若さでしょうね。

翌年の再挑戦では、とにかくよく泳ぎました。俺はタッパがあったからか、ややこしい岩場や泳ぐ場面になると、たいてい「ちょっと行ってこい」となる。最初はザックを背負って泳いだのですが、とてもとても。空身で泳いだって大変なんですから。六日目にようやく矢筈岳に立ち、今早出沢のガンガラシバナ右方ルンゼを下降しましたが、途中でザイルが足りなくなったらどうしようと思ったものの、太い灌木が見えたから、どうにかなるかなって……。

高桑さんは書籍などで俺のことを「冷静沈着」なんて書いてくれますが、案外深く考えないで突っこむところがありましたね。

その後、予備日を使い果たし、室谷越から下山したときは本当に「やった！」という感じでした。

奥利根源流をたどって大水上山には三回立ったし、同じ奥利根の柄沢《からさわ》山でも春にいい登山ができました。けれど、いちばん充実感を覚えたのは、合宿を終えて自宅に戻ったとき。洗濯しながら道具を片しつつ、ビールを飲む。すると、山に行く前と見える景色が違うような気がするんです。とても満ち足りた気持ちになり、心からよかったなと思ったものです。

高桑さんがいまも山を登り続けているのは、失われつつある日本の原風景を探しているからではないでしょうか。若いころから、登るだけではなく、その山の背景の歴史や文化、自然に強い興味をもっていました。鉄砲や罠免許を取得したのは七十歳前後だし、いまも大学で歴史を勉強している。そういう行動力の源は、「見たい、知りたい、やってみたい」という探究心だと思います。そして、そんな気持ちを最優先できる高桑さんは、強い。俺は高桑さんみたいにはなれないと、昔から思っていました。組織作りに長けており、仲間思いでもある。そのうえ、そうした強さにリーダーの資質が表われるからこそ、みんながついていったのでしょうね。

高桑さんについていちばん印象的なことは……「アルハンブラの思い出」って知っていますか。クラシックギターの名曲ですが、独身寮に住んでいたころ、隣の部屋からその曲が聞こえてきたことがあります。レコードでもかけているのかなと思っていたら、演奏が途中で止まる。そこでようやく本人が弾いていることに気づき、そんな趣味もあるのかと感心したものです。

これは高桑さんと言葉を交わす前のできごとです。親しくさせてもらってから、互いの部屋でビールを飲むようなこともあったけれど、前述のように、高桑さんはほとんど寮にいませんでしたから。

俺が山岳会に入ったあと、高桑さんは一年もしないうちに退寮し、俺もその後、結婚して寮を出ました。高桑さんとは半世紀近くも一緒にいながら、これがいちばん印象的なできごとだというのも、おかしな話なのですが。

さかうち・ゆきお　一九五三年生まれ。浦和浪漫山岳会の創設メンバーであり、高桑氏をもっともよく知るひとり。長身痩躯を活かした登攀力と体力により、「鉄人」の異名を誇る。

渓めぐり、その軌跡

私たちの愛した

奥利根、川内・下田山塊、南会津

一九九六年八月六日、
創立二十五周年大集合と題して、
川内山塊の早出川本流
割岩沢夕沢出合にベースを構え、
周辺を探った最終日。
割岩沢を全員で泳ぎ下った
忘れ難い一枚。

奥利根

関東の北辺に位置する奥利根は、
坂東太郎と呼ばれた
大河利根川の源流域。
千古不抜の森を貫く清冽な流れが
やがて渓を潤し、野を潤して遠き海に向かう。
魑魅魍魎が潜むと怖れられた源流の群れを
さまよいつつ遡り来た歳月の軌跡。

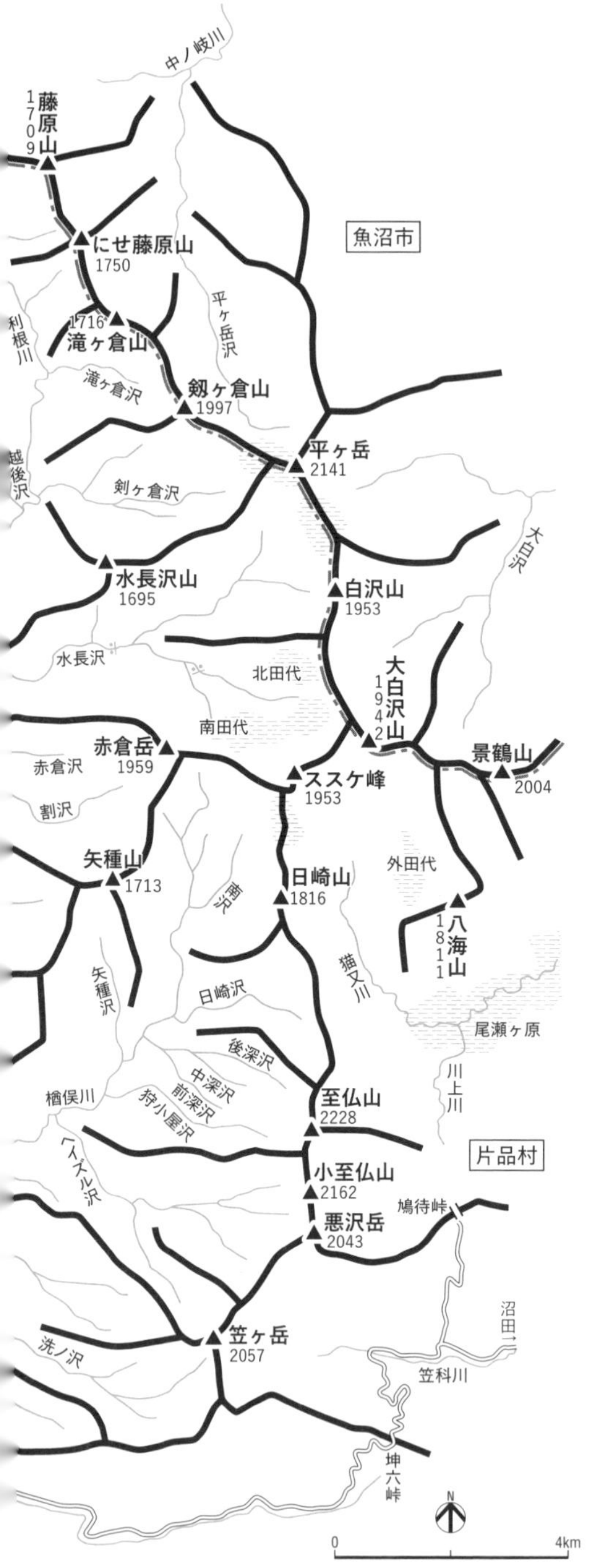

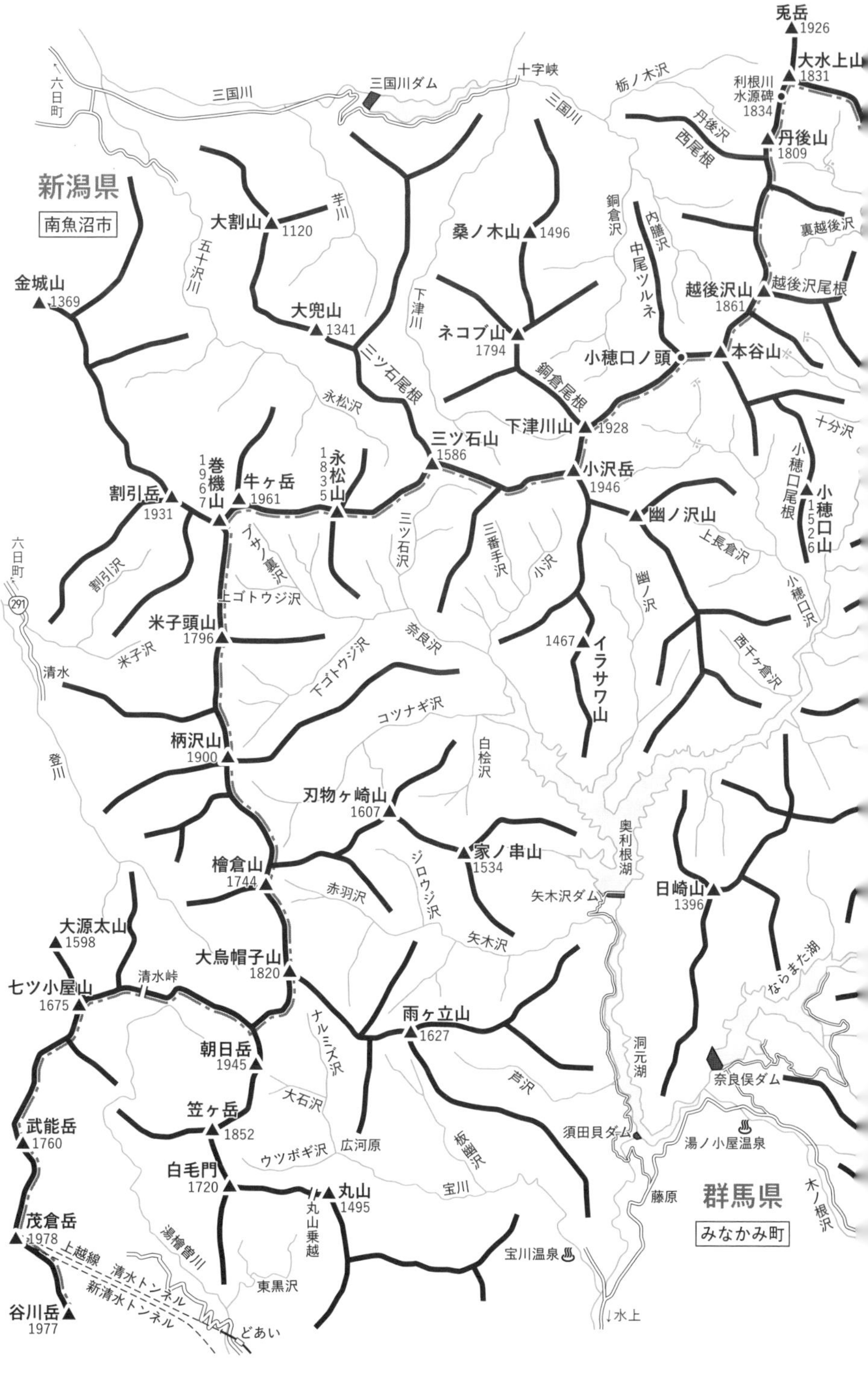

兎岳
1926
大水上山
1831
利根川水源碑
1834
丹後山
1809
十字峡
三国川ダム
三国川
六日町
栃ノ木沢
丹後沢
西尾根
新潟県
南魚沼市
大割山
1120
芋川
五十沢川
銅倉沢
内膳沢
中尾ツルネ
裏越後沢
桑ノ木山
1496
越後沢山
1861
越後沢尾根
金城山
1369
大兜山
1341
下津川
ネコブ山
1794
小穂口ノ頭
本谷山
三ツ石尾根
銅倉尾根
永松沢
下津川山
1928
十分沢
三ツ石山
1586
小沢岳
1946
小穂口尾根
割引岳
1931
巻機山
1967
牛ヶ岳
1961
永松山
1835
幽ノ沢山
小穂口山
1526
上長倉沢
ブサノ裏沢
三ツ石沢
三番手沢
小沢
幽ノ沢
割引沢
上ゴトウジ沢
291
小穂口沢
米子頭山
1796
奈良沢
1467
イラサワ山
西千ヶ倉沢
米子沢
下ゴトウジ沢
清水
コツナギ沢
白桧沢
柄沢山
1900
登川
刃物ヶ崎山
1607
奥利根湖
家ノ串山
1534
檜倉山
1744
赤羽沢
ジロウジ沢
矢木沢ダム
日崎山
1396
大源太山
1598
矢木沢
大烏帽子山
1820
ならまた湖
七ツ小屋山
1675
清水峠
雨ヶ立山
1627
ナルミズ沢
朝日岳
1945
洞元湖
芦沢
奈良俣ダム
大石沢
笠ヶ岳
1852
須田貝ダム
湯ノ小屋温泉
武能岳
1760
ウツボギ沢
広河原
板幽沢
白毛門
1720
丸山
1495
宝川
藤原
群馬県
木ノ根沢
丸山乗越
茂倉岳
1978
みなかみ町
湯檜曽川
上越線
清水トンネル
宝川温泉
新清水トンネル
東黒沢
谷川岳
1977
どあい
↓水上

奥利根とは

「奥利根《おくとね》」とは、利根の奥、すなわち関東平野を縦貫する利根川の上流を意味するのだが、別段その範囲が定まっているわけではない。奥利根をウィキペディアで検索すると、「群馬県北部、みなかみ町を中心とする観光地の名称」とある。観光地としての奥利根の名前が広く知れわたった現在では、沼田周辺の利根川本支流域の鄙びた山村風景のすべてを奥利根に含んでいる。しかし、渓谷遡行の概念でいえば、奥利根は明確に限定される。

ＪＲ湯檜曽《ゆびそ》駅の南で、利根川は一大支流の湯檜曽川を分けるが、本来奥利根に含まれていいはずの湯檜曽川は、遡行区分では谷川岳の渓谷なのである。したがって、われらが奥利根は湯檜曽川を分けてからはじまる。上流に進むにつれて、これも有力な支流の宝川《たから》を右岸から合わせ、須田貝《すだがい》ダムで左岸から楢俣川《ならまた》を迎える。さらに矢木《やぎ》沢を左から合わせると、目前にアーチ式の矢木沢ダムが姿を現わす。

関東の水瓶の象徴ともいえる矢木沢ダム以奥の渓流を「奥利根源流」と呼ぶ。その最初の一滴は、上越国境稜線の大水上山《おおみなかみ》に端を発するのである。

一九六七（昭和四十二）年に矢木沢ダムが完成した。この広大なダム湖を「奥利根湖」という。

しばらくは湖岸道を使えたが、湖岸道が荒廃して以降、ダム以奥の渓流を遡行するには渡船を用いるほか手立てがなくなった。

ダムができるはるか以前から、人びとの住む集落は下流の藤原が最奥であった。そして藤原から奥地を、人跡未踏の妖怪の棲む魔界として怖れたのだ。

それは、奥利根が上越国境稜線に囲まれたどん詰まりの地であり、国境稜線を越えて外部と行き交う峠道をもたなかったためである。それでも果敢に奥利根に分け入ったのは、山越えをして熊を追った越後の猟師であり、鉱物資源を探し求めて渓谷を跋渉《ばっしょう》した鉱山関係者であったが、その動きさえ知らない里びとにとって奥利根は、人間の侵入を阻む畏怖すべき地のままであった。

　しかし、大河利根川の源流を擁する群馬県の誇りが、奥利根を未知のままにしておくことを許さなかった。いわば群馬県の威信をかけて組織したのが、一八九四（明治二十七）年に行なわれた第一回利根川水源探検隊である。このとき携帯した猟銃やピストルや日本刀が、奥利根に潜《ひそ》む魑魅魍魎への畏怖を如実に物語っている。

　この探検行は、途中の水長《みなが》沢に分け入って失敗に終わり、一九二六（大正十五）年に行なわれた第二回水源探検隊では、源流に肉薄したものの、支流の深《ふか》沢に惑わされて、これもまた失敗に終わった。利根川の水源が明らかにされ、本流の水源地を大水上山直下の「三角雪田《さんかくせってん》」と確定したのは、戦後の一九五四（昭和二十九）年の第三回水源探検隊である。足掛け六十年に及ぶ、群馬県の執念の結実であった。

　それからさらに七十年近くが経った。いちどは奥利根へ、と憧れる遡行者の一群のなかに私たちもいた。先人たちの実績を糧に、季節を問わず十余年の歳月を奥利根に捧げてきた。しかし、国境稜線の縦走路も寸断され、水長沢尾根の登山道も藪に埋もれてしまったいま、奥利根を遡行して水源地に立つパーティは、おそらく年に十指にも及ぶまい。奥利根源流は、いまだ魑魅魍魎の犇《ひし》めく僻遠の地に等しいのである。

＊

　奥利根は峠越えの道をもたないと述べた。袋小路の山域なのだ。どの沢を遡っても稜線に立たないかぎり帰還のすべがない。

　その稜線の道も寸断されて行動の自由を制限し、加えて近年では奥利根湖という人工の要塞が退路を絶ってしまった。船を使えば入渓は可能だが、逃げ道がない。奥利根を遡行しようとすれば、孤立無援の覚悟を強いられるのである。

奥利根源流域が、ほかと比べようもないほどの豪雪地帯であることが知られていないのは、人間が暮らしていないからにほかならない。

冬の奥利根に山越えで訪れてみればよくわかるが、奥利根を構成する脊梁山脈がもたらした、途方もない雪が渓を埋め尽くす光景に圧倒される。その膨大な雪に削られた野太い渓谷の美しさと、孤立無援の隔絶性に加えて、利根川の始原の一滴を訪ねる探検的な魅力が、多くの遡行者を惹きつけてやまない要因である。

渡船に乗って奥利根湖に乗り出せば、左に怪異な山容の刃物《はもん》ヶ崎《さき》山が見えてくる。奈良《なら》沢がそのほとりをめぐるようにまわりこみ、多くの沢を分けながら巻機《まきはた》山に収斂される。

奥利根湖の湖頭には、左から小穂口《こぼぐち》沢（※註）が流入する。下部は平凡だが、上部に至って放射状に分かれ、一〇〇メートルを超える大滝群が滔々と水を落とす奥利根の一大支流である。

右からは平《ひら》ヶ岳に端を発する水長沢が静かに入ってくる。第一回水源探検隊が本流として遡行した沢で、草原の山、平ヶ岳に突き上げる闊達な沢である。中流の文神《もんじん》（文珠沢）沢を分ける台地には、旧日本鉱業の作業事務所が建っていた。奥利根に展開した一群の鉱山の草分け的存在であった。

水長沢の右岸尾根には平ヶ岳への水長沢新道が延びていたが、いまでは荒れ果てて、たどることさえ難しい。この水長沢出合が、奥利根本流域の実質的なスタート地点である。

シッケイガマワシを越え、巻淵《まきぶち》を越えると右岸から越後沢が流入する。越後沢には「八百間《はっぴゃっけん》の大滝」と称される右俣大滝が二〇〇メートルを優に超える優美な水を落とし、すぐ左には「幻の大滝」と呼ばれる中俣大滝が豪快な流れを虚空に放っている。奥利根を代表する二大瀑布である。

雪渓に覆われた難所のゴルジュ、オイックイを越えると、左から裏越後沢が入り、やがてゴルジュの奥に魚止滝が現われ、大利根滝が最後の難関となって垂直の水を落とす。

ハト平《だいら》は本流最上部の幕場で、すぐ上で第二回水源探検隊が踏み誤った深沢が左から流入する。ここからは水量を落としながら、人参《にんじん》滝、深山《みやま》滝、赤沢《あかざわ》滝、水上《みなかみ》滝などの優美な滝を登攀して、始原の一滴をもたらす三角雪田に導かれていく。

*

これら源流域に加えて、矢木沢ダム下流にある宝川と楢俣川にも言及しておきたい。

宝川は中流部でナルミズ沢とウツボギ沢に分かれる美しい沢で、藪漕ぎもなく、いずれも谷川連峰の朝日岳や笠ヶ岳周辺の草原に出て、遡行を終える。

楢俣川は右岸を赤倉岳と矢種《やたね》山の稜線に、左岸を尾瀬の至仏《しぶつ》山周辺とする流域で、水源としては奥利根源流域に含めて差し支えないと思う。源頭は赤倉岳とスズケ峰（スズケ峰）の鞍部で、北面は水長沢の文神沢支流南ノ沢である。

さらに上越国境の西（新潟）側には三国《さぐり》川の源流がある。奥利根と隣接しているので、仮に「裏奥利根」としておくが、下津川《しもつごう》や栃《とち》ノ木《き》沢などの秀渓が並んでいて見逃せないエリアである。以上が奥利根源流の大まかな概要と展開である。

*

なお、これから紹介する沢の記録は、もちろん私ひとりのものではなく、仲間たちの記録も多数入っていることをお断りしておく。

※註　沢名のもとになった小穂口山は、『日本山名事典』（三省堂）で「こほぐちやま」、木暮理太郎が日本山岳会機関誌『山岳』に著した「利根川水源地の山々」では「こぼくちやま」、奥利根湖の渡船をしている旧知の高柳盛芳は「おぼくち」、そして私たちは「こぼぐち」沢と呼んでいるが、いずれが正しいかは不明である。このような沢名や山名の呼称の不同はめずらしくはないが、ひとつの例として挙げておく。

奥利根本流

奥利根本流
二日～二日半（水長沢出合～大水上山）

奥利根本流は奥利根源流の華である。大げさな言い方を許してもらえるなら、河口の銚子港から大水上山の始原の一滴に至る、三二二キロの流程を貫く利根川の白眉であり、輝ける一条の光だ。

矢木沢ダムに端を発する奥利根湖の湖岸道はすでに使えないと述べた。したがって渡船に頼るほかないのだが、現在は「民宿やぐら」と「奥利根マリンサービス」の二軒が利用できる。だが、この二軒のスタッフも高齢化が進み、いつまで渡してもらえるか不明である。そうなったとき、奥利根本流へのアプローチは山越えをするしか方法がなくなるだろう。

上陸地点は奥利根湖の水位によって変動する。渇水ならば左岸支流の割《わり》沢付近から歩かされるが、満水時は水長沢出合まで船が入る。

歩きはじめの川幅は一〇〇メートルを

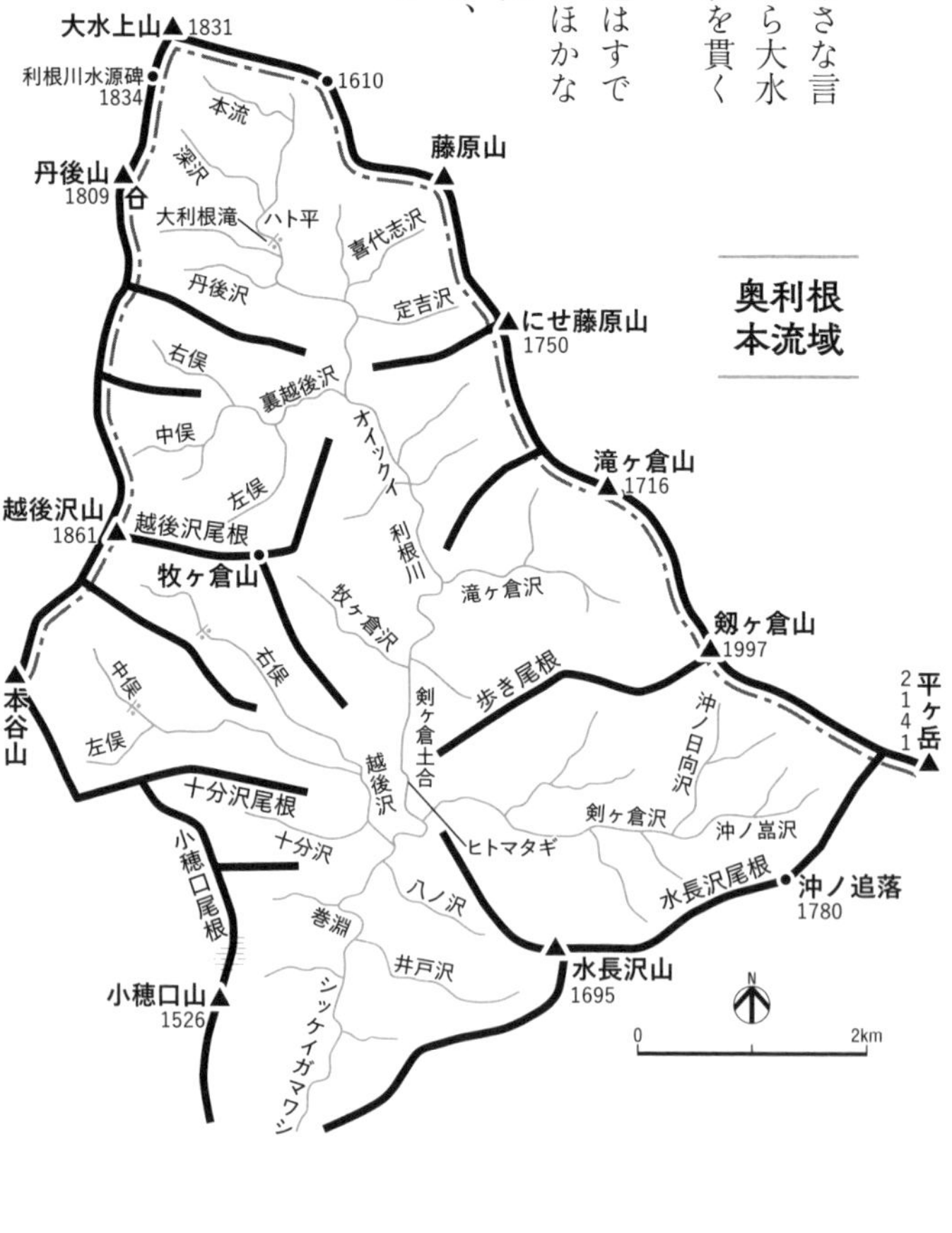

優に超える。徒渉を繰り返すとシッケイガマワシに着く。険しさのあまりシッケイ、すなわちカモシカも迂回する意味からの命名だが、シッケイガマワシ自体は右から簡単に巻ける。シッケイガマワシが重要なのは、ここに架かる雪渓の有無で、以奥の奥利根本流の雪渓の状態が判断できるという点にある。

これは次に出てくる井戸《いど》沢出合の雪渓も同様である。井戸沢を過ぎると巻淵が出てくる。この淵も右から越える。いくぶん沢が狭まるようになると越後沢が左から入る。出合の上に二段の幕場がある。ここまで水長沢出合から二時間みておけばいい。

ここから本流は剣《けん》ヶ倉《くら》土合《どあい》のゴルジュに入る。幕場から左の高台を巻くこともできるが、ここは忠実に遡りたい。右から剣ヶ倉沢を入れるとほどなくヒトマタギに着く。流れの狭まる源流部に行き着くまでの最狭所がここで、両岸の岩に足を置くことによって、利根川を「ヒトマタギ」できるという、いわば知られざる名所だ。

剣ヶ倉土合を抜けると流れはふたたび闊達になる。滝《たき》ヶ倉《くら》沢が右から入る。この高台が幕場になっている。次の幕場適地は裏越後沢出合で、ここからさらに二時間はみたい。どちらにするかは、天候やメンバーの技量と相談するしかない。

滝ヶ倉沢を過ぎるとゴルジュ帯に突入し、そのまま最難所のオイックイまでつづくが、二キロに及ぶ一連のゴルジュの突破時間と難度は、ひたすら雪渓の状態に左右される。このゴルジュを高巻くことは考えられず、どのような雪渓の状態であったとしても、丹念にこつこつ通過していくよりほかはない。雪渓の下を走り抜ける事態はざらで、雪渓上にペグを埋めこみ、懸垂下降で沢床に降りたりもする。

ようやく裏越後沢に着くが、ここの幕場は出合付近の川原に求めるほかなく、越後沢出合や滝ヶ倉沢の出合に比べて安全性は格段に落ちる。

苛烈なゴルジュはさらにつづくが、幸いオイックイに比べて雪渓の量は極端に少なくなる。やがてゴルジュの先に魚止滝一五メートルを認めて、これを左から越えてひと息つく。

渓が少しずつ広がりを見せ、現われる滝を丁寧に越えていくと、本流最大の大利根滝二〇メートルが垂直に立ち上がっている。この滝は左から高巻くことが可能だが、これを登らない手はないだろう。

大利根滝を越えるとハト平は目前である。ハト平は、第二回水源探検隊で通信用のハトが死んだ場所だという。初日に滝ヶ倉沢出合に泊まった場合、二日目の幕場はハト平になる。裏越後沢まで行程を延

奥利根本流
（水長沢－大水上山）

1987年8月9～11日

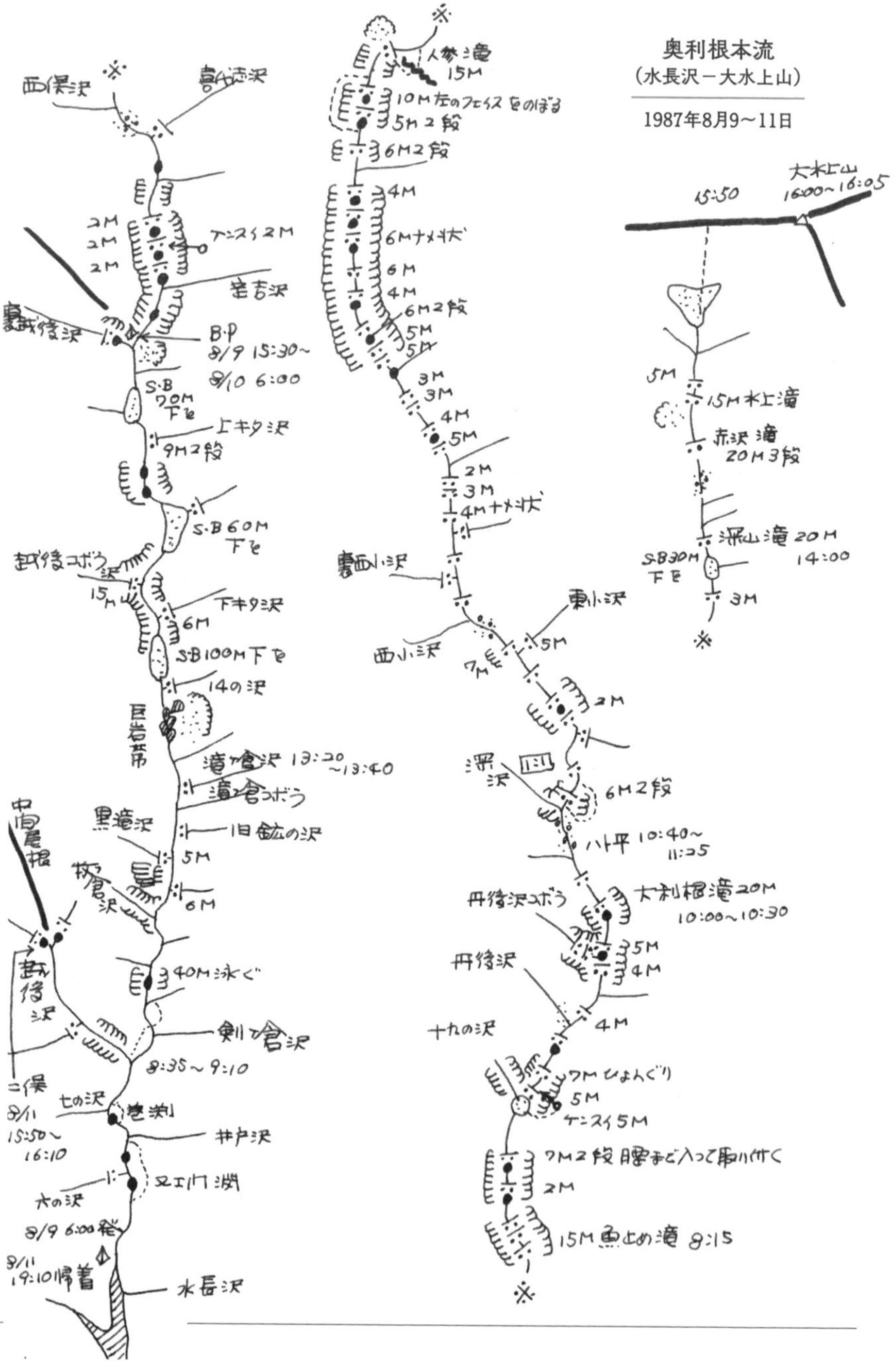

ばしていれば、その日じゅうに稜線に立ち、丹後山《たんご》の避難小屋に入ることが可能だが、すべては雪渓次第である。

ハト平のすぐ先で左から深沢を迎える。深沢はやさしい沢で、大水上山からのアプローチやエスケープにも最適である。

ここから最源流に入る。水量は一気に減じるが、無数の滝が連続する。これを快適に越えていくと、人参滝一五メートルが現われ、左のフェイスを登る。以後、深山滝、赤沢滝、水上滝と連続する最源流のはじまりの滝である。深山滝、赤沢滝を越え、水上滝一五メートルのすぐ上の五メートル滝で滝は終わりを告げる。

窪状のルンゼを忠実につめていくと視界が開け、三角雪田に到達する。大河利根川の最初の一滴を落とす雪田で、その大きさは毎年変わる。目を上げれば、すぐ上に稜線が横たわり、眼下には遡り来た奥利根本流が銀の帯のように連なって見える。

草付を二〇〇メートルほど登って登山道に出て、大水上山を往復する。稜線の「利根川水源碑」を経て丹後山避難小屋に泊まるが、余力があれば丹後山西尾根から越後側の十字峡に下る。

水長沢流域と周辺の沢

水長沢本流水鉛ノ沢　平ヶ岳まで六時間（単独）

水長沢周辺には、水長沢出合にベースを置いた際に遡行できる沢がいくつかある。

出合下流の割沢と赤倉沢は、一日で遡下降できる中級の沢であり、本流のシッケイガマワシ上部にある井戸沢もそのひとつだ。

しかし、やはり本命は水長沢本流で、藪漕ぎひとつなく平ヶ岳に突き上げる爽快感は格別である。

水長沢本流を単独で遡行したのは、水長沢出合にベースを置いて周辺を探った年の最終日であった。通常なら一泊を要する沢だが、日帰りで駆け抜けられたのは、ひたすら水長沢新道の恩恵であった。

旧魚止滝まではなにもない。魚止滝は右岸のルンゼから十分で巻く。文神沢（文珠沢）を分けるとゴルジュになる。単独なので無理をせず、巻けるところは巻いて進む。

白沢を分けると赤茶けた鬼ヶ島のごときゴルジュで、残置ハーケンやスリングを使って突破する。銅ノ沢の出合は両門状で、本流の五メートルの滝を越

水長沢本流
水鉛ノ沢

1985年8月17日

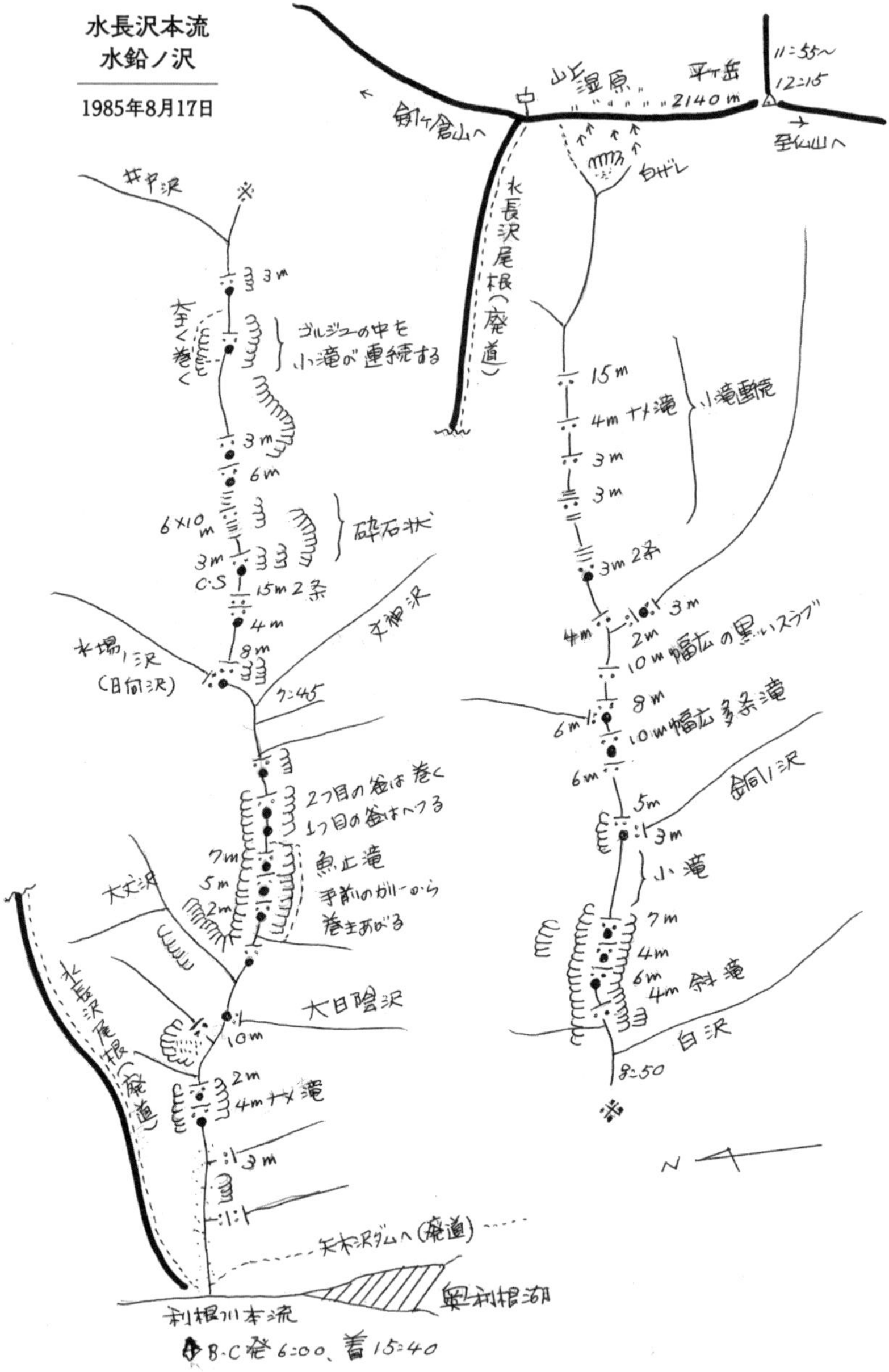

えると核心部は終わる。

間断して現われる滝は六〜一〇メートル規模だが、側壁がなく、おおむね登れて楽しい。二俣を左の水鉛《みずなまり》ノ沢にとると源頭の趣で、開けた川原が仮借なく高度を上げる。やがて水が涸れ、視界の利かないルンゼを登ると、一歩の藪漕ぎもなく、平ヶ岳の広大な草原に飛び出した。山頂で二十分休み、水長沢新道を駈け下りて、三時間半で出合のベースに帰り着いた。

以前は、矢木沢ダムの気象観測目的で造られたロボット小屋が水長沢山にあり、そのための作業道が拓かれた。その延長で平ヶ岳まで「奥利根山岳会」が拓いた水長沢新道が使え、周辺の沢を登った下降に用いられたが、登山道が荒廃して以降は下山ルートの選定に苦労するようになった。この計画は水長沢新道が健在だったからこそ可能だったのであり、深い藪に埋もれた現在ならば、重荷を背負って平ヶ岳の山頂に立ち、登山道を越後側に求めるほか方法がない。

水長沢文神沢（文珠沢）　六〜七時間

本流と分かれて文神沢に入ると、轟音とともに二段五〇メートルの文神ノ大滝が迎えてくれる。これは最初の滝の手前から右岸を大きく高巻く。尾根上の乏しい踏み跡を利用して滝上に出る。ゴルジュ帯出口の左岸にあるのが「文殊菩薩《もんじゅぼさつ》の岩峰」である。

右俣を分けるとすぐ左俣（東ノ沢）の二段三〇メートルの文殊大滝（地形図の「文珠ノ滝」とは異なる）があり、これは左岸から簡単に高巻く。ゴルジュの消えた滝を登ると、やがて草原になり、北田代の一角に出る。稜線は密藪である。

右俣は中ノ沢と南ノ沢に分かれ、南ノ沢をつめた鞍部から藪を漕いで右に進めば赤倉岳へ、鞍部を越して南に下りると、楢俣川本流の下降になる。

なお南田代は、南ノ沢と中ノ沢の中間に位置する藪の中の別天地である。

水長沢水場ノ沢（大上沢）　二時間

水場ノ沢は、地形図では「大上沢《だいじょう》」と記されている沢である。文神沢（文珠沢）を分けて本流を進むと、すぐ左から入る沢が水場ノ沢だ。流程は短いが、小滝が連続して楽しめる。シャワーあり、高巻きありだが、傾斜の強い沢なので雪渓の消えも早く、ゴルジュもないので快適である。

四メートル両門ノ滝は右に入る。次第に藪がうるさくなるが、なおも小滝がつづく。最後はほんの少しの藪漕ぎで、水長沢山と一七六二ピークの中間に出る。付近には小さな池や細い流れがあり、水場ノ沢の名は、第一回水源探検隊が下った沢か、あるいはロボット小屋を利用した人たちが水を得たことから名付けられたのかもしれない。

水長沢大丈沢　三時間四十分

魚止滝の下に右岸から落ちる沢が大丈沢である。水長沢山から南に延びる稜線直下に奥壁をもち、標高差六〇〇メートルを一気に落とす。この短い沢は遡行というよりも登攀に近いのである。

出合は例年雪渓に覆われているが、あまりの急傾斜に、雪はすぐになくなる。出合を真下に見ながら気持ちよく登る。五~七メートルの滝のシャワークライムをこなすと水量が少なくなり、おもしろいように高度を稼ぐ。五十分ほど登ると二俣で、右に入って四十分で奥壁の基部に着く。

真下に出合が見え、上には草付の壁。これをザイルを使って直登する。見た目より難しい登攀を終えると四十五度の傾斜の大きな一五〇メートルほどのスラブが広がり、気持ちよく登る。途中で右のブッシュからスラブを横切り、水長沢尾根に出る。水長沢山までは十分であった。

井戸沢　三時間

井戸沢へは水長沢出合から利根本流を一時間ほど遡行する。滝は多いが難しくはない。下部に二条一五メートルの滝がある。二俣で水が涸れ、最後は奥壁を形成している。この奥壁の岩質は、奥利根の地質ではなく、遠く浅間《あさま》山が噴火した際、火山弾が飛来して井戸沢の奥壁を形成したことが、奥利根地域学術調査隊の調べで明らかになっている。

下降は井戸沢の左俣である裏宮《うらみや》地《じ》沢を下るが、水長沢山から水長沢支流の水場ノ沢（大上沢）を下って出合に戻るプランもあり得る。

赤倉沢下降　七時間

赤倉岳までは水長沢文神沢（文珠沢）南ノ沢を遡行して立つ。赤倉岳から猛烈な藪漕ぎになる。ゴルジュを下って三ノ沢。四メートル滝を懸垂下降するが、ゴルジュの大滝は高巻きすぎて落差不明。この高巻きで時間を浪費。二ノ沢を過ぎるとゴルジュの規模は小さくなる。

割沢左俣　十時間

奥利根湖に注ぐ、小粒だが中級の沢である。中流

水長沢流域と周辺の沢

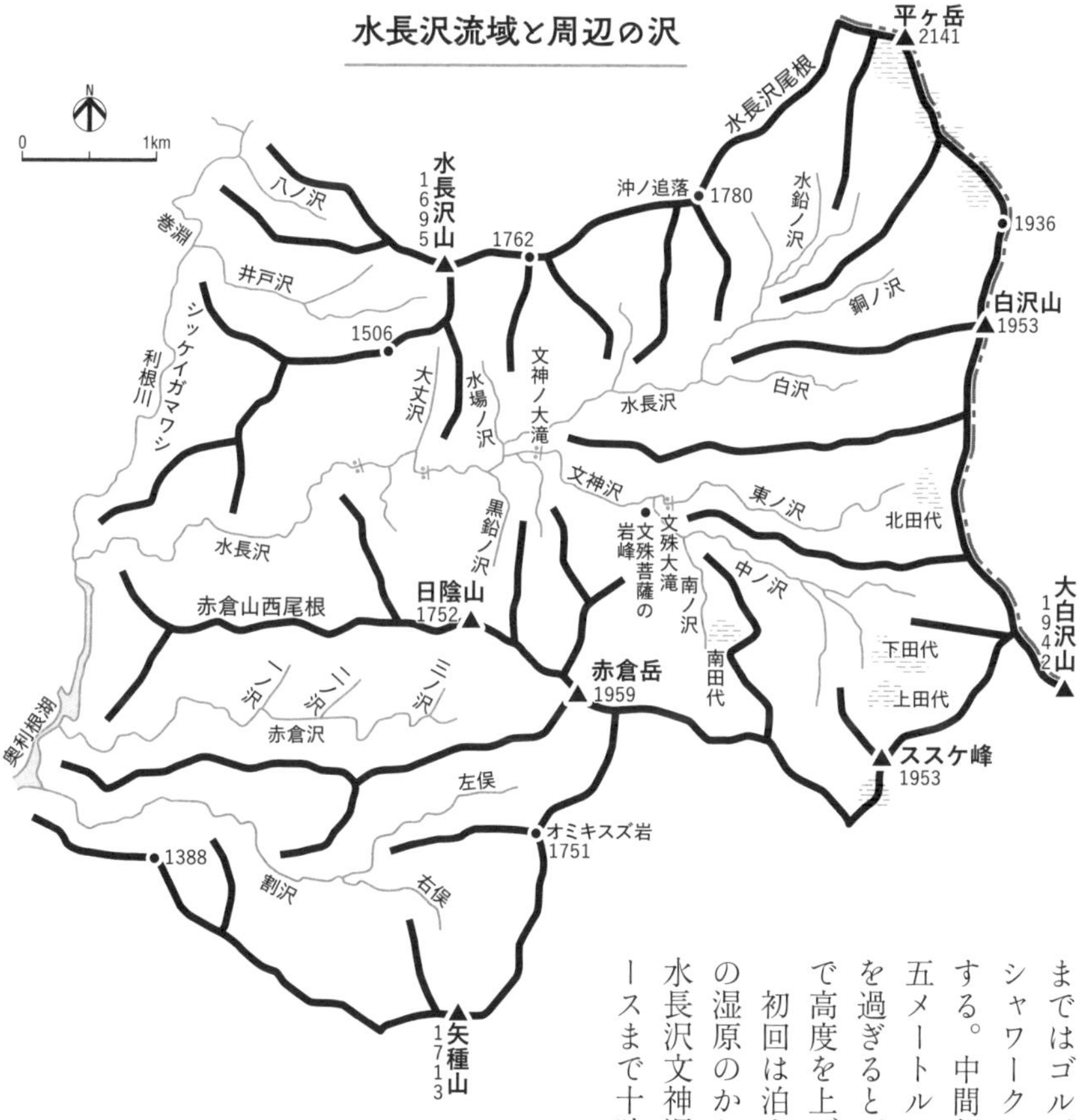

までゴルジュがつづくが、高巻き、シャワークライム、泳ぎを重ねて突破する。中間部で二条二〇メートル、一五メートルのトイ状滝があるが、これを過ぎるとゴルジュは尽きて滝の連続で高度を上げる。

初回は泊まりの装備で遡り、南田代の湿原のかたわらに泊まった。下山は水長沢文神沢（文珠沢）南ノ沢で、ベースまで十時間を要した。

二回目は屈強の仲間とふたりで日帰りを敢行。このときは七時間で遡行終了。南田代を省略し、同じコースを下って二十時に水長沢出合のベースに帰着した。

赤倉沢下降

1985年8月16日

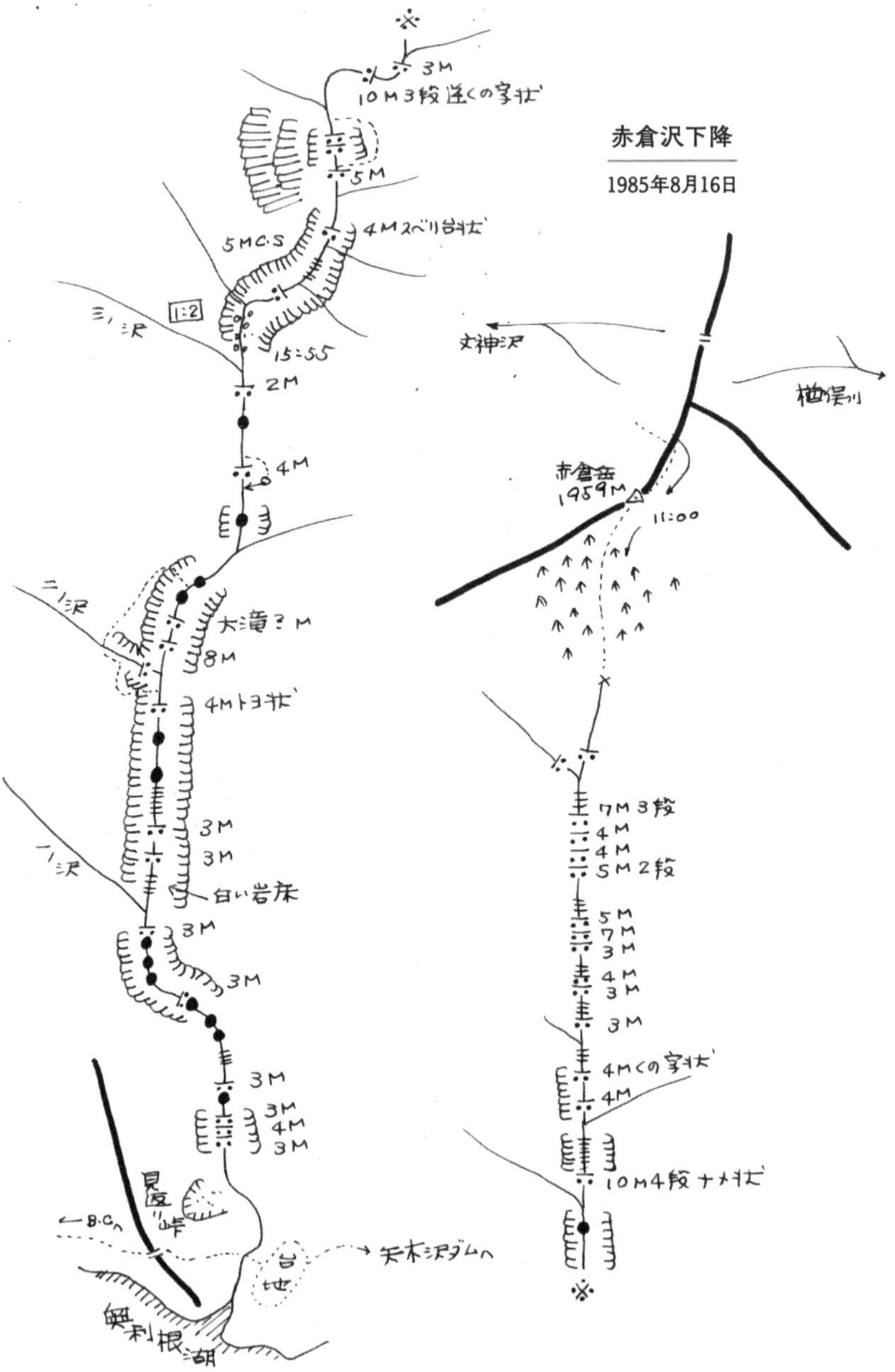

割沢左俣～水長沢文神沢南ノ沢下降

1997年8月13～14日

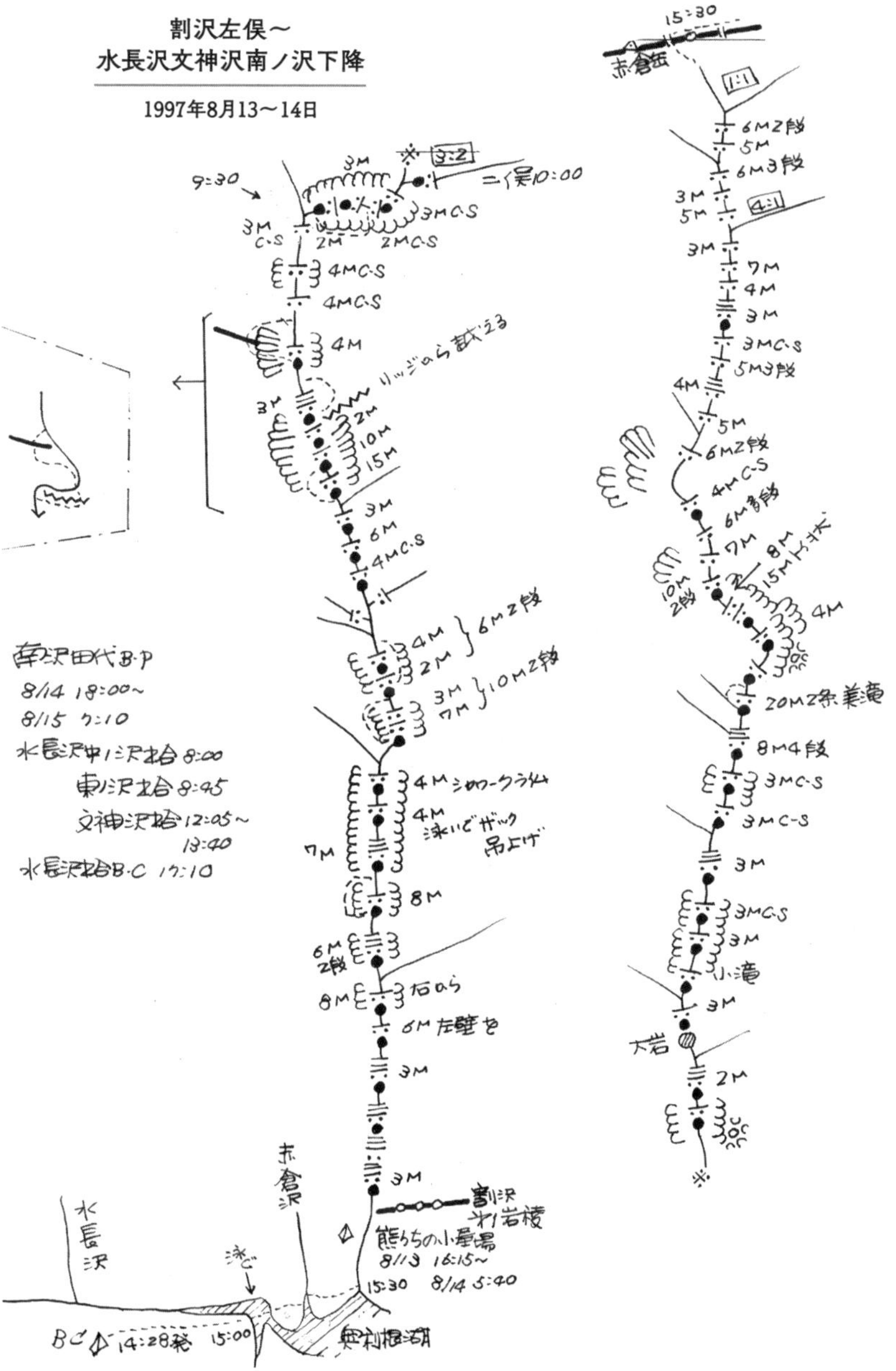

コラム①

利根水源探検紀行の謎と水長沢周辺の沢

水長沢には第一回水源探検隊が、利根川の水源とした文殊菩薩の岩峰が現存している。

これまで疑いもせず水長沢を「みなが」沢と呼び、ことさら由来にこだわってこなかったが、最近になって古い文献にある「三流沢」「三長沢」の記述を見いだして納得した。つまり、水長沢は三本の流れが集まった沢が語源なのである。ススケ峰（スズヶ峰）を源とする文神沢（国土地理院発行二万五千分ノ一地形図には文珠沢と記載）、白沢山を水源とする白沢、平ヶ岳に突き上げる水長沢本流の水鉛ノ沢の三本で、文殊岩があるのは、文神沢支流東ノ沢出合手前の左岸だ。

文神沢は、一八九四（明治二十七）年の第一回水源探検隊が利根川の水源とした沢で、水の滴る文殊岩を発見して、「これが水源だ！」と叫んだというが、それはあやしい。そもそも第一回水源探検隊は及び腰だったという説があり、ともかく帳尻を合わせたかったのではあるまいか。

第一回水源探検隊が、利根川の水源を水長沢の文殊岩だとしたのには古い文献にヒントがある。日本山岳会の初代会長で、奥利根の山々を世に紹介した木暮理太郎《こぐれりたろう》が、一九二三（大正十二）年五月に出版された日本山岳会の機関誌『山岳』に「利根川水源地の山々」を著したが、そのなかの「水源と文殊岩」の項で利根川の水源を考察し、いくつかの文献を紹介している。

たとえば、明治十二年編纂の『郡村誌』に藤原村利根川の条がある。

――本村ノ北方駒ヶ岳（一名文殊岳）ヨリ水長沢ヲ出ス。三渓山中ニ合シ、十五里許ニシテ利根川ニ入ル、世人是ヲ利根川ノ源トス、大ニ誤レリ。此ノ三条ノ内何レノ一条カ文殊岩ノ乳ヨリ滴ルモノアリ。古来往々突尋スルモノ得テ見ルモノアリ、得テ見ザルモノアリ。草木ヲ分ケ険岨ヲ渉ルニ方位ヲ失シ、竟ニ何ノ渓タルヲ知ル能ハズ。蓋シ利根ノ本根ハ古来見究タルモノナシト云フ――

※木暮理太郎著『山の憶ひ出』上巻（竜星閣／一九三八年）より引用（旧仮名新字体）

世間では利根川の水源は水長沢の文殊岩にあるとしているが、まったくの間違いで、たまたまその場に行った人がいたとして、見た者も見ない者もいる。まして草木を分け、険阻な渓を渡って方位も失ったのであれば、なんの渓かもわかるはずがない。そもそも利根の水源を見究めた者などいない、というのである。

この『郡村誌』の一条が、当時の探検隊の理論的根拠になっているように思える。探検隊を計画した人びとが、水源の在り処を探るべく、古い文献にあたらないはずがないからだ。だが、存在しているのは『利根川図志』一八五五（安政二）年などの古絵図に、文殊山（岩）が水源と記載されているだけであった。いまだ水源が未確定ならば、われら群馬県人の手によって確定してみせようではないか、となったとしても不思議はない。

第一回水源探検隊の苦闘は、記者として同行した渡邊千吉郎《わたなべせんきちろう》（近年の調査で、当時の職業が群馬師範学校教諭と判明）の『利根水源探検紀行』に詳述されている。この記録はネットの「青空文庫」や「国立国会図書館デジタルコレクション」で読めるが、なんとも無謀な挑戦であった。

私の推論では、地元の案内人を雇わなかったという致命的な失敗を犯した山に未熟な集団だったにせよ、水長沢の出合に立った瞬間、本流との圧倒的な水量比に気づかなかったはずがないのである。

ここで疑問が発生する。木暮理太郎は『利根水源探検紀行』を読んだうえで「利根川水源地の山々」を書いているにもかかわらず、彼らは本流を左に見て、そのまま水長沢に沿って進んだと記している。しかし『利根水源探検紀行』には、そのような記述は一切ないのである。あるのは、あくまで本流沿いの遡行を主張する一派と、山に登って水源の山（つまり文殊岩）に立つ一派の激論であった。水長沢遡行説は、現場を知らない木暮の推論であろうと思う。ともあれ、水長沢出合における激論のあとの部分を『尾瀬と桧枝岐』（川崎隆章編　那珂書店／一九四三年）から、少し長いが引用する。


——一行始めて団結し猛進に決す。又足を水中に投ずれば水勢益々《ますます》急となり両岸の岩壁愈々《いよいよ》嶮となり、之《これ》に従って河幅は頗《すこぶ》る縮り困難の度は実に水量と反比例をなし来る。進む事一里にして両岸の岩壁屏風の如く、河は激して瀑布となり、其《その》下窪みて深淵をなす。衆佇立相眄《にら》みて愕然一歩も進むを得ず。是《これ》より水上に到れば猶斯《なおかく》の如き所多きや必せり。此処に於て往路を取りて帰り三長沢（水長沢のこと）に泊し徐計をなす可《べ》しと云い、或《あるい》は直《ただち》に此嶮崖を攀じて山に上り山脈を伝うて水源に至らんと云い、相議するや久し——

※（　）内筆者註、振り仮名は編集部

結果、本流左岸（水長沢に入ったのならば右岸）と思われる山肌を登って、水のない山中で三泊し、水長沢の中流に下るのである。

その苦闘の山中彷徨のなかに次の一文がある。

――千辛万苦遂に井戸沢の頂上に到る、頂上に一小窪あり、涓滴《けんてき》の水集りて流をなす。衆初めて蘇生の想をなし、飯を炊《かし》ぐを得たり――

この井戸沢の頂上がどこにあるかだが、彼らが登ったのが本流にある支流の井戸沢の右岸で、頂上を水長沢山とすれば説明がつく。進むこと一里（四キロ）を地形図で見れば、おおむね井戸沢の先の巻淵付近と推定できる。さらに頂上の窪地を、地形図の大上沢（実際は水場ノ沢）とすれば辻褄は合う。水場ノ沢を下れば文神沢の出合は目前である。

ただ、これはあくまで私の推測にすぎず、実のところどうだったのかは藪の中だ。探検隊が事前に『郡村誌』に目を通したと仮定すれば、文殊岩水源説、すなわち水長沢水源説が誤りなのは知っていたはずで、それでも誘いこまれるようにして水長沢に入ったのだとすれば、彼らは明らかにビビったのである。そこに彼らの及び腰とまとまりのなさを見る。

奥利根には鬼婆《おにばばあ》や妖怪が棲んでいるとされ、その対策に日本刀ひと振り、猟銃二挺、ピストル四挺を持参したほどだ。まして『利根水源探検紀行』には隊員十二名の氏名の記載と人夫など総勢三十九名、途中離脱者十名、目的を達して下山したのは二十七名とあるものの、隊長の記載はどこにもなく、もし隊長がいなかったのだとすればまとまれるはずがない。その結果、文殊菩薩に似た岩を山中に発見し、これを水源だと断定して帳尻を合わせ、『郡村誌』は間違いだったとばかり、どうにか無事に尾瀬ヶ原を経て尾瀬戸倉に下山したのだが、彼らの主張が公式に認められることはなかった。

ちなみに木暮理太郎によれば、文殊岩水源説は徳川幕府の中世以後に書かれたなにかの記事が、諸書に引用されたのではないかと推論している。その江戸時代の文殊岩水源説をうやむやにせず、真っ向から否定してみせた『郡村誌』の著者も、学究肌のなかなかの人物だったように思う。

ここまで長々と『利根水源探検紀行』の謎を述べてきたが、べつに私は彼らの行動の過ちを非難しているのではない。なにせ御一新《ごいっしん》からわずかに二十七年、断髪令からでも二十三年、廃刀令から十八年が経ったにすぎない明治の揺籃《ようらん》期である。陸軍が国防のために陸地測量部を開設し、全国の測量をはじめているものの、科学の恩恵はいまだ彼の地まで至らず、あるのは古い絵図面だけなのだから、彼らが水長沢出合で二の足を踏んだとしても当然であろう。

その時代に利根川の水源を探ろうというのだから、当時としては画期的な壮挙だったのだ。だが惜しむらくは隊長不在と、おそらく越後沢周辺までの地形を把握していたはずの地元民の雇用をしなかったことである。しかし、群馬県はその失敗の教訓を第二回、第三回の探検隊に活かし、ついに結実させたのだから、第一回水源探検隊の派遣と行動は決して無駄ではなかったのである。

そして最後に、一九五四（昭和二十九）年の第三回水源探検隊の時期である。一九二六（大正十五）年の第二回から二十八年後、敗戦の痛手からようやく立ち直り、復興の槌音《つちおと》が聞こえはじめたとはいえ、なぜこの時期でなければならなかったのかという思いをいだく。いかにも唐突なのである。ただ、ここにもひとつのヒントがある。それは翌一九五五（昭和三十）年に、矢木沢ダムの建設計画が明らかになっていることだ。

ダム工事がはじまってしまえば奥利根一帯は喧騒の坩堝《るつぼ》になる。建設のための調査も進むはずで、そうなってしまってから水源探検隊を出したのでは、いかにも時代にそぐわない。ダム建設は当時の科学の最先端である。ならばここはどうしてもダム工事がはじまる前の、魑魅魍魎が棲み人跡未踏と信じられてきた最源流部に水源探検隊を送りこむ必要があったのではないか、というのが私の拙い推論である。

小穂口沢流域

小穂口沢は奥利根湖の湖頭で、水長沢の下流、本流右岸に注ぐ扇状の一大支流だ。どの沢にも一〇〇メートルを超える大滝が存在し、藪漕ぎもなく主稜線に立つ渓相は、沢のもつ諸相をほぼ完璧に備えて見事である。奥利根本流に入る前に、ぜひ遡行しておきたい沢である。

遡行後の下津川山から本谷山《ほんたに》へつづく上越国境の縦走路は、荒れてはいるが使えるはずで、下山は中尾ツルネの登山道を三国川の十字峡に下る。

小穂口沢本沢　一日強

下部はまったく平凡。オクサビ沢を過ぎるころから、暗さの感じられない美しいゴルジュがつづく。二俣の出合は三メートルと七メートルの、二段一〇メートルの魚止滝になっており、右から高巻く。この途中に幕場に適した台地があるが、水は持ち上げる必要がある。人数が少なければ、滝上の小さな川原が水を使えて快適だ。

一対一の水量比で北沢を分けると、やがて川原になり、大滝が見えてくる。川原が尽きると連瀑で、これを快適に登ると、両岸に岩壁を広げた大滝の基部に着く。六段一四〇メートルに及ぶ大滝は、取付が難しいが、あとはまことに快適な登攀である。

例年ならば、滝上から雪渓に覆われ、難なく国境稜線に至るが、雪の少ない年や秋の遡行では、滝上につづく連瀑の通過に苦労する。特に二〇メートルのスラブ滝の登攀は恐怖だった。ハング状の取付から空身で登ったが、バイルを振るい、墜落の恐怖と闘いながら必死で登った。

スラブ滝の上も、草付に護られた絶望的な滝がつづき、奥の二俣を左に逃げて、ようやく傾斜を落とした草付を登って、国境稜線の池のほとりに出た。下降は本谷山を越えてオクブナ沢を下る。

北沢　五時間

初日、魚止滝上の幕場に泊まって、日帰り速攻を企てた。出合から下津川山まで五時間を切ったのは空身ならではの恩恵で、重荷ならさらにかかる。

出合は雪渓で、出口の一〇メートル滝を越えて小滝を登り、次の雪渓出口の七メートル滝は左岸を巻く。三段一二〇メートルの大滝は出合が雪渓に埋まっていて、これを右岸から越える。つづく岩壁と雪渓に護られた滝群を左から巻き、最後は草付と露岩

小穂口沢本沢

1985年8月13〜14日

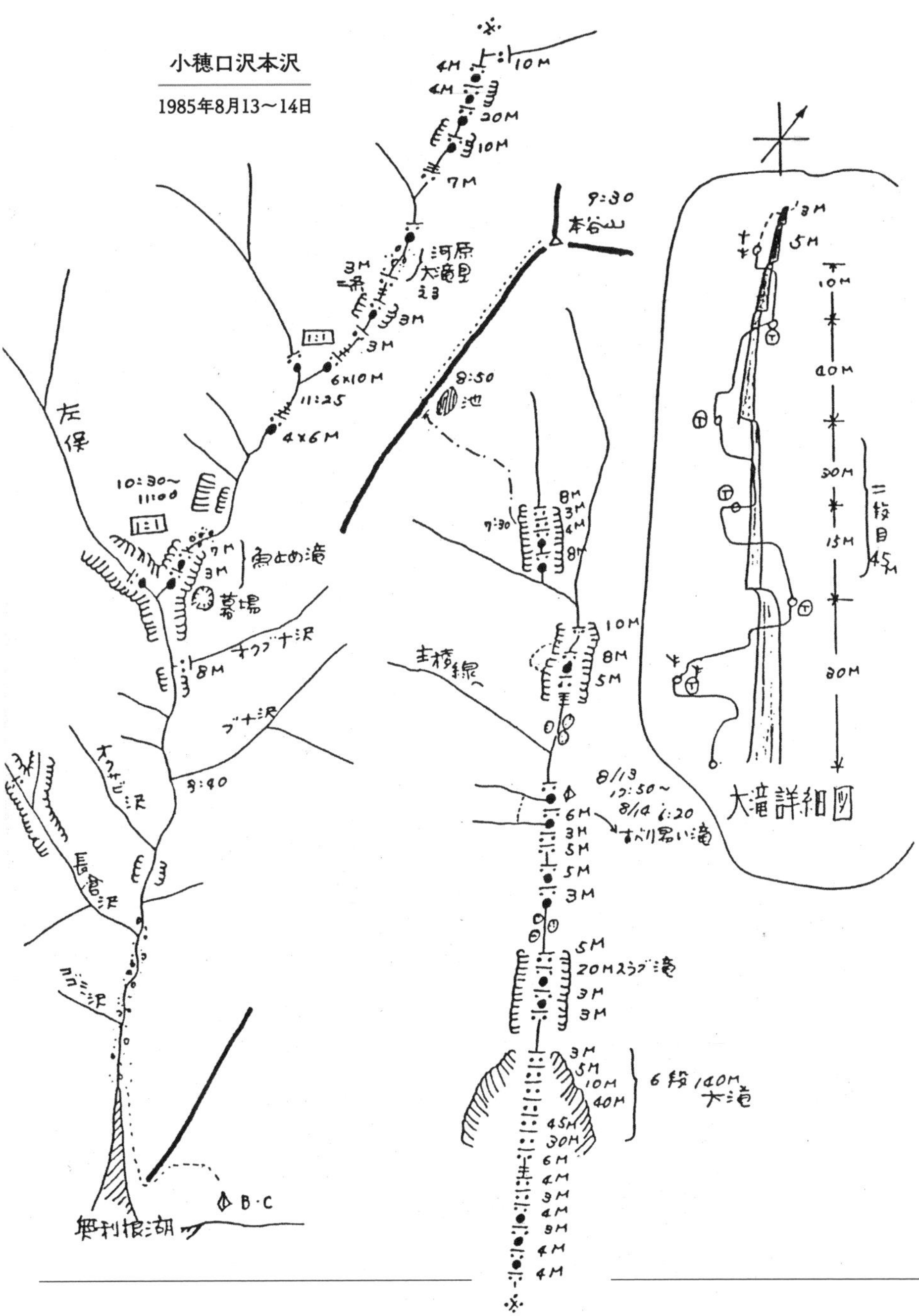

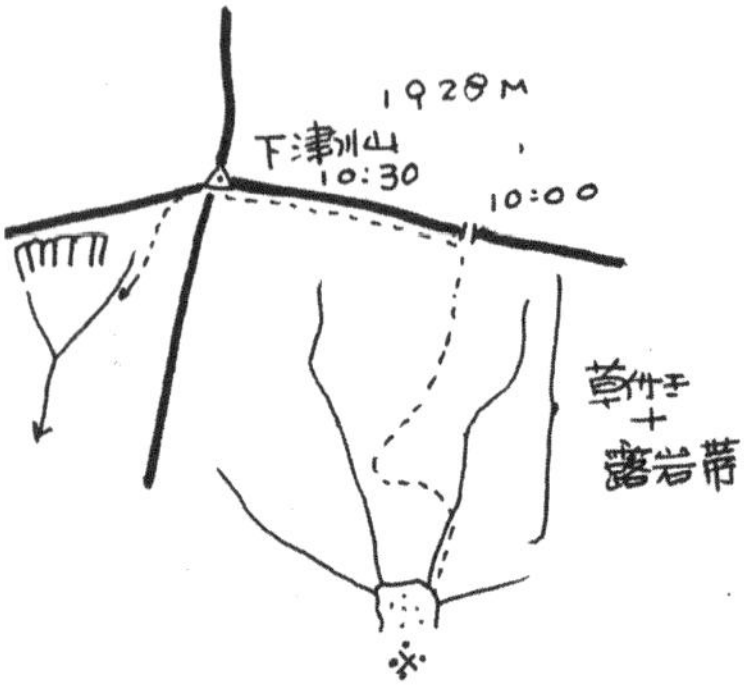

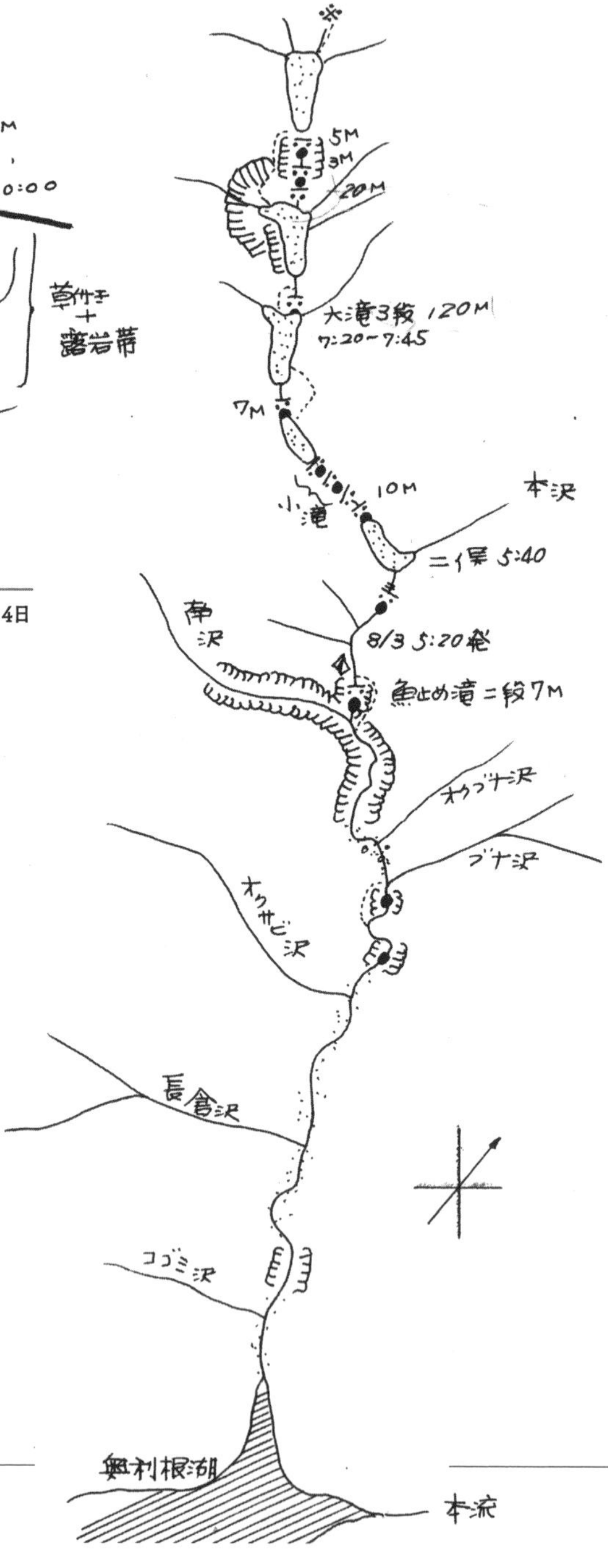

小穂口沢
北沢右俣

1997年8月13〜14日

帯を登って国境稜線に飛び出す。下津川山までは三十分であった。

南沢右俣下降　七時間

北沢を遡行して南沢右俣を下ったが、大滝の高巻きに時間を取られてビバークを余儀なくされた。

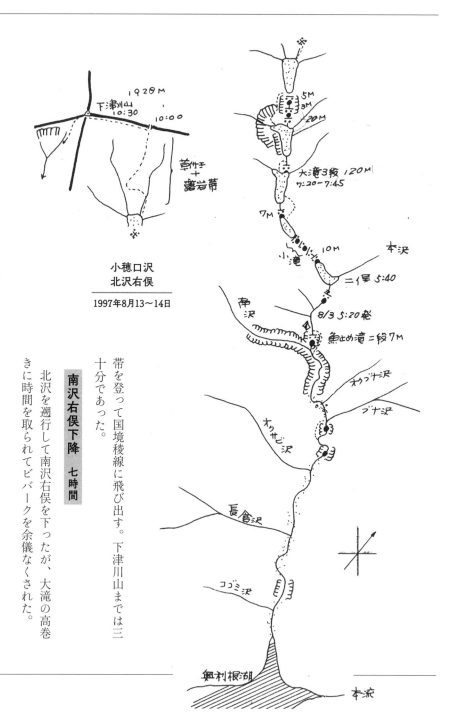

下津川山から藪を伝って雪渓に乗り、大滝上までは順調に下降。二段一一〇メートルの大滝は下れず、右岸のリッジを登って、左沢の五十五メートルの大滝上まで三時間をロスしてビバーク。さらに雪渓を下り、下部のゴルジュを、泳ぎを交えて下降し、魚止滝上の荷を回収して、水長沢ベースに下った。

南沢左俣 八時間

前記の北沢~南沢継続の翌年に遡行した。前年と同じように魚止滝上でビバーク。滝下に戻って南沢に入る。出合のゴルジュはへつりと高巻きで通過。この辺りは前年に通っているので問題なし。次々と現われる滝を快適に通過し、一〇メートル滝を右の草付から越える。断続する雪渓の上には、前年に苦労した右沢の二段一一〇メートルの大滝が見える。

雪渓の中間から左壁をザイル二ピッチで登攀してリッジを越え、左沢の五十五メートル大滝を左岸から高巻く。なおもゴルジュの中をつづく滝群を登攀し、一〇メートル飛瀑を越えると滝場は終わり川原になる。一対一の支流を左に入り、小沢岳から延びる尾根に乗る。

下降は奈良沢支流の幽《ゆう》ノ沢で、豪雨のビバークの末、翌日左岸の支流から尾根を越え、下長倉《しもながくら》沢から小穂口沢に戻った。

オクサビ沢 四時間

オクサビ沢と上・下長倉沢は連接しており、ともにゴルジュが連なっているが、なかでもオクサビ沢は登攀価値に富んでいて楽しめる沢だ。オクサビ沢、上長倉沢、下長倉沢と下るにつれて簡単になる。

オクサビ沢のゴルジュの中の滝は変化があり、全身を駆使して登っていく。一〇、三、五メートルは右岸から高巻き、懸垂下降で戻る。一〇メートル、一五メートルを左岸のルンゼから巻くと三〇メートル滝が現われる。これをランニングビレイで登ると小滝がつづき、幽ノ沢山直下の藪に突入する。

上長倉沢右俣下降 五時間

草付の急なルンゼを下る。八メートル滝は懸垂下降。ゴルジュに入ると滝が連続する。おおむね下れるが、左俣との出合の八メートル、五メートル滝は右岸から巻いて、懸垂下降で二俣に降りる。

上長倉沢左俣 二時間三十分

右俣出合まではシャワーを交えて、すべて直登できる。三段二〇メートルの大滝がこの沢の白眉で、

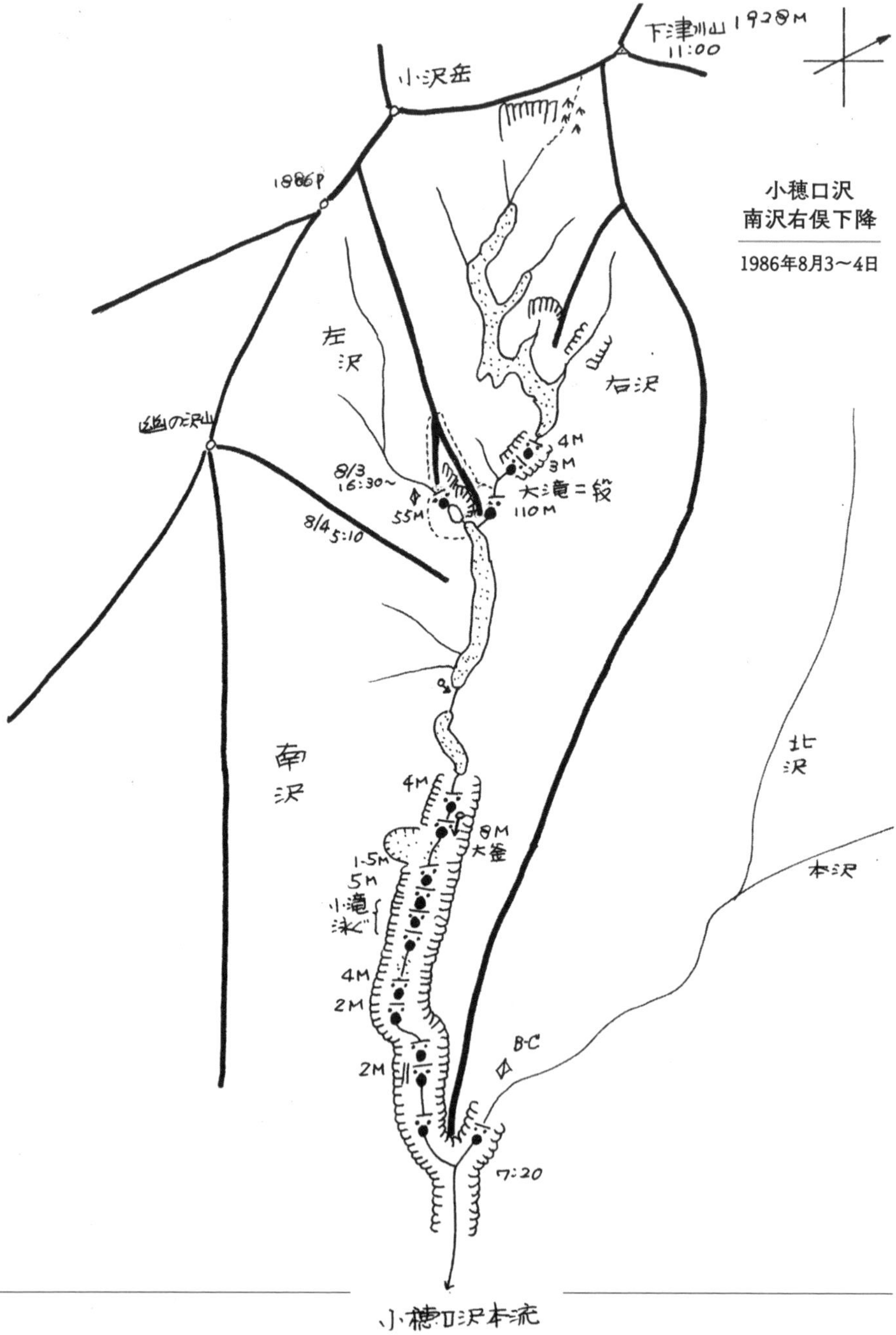

小穂口沢
南沢右俣下降

1986年8月3〜4日

小穂口沢
南沢左俣

1987年8月12〜13日

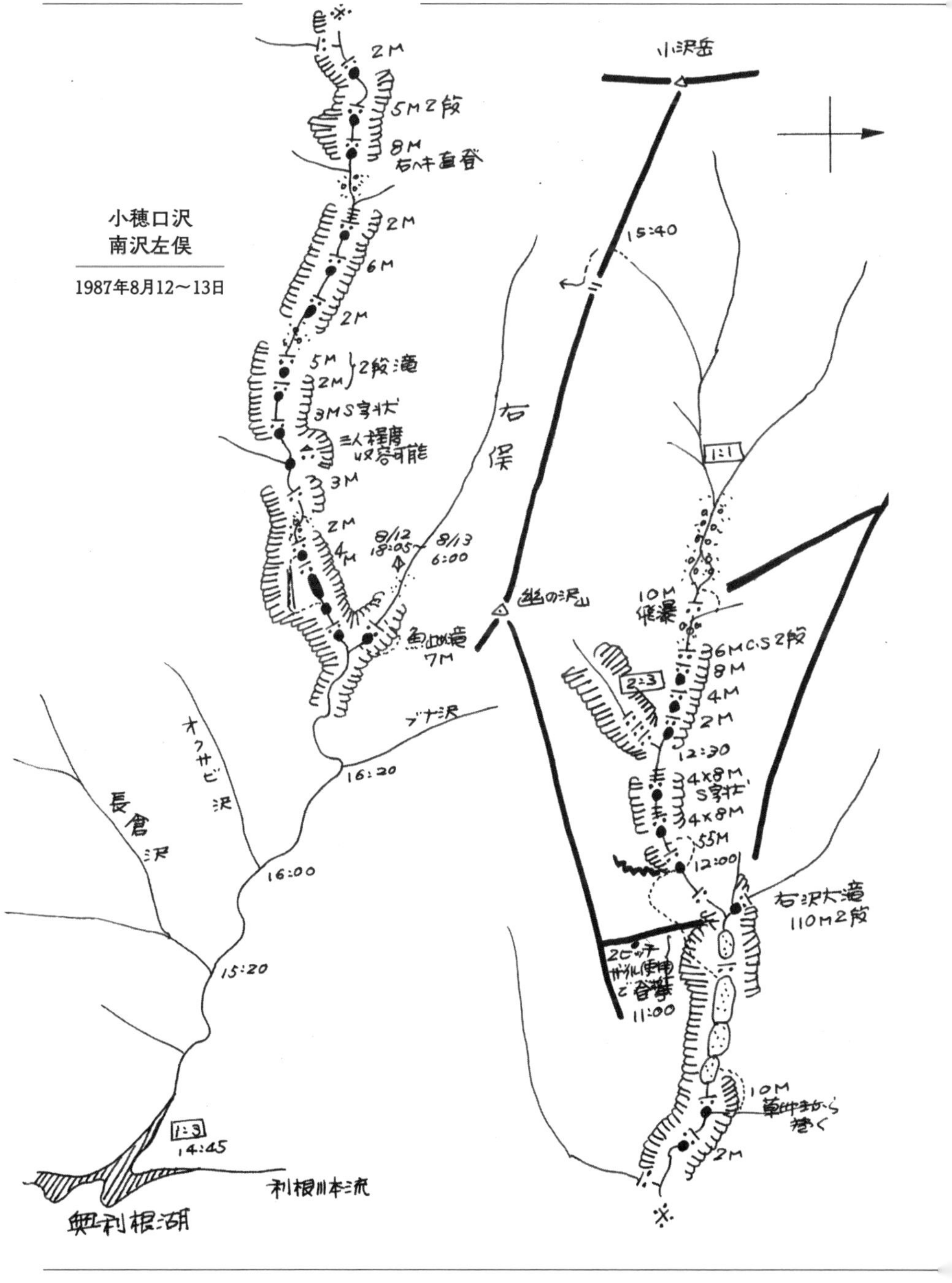

ザイル使用で必死に登ると、一五二九と一四二六ピークの鞍部上に明瞭な獣道が現われて感動する。

下長倉沢下降　二時間三十分

前述の上長倉沢左俣から継続下降する。沢床に下りるまでが核心。傾斜の強い枝沢を木の枝につかまって強引に下り、最後は懸垂下降まで強いられて沢に降り立つ。あとは、なにもない沢を散歩気分で下る。

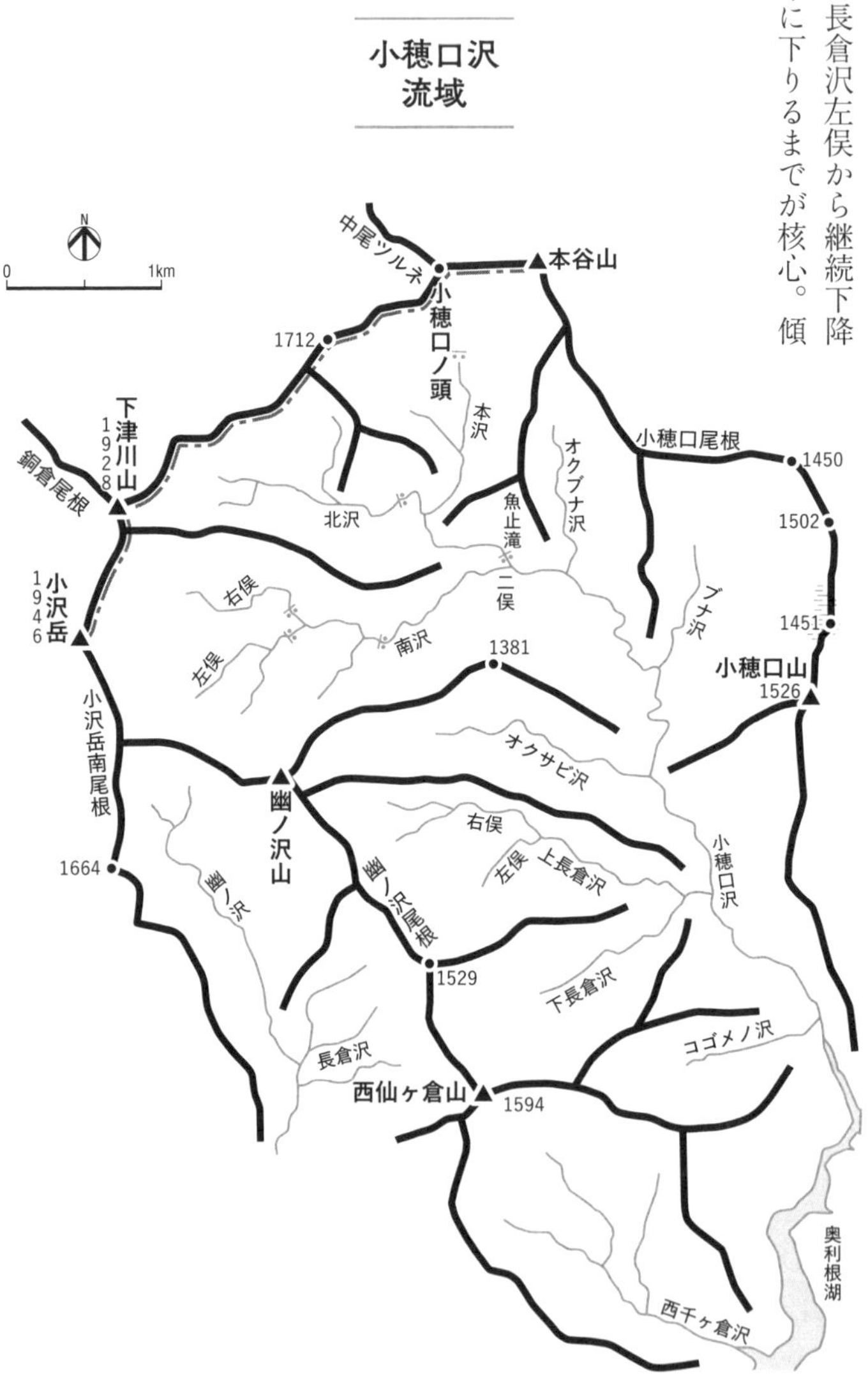

越後沢流域と周辺の沢

越後沢を平ヶ岳の山頂から遠望すると、中央に二本の大滝が見える。ともに落差二〇〇メートルを超え、右が「八百間の大滝」で、左が中俣に懸かる「幻の大滝」である。この二本の大滝は、奥利根の象徴であり白眉である。この大滝があってこそ奥利根が奥利根足り得るのであって、ほかの沢も輝きを増していくのである。

出合には上下二段の幕場があり、本流遡行や越後沢大滝探訪のベースに最適である。

出合から十分で左から入るのが十分《じゅっぷん》沢で、右俣と左俣の出合までは、さらに二十分ほどかかる。二俣の中央にはふたつの大滝を分ける中間尾根が延びている。

越後沢右俣大滝 五時間三十分（右俣～中間尾根）

右俣の八百間大滝をつぶさに観察すれば、三段三〇〇メートルに達しているのがわかる。すなわち、雪渓に埋もれた下段五〇メートル、中段一〇〇メートル、上段一五〇メートルである。下部の雪渓は膨大すぎて沢床を露呈したことがない。したがって、中俣を分けると雪渓が大滝までつづくことになる。

雪の少ない年でも雪渓は豊富なのだが、雪渓の割れたシュルンドの通過に苦労する。雪渓から大滝に飛び移り、ロープを付けて右壁を登攀する。格別難しくはないが、左に轟音とともに落下する滝身がこちらを圧倒する。そのまま直上して下段を越える。

中段は一〇〇メートルほどの落差をもつ一枚岩のスラブ滝で、三段中もっとも手強い。この中段はロープを使用して三ピッチで抜ける。

中段の小さな川原の向こうに上段一五〇メートル滝の全景が展開する。はるかな高みからトイ状に落ちる一条の流れが、末広がりになって飛沫を上げる様は壮観の一語に尽きる。下部三〇メートルはどこから登っても容易。流れが一条になる地点は大テラスで、ここから上部は三級程度の快適な登攀。これを越えると落ち口に至る最終ピッチで、傾斜の強い四級のフェイスに手応えを覚えながら登り終え、登攀を終了する。

本来なら、つづく雪渓をそのまま登り、奥壁を登攀して稜線に抜けたいのだが、壁の悪さと時間を勘案してこれを断念。右岸の急峻なルンゼに進路をとり、四十分をかけて中俣との中間尾根に抜ける。せ

越後沢右俣大滝
（右俣～中間尾根）

1983年8月7日

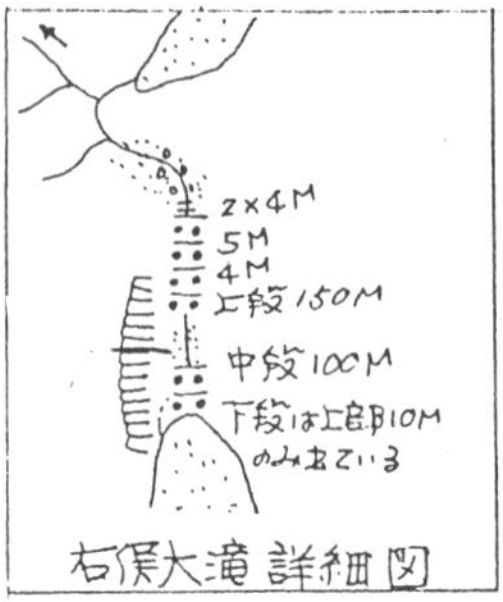

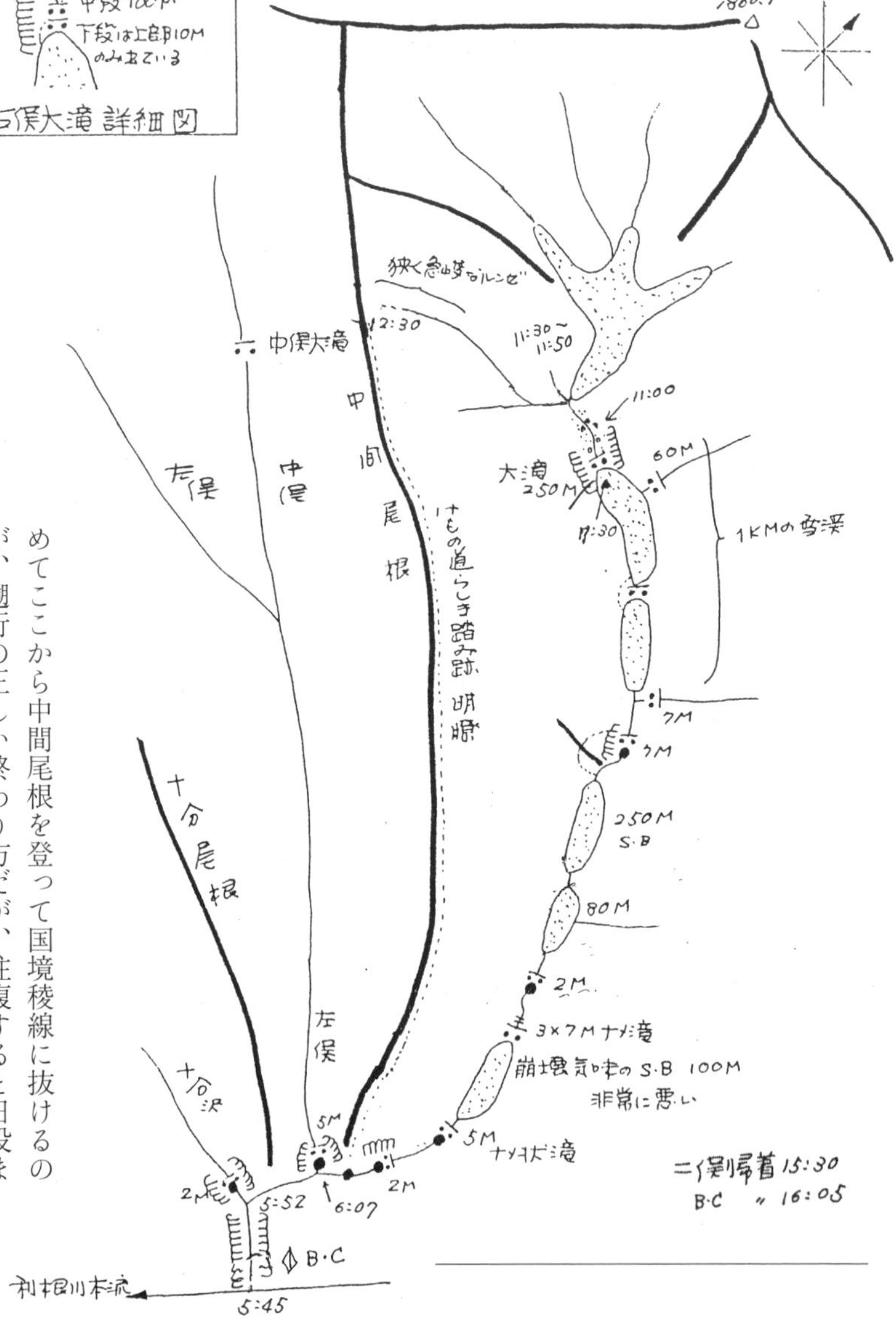

めてここから中間尾根を登って国境稜線に抜けるのが、遡行の正しい終わり方だが、往復すると日没までの帰幕が難しくなる。やむなく踏み跡の付いた中間尾根を下降して、左俣との出合に下りた。

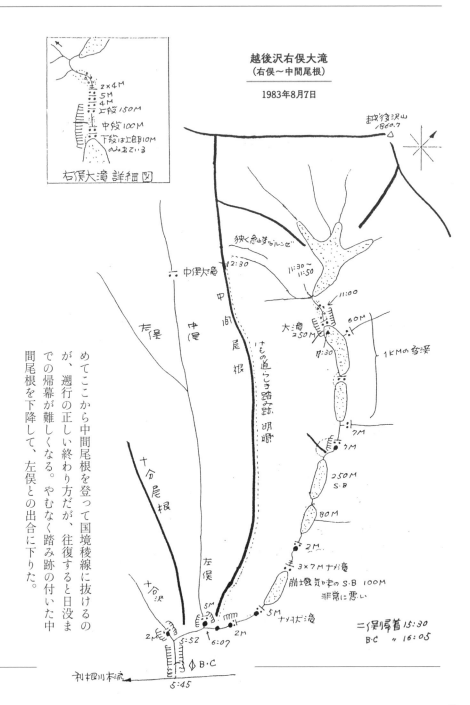

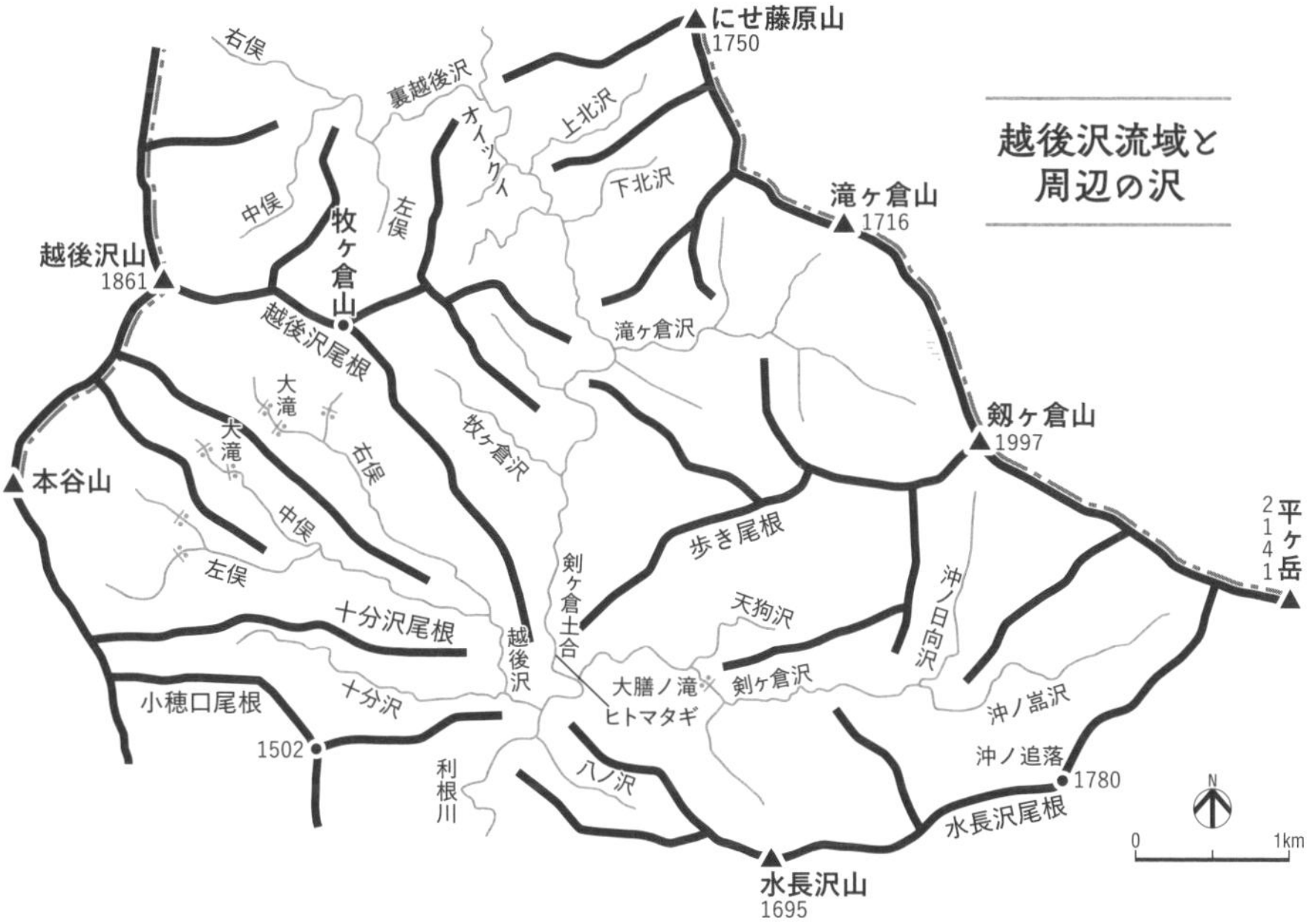

越後沢中俣大滝
五時間二十分（左俣〜中間尾根）

右俣との出合にある七メートルのひょんぐり滝は、水量が多く、迷わず左を巻く。雪渓の合間に二、三の滝を見ただけで奥の二俣に着く。左は越後沢の左俣で、過去には「ゼフィルス山の会」や「わらじの仲間」の数少ない記録があり、二段六〇メートルの大滝の存在が確認されている。

雪渓に埋もれたナメ滝五〇メートルを過ぎると「幻の大滝」の登攀である。それまでいだいていた峻険で暗いイメージは払拭され、明るい印象へと変わる。

T（テラス）1の高さまで延びている雪渓から水流右の一〇メートル地点に取り付く。水の流れている右側をフリーで登り、T2に立ってアンザイレンする。シャワークライム覚悟で雨具を着こみ、登攀開始。右の草付を避け、あえてバケツをぶちまけたようなシャワーに突っこむ。すごい水圧だがホールドは豊富だ。沢幅の三分の二ほどもあるハング帯を、下から右へまわりこむようにして乗越す。

四〇メートルでピッチを切り、T3に上がる。そこは大テラスになっていて、水流の右は草付で登れ

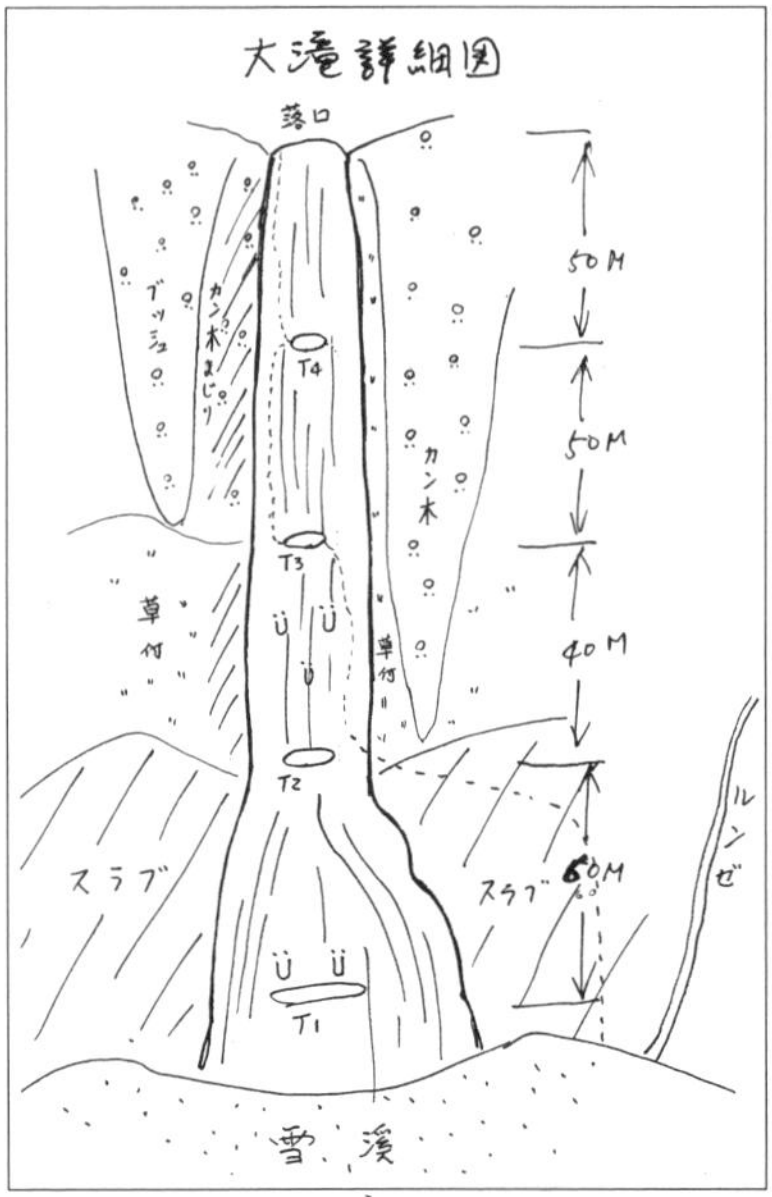

越後沢中俣大滝
（左俣〜中間尾根）

1984年7月28〜29日

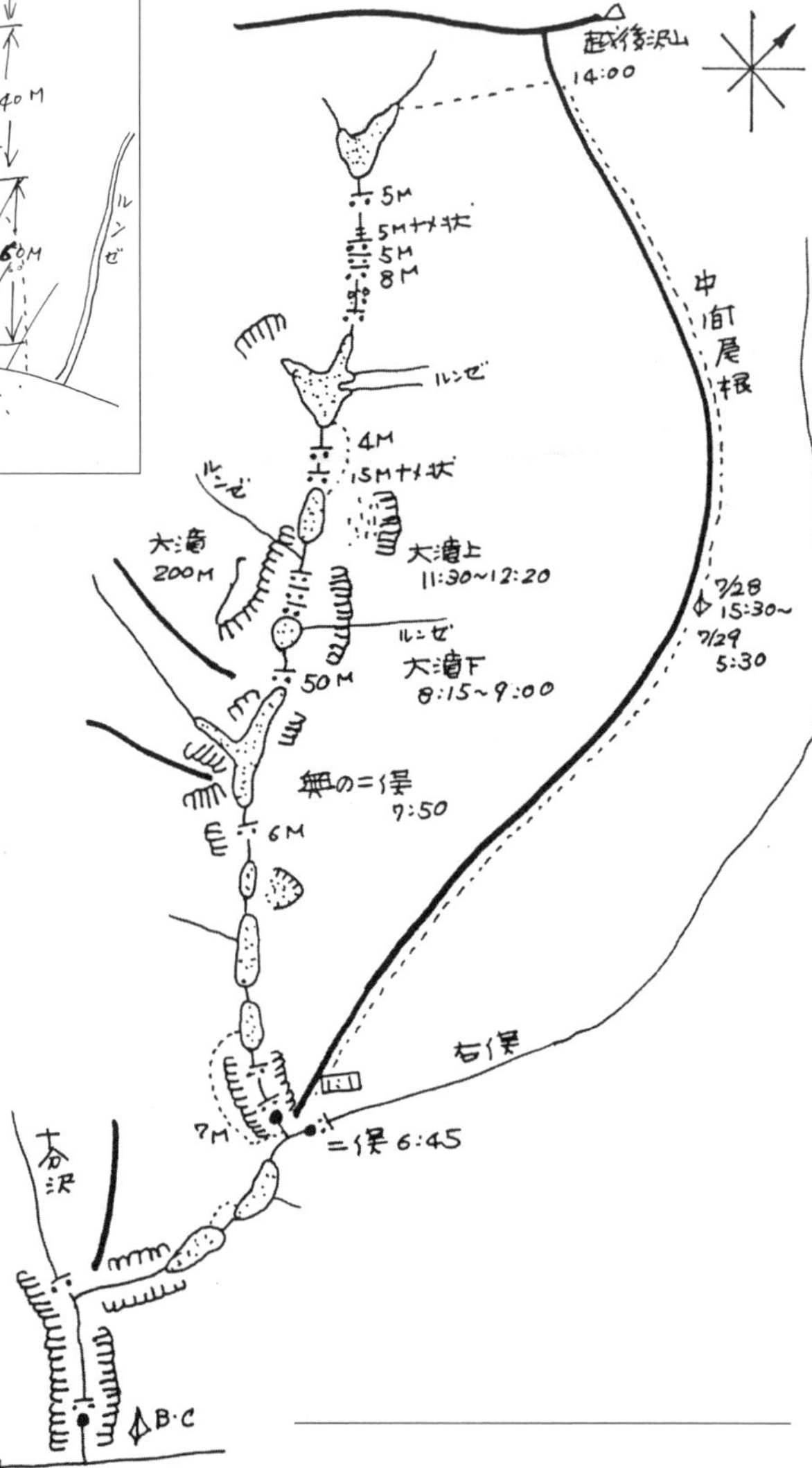

そうだが、落ち口直下が難しそうだ。T3からは左にある灌木にビレイを取り、左のブッシュ帯を登る。五〇メートルいっぱいでピッチを切り、T4でトップを交代して落ち口に立つ。変則ながら四ピッチ一四〇メートルというところか。

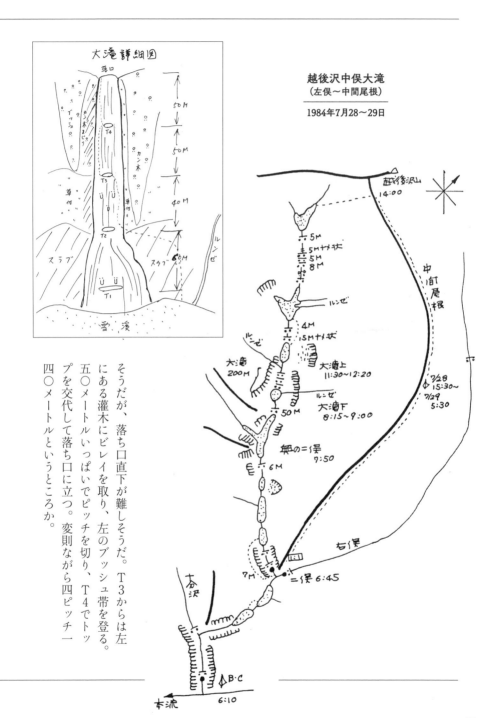

完登の実感とともに、少なからず物足りなさも残る。過去の記録の多さから、初見の楽しみが味わえなかったからであろう。大滝から上部は雪渓で、右手に繋ぎ、最後の雪渓の途中から藪に入って中間尾根に出た。

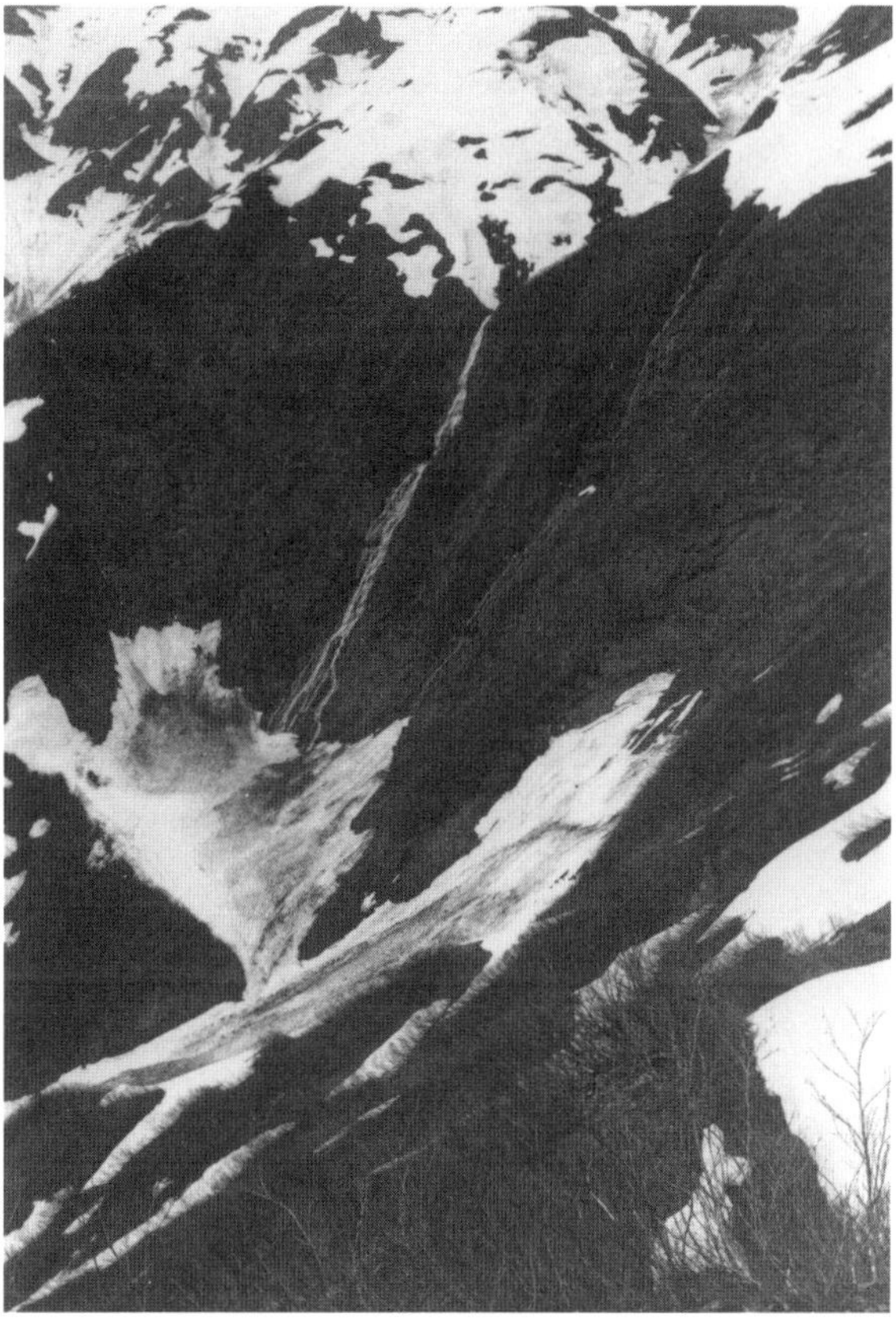

春の越後沢尾根から望む越後沢中俣大滝全景

越後沢十分沢　五時間

越後沢出合から十分で至るところから、その名がある。右手の尾根は「十分沢尾根」と呼ばれ、かつては越後まで鉱石を運ぶ鉱山道があった。

特に難しい滝はないが、越後沢の一角らしい雪渓のありようだった。そのまま本谷山に出てもいいが、途中から十分沢尾根に出て下ってもいい。藪は濃いが、出合に戻るルートとして存在価値は高い。

剣ヶ倉沢　八時間

出合は「剣ヶ倉土合」と呼ばれるゴルジュの中である。下部は取り立てて難しくはないが、暗いイメージがつきまとう。大膳《だいぜん》ノ滝二〇メートルは左岸を巻く。上にビバーク適地がある。

剣ヶ倉沢

1979年8月13〜14日

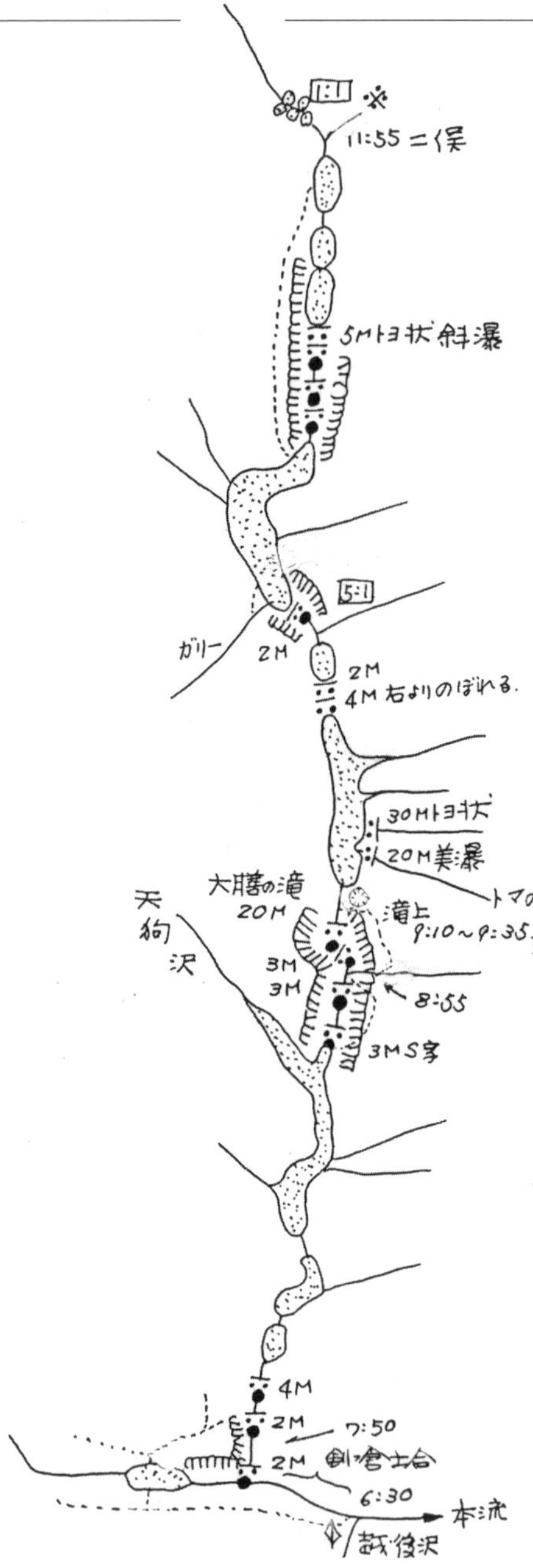

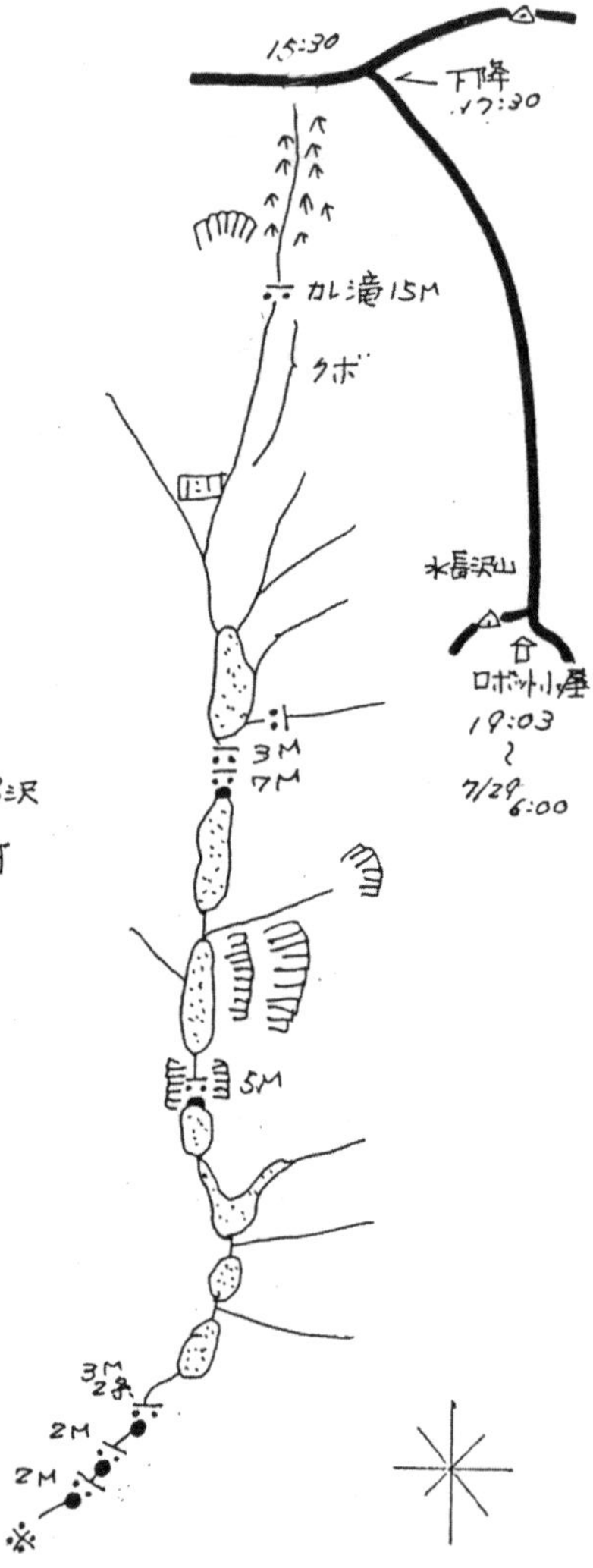

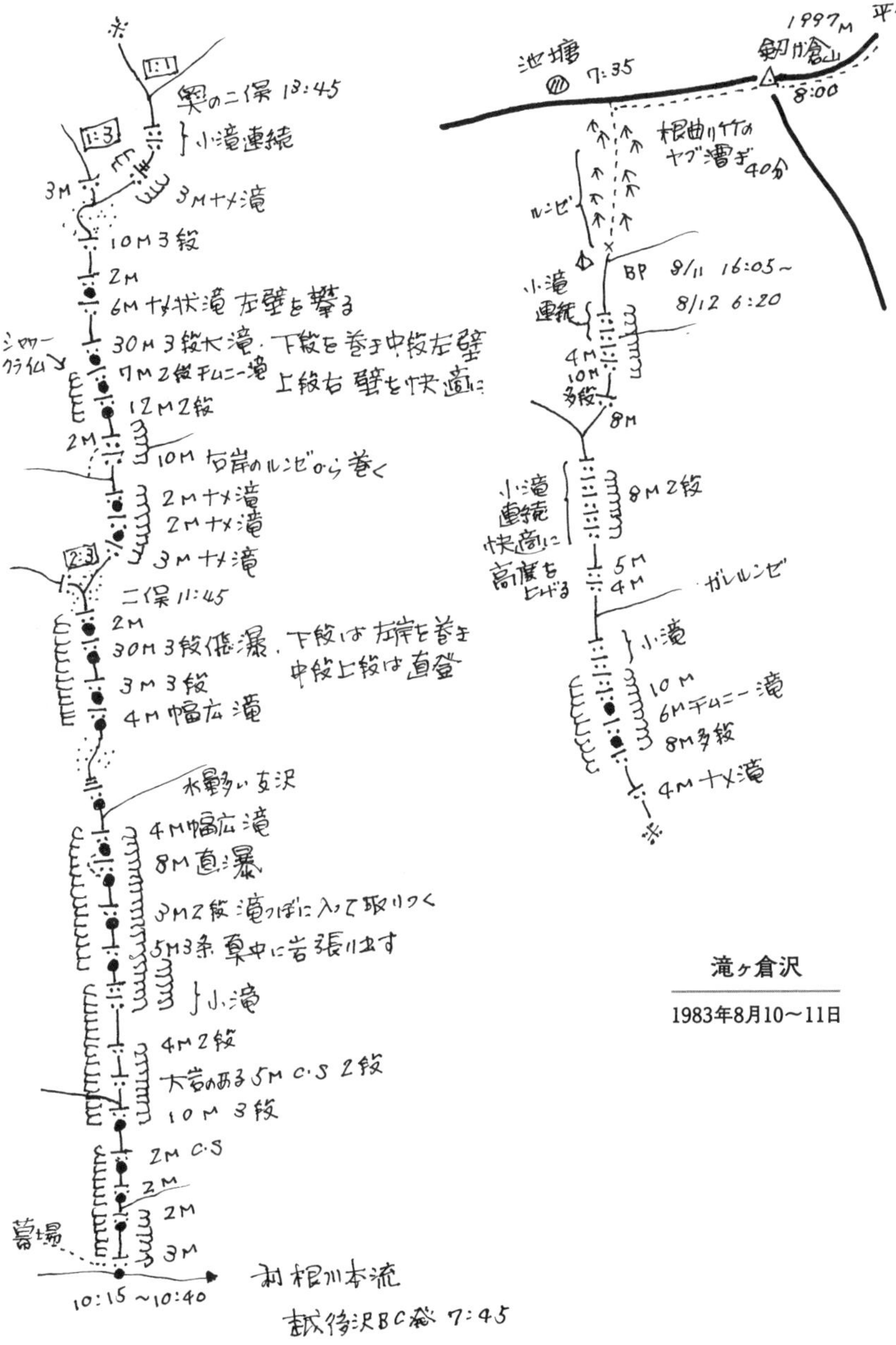

1997M
平ヶ岳へ
池塘
7:35
8:00
根曲り竹のヤブ漕ぎ40分
ルンゼ
BP 8/11 16:05〜
8/12 6:20
小滝連続
4M
10M
多段
8M
8M2段
小滝連続快適に高度を上げる
5M
4M
ガレルンゼ
小滝
10M
6Mチムニー滝
8M多段
4Mナメ滝
1:1
奥の二俣 13:45
小滝連続
1:3
3M
3Mナメ滝
10M3段
2M
6Mナメ状滝 左壁を攀る
シャワークライム
30M3段大滝. 下段を巻き中段左壁上段右壁を快適に
7M2段チムニー滝
12M2段
2M
10M 右岸のルンゼから巻く
2Mナメ滝
2Mナメ滝
2:3
3Mナメ滝
二俣 11:45
2M
30M3段懸瀑. 下段は左岸を巻き中段上段は直登
3M3段
4M幅広滝
水量多い支沢
4M幅広滝
8M直瀑
3M2段 滝つぼに入って取りつく
5M3条 真中に岩張り出す
小滝
4M2段
大岩のある5M C.S 2段
10M 3段
2M C.S
2M
2M
3M
幕場
10:15〜10:40
利根川本流
越後沢BC発 7:45

滝ヶ倉沢

1983年8月10〜11日

美しいゴルジュが奥の二俣までつづき、五〜一〇メートルの滝が出てきて、そのすべてが登れる。二俣左は剣ヶ倉沢本流の沖ノ日向《ひなた》沢（オキノ日向沢）で、右は沖ノ嵓《くら》沢（オキノ嵓沢）である。

二俣から沢筋が開け、明るい渓相になる。本流の沖ノ日向沢は剣ヶ倉山に出るが、沖ノ嵓沢は平ヶ岳が源頭である。水長沢新道が使えないいま、下山の選定に苦労するが、剣ヶ倉山から平ヶ岳までは藪が濃い。稜線が近くなったら空身で稜線を往復し、そのまま剣ヶ倉沢を下降するのが、もっとも効率的かもしれない。

滝ヶ倉沢　六時間三十分（平ヶ岳まで十時間）

本流を遡行して何事もなければ、一日目の幕場はこの沢の出合になるだろう。出合の滝上の左奥に安全で快適な幕場がある。ただし、滝ヶ倉沢は変化に富んだ美しい沢なのだが、幕場に乏しいのが難点だ。

その名のとおり、滝だけはやたらと多い。三〜一〇メートルの滝がほとんどで、中間部に三〇メートルの滝を有する。沢登りの醍醐味を存分に味わわせてくれる沢といっていい。ただ、奥利根本流に分け入ってまで、この沢にこだわるかどうかのほうが問題だろう。

無数の小滝が嫌というほどつづき、さすがに水が尽きて源頭になる。藪を漕いで剣ヶ倉山手前の肩に出る。平ヶ岳まではさらに藪がつづく。

上北沢〜下北沢継続　遡行四時間三十分／下降四時間

両沢とも、オイックイ手前のゴルジュに流入する中級の沢である。それぞれ個別に遡行するというより、継続が現実的だろう。滝ヶ倉沢出合の滝上で泊まり、日帰りで遡下降する。

上北沢はのっけからゴルジュの中を滝が連なっている。二段二〇メートル滝は左岸のリッジを登り、トラバース気味に巻く。一五メートルの扇のようなスラブ滝は左岸の草付を登る。連続する小滝を忠実に登り、二俣を右に入る。五メートル滝を左岸から巻くと岩稜になり、これを登って稜線の密藪を漕ぐ。稜線の反対側には中ノ岐《なかまた》林道が見えている。

少し南下して下北沢を下降。上部は小滝で快適に下るが、やがて一〇メートル級の滝が相次いで現われ、高巻きをつづけて下降する。もう滝は要らないと思うころ、本流が見えて安堵する。下部の滝の赤茶けた色が印象的だった。

コラム②

本流上流部の地名や沢名について

裏越後沢からハト平までの源流域の沢の紹介に入る前に、本流上流部の地名と沢名に触れておきたい。

奥利根も最源流部になると、昔から受け継がれてきた名をもつ沢は少なく、越後沢以奥では越後沢、剣ヶ倉沢、滝ヶ倉沢、裏越後沢、丹後沢、丹後沢コボラくらいである。

地名では二キロに及ぶ本流最難所のオイックイ（後述）があるが、これらの名称のほとんどが、この地を舞台に活躍したマタギの呼称だといわれている。総じて右岸に多いのは、マタギの猟場が主に右岸にあったためと思われる。マタギは秋田マタギの流れをくむ越後マタギで、上州マタギは源流部に立ち入っていない。

奥利根の沢名と地名を語るうえでマタギの存在は欠かせないが、鉱物資源を目的として山中を跋渉した鉱山師《やまし》もまた見逃せない存在である。昭和三十年代に日本鉱業の水長沢精錬所が閉じられるまで一帯には数多くの鉱山があり、モリブデン、銅、銀、亜鉛という多種多様な鉱石を採掘、精錬していた。

本流の滝ヶ倉沢付近には往時の精錬道具が遺され、そのひとつに「明治二十四年八月」と記されていたらしく、だとすれば、一八九四（明治二十七）年の第一回水源探検隊前後に鉱山業務が行なわれていた可能性が浮上する。すでに歴史に埋もれて偲ぶべくもないが、往時は沢沿いに鉱山を結ぶ仕事道や鉱石を運ぶ運搬路が延びていたことになる。水長沢の水鉛沢や銅ノ沢、黒鉛沢などは、こうした鉱山師たちの命名によるものだろう。

前記のマタギたちの活動は本流源流域にとどまらず、奈良沢流域にもその痕跡が見える。小沢支流の一番手沢から五番手沢などはその名残りである。

　木暮理太郎の前記「利根川水源地の山々」では、——生咋《オイックイ》は越後沢山から東に派出した尾根が川に臨んで尽るあたりにあって、利根川が長い瀞をなし、其奥に瀑があって岩の洞窟から奔下している。左右は高い岩壁であるから容易に近づき得ないということである。稀に此処まで魚釣に来る者もあるが、此処から上流へは行った者が無いと謂《いわ》れている——とあり、オイックイより先は残雪期のマタギだけが知る世界だったようだ。

　また木暮は前記『郡村誌』の負塞《オイックイ》説も紹介し、——オヒは顕れるクヒは隠れることで、即ち隠顕する意味であるから、伏流の末端が瀑をなしているのかも知れない——としている。木暮もまた現地を知らないのである。奥利根本流を完全遡行した記録が文献上に現われるのは、一九三一（昭和六）年八月の大町周一郎パーティからである。

　第三回水源探検隊が組織されたのが一九五四（昭和二十九）年のことで、十五年の間にはかなりの数の遡行者を迎えているはずである。つまりさまざまな遡行者たちによって、すでに奥利根本流の全貌が解明されているにもかかわらず、群馬県は第三回の探検隊を組織したことになる。したがって、この隊の目的は公式に奥利根の全貌を解明し、正確な水源を特定することにあったと解釈していい。さらにこの隊の目的のひとつに、沢名のない沢への命名があった。

　定吉《さだきち》沢は名案内人の中島定吉から、朝之助《あさのすけ》沢は副隊長の田村朝之助から、喜代志《きよし》沢は隊長の中島清代志からという按配だが、大盤振る舞いといおうか、片っ端からつけた印象が強い。ただし、沢名を付したからといって、彼らがその沢を遡行したことにはならない。出合を確認し、その沢に名前がないと判断した時点で、適当な沢名を付したのであろう。その他の命名には、剣ヶ倉土合、大利根滝、人参滝、深山滝、水上滝がある。さらに深沢は、第二回水源探検隊の隊長である深田雅浩からの命名である。沢名を冠するに足りぬ細沢は、下流の一ノ沢を初めとして順次上流に至り、二十の沢まで付された。

特筆すべきは越後沢に入ってすぐの十分沢で、これは一九六一（昭和三十六）年に初めて入った「雪標山岳会」の命名である。出合から十分でこの沢に至るところから名付けられたらしいが、ならばと試してみたら、ものの見事に十分で合流点に至り、妙に納得したものである。

本流右岸の沢名

本流右岸には、後述する左岸の沢と異なり、奥利根らしい荒々しいスケールを有する裏越後沢、丹後沢コボラ、丹後沢がある。

広大なエリアの奥深い支流の宿命とでもいおうか、いちど遡られて記録が発表されてしまうと、その後長きにわたって忘れ去られてしまう沢が多い。残念なことだが、丹後沢や丹後沢コボラも例外ではなく、奥利根開拓の末期に遡られて以来、その後の記録は未見。台風の多いこの国で、十年も前の記録と同じ沢の状況を期待すること自体が叶わぬことだが、実際に入渓してみると、先人の記録とほとんど一致する点がなかったといってよいほどの変貌ぶりであった。

奥利根源流域

奥利根源流域を「裏越後沢以奥」と仮定しておく。これまで述べてきた沢のほとんどは、奥利根本流遡行の合間に遡行したものではなく、それぞれ目的を設定してベース形式で行なってきた。水長沢周辺は水長沢出合に、越後沢周辺は越後沢出合に、そして源流域はハト平にベースを置いて、周辺を虱《しらみ》潰しに遡行したのである。それが力乏しき私たちの遡行スタイルであった。

源流域の沢にも難易と長短があるが、ハト平ベースの場合、もっとも緊張し充実したのが、毎日のように通過する、それぞれの沢に至る本流ゴルジュの下降であった。アプローチのほうが目的の沢より難しいという、本末転倒のような日々である。

ハト平からは、本流最大の滝である大利根滝や魚止滝をはじめ、その下のゴルジュも下降しなければならない。メンバーの力量によって、滝の通過を高巻きに求めるか、あるいは懸垂下降をするかによって通過時間は大幅に変わるが、やはり懸垂下降よりも高巻きのほうが早いのである。

ハト平は源流域で唯一安全な幕場で、ハト平以奥も大半の沢は遡行したが、規模が小さすぎて紹介するべき沢はないため、概要にとどめておく。

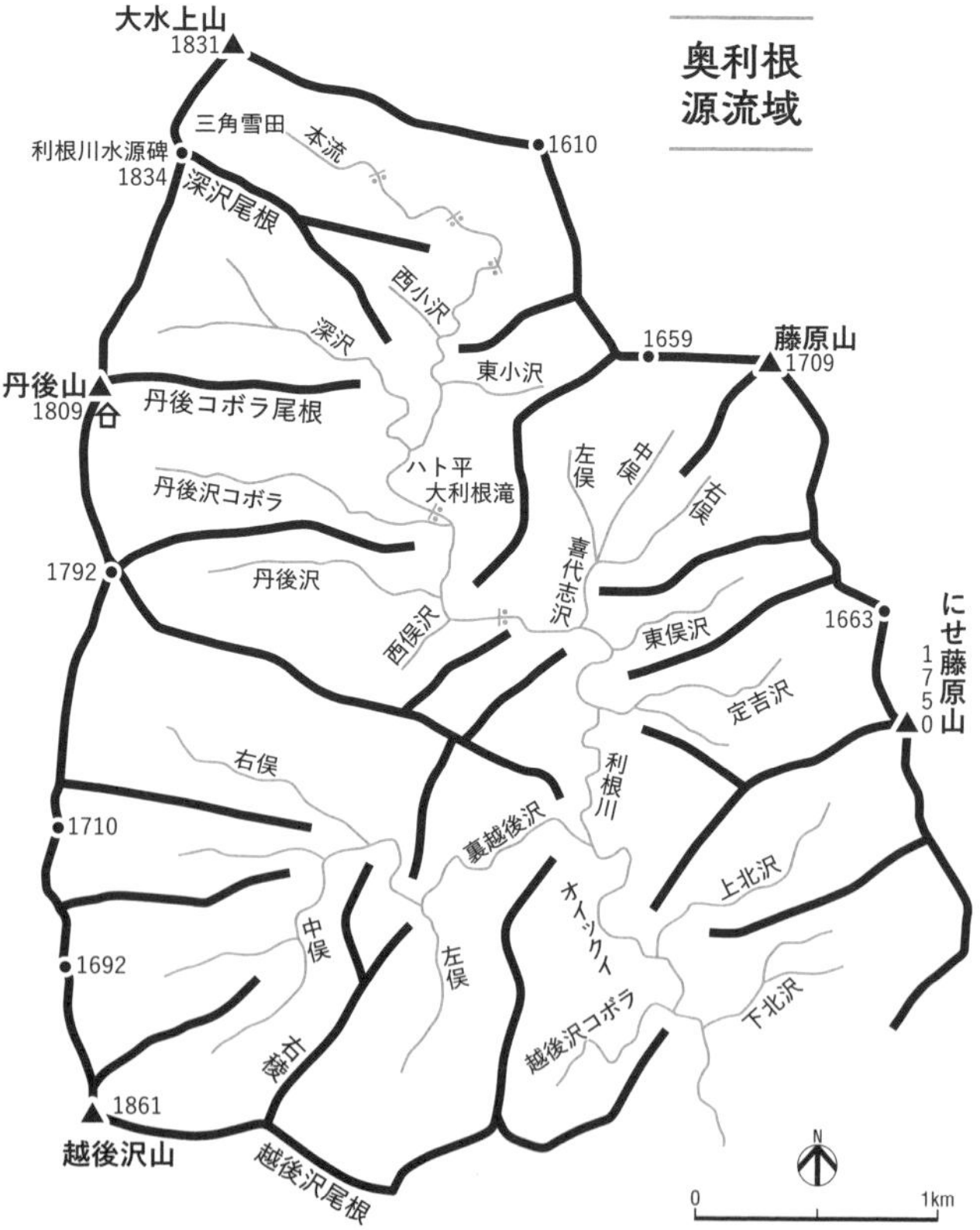

遡下降した沢は本流、深沢に加えて東小《ひがしこ》沢、西小《にしこ》沢、裏西小沢の五本である。裏西小沢と西小沢は見るべきものはなく、東小沢は高巻きに終始するが、源流部の沢を遡行したあと、ベースのハト平への下降路として使える。

また、深沢は前述のとおり、第二回水源探検隊が本流と誤認した沢だが、ハト平へのアプローチとして有益である。深沢の下降開始位置は、丹後山と利根川水源碑のあいだならどこでも構わない。標高差はおよそ六〇〇メートルで、下山時の遡行の際は重荷ながら二時間弱で抜けている。

裏越後沢右俣　八時間（丹後山まで）

オイックイ下流の上北沢と下北沢を継続し、さらに裏越後沢と繋げて、新潟県側の三国川十字峡に下りる。せっかく利根に入ったのなら、こうした沢と沢の継続をしなければもったいないと思う。

この年は、数十年にいちどという寡雪の年で、奥利根の全貌を調査するには最適のシーズンであった。ことに、記録のない裏越後沢は狙い目なのである。

中俣を過ぎるころから極端に悪くなる。ほとんど雪渓に覆われている沢ならではのいやらしい草付だ。普段の年なら雪渓に終始する沢なのである。そんな沢を遡るコツは、やたらに高巻かないことだ。大高巻きをして沢に戻るとナメ状の滝がつづき、快適に遡るが、あまりにも滝が多すぎて疲れ果てる。

いくつか小滝を越えると沢は窪状になり。稜線の草原に導かれる。稜線から丹後山の避難小屋までは三十分であった。

丹後沢コボラ　五時間（出合〜丹後山）

コボラは「小洞」で、マタギ言葉である。大きな沢の陰に隠れているような小沢という意味で、ほかにも越後沢コボラや滝ヶ倉沢コボラがあるが、丹後沢コボラに限っては、本体の丹後沢よりもスケール難度ともに高い。これは命名者が出合の景観で判断したためらしい。

丹後沢コボラの出合は五メートル滝で、大利根滝のすぐ下の本流四メートル滝と両門の滝状となって合流している。いきなりザイルを結んで出合の滝を登り、つづく一〇メートル滝も直登する。

出合を過ぎるとゴルジュの中を滝が相次ぐが、中流までは難なく遡行できる。中流部に一〇メートル以上の滝が三本あり、いずれも直登は無理で、右岸の支流から高巻き、沢床から四〇メートルほどの高さの草付をトラバースして、三つめの滝上に下りる。

高巻きを終えてゴーロをたどると雪渓で、連続する小滝を越えるとふたたび雪渓で二俣を迎え、右側の雪渓を一気につめて丹後山に立つ。丹後山から深沢を下降して、約二時間三十分でハト平に下る。

丹後沢　四時間（出合～丹後山）

三メートル、五メートルの滝を登ると一〇〇メートルの雪渓で、その上を通って、最後は左のルンゼを下りて雪渓の下をくぐり抜ける。

小滝がつづき、二〇メートルのスノーブリッジをくぐる。三～六メートルの滝を四つほど越え、沢が左曲すると一五〇メートルほどの大雪渓があり、上を歩く。八メートル滝をふたつ越えると特徴的な一五メートル滝で右岸を巻く。六メートルのチョックストーン滝は右岸を巻くが、悪い草付で苦労する。

右手に赤いガレを見ると正面が水量の減った八メートル滝で、苔が付いた赤い滝だ。雪渓の末端から左壁を高巻く。落ち口の二俣を右に入る。雪渓を交えて三～一〇メートル級の滝をいくつも登る。やがて水の涸れた滝を連続して登ると最後の雪渓で、傾斜がきつく、四つん這いになって右へ逃げて稜線に立つ。丹後山の避難小屋で大休止し、深沢を下りる。

本流左岸の沢

裏越後沢以奥の本流左岸の沢には、右岸のような、深く浸食されたゴルジュを連ねる奥利根らしさは見られない。強いて挙げれば喜代志沢だが、この沢とてゴルジュを連ねているとは言い難い。だが、沢の規模としてはかなりのものである。

東俣沢は下部に滝が集中しており、以奥の遡行興味は半減する。定吉沢は水量も少なく、小さな滝を連ねて稜線に至るが、この沢は遡行対象というよりも、本流中流部からの脱出路としての価値が高い。

定吉沢　四時間三十分（出合～藤原山）

出合は意外に貧弱。六メートル飛瀑と六メートル多段滝は合わせて左岸を巻く。小滝が連続して高度を上げ、四メートルチョックストーン滝を攀じるとゴルジュになる。狭いゴルジュの中の多段五メートル滝、二段四メートル滝、四メートルナメ状チョックストーン滝を越えると沢はクランク状に曲がる。

同じような滝をいくつか登り、小滝の連続から窪状を進み、五分の笹漕ぎを経て稜線に出る。背後には本流右岸の沢が雄大であった。藤原山まではさらに一時間半。稜線上はいい道だったが、いまはどうなっているだろうか。

喜代志沢右俣　四時間（出合〜藤原山）

悪い草付の沢である。部分的には谷川岳の比ではない。墜落の恐怖を何度体感したことだろう。

この沢の特徴は側壁をめぐらして登れず、滝の手前両岸に一〇〜二〇メートルの高さで悪い草付の壁を連ねている。いわば雪渓に磨かれた沢の宿命である。バイルは必携で、灌木を利用して巻こうとすれば、大高巻きになるのは必至で、もはや沢登りとはいえないものになりそうである。

左俣手前の七メートル滝などはその典型で、一見して直登のほうが難しく、巻きたくなるのだが、高巻きは非常に悪く、ここはなんとしても直登しなければならない。

中間地点にある二〇メートル滝が高みから見事に水を落とすが、直登は無理で、左岸の高巻きもまた悪く、バイルを駆使して遮二無二攀じ登る。

この沢の特徴は、右俣・中俣・左俣にかぎらず共通していて、どの沢も同様の苦闘を強いられる。

上の二俣からは小滝がつづき、五メートルの涸れ滝で水が消え、二十分の笹の藪漕ぎで藤原山の頂上に飛び出す。

喜代志沢中俣　四時間二十分（出合〜稜線）

私が直登を試み、苦戦して、途中であきらめて高巻きに切り替えた七メートル滝を、前日の遡行パーティは水流右のフェイスを直登しているが、ホールドが細かく苦労している。

中俣出合からゴルジュになり、崩壊したスノーブリッジを越えて三段一〇メートル滝を直登。あとは急峻な中俣の大小の滝をいくつも越える。

二俣までのゴルジュは高巻きよりも直登が早い。二俣上の八メートル、六メートル滝は左からバイルを使って高巻く。さらにつづくいくつもの滝をバイルで登る。沢は窪状から笹藪になり、二、三十分ほど藪を漕ぐと稜線上の踏み跡に出て遡行を終える。

喜代志沢左俣　五時間三十分（出合〜稜線）

喜代志沢の三本の沢はどれも厄介なのだが、左俣は水量は多いが滝の数はもっとも少ない。遡行したのはべつのパーティだが、どれも左俣出合下の七メートル滝で苦労している。このパーティは、右岸の難しい高巻きの末に懸垂下降で沢に降りている。

ゴルジュはほとんどないが、七メートル、一五メートル滝ともに右岸を高巻いて懸垂下降している。草付に追い上げられた末の苦労である。上部にある唯一ゴルジュの二十五メートル滝は右から高巻いている。最後は御多分に漏れず、窪状からの藪漕ぎで稜線に出る。このパーティはハト平ベースからの下降に手間どり、入渓が昼近くになり、水を汲んだ末、稜線上でビバークしている。

東俣沢　四時間（出合～稜線）

出合から一〇〇メートルほどはゴーロ帯で歩きにくい。初めの七メートル滝は登れず、右のブッシュを利用して巻く。すぐの六メートル滝は直登。ふたたびゴーロになるが、さほど歩かないうちに七メートル滝。三メートル滝のあとの一二メートル滝は三段で、下段をシャワーで登る。

二メートル滝をふたつ越え、七メートル滝は右の灌木を使って高巻く。トイ状一二メートル滝も手が付けられず、右の灌木に入る。次の二メートル滝を越えるとあとはなにもなく、沢幅が狭くなり、流倒木が多くて歩きにくい。

長いゴーロの果てに二俣に着く。水量は右が多いが、沢床の低い左俣に入ると見るみるうちに水量がなくなり、十分ほどで伏流になる。水を汲み、藪を三十分ほど漕いで稜線に出る。藤原山まではさらに一時間二十分かかった。

奈良沢流域

奈良沢本流域はおおむね平凡なことから、昔から「釣り師の渓」といわれてきた。ダムのできる以前は北アルプスの上高地《かみこうち》に比肩されたほどの美渓だったというが、その面影は残っていない。小《お》沢の出合に木村小屋という釣りびとの小屋があったというが、私の時代にはすでに存在していなかった。

残念なことに私は経験していないが、仲間たちが春の奈良沢の下流で狩小屋にいた越後の猟師たちと知り合い、小屋に招かれて熊肉を振る舞われたという。いまから三十年ほど前のことだが、はるか昔というほどでもない。古くから奥利根を闊歩した越後マタギは、いまだ健在といっていいのである。

奈良沢本流ブサノ裏沢（谷本沢）
七時間（出合～牛ヶ岳）

奈良沢の入渓も渡船になるが、巻機山から山越えで上トトンボ沢を下って入渓する方法もある。その

奈良沢本流
ブサノ裏沢

1984年8月17日

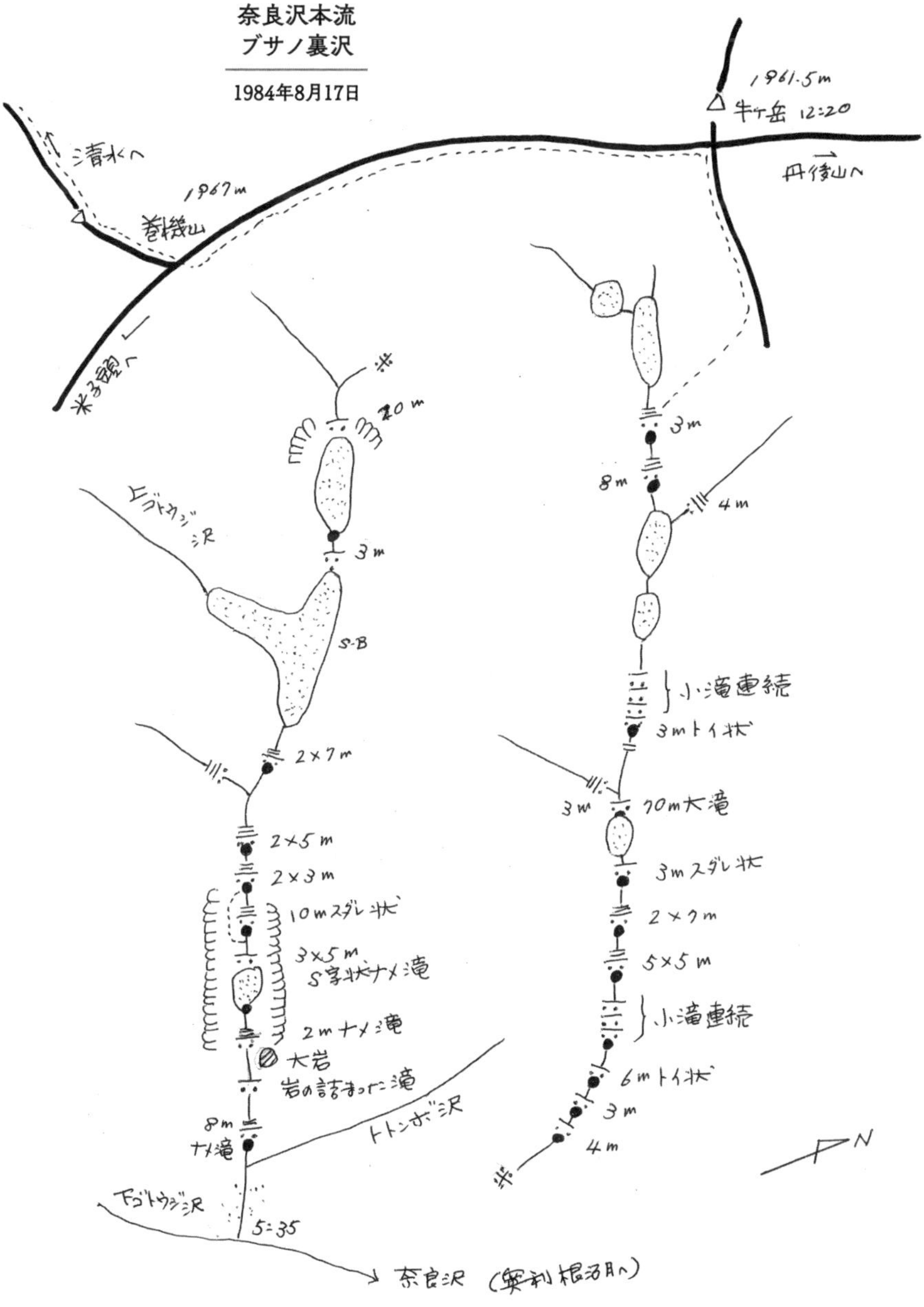

場合は上、下ゴトウジ沢（ゴトウジ沢）の出合がベースに相応しい。ブサノ裏沢は、地形図で「谷本沢」と記された一一五六メートルから分かれる右の沢で、左に分かれるのが上ゴトウジ沢である。

奈良沢出合から下ゴトウジ沢の出合を経てトトンボ沢までは平凡。ナメ滝が連続すると魚止の一〇メートルスダレ状の滝になり、これを右岸から高巻く。

上ゴトウジ沢を分けた二段二〇メートル滝は、中段で右岸に渡り草付を登る。小滝を越えていくと大滝七〇メートルで、下段右手は水流を浴びて登り、上段は草付から笹藪をトラバースして、落ち口上の枝沢に出て滝上に下降する。この大滝は右岸通しでも登れる。三メートルトイ状滝を越えると小滝の連続になり、やがて牛ヶ岳山頂につづく草原に出る。この草原を登って山頂に立ち、井戸尾根を下る。

白桧沢（白ビ沢）ハモン沢
八時間（出合～刃物ヶ崎山）

出合をダムに沈めたが、コツナギ沢は歴とした奈良沢の支流である。白桧沢はそのコツナギ沢の支流で、上流はハモン沢と名前を変え、刃物ヶ崎山に突き上げる沢だ。

奥利根に見参した当時、刃物ヶ崎山という名を知

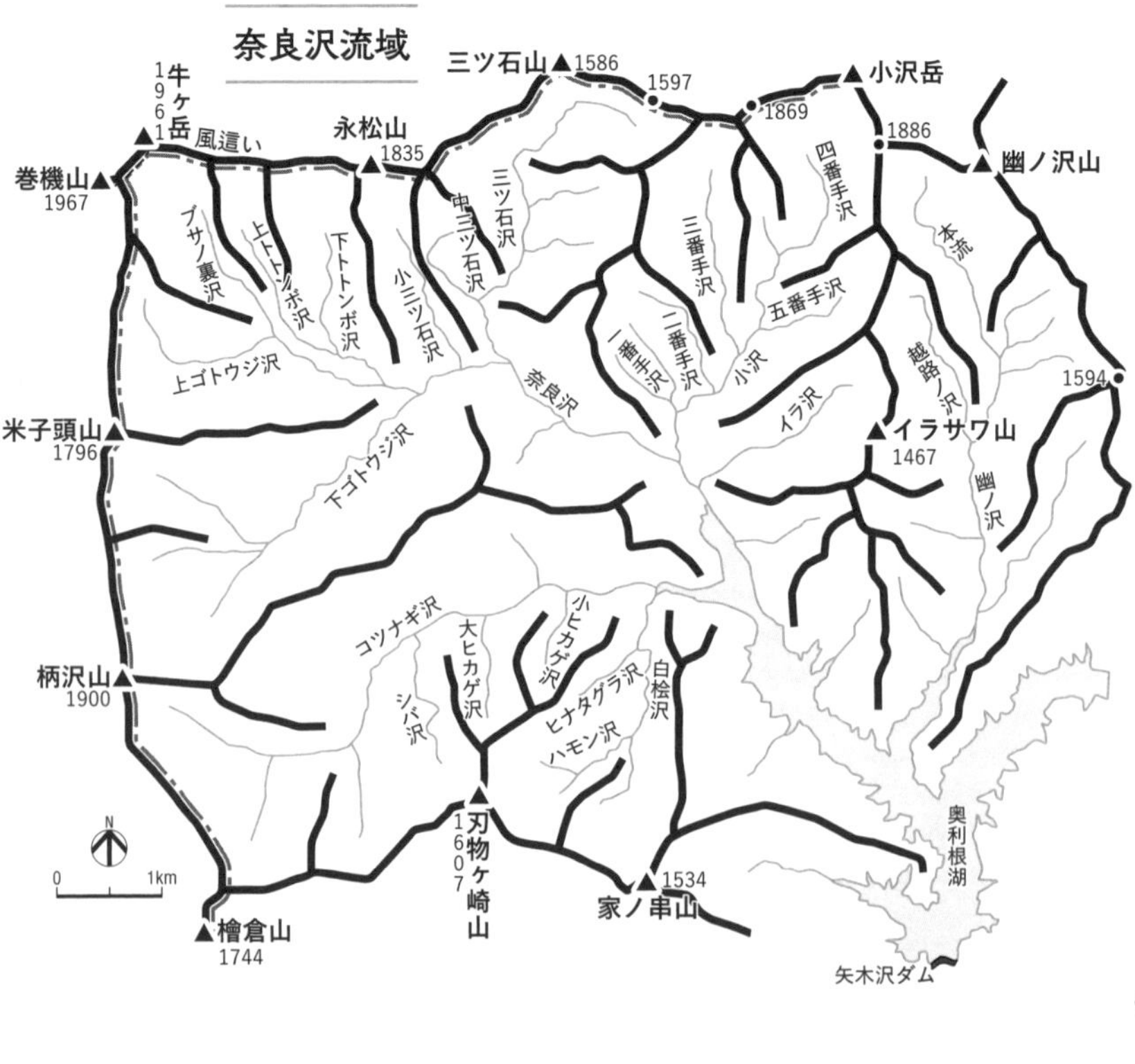

って驚愕した覚えがある。「はもん」と呼び、刃物山でも刃物岳でもない。まるで岬のように刃の尾根をめぐらせた山で、越後のマタギが猟場にした山として知られている。その刃物の上で春熊と対峙したひとときがあった。

白桧沢は、その刃物ヶ崎山の岩壁に食いこむように突き上げる沢で、この沢の登攀は長年の課題であった。

船を下りると、いよいよかと体が引き締まる。船を返してしまえば退路はない。小滝を越え、ヒナタグラ沢を分けるとゴルジュがはじまる。白い花崗岩のゴルジュで威圧感はない。右岸を高巻き、淵のある三メートル滝を越えると幕営適地がある。

左俣を分けるとすぐ雪渓の詰まったふたつめのゴルジュ。左壁から懸垂下降で雪渓に乗り、さらに右壁に取り付いて右壁から懸垂下降で雪渓に戻る。つづく一五メートル直瀑は、空身で右壁に沿って巻き、ザイルを使って荷上げする。

奥の二俣で左沢を分け、奥壁に突き上げる右沢右俣を確認して、山頂に向かう右沢左俣に入る。以後は三〜五メートルの滝の連なりを登る。二段一五メートルの滝は左壁を登って懸垂下降で沢に戻る。

急峻な雪渓を越えると四〇メートル滝で、これを快適に登ってから奥壁の隙間を縫うようにして抜け出し、尾根に出た時点でビバークする。翌朝、一時間で山頂を踏み、奥利根の景観を堪能したあと、矢木沢のジロウジ沢を下降して矢木沢ダムに戻る。

小沢本流四番手沢（五バンテ沢） 六時間

奈良沢に上陸してほどなく右手に流入する一大支流が小沢で、その本支流に冠された「番手」の沢名は、マタギの猟場で撃ち手の配置からの命名である。地形図上の四バンテ沢だが、もともとは無名の支流で、五バンテ沢と記されている小沢本流が本来の四番手沢なので紛らわしい。

本流以外の支流は急峻だが、それほどの遡行価値はなく、遡行後の対応も難しい。

ともあれ右岸に一、二、三番手沢を分け、ゴルジュの中で右手に小沢を見て、水量比に従って遡ると四メートルの魚止滝になる。

ゴルジュを抜けて五段四〇メートルの連瀑帯を右岸から高巻く。雪渓を交えたゴルジュを左右から高巻いて越えると二俣になり、左俣を忠実につめて国境稜線上の一八六九ピークに立つ。下降は三番手沢をとる。

三番手沢には中間に三〇メートル大滝があり、大

奈良沢
三ツ石沢

1984年8月12〜13日

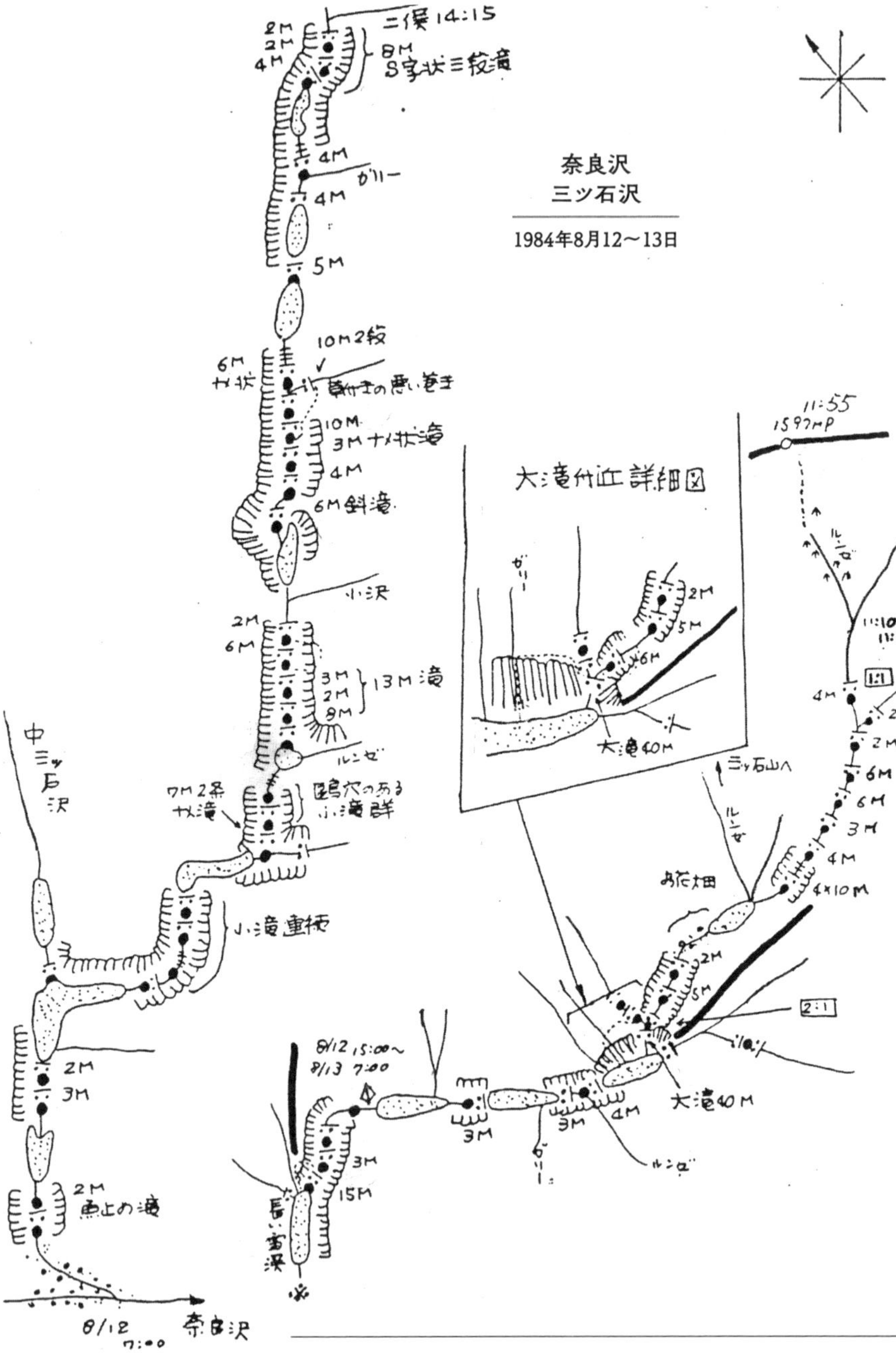

滝を含めて前後の厄介なゴルジュの滝は、すべて右岸から高巻く。下降時間は小沢出合まで四時間程度。

三ツ石沢 稜線まで一日半（さらに巻機山まで半日）

奈良沢でもっとも優美で、登り応えのある沢である。全体的に小滝が多く、威圧感もなく楽しんで登ることができる。出合から入るとすぐに二メートルの魚止滝になる。中三《なかみ》ツ石《いし》沢を分けると小滝がつづき、明るいゴルジュの中に甌穴《おうけつ》のある小滝群を見る。

二俣を過ぎると沢は大きく右曲し、右岸に幕営適地がある。ここで一夜を過ごして翌朝、雪渓と小滝の連続を過ぎると四〇メートルの大滝が現われて度肝を抜かれる。雪渓から左壁のルンゼに取り付いて、これを登って高巻く。大滝上の滝をいくつか越えるとお花畑が広がり、沢は源頭の様相を呈する。左のルンゼは三ツ石山への最短ルートで、下山を急ぐならこれを遡る。

ゴルジュを抜け出た沢は小滝を連ねて高度を上げ、左のルンゼから小藪を漕ぐと国境稜線の一五九七ピークに飛び出す。巻機山まではさらに藪漕ぎがつづく。

小三ツ石沢（三ツ石小沢） 四時間

出合から小滝が連続し、長い雪渓の向こうに一〇メートル、二段一五メートルの大滝がある。これを右の尾根から越えるとふたたび雪渓で、傾斜が強くなる。長い雪渓で奥の二俣を右に入る。草付を登って国境稜線に出る。

中三ツ石沢下降 四時間

前記の小三ツ石沢から継続する。

藪を下ると小滝が連続するが、どれもいやらしい。一〇メートル滝を懸垂下降すると三〇メートル大滝で、これを右岸から高巻く。その下の七メートル、三メートルは左岸から懸垂下降。あとは小滝が連続するが雪渓の状態が悪く、苦労して奈良沢本流に出た。

上トトンボ沢 三〜四時間

下ゴトウジ沢（ゴトウジ沢）出合のすぐ上で出合う下トトンボ沢（下トンボ）の左俣が上トトンボ沢である。巻機山からの下降ルートとして最適。

しばらくは平凡。雪渓の上で下部が飛瀑の二段一五メートル滝になり、これを左岸から高巻く。五〜八メートルの滝がつづくが、おおむね登れる。ナメ状の二〇メートル大滝は右岸を高巻く。この上は三メートル、六メートル滝を越え、深い笹藪の窪を忠実に進むと稜線上の「風《かざ》這《ば》い」に出る。牛ヶ岳までは、さらに藪漕ぎを強いられる。

上ゴトウジ沢　三〜四時間

巻機山から山越えで下る際にも利用される。出合付近は雪渓に覆われていることが多い。出合の一五メートル滝を左岸から高巻くと小滝が連続する。三〜五メートル滝をいくつか登ると、やがて二俣になる。水量の多い右俣に入ると小滝がつづき、左手の雪渓沿いの草付を登ると稜線に出る。

幽ノ沢　一時間

アプローチが不便なためか記録未見の沢である。船で入渓する。越《こし》路《じ》ノ沢（ゴミ沢）をやり過ごすと幅三メートル、長さ八〇メートルほどのゴルジュになる。幽ノ沢でゴルジュと呼べるのはここだけだ。あとは五メートル前後の滝がさまざまに形状を変えて連なる花崗岩の沢で、きびしいへつりが要求される。

広河原を過ぎるとふたたび滝の連続になり、四〇メートル滝が現われる。一〇メートル、一五メートルと越えていくと、ハクサンコザクラの群落がある。季節の恵みである。小滝をふたつ越えて、幽ノ沢山と小沢岳間の稜線に出て遡行を終了し、小穂口沢南沢を下った。

コツナギ沢大日陰沢（大ヒカゲ沢）　八時間（出合〜刃物ヶ崎山）

幽ノ沢と同じく記録未見の沢であった。

出合は貧弱。ナメ滝が連続する。やがて二俣を右に入ると雪渓の正面に九〇メートル大滝がある。雪渓の右端から下り、最下段二十五メートルを右から登り、落ち口に立つ。つづく五メートル滝は左から巻き気味に登り、三段目一五メートルはシャワーを浴びて乗越す。四段目七メートルを直登するが、最後の四〇メートルのスラブ滝がしんどかった。直登は垂壁で手が出ず、水流右手の灌木交じりの壁をアンザイレンして登る。この大滝に三時間を費やす。

大滝から上はトイ状の小滝がつづき、水が消えた六〇メートルほどのスラブ帯を快適に登る。

最後の藪は凄まじく、視界がないうえに足がつかず、三時間半の藪漕ぎの末、刃物ヶ崎山の頂上に飛び出す。下降は矢木沢のジロウジ沢にとり、矢木沢ダムに戻る。

楢俣川流域と宝川

　ダムに沈んだ楢俣川だが、ダムの完成以前は番傘《ばんがさ》級の岩魚がいたという伝説がある。番傘とは巨大な岩魚の意味だ。だからダム完成以後も、長い湖岸道を厭《いと》いもせずに釣りびとが訪れて人気の高い沢になっている。

　私たちが初めて楢俣川に入ったのはダム工事の真っ盛りで、通過申請を管理事務所に提出しての入渓だった。楢俣川に沿った仕事道を半日歩き、狩小屋《かりごや》沢出合付近の川原をベースにした。

　狩小屋沢には古い登山道が延びていて、岩に付されたペンキの痕跡を見つけながら遡行できる気持ちのよい沢である。ここをベースに、下流の洗《せん》ノ沢やヘイズル沢、やがてダムに沈む右岸の大石沢や西桶《にしおけ》小屋《ごや》沢などを探ったのである。

　ここでは、流域の中でもっとも華麗で緻密で美しい本流と中深《なかぶか》沢を紹介しておく。

楢俣川本流　九時間（狩小屋沢出合〜稜線）

現在は、奈良俣ダム上の林道ゲートから狩小屋沢手前の入渓地点まで、左岸の湖岸道を徒歩で二時間三十分をみなければならない。ブナの小道をたどると、トラロープの掛かる狩小屋沢を渡り、緩やかに下りると本流に着く。道はそのまま対岸に延びているが、これは矢種《やたね》沢上部にあった鉱山につづく道である。

　本流はのっけから花崗岩に磨かれた深い淵やゴルジュがつづく。これを左右に小さく巻いて進むと左から矢種沢が入る。この沢は上流で下から延びる鉱山道に接続するため、増水の際のエスケープルートになる。

　ほどなく旧魚止滝で、以前は下流から本鱒、すなわち銀毛の山女魚《やまめ》がここまで遡上した滝である。この滝は左壁から簡単に登れる。

　ナメ状滝が連続し、最後のちょっといやらしいナメ滝を慎重に登ると深沢が右手に入る。深沢の前深沢や中深沢は至仏山のピークへ直接抜ける好ルートである。出合を過ぎた本流右上に快適な幕場がある。

　おだやかになった水流をたどると右から日崎《ひざき》沢が八メートル滝で出合う。これは右壁から登れる。滝

檜俣川本流

1981年8月9〜10日

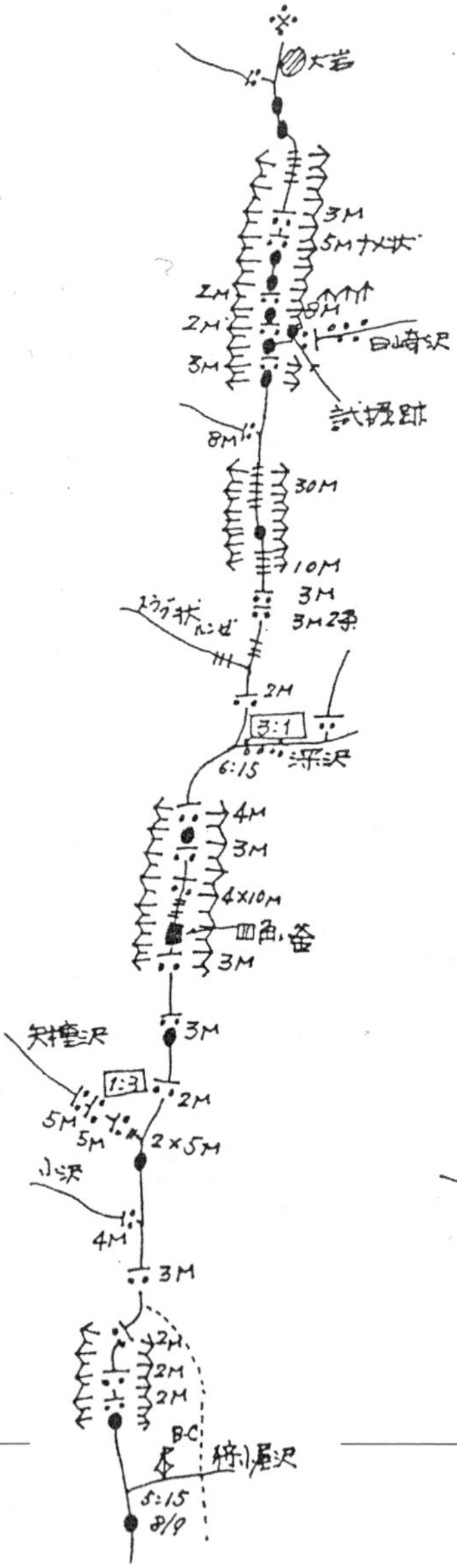

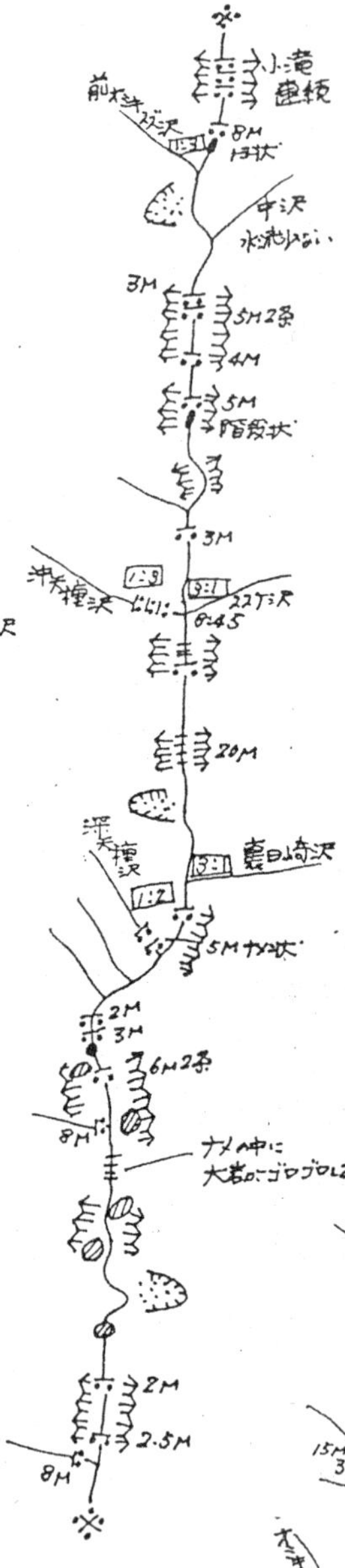

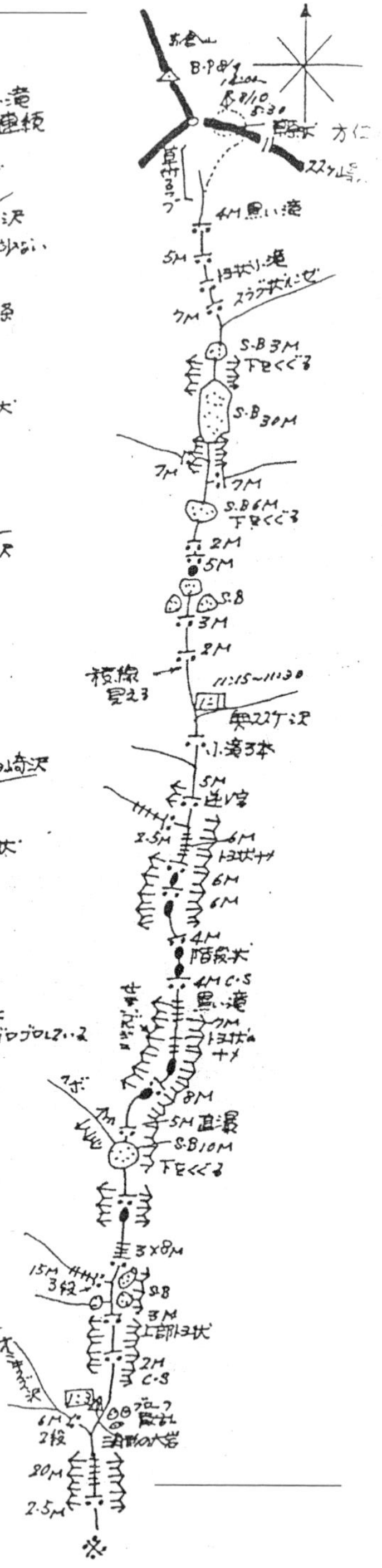

上の日崎沢を横切ってバンドをへつり本流に戻る。沢は闊達に広がって飽きさせない。沢が右曲すると左から沖矢種沢、すぐ右に裏日崎沢が入る。やがて右からスケ沢（南沢）が入り、細くなった流れを進むと幕場のある中沢に着く。

本流（沢種沢）は右で、左にオミキスズ沢を分けると稜線が見え、狭いゴルジュに滝が連続する。右に奥スケ沢を分けると稜線は近いが、それでも雪渓を交えて標高にして三〇〇メートルは登らねばならない。到達した稜線は草原で気持ちがよい。

南ノ沢の源頭に下りてビバークして往路を戻るか、あるいは水長沢に継続するか、検討を要するところである。

檜俣川は岩魚が豊富なので、竿を持ちたい。また、小さな幕場なら随所に求められる。

中深沢　四時間（出合〜至仏山）

深沢に入ってすぐ、前深沢との二俣で左から中深沢に懸かる八メートルの美しい直滝は、右岸の灌木伝いに簡単に巻ける。後深沢まではナメと滝が連続するすばらしいところで、沢登りの楽しさを満喫できる。

後深沢を過ぎると水量はぐんと減り、最後の一二メートル滝までは問題なく通過する。つめは脆い奥壁状になっているので、慎重に高度を稼ぐと稜線はすぐで、喧騒の至仏山は近い。

下降はペンキに導かれて狩小屋沢を下降する。

宝川本流ナルミズ沢　七時間

宝川は奥利根の名花であろう。エメラルドグリーンの水の色、のびやかな渓筋、適度に現われる滝、花崗岩の白い岩肌、一歩の藪漕ぎもなく突き上げる草原の清涼。どれをとっても一級品で、いちどは遡ってみたい渓の最上位に挙げられるだろう。

宝川からの入渓は古典ルートだ。近年は湯檜曽川の東黒《ひがしくろ》沢からハナゲ滝を登り、丸山《まるやま》乗越から広河原に下りるコースをとる登山者が多いが、ナルミズ沢であれ、左沢のウツボギ沢を遡行した場合であれ、白毛門《しらがもん》から下ることになる。

宝川温泉からは、以前は旧林業試験場跡まで車で入れたが、最近は規制がきびしく、宝川温泉から歩くのが無難であろう。宝川温泉から林業試験場跡の先の朝日岳登山道をたどっても二時間三十分で徒渉点に着く。徒渉点から三十分で広河原である。以前はここが幕場の定番だったが、最近は大石沢周辺が用いられているようだ。

私は遡行時間を七時間と記したが、一般的には広河原や大石沢付近に泊まり、小さなザックで遡行して下山時に幕場の荷物を回収するのが、沢を楽しめ、行動も楽である。

宝川本流は天気のいいときのアプローチはまことに快適で無駄がないのだが、徒渉点と広河原の先の沢筋で、過去に数回、水の事故による死者が出ているので注意を要する。

広河原から大石沢までは登山道と沢が並行するが、もちろん最初から沢をたどる。晴れていれば青い空と碧い水のハーモニーに酔い痴れるであろう。滝はどれも問題なく登れる。

大石沢で登山道を分けても闊達な沢の流れは変わらない。いくつかの小滝を小気味よく登ると魚止滝八メートルが現われる。これを右手から越えると雪渓のかたわらに季節の花々が風に揺れている。

ほどなく二俣で、左俣はジャンクションピークに近いが、草原の別天地を楽しむなら右俣に入ればいい。あとは踏み跡に従って高度を上げれば稜線に出る。朝日岳から登山道を大石沢まで下り、荷を回収して一気に宝川温泉に下る。

裏奥利根（三国川流域）

裏奥利根は、基本的には新潟側の三国川流域ということになる。われわれが越後沢やハト平に入るときのアプローチは三国川に限られた。奥利根本流を遡行して目的の沢に至るよりも、新潟県側の登山道を利用して山越えするほうが、はるかに入山時間を短縮できるからだ。丹後山西尾根や中尾ツルネがそれで、入山の途次、否応なく目に入るのが三国川源頭の沢なのである。

この雄大な沢の群れに遡行意欲を刺激されないはずがない。なにせ稜線から越後沢出合の標高差が一〇〇〇メートル以下なのに対し、十字峡から見上げる三国川のそれは一五〇〇メートルに近い。奥利根はそれだけ源流ということだが、それでも五〇〇メートルの標高差は大きい。沢の規模が違うということだ。

稜線の山々でいえば三ツ石山から下津川山を経て、兎《うさぎ》岳に至る広大なエリアである。稜線の群馬県側はもちろん奥利根なのだが、稜線を境にして北方に落ちる三国川は、いわば奥利根の異形の兄弟なのだ。

概略すれば、兎岳から丹後山に突き上げる栃ノ木

裏奥利根(三国川流域)

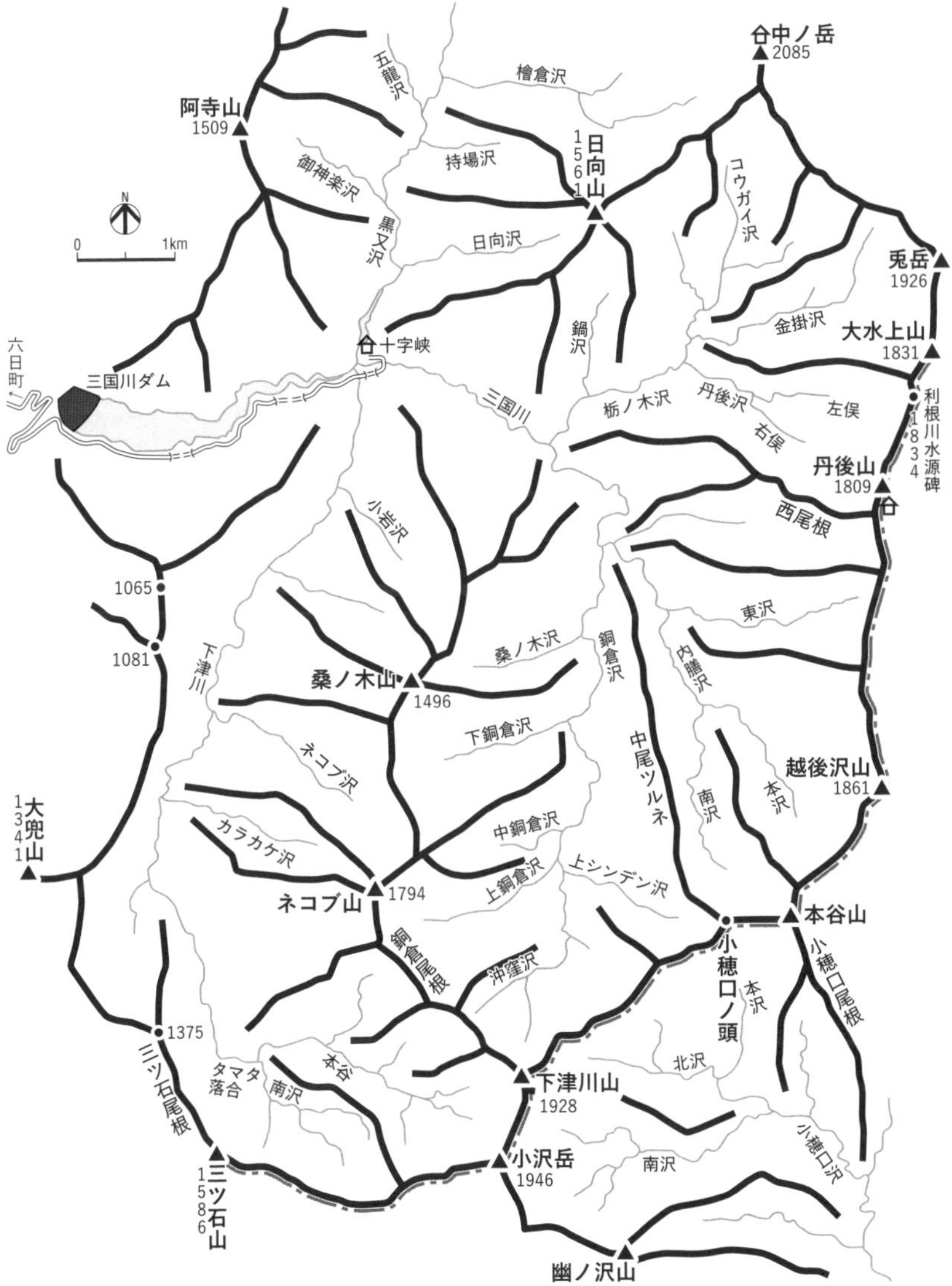
中ノ岳
2085
檜倉沢
五龍沢
阿寺山
1509
日向山
1561
持場沢
御神楽沢
コウガイ沢
黒又沢
日向沢
兎岳
1926
金掛沢
大水上山
1831
鍋沢
十字峡
六日町
三国川ダム
三国川
栃ノ木沢
丹後沢
左俣
右俣
利根川水源碑
1834
丹後山
1809
西尾根
小岩沢
1065
東沢
1081
下津川
桑ノ木沢
銅倉沢
内膳沢
桑ノ木山
1496
下銅倉沢
中尾ツルネ
ネコブ沢
越後沢山
1861
南沢
本沢
大兜山
1341
カラカケ沢
中銅倉沢
上シンデン沢
上銅倉沢
ネコブ山
1794
本谷山
銅倉尾根
小穂口ノ頭
小穂口尾根
沖窪沢
本沢
1375
三ツ石尾根
タマタ落合
本谷
南沢
北沢
下津川山
1928
小穂口沢
小沢岳
1946
南沢
三ツ石山
1586
幽ノ沢山
N
0
1km

栃ノ木沢
丹後沢

1988年7月2〜3日

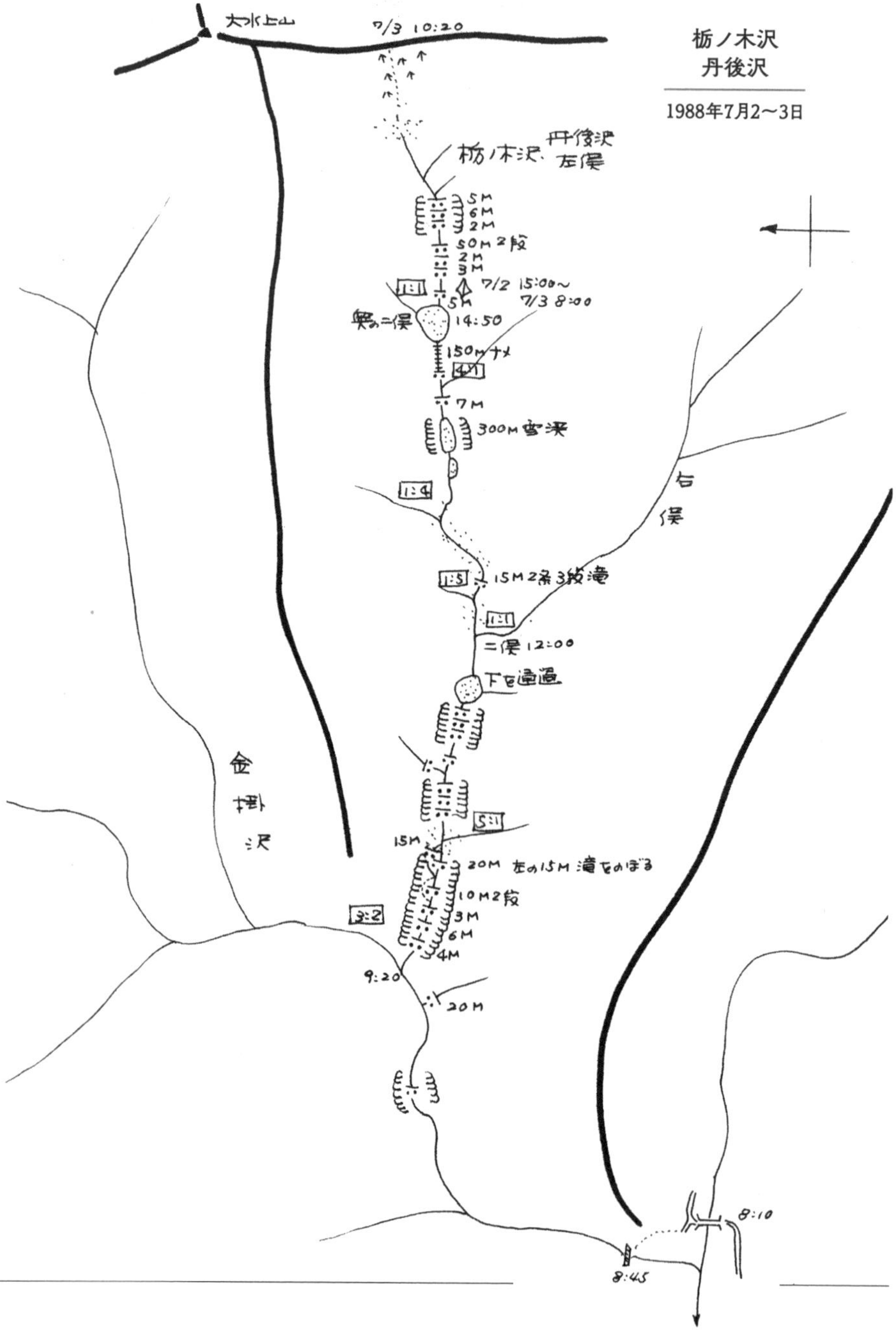

沢、丹後山から本谷《ほんたに》山までの内膳《ないぜん》沢、本谷山と銅倉《どうくら》尾根に囲まれた銅倉沢、下津川山から三ツ石山に分け入る下津川がそれである。

それぞれの沢をベース方式で遡行するのは地形的に難しく、多くは山を定めて山頂集中遡行方式を採用して、地道に遡行を重ねたのであった。その代表的な沢を紹介しておく。

栃ノ木沢丹後沢 十時間(栃ノ木橋~大水上山)

栃ノ木沢の広がりは、丹後山から越後三山の中《なか》ノ岳にまで及び、本流は中ノ岳に突き上げるコウガイ沢なのだが、奥利根との隣接関係から大水上山以南の沢とし、ここでは丹後山と大水上山のあいだに突き上げる丹後沢左俣を選んだ。

丹後沢は、本流のコウガイ沢や金掛《かねかけ》沢と異なり、気持ちよく登れる平易な沢なのだが、幕場が少なくて苦労する。

栃ノ木橋から取水口まで歩き、沢に下りる。すぐに現われる狭いゴルジュの中の二メートル、六メートルの滝は、右の壁にハーケン二枚を打ち、へつりで抜ける。本流と金掛沢の険悪なゴルジュを横目に丹後沢に入る。

出合からつづく明るいゴルジュの滝を快調に登ると二俣に着く。右俣は丹後山に出る沢だ。二俣以奥はゴーロ歩きで、雪渓を飛んだり跳ねたりして遡行していく。奥の二俣の上に二段五〇メートル滝があるが、たいしたことはない。ガレを登り、笹を少し漕ぐと利根川水源碑のすぐ上に出た。

大水上山までは二十分の距離であった。険悪な栃ノ木沢の中ではもっとも楽しい沢であるが、少し物足りないという声も聞こえたから現金なものである。

銅倉沢本谷 二日(十字峡~下津川山)

この沢は、三国川全体の本谷と目される沢で、十字峡から林道を歩き、銅倉沢の取水口までちょうど一時間。遡行を開始して桑ノ木沢まで三十分、その先のゴルジュ帯が第一の関門である。

下銅倉沢まではわずかに四つの滝しかないのだが、そのすべてに高巻きを要求される、つづく中銅倉沢までも登れぬ滝が多く、苦労する。だが、なんといっても上銅倉沢以降が核心であった。上シンデン沢までのふたつの滝を高巻くと、ゴルジュの中に滝が連続する。これをハーケンを打ち、直登し、高巻きし、懸垂下降を交えて越えていく。

沖窪《おきくぼ》沢を右に分けても滝の悪さは変わらず、ザイ

下津川本谷

1994年10月8〜10日

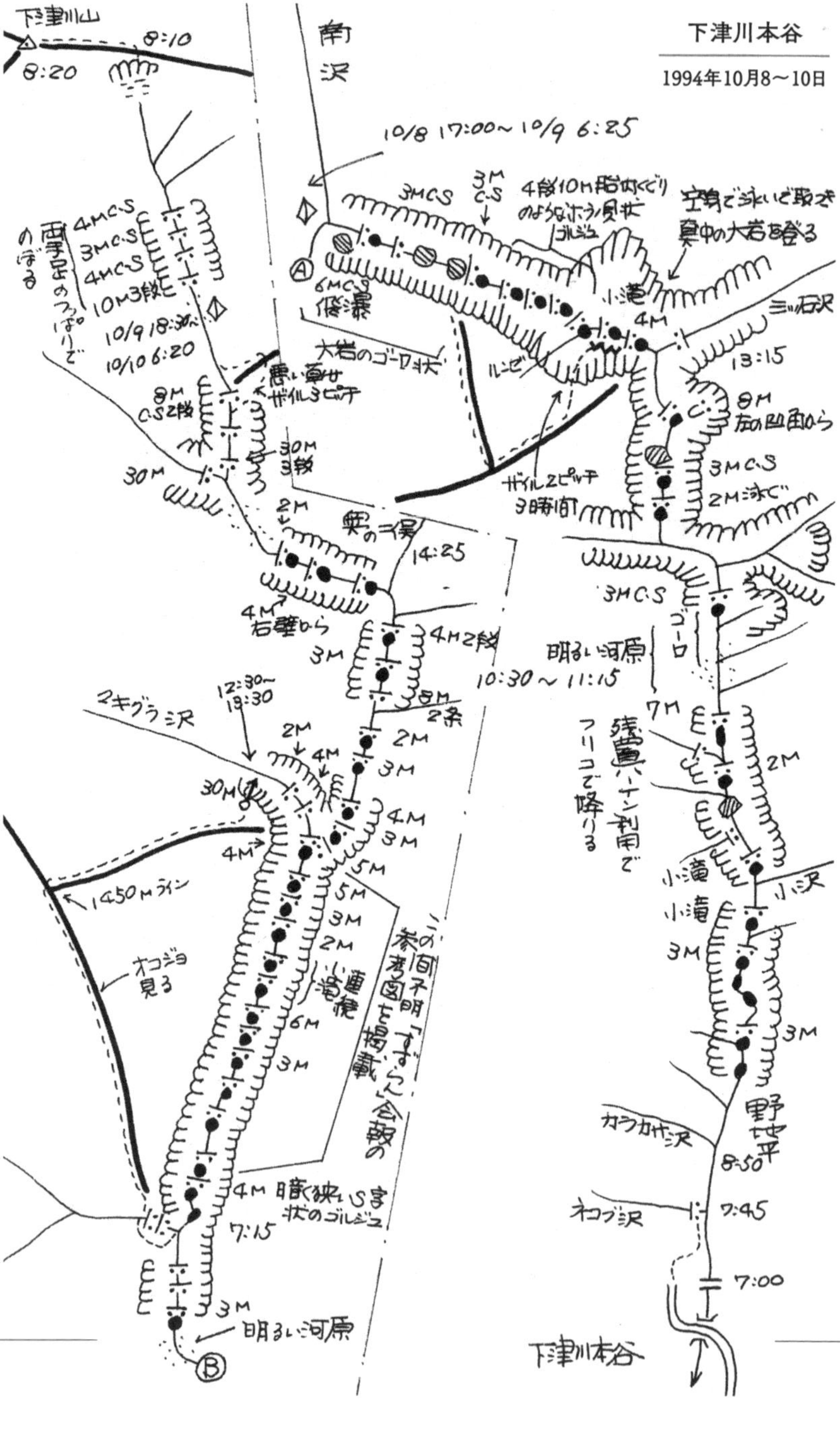

ル使用や懸垂下降を多用する。源頭部は草付に近い草原で、さほどの藪漕ぎもなく稜線に飛び出す。

下津川本谷　二日（十字峡〜下津川山）

十字峡から林道終点まで車で入り、釣りびとの小道を歩いてカラカサ沢（シクノ沢）手前で沢に下りる。下流部はおだやかな流れ。野地平の先でゴルジュになり、七メートル滝は落ち口の残置ハーケンを利用して振り子の懸垂下降で降りる。明るい川原を過ぎると本格的にゴルジュがはじまる。

三ツ石沢を分けた四メートル滝は泳いで取り付き、真ん中の大岩を登り、その上のホラノ貝状のゴルジュは手が出ず、右岸のリッジをザイル二ピッチで高巻きゴルジュに戻る。この区間に三時間を費やす。

あとはゴルジュの中の小滝を登り、南沢（小沢、タマタ沢）出合のタマタ落合に着き、明るい川原で泊まる。

タマタ落合を発つと沢は大きく左曲し、時計状に弧を描き、問答無用の強烈なゴルジュがはじまる。

他会の記録では、このゴルジュの通過に八時間かかっている。そのため事前の計画で、ゴルジュをなんとしても高巻くことで時間短縮を図ろうと企てた。でないと下津川山の山頂集中時間に間に合わないからである。この大高巻きに五時間をかけ、三〇メートルの懸垂下降でマキグラ沢（宿沢）に降りたが、それでも三時間の短縮が図れたのであった。

奥の二俣を過ぎてもきびしさは変わらない。八メートルチョックストーン滝の右壁の草付をロープ三ピッチで抜け、ゴルジュの中に連続する四つの滝を両手両足の突っ張りで登り、最後の草付から藪を漕ぐと、端正な下津川山山頂まであと十分の位置にある稜線の道に飛び出た。

凄まじい岩の伽藍であった。奥利根側から二パーティ、三国側から二パーティ、都合十四人の秋の集中遡行が無事成功し、下山は銅倉尾根のネコブ山から下津川支流のカラカサ沢を下降して下津川林道に下り、十字峡の避難小屋で集中成功の祝杯を挙げた。

コラム③

越後沢尾根厳冬期初登
―無人の奥利根を登る―

越後沢尾根は、厳冬期の奥利根に残された未踏の雪稜であった。もちろん春は登られている。奥利根本流のヒトマタギを挟んで向かい合う「歩き尾根」と継続すれば、スケールの大きな奥利根横断行を楽しむことができる。

新潟側の三国川ダムからであれ、群馬側の尾瀬からであれ、国境稜線から奥利根本流を横断するなら、延べ標高差は五〇〇〇メートルにも及ぶ。その核心が越後沢の左岸を構成する越後沢尾根である。奥利根本流の越後沢出合から越後沢山まで、標高差九二〇メートル、水平距離四・一キロに及ぶ、急峻で歯切れのいい雪稜と岩稜がミックスした好ルートであった。

この尾根が未踏のまま残されたのは、アプローチの不便に加え、その奥深さと標高差からで、利根を愛する私たちが初めてトレースできたのは、地の利によって当然といいながら、なによりうれしいことだった。

長年の経験でいえば、雪稜の登攀は春より冬のほうがやさしい。間断なく降り積む雪が、重力と風の法則に従って稜線の形のまま厚さを増し、やがて粘性を帯びて妖しい曲線を描き出す。私が雪稜に魅かれるのは、その美しい曲線のゆえである。

冬の雪稜を過《あやま》たず登るコツは「鋭角に落ちる雪稜の重心軸を外さないこと」だ。その軸から左右一歩を踏み外せば雪崩を招きかねない。その点に留意してさえいれば、陽光に破壊され、断裂して登攀を妨げる春の雪稜よりもたやすいのである。

だが、冬の山行が春に比べて不利な点がいくつかある。まずは日の短さだ。年末年始なら春の連休よりも四時間ほど短く、行動を著しく阻害する。それにも増して天候の悪さはあなどれない。雪国の冬は晴れる日が少ない。どんよりと曇った空から雪の降る日が多いのだ。年末寒波が訪れれば、来る日も来る日も雪が降る。それが深い山中ならなおさらのことだ。さらに寒さがある。防寒着の必要性は春の比ではない。加えてアプローチの不便さがある。春なら十字峡まで車が入るが、冬は三国川ダムから長い歩きを強いられる。

雪に覆われた林道歩きも恐怖だった。山肌から雪崩れた雪が林道を斜めに埋め、足を滑らせば三国川の激流に呑まれてしまう。ビーコンなどない時代、各自の間隔を長く空け、五メートルほどの赤い雪崩紐を腰に結わえ、その紐を踏まないように歩くのである。間隔を空けるのは犠牲者を増やさないためだ。それほどまでして冬の奥利根に向かうのは、私たちしか入らないであろう奥利根の冬を独り占めして、存分に遊びたいがためにほかならない。

一九八一年の年末年始に、初めて奥利根で冬合宿を展開した。ベースは丹後山の避難小屋である。小屋の裏手から落ちる丹後コボラ尾根を下って本流のハト平を横断し、対岸の喜代志尾根を登って藤原山の稜線から大水上山経由でベースに戻った。広大な奥利根の片隅にある最源流の横断だが、以後の奥利根の積雪期の活動を思えば、ささやかだが大きな一歩であった。

最終日、数人の仲間とともに越後沢山に向かった。冬の越後沢尾根を、この目で見ておきたかったのである。山頂から慎重に越後沢尾根を四〇メートルほど下ったそのとき、ピシリと雪面が鳴き、私たちは恐怖のあまり硬直した。雪面を刺激しないように、おそるおそる山頂に引き返したのだが、それが冬の越後沢尾根への初見参であった。

厳冬の越後沢尾根に挑んだのは、それから十一年を経た一九九二年十二月のことだった。それまでの歳月を無駄に過ごしたわけではない。矢木沢ダムの右岸に屹立する刃物ヶ崎山から巻機山北方稜線を経て、金城山《きんじょう》に繋いだ春。刃物ヶ崎山から奈良沢に下りてこれを渡り、小沢《おざわ》岳から下津川山に立って銅倉尾根を下った冬もある。常に渓の横断を視野に入れ、積雪期の奥利根を縦横無尽に遊ぶことを覚えたのは、ひたすら雪の恩恵であった。

その間、越後沢尾根を忘れていたわけではない。三度に及ぶ春の本流の横断行によって越後沢尾根の細部を探り、冬に備えた。メンバーを替え、季節をずらして偵察や試登を重ねた。前年の冬などは、いったん国境稜線に立ちながら、折からの前線の通過でテントも張らせてもらえず、烈風渦巻く稜線で四十八時間の停滞を強いられるという、遭難寸前の事態にも見舞われた。

それらの紆余曲折の末に、丹後山避難小屋と中尾ツルネにあるロボット小屋への荷上げを済ませ、準備万端で越後沢尾根に向かった。

初日は三国川ダムから歩きはじめ、十字峡を経て林道終点まで。林道の雪崩を警戒していたが、天気も幸いして快適に歩けた。

二日目は、内膳落合から中尾ツルネの急峻な尾根に取り付き、昼にロボット小屋に着いた。三国川ダム建設に伴って建てられた雨量観測計の小屋は、いつもは閉じられているが、懇意にしている地元の遭対協の隊長から鍵を借り、自由に使ってよいと許可を得ていた。

三日目は奥利根の最深部に分け入る日である。五時十分にロボット小屋を発ち、順調に高度を上げて、昨年の鬼門である国境稜線を一気に越えた。そこから本谷山に立ち、小穂口尾根に入って十分沢尾根の分岐に向かう。十分沢尾根の最後は、末端から一〇〇メートルほど上流の、越後沢に架かるスノーブリッジを渡って越後沢尾根に乗る。尾根の末端に張ったテントの一夜は、心安らぐものだった。おだやかな本流の沢音が絶え間なく聞こえ、明日の登攀に思いを馳せる夜である。

明けて二十九日。越後沢に懸かる滝を眺めて雪稜を登る。傾斜がおだやかになったブナ森は春にも通っているが、冬も気持ちのいい森だ。一三八〇ピークの先は尾根が狭くなっていて、コブが数カ所ある。これを丹念に越えると、春に懸垂下降をした岩稜に出る。春の支点は雪の下に埋もれ、右の立ち木からザイルを垂らす。落差は変わらず七メートルほど。荷の重さに体勢を崩し、タイオフする者もいて、五人の懸垂下降の通過に一時間を費やす。

このころから雪が強くなる、尾根はさらに細くなり、牧《まき》ヶ倉《くら》山への最低鞍部一三五五メートル付近から、小ピークをひとつひとつ越えていく。そろそろ牧ヶ倉山への最後の急登のはずだが、視界が悪くて確認できない。尾根が広くなり、越後沢に五〇メートルほど下ってテントを張る。すでにテントは湿っていて快適とはいえないが、風も避けられて、越後沢尾根の核心にいるとは思えないほどおだやかな夜を過ごした。

勝負の日は快晴で明けた。深いラッセルをして牧ヶ倉山に立つ。越後沢尾根を見下ろすが、すでに昨日のトレースは雪に消えて跡形もない。まさにこの日のためにあるような、すばらしい天気と展望だ。白い雪稜を快適に登り、イーグルキャップと名付けたピークに立つと、核心部は目前であった。

思ったよりも雪が付いており、基部でザイルを結び、支点を取って進む。トップのザイルに、さらに一本ザイルを繋いで後続が通過し、核心部を終える。その先のピークの急峻な登りは、私がトップを拓く。

股のあいだから、光と影に染め分けられた雪稜が立ち上がる。新雪の不安定な状態を思えば、左右どちらにも逃げられない。足もとから延びる雪稜の頂点を踏み外さないというのは、踏み外せないということだ。その怖さが緊張を強いる。左右に踏み外した一歩が表層雪崩を引き起こし、谷底まで持ち去られる恐怖に立ち向かって、一歩を勝ち取らなければならない。

鼻先が付きそうな傾斜の雪面に両手でピッケルを突き刺し、膝で雪を潰してワカンを履いた足を乗せ、ピッケルを支えに立ちあがって次の一歩を刻み、ふたたびピッケルを抜いて上方に刺す。その地虫のごとき登高が、頂上に立つための唯一無二の手段であった。

振り返れば、おのれの拓いた一条のトレースが足下に延び、ザイルの末端で見守る仲間たちの顔がある。ワカンを蹴りこんで高度を上げる。厳冬の、それも快晴の越後沢尾根を山頂めざして登る。その幸福と快感がわが身を包んで昇華する。傾斜の緩いピークでトップを交代する。二〇〇メートルを超える越後沢の大滝が視界の隅にある。山頂は近い。

十二月三十日、十二時五十三分。越後沢山の山頂に立った。私に最後のトップを譲ったのはメンバーたちの配慮である。それを待ちかねたように雪が舞いはじめる。完登を祝う、越後の銘酒「菊水」の缶を開けてまわし呑む不行跡は、おそらく冬山登山者のなかでも私たちだけであろうと思いながら、その旨さに言葉もなかった。

しかし、私たちの越後沢尾根は、このままでは終わらなかった。降雪で視界を失った稜線を北に向かうも、平坦な山稜は行方を幻惑する。この日は丹後山の避難小屋にたどり着く予定だったが、やむなく現在地不明のまま行動を終える。問題は翌日の大晦日で、風雪がやまず停滞になった。小屋が近いのはわかっていたので焦りはしなかったが、酒が一滴もないのである。酒のない山の夜も初めてだったが、なにより酒のない大晦日は痛恨であった。

明けて元日。視界はないが、風がやんだのを潮に行動を開始すると、避難小屋までは三十分足らずで着いた。小屋の除雪をし、二階で車座になってコンロを囲み、完登と新年を祝う。夕暮れ、外が明るくなって飛び出すと、青い空の下に中ノ岳が大きく聳え、越えてきた越後沢山と下津川山が白い。この劇的な解放があるから冬山はやめられないのだ。

このたびの勝因は、ロボット小屋から稜線を越えて本谷山までと、視界が利かなければ足止めを食らったであろう十分沢尾根に乗るまでの半日の晴れ間。そして、越後沢尾根の中間部から越後沢山までの半日の晴れ間。その両日の絶妙なタイミングの好天がもたらしてくれたものに違いなかった。

翌二日も晴れた。十字峡までは仲間たちが迎えに来てくれる。十字峡の避難小屋で彼らと最終日の夜を過ごすべく、丹後山の西尾根をゆっくりと下る。会心の冬の越後沢尾根が、いま終わろうとしていた。

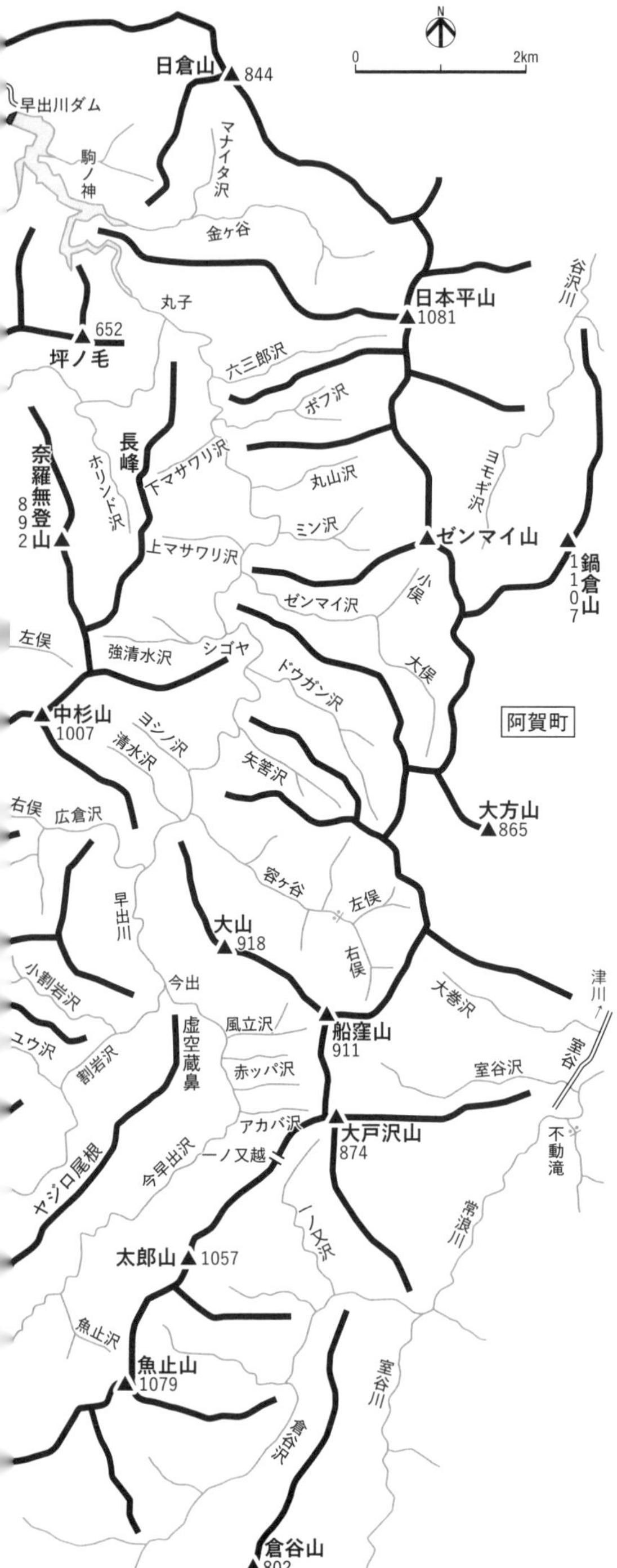
N
0
2km
日倉山
844
早出川ダム
駒ノ神
マナイタ沢
金ヶ谷
日本平山
1081
谷沢川
丸子
652
坪ノ毛
六三郎沢
ボフ沢
長峰
奈羅無登山
892
ホリンド沢
下マサワリ沢
丸山沢
ヨモギ沢
ミン沢
ゼンマイ山
鍋倉山
1107
上マサワリ沢
ゼンマイ沢
小俣
左俣
強清水沢
シゴヤ
ドウガン沢
大俣
中杉山
1007
ヨシノ沢
清水沢
阿賀町
矢筈沢
右俣
広倉沢
大方山
865
早出川
容ヶ谷
左俣
大山
918
右俣
小割岩沢
今出
大巻沢
津川
虚空蔵鼻
風立沢
船窪山
911
室谷
ユウ沢
割岩沢
赤ッパ沢
室谷沢
アカバ沢
大戸沢山
874
一ノ又越
今早出沢
不動滝
ヤジロ尾根
一ノ又沢
常浪川
太郎山
1057
魚止沢
魚止山
1079
室谷川
倉谷沢
倉谷山
802

川内・下田山塊

川内山塊

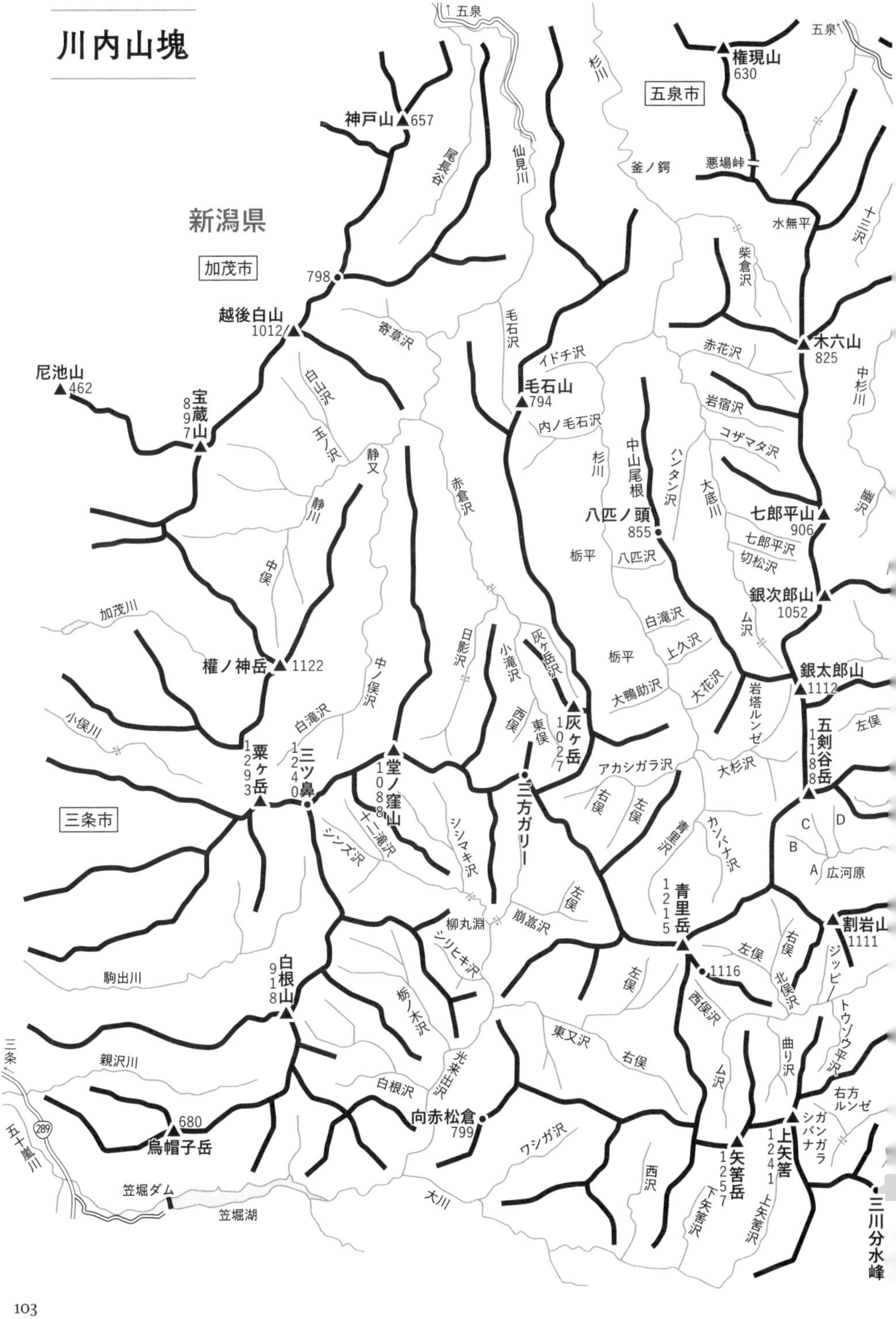
五泉
新潟県
加茂市
五泉市
三条市
神戸山 657
権現山 630
尾長谷
仙見川
杉川
釜ノ鍔
悪場峠
水無平
十三沢
柴倉沢
798
越後白山 1012
寄草沢
毛石沢
イドチ沢
木六山 825
赤花沢
中杉川
尼池山 462
宝蔵山 897
白山沢
玉ノ沢
毛石山 794
内ノ毛石沢
岩宿沢
コザマタ沢
静又
静川
赤倉沢
中山尾根
ハンタン沢
大底川
七郎平山 906
七郎平沢
切松沢
幽沢
八匹ノ頭 855
栃平
八匹沢
中俣
銀次郎山 1052
加茂川
ム沢
白滝沢
上久沢
日影沢
小滝沢
灰ヶ岳沢
栃平
大鴨助沢
大花沢
権ノ神岳 1122
中ノ俣沢
銀太郎山 1112
岩塔ルンゼ
小俣川
白滝沢
西俣
東俣
灰ヶ岳 1027
五剣谷岳 1188
左俣
栗ヶ岳 1293
三ツ鼻 1240
堂ノ窪山 1088
アカシガラ沢
大杉沢
三方ガリー
右俣
左俣
C
D
B
シンズ沢
十二滝沢
シシマキ沢
青里沢
カンバナ沢
A
広河原
左俣
柳丸淵
崩嵓沢
青里岳 1215
割岩山 1111
シリヒキ沢
右俣
左俣
1116
左俣
ジッピ
駒出川
白根山 918
北俣沢
栃ノ木沢
西俣沢
トウゾウ平沢
東又沢
右俣
曲り沢
三条
親沢川
光来出沢
ム沢
白根沢
右方ルンゼ
289
向赤松倉 799
シガンバガナラ
五十嵐川
680
烏帽子岳
ワシガ沢
上矢筈 1241
矢筈岳 1257
西沢
笠堀ダム
大川
下矢筈沢
上矢筈沢
笠堀湖
三川分水峰

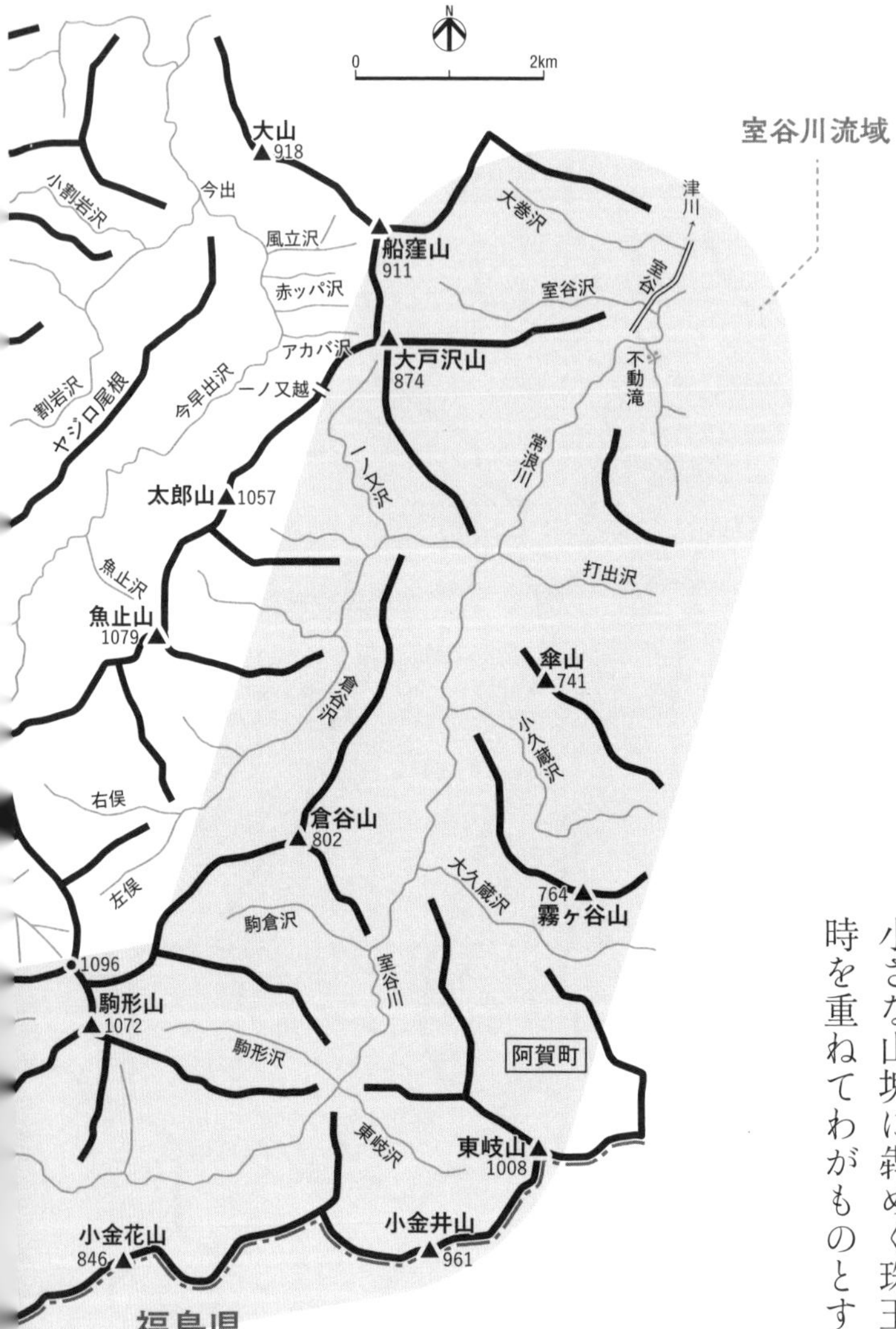

下田山塊

前衛にして最高峰である
粟ヶ岳の背後にたたずむ未開の山野。
低山の山襞に潜む害虫の存在を
ものともせずに分け入った険悪な渓筋。
導いたのは山塊に明滅する山びとと先人の系譜。
小さな山塊に犇めく珠玉の渓の衝撃を目撃し、
時を重ねてわがものとする。

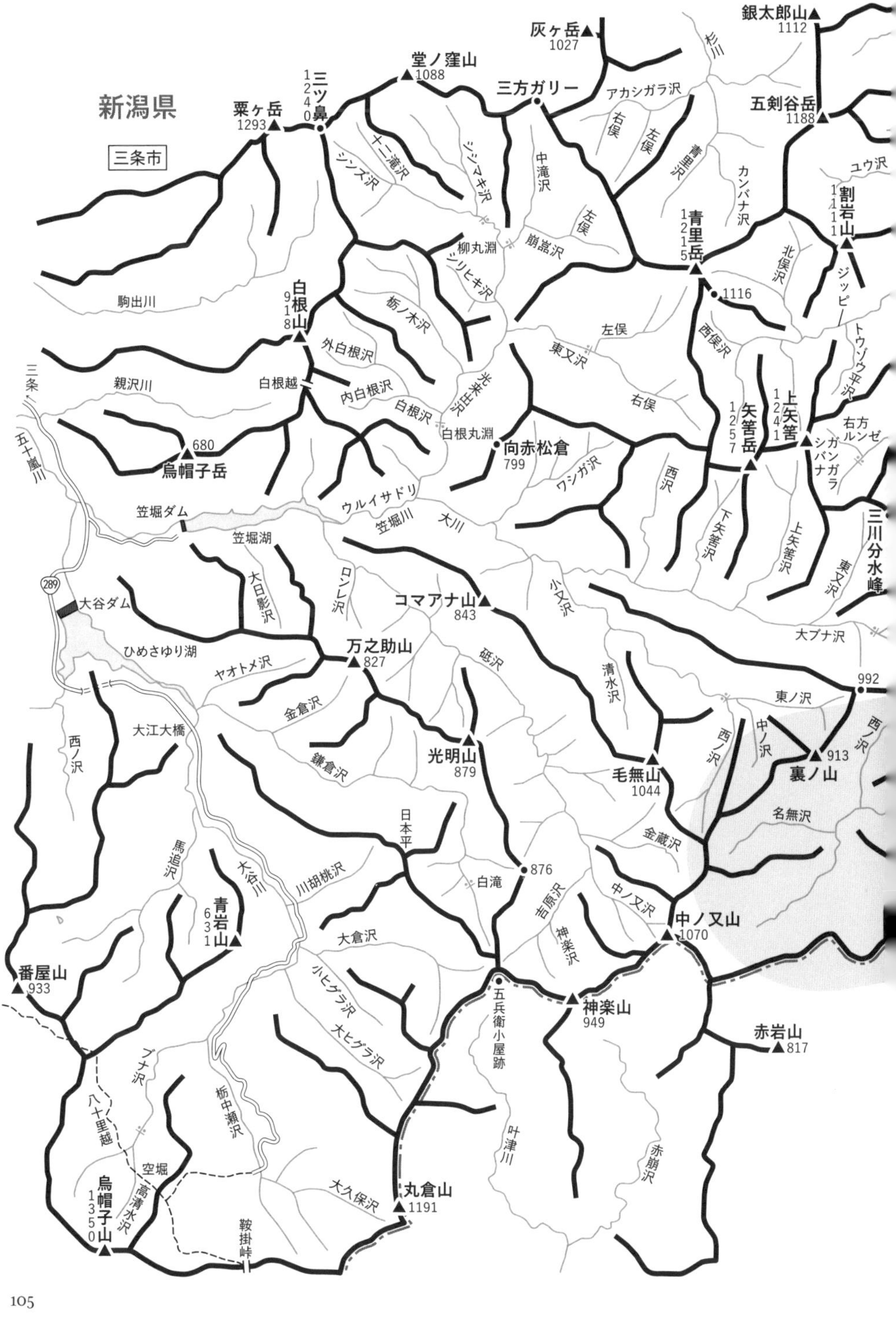
新潟県
三条市
粟ヶ岳
1293
三ツ鼻
1240
堂ノ窪山
1088
灰ヶ岳
1027
三方ガリー
銀太郎山
1112
五剣谷岳
1188
割岩山
1111
青里岳
1215
1116
杉川
アカシガラ沢
右俣
左俣
青里沢
カンバナ沢
ユウ沢
十二滝沢
シンズ沢
シジマキ沢
中滝沢
左俣
柳丸淵
崩嵓沢
シリヒキ沢
北俣沢
ジッピー
白根山
918
駒出川
栃ノ木沢
外白根沢
左俣
東又沢
西俣沢
トウゾウ平沢
白根越
内白根沢
白根沢
光来出沢
右俣
矢筈岳
1257
上矢筈
1241
右方ルンゼ
三条
親沢川
五十嵐川
680
烏帽子岳
白根丸淵
向赤松倉
799
ワシガ沢
西沢
笠堀ダム
ウルイサドリ
笠堀川
大川
下矢筈沢
上矢筈沢
三川分水峰
笠堀湖
大日影沢
ロンレ沢
289
大谷ダム
コマアナ山
843
小又沢
東又沢
ひめさゆり湖
万之助山
827
ヤオトメ沢
砥沢
清水沢
大ブナ沢
992
東ノ沢
金倉沢
西ノ沢
中ノ沢
西ノ沢
大江大橋
光明山
879
毛無山
1044
裏ノ山
913
鎌倉沢
名無沢
日本平
金蔵沢
馬追沢
大谷川
川胡桃沢
白滝
876
吉原沢
中ノ又沢
青岩山
631
神楽沢
中ノ又山
1070
大倉沢
番屋山
933
小ヒグラ沢
五兵衛小屋跡
神楽山
949
大ヒグラ沢
赤岩山
817
ブナ沢
八十里越
栃中瀬沢
叶津川
赤崩沢
空堀
高清水沢
烏帽子山
1350
大久保沢
丸倉山
1191
鞍掛峠

川内・下田山塊とは

川内《かわち》山塊に分け入ったのは奥利根《おくとね》に通いつめていた一九八〇年代初頭のころからだった。奥利根の渓を遡り尽くし、やがて遡行対象を失うであろう奥利根に代わるべき山域を探し当てたかったのである。そして私は、ほぼ一瞬にして川内の渓に惚れこんだ。

これまで「下田《しただ》・川内」と呼んできたが、これを機に川内・下田と改めたい。同じ山塊の主稜線を挟んだ北と南の山域だから順番などはどうでもいいのだが、やはり川内を前に置きたくなるのは、その奥深さと未開性において、下田山塊をはるかに凌ぐからにほかならない。

その象徴は、二万五千分ノ一地形図（旧版）の「高石《たかいし》」と「室谷《むろや》」のほぼ二枚分を縦に貫いて流れる早出《はいで》川の存在である。それも、下流の仙見《せんみ》川や杉《すぎ》川を含む早出川全体ではなく、早出川ダムから矢筈《やはず》岳に突き上げるまでの二〇キロあまりが、人跡稀なまま残されてきたからなのだ。

川内・下田山塊は新潟県北部にある低い山の連なりで、西端の前衛にして最高峰の粟《あわ》ヶ岳から南東の第二の高峰である矢筈岳を経て、さらに南の中《なか》ノ又《また》山で南会津に接するまでの山脈をいう。

主稜線の北側を川内山塊と呼ぶのは、旧中蒲《なかかん》原《ばら》郡川内村（現・五泉《ごせん》市）の行政区だったからで、南の下田山塊は、旧南《みなみ》蒲原郡下田村（現・三条《さんじょう》市）に属していたためである。下田村が平成の大合併で編入された三条市は刃物の町としても知られており、おおよその位置関係がつかめるかもしれない。

川内も下田も地名としてはほとんど残されていない。わずかに早出川下流の左岸に川内集落があるばかりで、下田に至っては丸ごと地図から消え去ってしまった。ただ合併以後、下田郷として喧伝されてはいる。

ルビがなければ読むことも叶わない「かわち」と「しただ」が山域の名前として残されているにせよ、その風前の灯火ともいえる川内・下田の名を消さないために、両山域を擁する五泉・三条両市の奮闘に期待するほかはない。

*

さて、川内山塊から概要を述べる。川内山塊は阿賀野《あがの》川支流の早出川両岸の流域である。早出川だけで川内山塊の集水面積の八〇パーセントを占めている。早出川ダムから矢筈岳に至る早出川本流が川内山塊の核心だが、川内・下田の背骨の主稜線から派生する、いわば肋骨ともいうべき複数の支尾根に食いこむ支流がある。

たとえば粟ヶ岳山脈と毛石《けいし》山脈のあいだに分け入る仙見川があり、毛石山脈と五剣谷《ごけんや》山脈のあいだには杉川が割って入る。つまり、仙見川と杉川と早出川本流域のすべてが川内山塊の遡行対象なのだ。

対して下田山塊は、粟ヶ岳から矢筈岳に至る主稜線の南側の山域である。中央を流れる五十《いか》嵐《らし》川の流域すべてが下田山塊なのだから、川内山塊に接する右岸の山のみならず、左岸の守門《すもん》岳（主峰・袴《はかま》岳一五三七メートル）や、いにしえの八十里越《はちじゅうりごえ》もその範疇に入ることになる。

五十嵐川を二分する支流の笠堀《かさぼり》川には笠堀ダムがある。ダム下の粟ヶ岳に突き上げる支流の数本と五十嵐川本流の沢筋をべつにすれば、下田山塊の核心は笠堀ダム上流の光来出《こうらいで》川と大《おお》川流域に収斂される。

新潟県北部に横たわる川内・下田山塊が、戦後の昭和三十年代まで登山者にとって未開のままだったのは、ひたすら標高の低さと位置関係にある。最高峰の粟ヶ岳ですら一三〇〇メートルに及ばない。北方には飯豊《いいで》連峰の巨塊があり、南方には北アルプスという華やかな山塊がある。都会の多くの登山者は嬉々として北アルプスに向かい、地元愛を貫く越後の岳人は、こぞって飯豊連峰をめざした。なにも好きこのんで標高の低い、藪に覆われた暑苦しい川内・下田山塊に分け入る必要などなかったのである。

したがって、この山域には登山道も少ない。主だったものを挙げれば、両山域の主峰である粟ヶ岳に数本、川内山塊の早出川下流右岸の日《に》本平《ほんだいら》山に、北と西からそれぞれ一本。毛石山に消えぎえの鉱山道があり、銀次郎《ぎんじろう》山に一本。下田山塊では粟ヶ岳を除けば光明《こうみょう》山に一本。白《しろ》根《ね》山に一本。日本平に不明瞭な登山道が一本。あとは歴史の街道、八十里越があるにすぎない。しかし、これらの数少ない登山道は、核心の矢筈岳から見れば前衛の山々へのか細い道筋なのである。

両山塊の神髄であり、真の主峰ともいうべき矢筈岳には、魚止《うおどめ》山を経由して春先にのみ歩ける粗末な踏み分け道はあるが、夏の通過は困難をきわめる。

道なき不遇の山として選ばれた山岳雑誌『岳人』選定「マイナー12名山」（※註）の筆頭に選ばれた面目躍如というところだが、選定委員のひとりだった私に言わせれば、あの踏み分け道の存在を知っていれば一位には推さなかったはずである。

川内・下田山塊は、粟ヶ岳から矢筈岳を経て中ノ又山に至る二〇キロ足らずの山波だが、いかに地味な山域とはいえ、両者を結ぶ主稜線に登山道がまったく存在しないというのは信じがたいことだった。

稜線の山波を自在に歩けるのは春先のわずかな季節で、猛烈な藪を避けて山域に分け入ろうとすれば、必然的に無雪期の沢筋だけということになる。戦後の昭和三十年代になって初めて越後の岳人が川内・下田山塊の未開に注目したゆえんで、未知未踏が希少になりつつあったその時代、越後の岳人は、ようやく川内・下田の未開の価値に気づいたのである。

そんな川内・下田を、慣れ親しんだ奥利根と比べたことがあった。「奥利根VS川内、独善的比較論」と題して山岳会の会報に載せたのである。そのなかで「利根が鉈なら川内は剃刀、利根が出刃包丁なら川内は刺身包丁、犬鷲とカワセミ、後家と新妻、真珠とダイヤ」と書いたのは、川内が晴朗な輝きに満ちた山塊だったからである。

その輝きの根源にあったのは、高く鋭く張りめぐらされた花崗岩の白き岩壁と、その岩肌を割って流れる紺碧の水の鮮やかな対比であった。しっとりとした岩肌には白磁の滑らかさがあり、流れる水とともに一切の暗さがなかった。それは、時として暗がりの陰に沈鬱な素顔を潜《ひそ》ませた奥利根とは異質の存在であった。その対照の妙が、私を呼び止めて離さなかったのである。

けれど川内・下田山塊の未開性は、あくまで登山史からのまなざしである。これを人間の山野における開拓の歴史から捉えれば、まったく異なる様相が浮かび上がってくる。人跡未踏の奥利根でさえ鉱山師《やまし》が跋扈《ばっこ》したのだから、さほどの困難を伴わない川内・下田の山塊に開拓の手が及ばないはずがなかった。

登山史の視点などものともせず、流域には鉱山のための仕事道が張りめぐらされ、鉱山が衰退した後もゼンマイ採りや炭焼きの道として、長く流域を網羅して使われてきたのであった。

二〇二一年に出版された『川内山鉱山跡』(吉田忠著/自費出版)によれば、一九六五(昭和四十)年の図番で、およそ三十六カ所の鉱山が確認されている。川内山とは早出川本流と杉川、仙見川の上流に位置する山々で、それぞれに規模の大小や栄枯盛衰があるにせよ、藩政時代から明治、大正、昭和まで、連綿と採掘がつづけられたのであった。

その最大のものは三協《さんきょう》鉄山(旧白滝《しらたき》鉱山)で、杉川最上部の標高八〇〇メートルの地点から栃《とち》平《だいら》を経て、集積地である旧蒲原鉄道の西村松駅まで長大な索道(空中ケーブル)を敷設して鉱物を運んだのである。

　後述するが杉川のアカシガラ沢の遡行で、最上部の四〇メートル滝の上に岩魚の生息を確認して驚かされたが、やはりあそこには鉱山という、岩魚を運び上げた人間の営為があったのだった。

室谷川流域

　室谷川を川内山塊に含めるかどうかは議論の余地が残る。旧川内村のエリアではないからだ。だが、室谷川には早出川への欠かせないアプローチが幾筋も残されている。地形図を見れば一目瞭然で、ダムの上流に人家をもたない早出川に比べ、室谷川は今早出沢とほぼ同じ標高に室谷や名古津《なこつ》や鍵取《かぎとり》の集落を連ねていることから、早出川への容易なアプローチが拓かれたのは当然といえる。それに室谷川は南会津と早出川流域に分け入って、両者を結ぶ重要な懸け橋であった。

　矢筈岳の南東の稜線上に一〇三〇メートル足らずの小さなピークがある。残雪の縦走で泊まり場にするなだらかな頂で、三川分水《さんせんぶんすい》峰と呼ばれている。三川は早出川と笠堀川大川と室谷川の三本で、室谷川も川内・下田と軒を接する欠かせない一翼と見なすことができるだろう。

※註　山岳雑誌『岳人』（東京新聞出版局／二〇〇二年四月号）の特集記事。四季を問わず創造的な登山をしなければ登頂できない名山で、登山道が存在しないことを選定条件とした。大内尚樹、宮内幸男、岳人編集部に筆者を加えた四者の選定委員によって、全国で十二の山を選び「マイナー12名山」として発表。矢筈岳はその筆頭に選ばれた。

川内山塊
早出川流域

早出川本流　三泊四日（早出川ダム〜矢筈岳）

奥利根に準じて早出川本流から述べる。

前述のとおり、早出川ダムから矢筈岳に至る渓筋は二〇キロに及ぶ未開の地であった。

　これほど長大な渓谷は、東北でも有数と目された山形県朝日連峰の八久和《やくわ》川に匹敵し、先人の記録はあるにしても未知未踏に等しいほど希薄であった。まして下降の記録はあっても遡行の痕跡があったのかどうかさえ定かではなかった。

　私たちが奥利根の地域研究と並行して早出川本流に挑んだ時代、バスの運行はダムの下流の小面谷《こつらだに》まででで、休日のみ最奥の田川内《たこうち》集落まで入ったが、それでも早出川ダムまでは、さらに重荷を背負って二キロほど歩かされた。いまでは時代が変わって公共交通機関は全廃され、車かタクシーに頼るほか方法がない。

　ダムの右岸にある付け替え道を進むと金《きん》ヶ谷を渡る。金ヶ谷を昔は霧ヶ谷と呼んだらしい。対岸を上ると駒ノ神で日本平山に向かう道と分かれ、仕事道をたどって本流に下りる。途中で左に分かれる細道は「松次郎のゼンマイ道」と呼ばれる古道だが、いまでも歩けるかどうか定かではない。

　下りた地点はドゾウ淵の真上に架けられた丸子橋で、かなり前に増水で流され、以来修復されないままだ。

　ドゾウ淵の上流から遡行を開始する。すぐ上のハヨ止まりの淵からゴルジュが連続し、どれもこれも足が着かず、ほとんどすべてを泳ぐ。

　今出《いまで》までの最狭所であるシゴヤの七〇メートルはエアーマットを使って泳ぎ、コモリ淵の計二三〇メートルもエアーマットで越える。コモリ淵の上から沢は闊達に開け、ようやく泳ぎから解放される。シ

ゴヤの語源は不明だが、コモリは「籠り」からきていると考えて間違いあるまい
大釜淵《おおかま》は左岸を巻き、ユキツバキの台地から広倉《ひろくら》沢に下りて本流に戻る。つづくコスゲ淵を右岸から小さく巻くと、ほどなく今出に着く。

今出は二俣で水量はほぼ等しいが、左が今早出沢で右が本流の割岩《わるわ》沢である。安全な泊まり場がヤジロ尾根の末端に上下に並び、雨の心配がなければ川原に泊まってもいい。

私たちの遡行の際は、雨に祟られて今出まで四日を費やしたが、軽量化を心がけて天候に恵まれれば二日で至る。数年後、今出から本流をすべて泳いで下ったとき、一日半でダムに着いたので参考になるはずだ。

天候の安定は必須だが、下部のゴルジュで雨になったら、右岸の高みを貫く松次郎のゼンマイ道を思い出すことだ。道はすでに消滅したが、痕跡を探せばワンポイントの逃げ場にはなる。高低差はあるにせよ小さなブナの森を繋ぎ、あるいはスラブの弱点を横切って今出までつづいていた道である。

話を今出に戻す。本流の割岩沢にも泳ぎはあるのだが、空が開けているために圧迫感はない。右に狭い切れこみの小割岩沢を合わせる。二メートルの滝をもち、右手に屛風のような衝立岩のある淵を越えるとすぐ右から夕沢(ユウ沢)が入る。夕沢対岸の本流右岸の高台に、安全で気持ちのよい泊まり場がある。

三メートル滝をもつヒョウタン淵を左から越えると、右手に圧倒的な高さをもつスラブが広がる。川原を進むと前方に滝の後退現象といわれる逆V字のジッピが見えてくる。周囲の明るい花崗岩と異なり、黒々とした岩質の洞窟のような閉鎖空間で、真上は幅一メートルほどの岩の庇だ。泳げば五〇メートル強で、ザイル一本では届かない。

上流の出口には小滝がある。泳げば早いが左からジッピを丸ごと巻くこともできる。本流の割岩沢の語源は岩を割る、すなわちジッピの存在からという説があるが、なるほどと思わされる。

ジッピの上方で北俣沢を合わせて七メートル滝を越えると曲り沢の出合に着く。本流は三メートルの魚止滝で、この川原が最後の泊まり場になる。少人数なら話はべつだが、ここから矢筈岳まで安全な泊まり場がないからだ。

曲り沢を過ぎると滝を連ねて沢は急激に高度を上げる。滝を四つ越えると同水量で入る西俣沢を右に分け、本流はム沢と名を変えるが、以後の滝はすべて直登する。下手に巻かないのがポイントである。

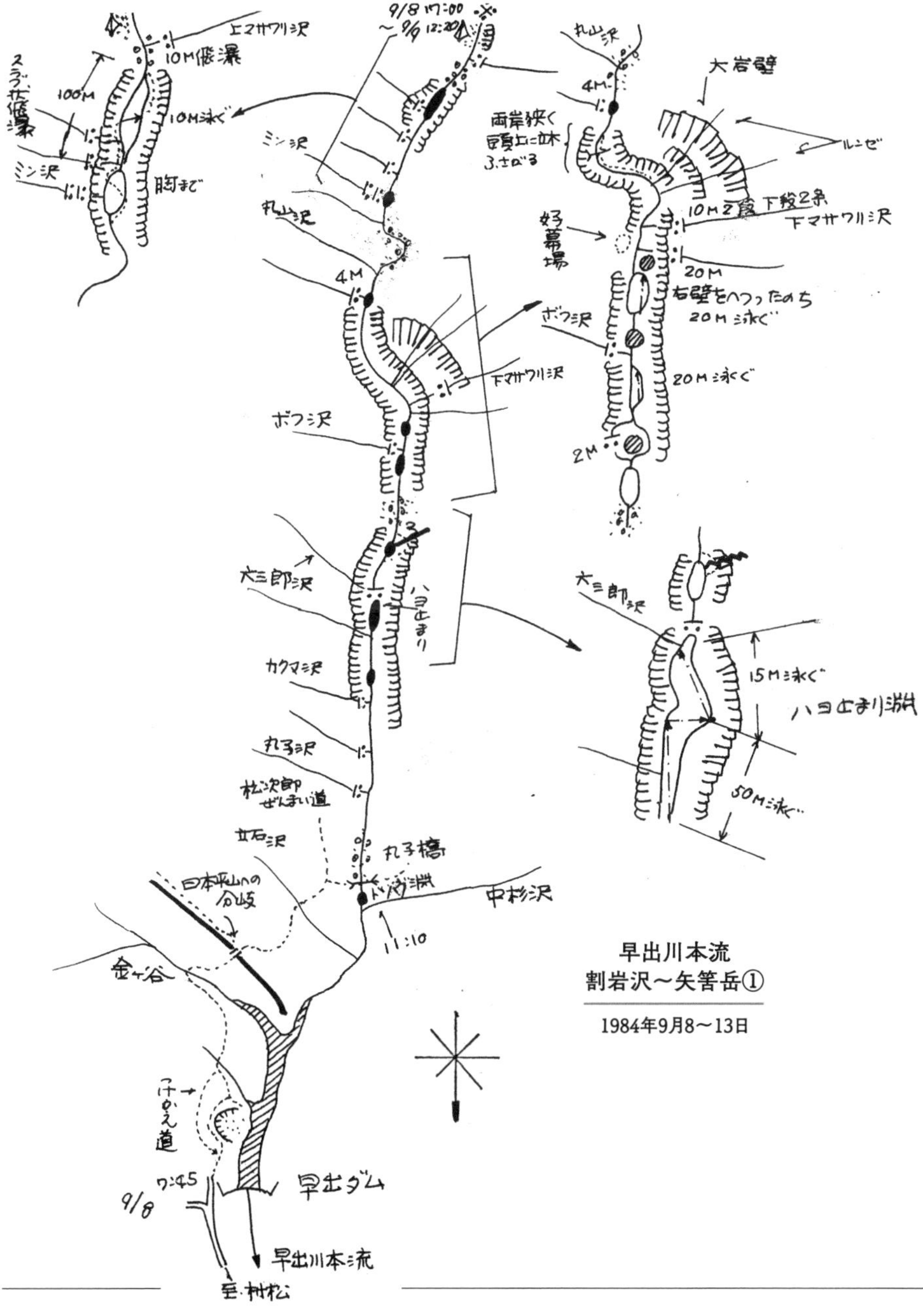

早出川本流
割岩沢～矢筈岳①

1984年9月8～13日

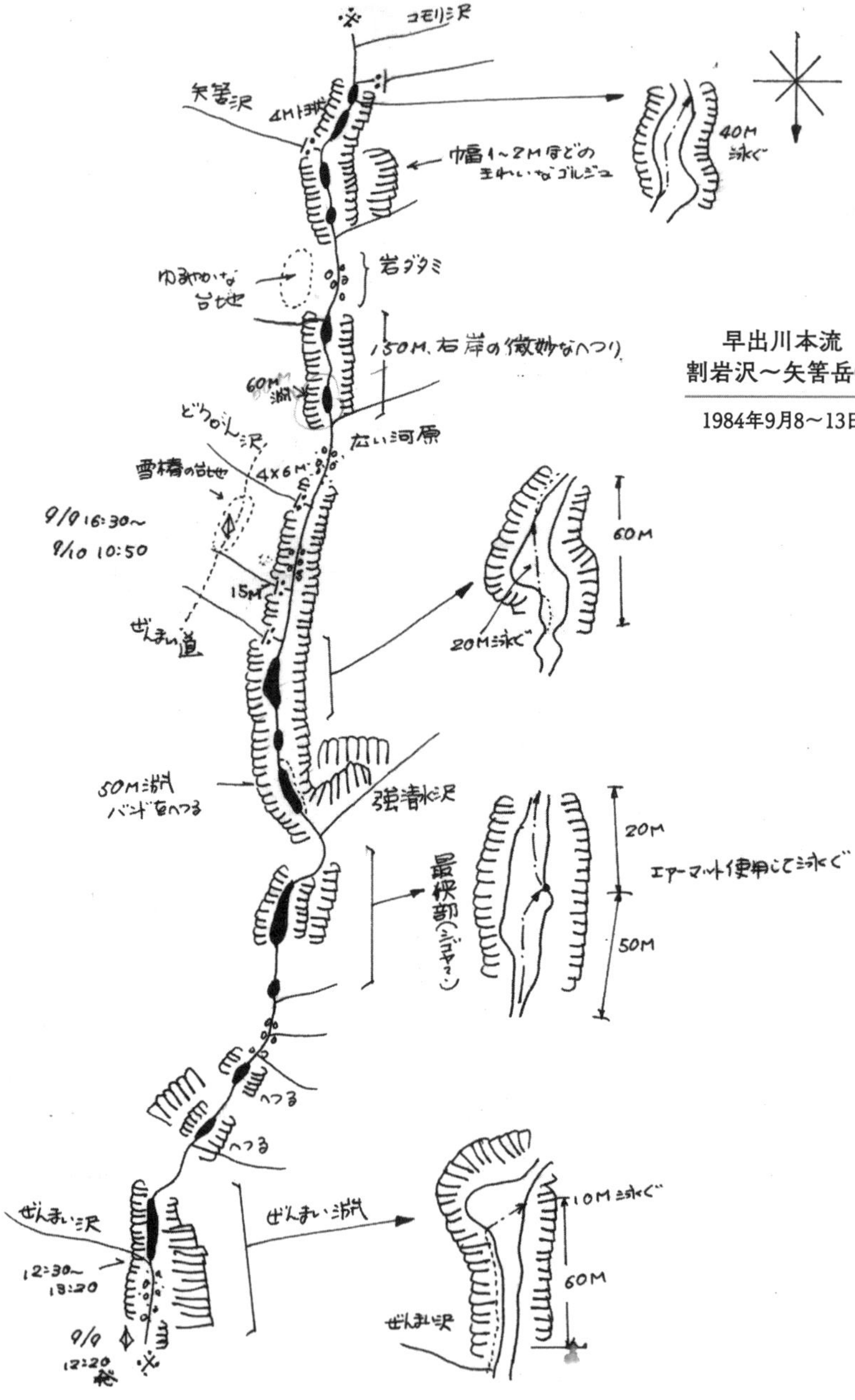

早出川本流
割岩沢～矢筈岳②

1984年9月8～13日

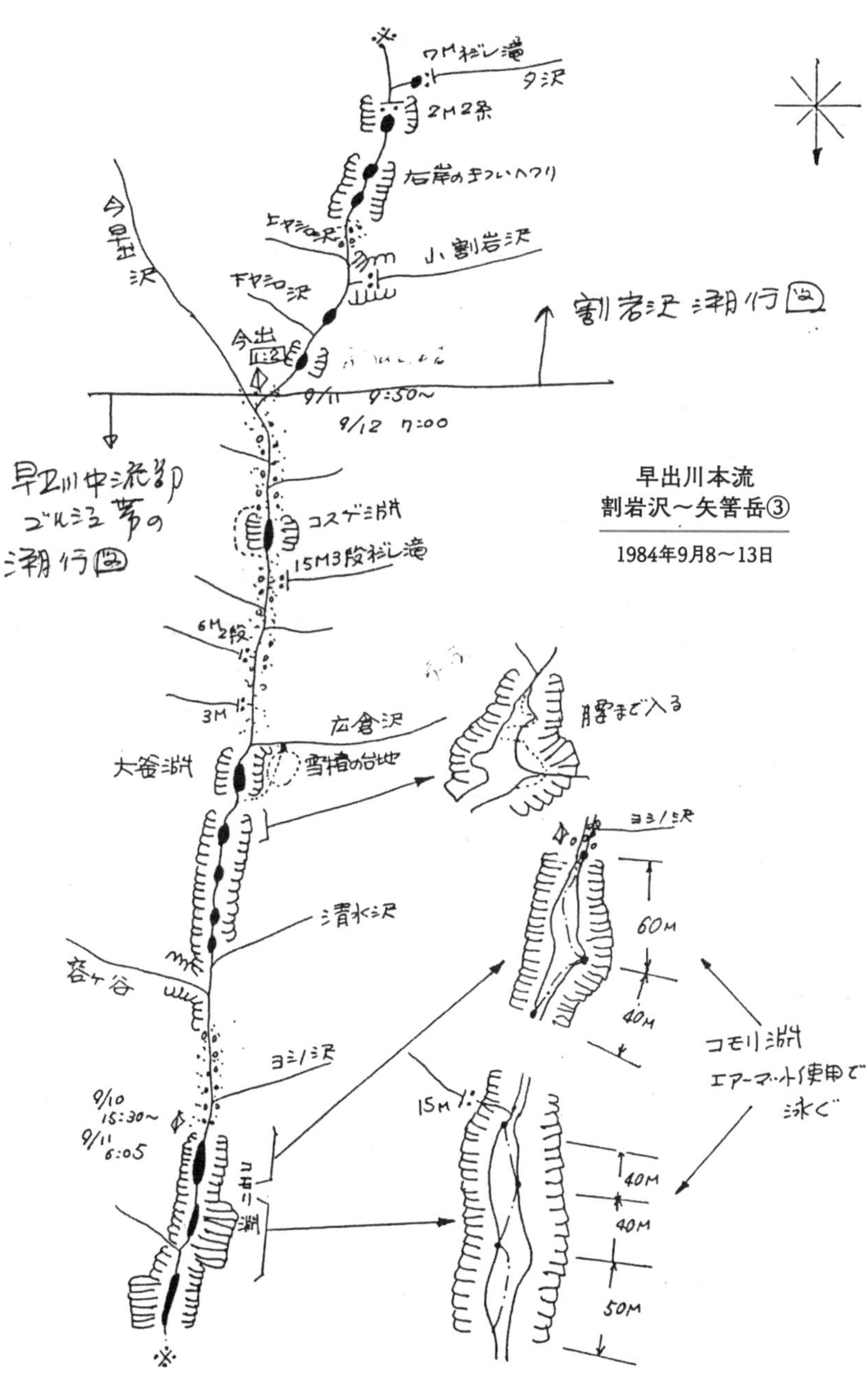

早出川本流
割岩沢～矢筈岳③

1984年9月8～13日

早出川本流
割岩沢〜矢筈岳④

1984年9月8〜13日

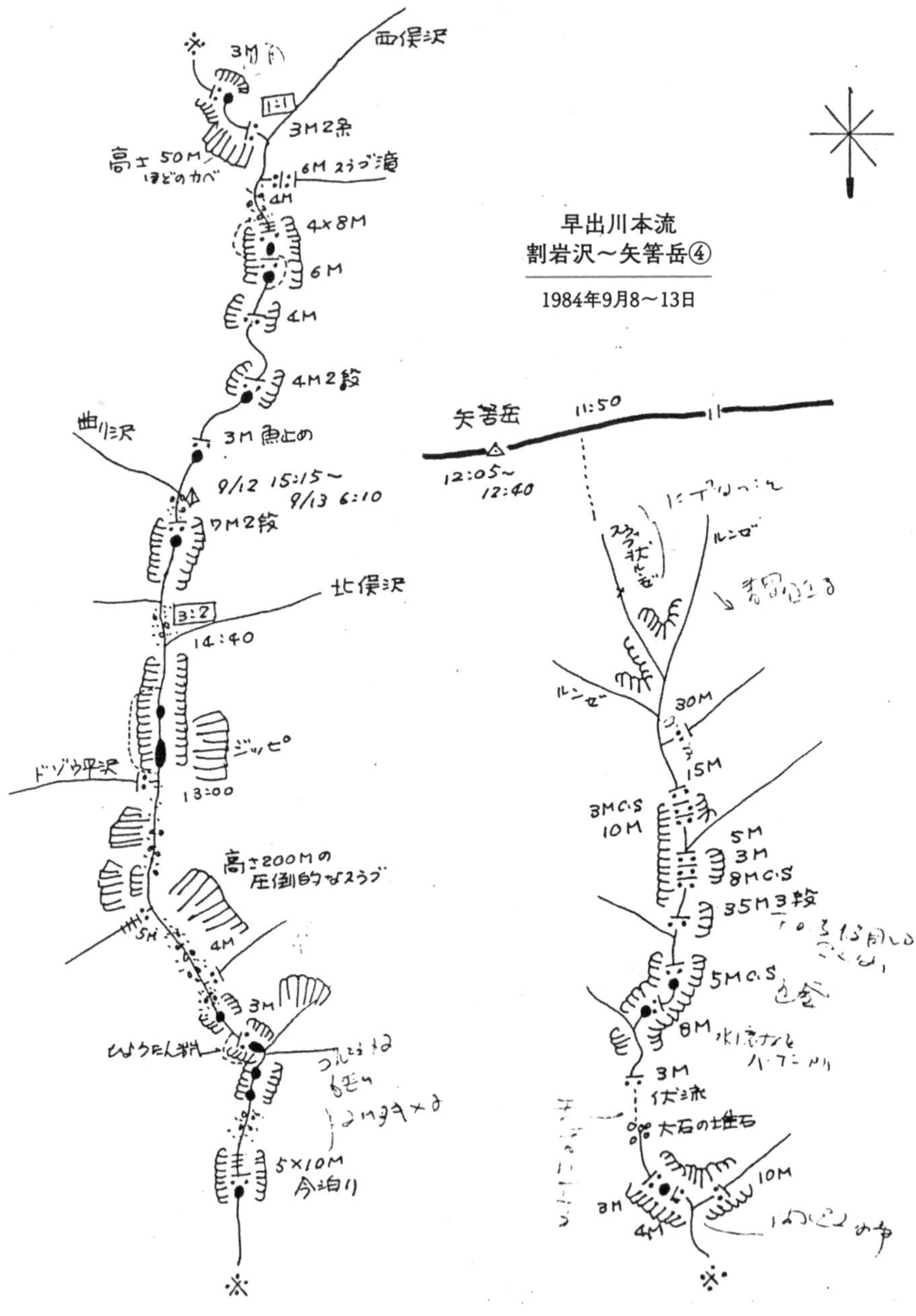

最大の滝は三十五メートルで、やがて矢筈岳が見えてきて、三本のルンゼが立ちはだかる。

ルートを中央のスラブ状ルンゼにとり、流れから離れずに忠実につめると矢筈岳山頂まで数歩という、すぐ右の稜線に出る。

下降は上矢筈まで藪を漕ぎ、今早出沢を下降する。その詳細は今早出沢の項で述べるが、数年後の再遡行では矢筈岳の山頂から曲り沢とム沢の中間尾根を、下降点から曲り沢の出合まで四時間で下った。尾根を外れないことを常に意識しながら、尾根の左右の藪の弱点を突いて下った会心の下降であった。

その日は、夕刻の十八時に今出のベースに戻り、山頂から今出まで一日で帰着できることを証明したのである。

早出川ダムから今出までの沢

早出川ダムから今出までの有力な支流は、ドゾウ淵の下で本流と分かれる中杉《なかすぎ》川と今出の手前で流入する広倉沢で、いずれも左岸の沢である。あとはもう細流のごときものだが、虱《しらみ》潰しを鉄則とする地域研究の観点から見れば、すべてを解明したうえで初めて全体が見えてくる。

したがって下流から順に解説するが、早出川ダム右岸の道は二〇二二年現在、日本平山に至る登山道の崩壊で通行止めになっていることを付しておく。

金ヶ谷　六時間三十分（出合～日本平山）

ダムから一時間半で至る最下流の右岸の沢である。記録では日本平《にほんだいら》山の山頂まで六時間三十分もかかっているが、これは釣りに時間を費やしたのと沢に泊まったからで、軽装で遡れば一日で日本平に立ち、楽にダムまで帰ってこられるだろう。

下部はゴルジュで、二、三メートルの滝をいくつか懸けているがどれも登れず、釣りびとの残したザイルに頼って登る。三つのゴルジュを抜けると渓は広がり、上の二俣の右沢には推定七〇メートルの大滝がある。左沢との中間尾根に巻き道があり、これを高巻いて左沢を登る。あとはなにもなく、草に覆われた沢筋を登ると日倉《ひぐら》山からつづく登山道が横切り、これをたどる。

この道は半ば廃道化していて、日本平山の山頂近くで谷《や》沢（谷沢川）からの登山道と合わさり、山頂に立ってからダムへの道を下る。頂と駒ノ神の中間付近にある、トコヤのブナの森のすばらしさに感動している。

金ヶ谷マナイタ沢　四時間三十分

マナイタ沢は地形図からは想像もできないほど険悪で、おもしろい沢だった。高度差六〇〇メートルのほとんどを滝で埋め尽くす沢で、「川内という重箱の隅の掘り出し物」と報告者は述べている。ただし、マナイタ沢の語源にふさわしい岩壁はないとのこと。

最初のゴルジュは右から高巻いて詳細は不明。つづく強烈なゴルジュは果敢に登るが思ったより楽で、突入して正解。二俣を左に入り、垂直の連瀑帯は右から巻き、つづくゴルジュはいくつもの滝を丹念に登り、奥の二俣は頂上に近い右に入る。

そろそろ滝にも飽きてきたが滝は尽きず、ミニゴルジュまで現われる。窪状を登ると山頂が見え、ザレスラブからわずかな藪漕ぎで支稜に飛び出し、かすかな踏み跡を十五分で日倉山の山頂に立つ。下山は廃道に等しい登山道を高石集落に下る。

十三沢　一日半（早出川ダム〜木六山）

十三沢《じゅうさん》は早出川ダムに直接注ぐ唯一の左岸の沢である。取り立てて特徴のある沢ではないが、滝はそれなりにつづき、次第に人臭くなる。これは下流の山腹にあった小俣銅山の仕事道が関係しているのかもしれない。

遡行よりも問題はダムからのアプローチで、踏み跡は不明瞭になり、藪を漕いだ末、湖面を一二〇メートル泳ぐという奇手で入渓する。下降は杉川支流の柴倉沢で、二日目の午後に中流部に泊まっている。

ボフ沢　五時間

短いが険しい沢で、登れない滝が連続する。出合の二段一五メートル滝は左のリッジから巻くがすこぶる悪い。つづく二〇、一八、一〇メートルは、すべて左から高巻く。六メートル滝の右岸を快適に登ると、ほどなく二俣で、右俣に入って六メートルのナメ滝を登り三本目のルンゼから尾根を越え、丸山沢（ワリ沢）を下って本流に戻る。

丸山沢（ワリ沢）遡下降　三時間三十分

入ってすぐの六メートル滝は左から、次の五メートル滝は右から巻く。小滝をふたつ越えると伏流になり、水が復活するゴルジュの三段三〇メートル滝は左壁を登攀する。二段一五メートルトイ状の滝はフリクションとオポジション（※註）で越える。あとはほとんどなにもないまま水が涸れ、稜線近くまで偵察してから沢を下る。

※註　対向する力、すなわち両手両足のつっぱりで狭い岩場を登るクライミング技術。

上マサワリ沢下降　二時間

上マサワリ沢は中杉川支流ホリンド沢からの継続で、早出川本流の重要な骨格である中杉川は別途述べるが、ホリンド沢を報告したパーティは、稜線で古いゼンマイ道を発見している。いわゆる長峰《ながみね》道と呼ばれるもので、丸子から登る早出川本流左岸の道である。流失してしまった丸子の橋は、長峰道に取り付くための必要不可欠の橋であった。

中杉川は全編これゴルジュの渓だが、ホリンド沢の源頭はまったくの平流になり、この流れを道として使うことによって、ゼンマイ採りたちは稜線の密藪を回避してヨシノ沢を下り、コモリ淵のゴルジュを抜けた早出川本流の開けた川原に出たのである。

本流右岸の松次郎道は、その後忠実に道をたどって全貌を解明したが、私はついに長峰道を歩くことがなかった。本書の執筆の必要から報告書を引っ張りだして長峰道の一端をあらためて知り、つくづく歩いておくべきだったと後悔している。

さて、上マサワリ沢はゴルジュだらけの中杉川とは異なって急峻だが難しくはなく、七メートル、八メートルのチョックストーン滝と出合に懸かる一五メートル滝を懸垂下降して、わずか二時間で本流に帰着している。したがって長峰道なきいま、上マサワリ沢は、その痕跡をたどるためのアプローチとして有益だと考えている。

ミン沢下降　二時間二十分

ミン沢は「水沢」の転訛である。ゼンマイ沢の小俣から継続して下降する。出合の近くに側壁をもつ八メートル滝と一五メートル滝があるのみで、本流からのエスケープや稜線からの下降に使える沢として紹介しておく。

ゼンマイ沢大俣　十二時間

ゼンマイ沢は、早出川中流右岸でもっとも遡行価値の高い沢である。最初の三段一五メートル滝が魚止で、左から苦労して高巻き、懸垂下降で滝上に降りる。周囲は天まで届きそうなゴルジュで、まるで中杉川を思わせる。滝は多くなく、ショルダーや泳ぎを交えて登っていくと、沢は唐突に右曲して一五メートル滝を懸ける。直登は不可能で左壁に活路を求め、泥壁から灌木にたどり着き、草付をトラバースして沢床に下りる。

ゴルジュはようやくやわらぎ、登れる滝をいくつか越えると源頭の気配で、川原の向こうの二俣に着く。ここには昔ゼンマイ小屋があったことが確認されている。ここで泊まってパーティを左俣の小俣と右俣の大俣に分ける。

大俣はやさしい小滝を連続させ、稜線近くの二俣を右に入って尾根に乗り、ドウガン沢を下る。

ゼンマイ沢小俣　二時間（二俣〜ゼンマイ山）

小俣は小滝をふたつ越えただけでブナの森からゼンマイ山に立ち、稜線の踏み跡をたどってミン沢右俣を下降する。

ドウガン沢　五時間（矢筈沢継続下降　四時間）

身も蓋もない言い方をすれば、各沢までのアプローチとして利用したゴルジュだらけの早出川本流の通過がよほど難しい。うまくしたもので、それでも安全な泊まり場が点在してベースとして用いた。したがってアプローチに時間を取られ、行動時間が制限されることになる。

そんな支流の解明のなかで、最狭所のシゴヤ上部にあるドウガン沢のアプローチとして、右岸のスラブを貫く松次郎ゼンマイ道の発見と利用が大きかった。はるか真下にシゴヤを見下ろす驚愕と快感があった。ゼンマイ採りの人たちはとんでもない道を切り拓くのである。

このスラブバンドの向こうに見えてくるドウガン沢手前のブナの森が、上流のブナ小屋とともに松次郎の営んだガサメキの小屋場があった場所である。

ドウガン沢の出合はゴルジュで、中に滝が三つ懸かっている。これを越えると七メートル滝で、途中の開けた地形をゼンマイ道が横切っている。

そこから上は、滝はあるものの平凡で、二俣で泊まり一本上流の矢筈沢に向かう。中間尾根の七〇二ピークをめざしたためドウガン沢の上流は解明できなかった。なにせゴルジュを突破して上流の支流を探り、一泊してベースに戻るのだから時間はいくらあっても足りないのである。しかし翌日にドウガン沢を下ったパーティによって、左俣上部は一〇メートル、五メートルのふたつの滝があるだけと判明している。

中間尾根から二十五分で矢筈沢に下りる。したがって矢筈沢も上流は未知である。集水面積の少ない狭い沢なので、ゴルジュはあるが明るい沢で、滝の規模は上に二段二十五メートル、出合近くに一五メートル滝を懸け、そのあいだに四〜七メートルの滝を連ねている。その多くがチョックストーンで都合五回の懸垂下降を強いられた。

本流は下マサワリ沢出合に置いたベースまで、泳ぎ下って四時間三十分を要した。

中杉川右俣幽沢　一泊二日

中杉川は早出川中流の風穴《かざあな》である。息苦しいほどのゴルジュに覆われた中流域全体を上流の広倉沢とともに挟みこむように解放し、銀次郎山で結ばれているからだ。

といって中杉川は決しておだやかな流れではない。早出川中流のゴルジュをさらに圧縮したような峻烈な渓なのである。両手の届くほどの峻烈を救っているのは、白磁のような花崗岩の白さと碧い流れの鮮やかな対比で、その絵画のごとき景観に息を呑むのは「子落としの滝」を高巻いているさなかであった。

早出川ダムを発って中杉川を遡行し、広倉《ひろくら》沢に継続して下降、本流を泳ぎ下って五泊六日を要したが、中杉川で二泊した。その継続から中杉川を切り取れば一泊二日ということになる。

丸子のドゾウ淵を泳いで下ると左から中杉川が入り、泳ぎを交えて進むと正面に子落としの滝群の一大伽藍が待ち構えている。左に高巻きの踏み跡がある。左壁にショルダーで取り付き、懸垂下降で一段目の滝上に降りて左岸に渡り、右から巻いてゴルジュのど真ん中に下りる。

子落としの滝から上は、白いスラブを断ち割って碧い釜と滝が連続する。晴れていれば歓声が上がるだろう。もはや不安や恐怖などよりも中杉川の造形の妙に感嘆し、圧倒されるのである。ゴルジュの中でホリンド沢を合わせると出口は近い。

五メートル滝を右から巻けば川原に出る。いくつかの幕場適地を見送ると、ふたたびゴルジュで、両手の着く狭隘な地形が五〇〇メートルにわたってつづいていた。しかもそこには、楽に登れる二メートル滝がふたつだけという快適さだった。

ゴルジュを抜け、小さな川原の向こうから再度のゴルジュになり、二メートル滝が三本あるが、すべて泳いで越えると広河原である。

左にナラント沢を分けると二俣で、本流である右の幽《ゆう》沢に入る。幽沢は滝がつづくが難しくはなく、快適に高度を上げる。私たちはつめを誤って銀次郎山の東に出て藪を漕がされたが、左岸の登山道を意識して早めに右に振れば楽に登山道に出られる。

早出川中杉川

1987年9月12～16日

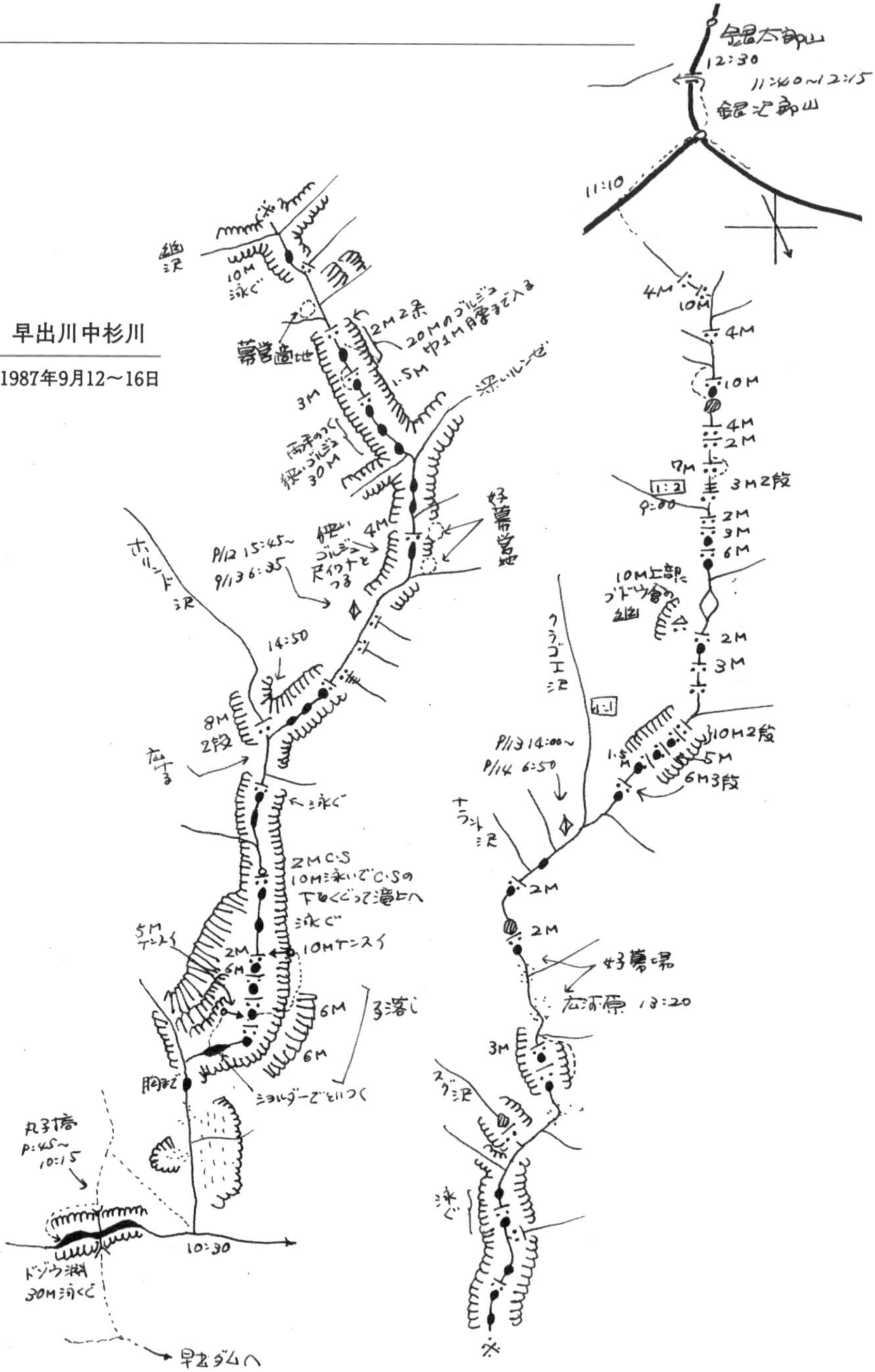

中杉川左俣　一泊二日

「梁山泊《りょうざんぱく》」の深瀬信夫《ふかせのぶお》らが左俣を遡行し、中杉山の肩を越えて清水《しみず》沢を下降している（つり人別冊『渓流86』所収）。彼らは釣り目的で中杉川に三泊しているが、遡行を目的にすれば右俣同様一泊で抜けられるだろう。七月中旬の遡行で雪渓に苦しめられているが大滝はない。

中杉川ホリンド沢　六時間

中杉川の峻烈に割って入るのがホリンド沢だ。その峻烈なゴルジュをそのまま引き連れて高度を上げる。したがって滝また滝の連続で、いちいち説明していると際限がないのでやめておくが、遡行図で数えたら三十五本あった。最大の滝は二〇メートルハング滝で、これは獣道を使って越える。

だが、どんな渓にも弱点はあるもので、適地を見つけて泊まっている。源頭はおだやかな流れで、ここには岩魚が生息している。まさか岩魚があの滝群を遡れるはずもないから、どう考えてもゼンマイ採りの仕業である。そのゼンマイ採りの長峰道を見つけて偵察したのち、稜線から上マサワリ沢を下って早出川本流に下る。

ヨシノ沢

上マサワリ沢で述べたが、ヨシノ沢は長峰道から本流に下りる沢で、少し遡ってみたが道の痕跡は発見できなかった。もしいまでも歩けるのなら、中流部を避けて丸子に至る有力なエスケープルートになる。

容ヶ谷右俣　六時間（出合〜船窪山ゼンマイ道）

これまで容ヶ谷を地形図に従って「とがたに」と呼んできたが、最近資料を見つけて「ようがたに」であることを知った。「よう」は「ゆう」で、「ゆう」は幽、すなわち岩小屋のことである。

出合から魚止滝までは平凡。二時間弱で至る。一対二の支流を分けたゴルジュの入り口の二〇メートル滝は右岸を高巻き、出口の五メートル滝の上に出る。二俣で右に入るが、その前に左俣を空身でかなり上まで偵察する。滝が連続し、七メートル滝で偵察をあきらめ引き返す。

右俣以奥は、おおむね二メートル滝が連続し、ショルダーやザックの引き上げで越えていく。奥の二俣を過ぎても滝はつづき、登れない七メートル滝を筆頭に三メートル滝まで合わせて巻き、つづく二俣を左に入ると船窪《ふなくぼ》山の鞍部のゼンマイ道に出た。ここから今出のベースまでゼンマイ道を四時間半で下っているが現在は荒れてしまい、その倍以上はかかるだろう。

容ヶ谷左俣　七時間三十分

七年後、ほかの仲間が左俣を遡行している。七年前の左俣偵察の先が知りたかったからだ。出合から二俣まで五時間。泊まり装備なので時間がかかる。左俣はいきなりゴルジュで登れない滝がつづく。ショルダーやゴボウで登り、流木にハンマーを刺して登る一幕もあった。前回引き返した七メートル滝は一〇メートル滝の見間違いか。この一〇メートル滝は右から巻き、ゴルジュを抜けた狭い場所に泊まる。

奥の二俣は右に入るが滝はつづく。最後の二俣を船窪山めざして左に入るも大山《だいやま》への支尾根に出てしまい、大山経由でベースに戻る。

清水沢　一日

容ヶ谷の対岸上流に注ぐ沢で、中杉山の山頂から落ちる急峻な沢。同じ左岸のすぐ下に位置するヨシノ沢の安静とは真逆で険悪な沢である。前記の深瀬信夫らが中杉川左俣から継続して下降している。夕刻に下降を開始して、懸垂下降六回ののち二時間後にビバーク。翌朝遡行を再開し、雪渓の通過に苦労しながらも昼前に本流に下りているから、実質半日強の下降と見ていい。

この沢を遡行対象とした場合、上部の懸垂下降部分はてこずるかもしれないが、一日あれば稜線に抜けられるだろう。

広倉沢左俣　二日（十五時間三十分）

広倉沢は中杉川とともに早出本流の風穴の一翼である。広倉沢に足を踏み入れたのは、時系列でいえば中杉川から継続して下った右俣のほうが左俣よりも三年ほど早いが、そのときの凄まじい渓相を目にして本流の左俣への遡行意欲が湧いたのだ。したがって、ここでは本流の左俣遡行から述べる。

最初の挑戦は右俣下降の二年後で、それ以前に天候悪化やメンバーのケガで二度敗退している。ようやく叶った遡行で上部の大滝を確認したものの時間切れで右岸尾根に逃げていて、二度目はその一年後の夏である。

室谷林道の一ノ又越で今出に至る。今出から広倉沢まではなにもなく、一時間ほどで着く。出合からオヒロ淵までも平凡だが、そこから先は一変する。

早出川
広倉沢左俣遡行

1990年7月21～23日

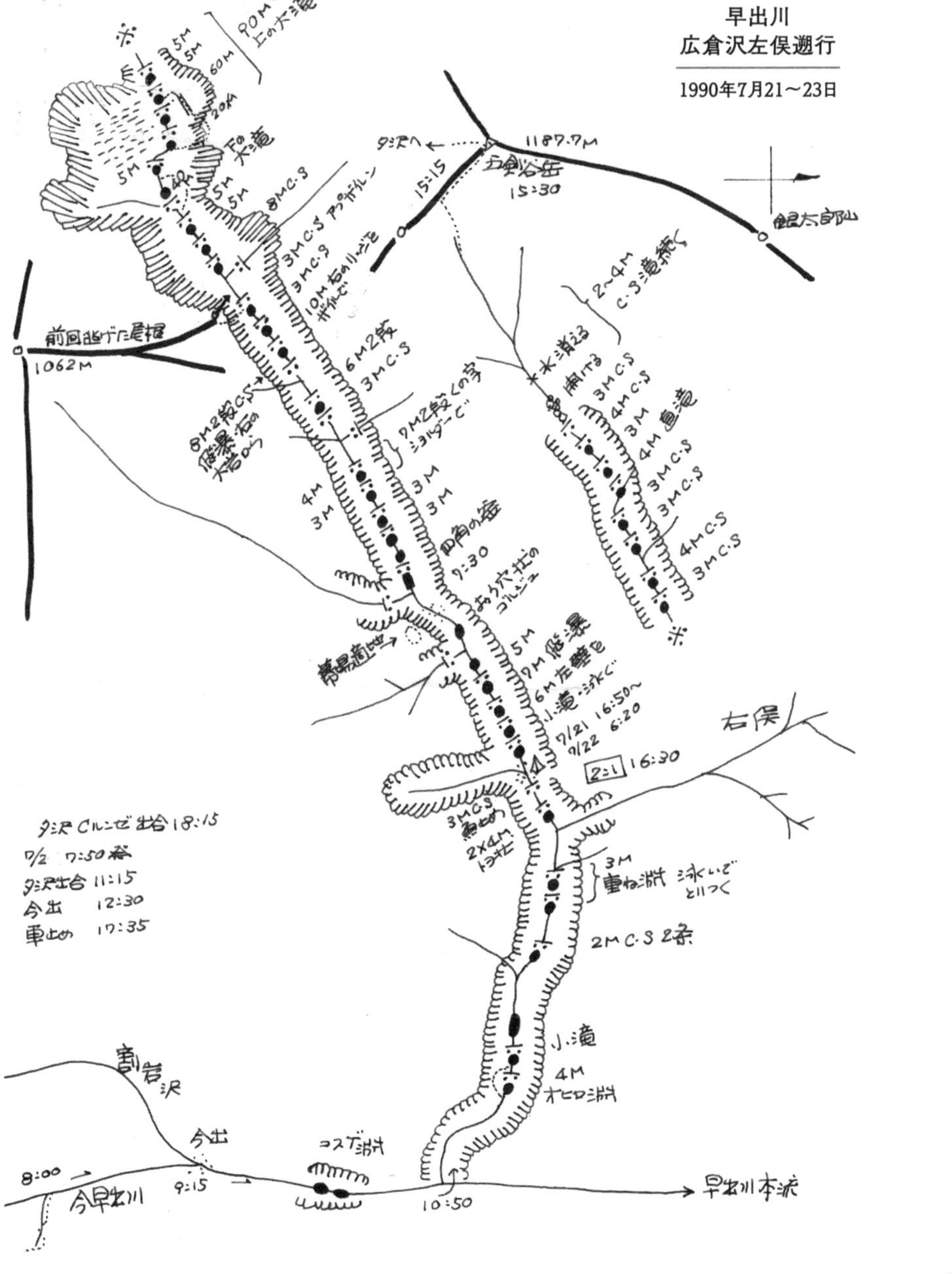

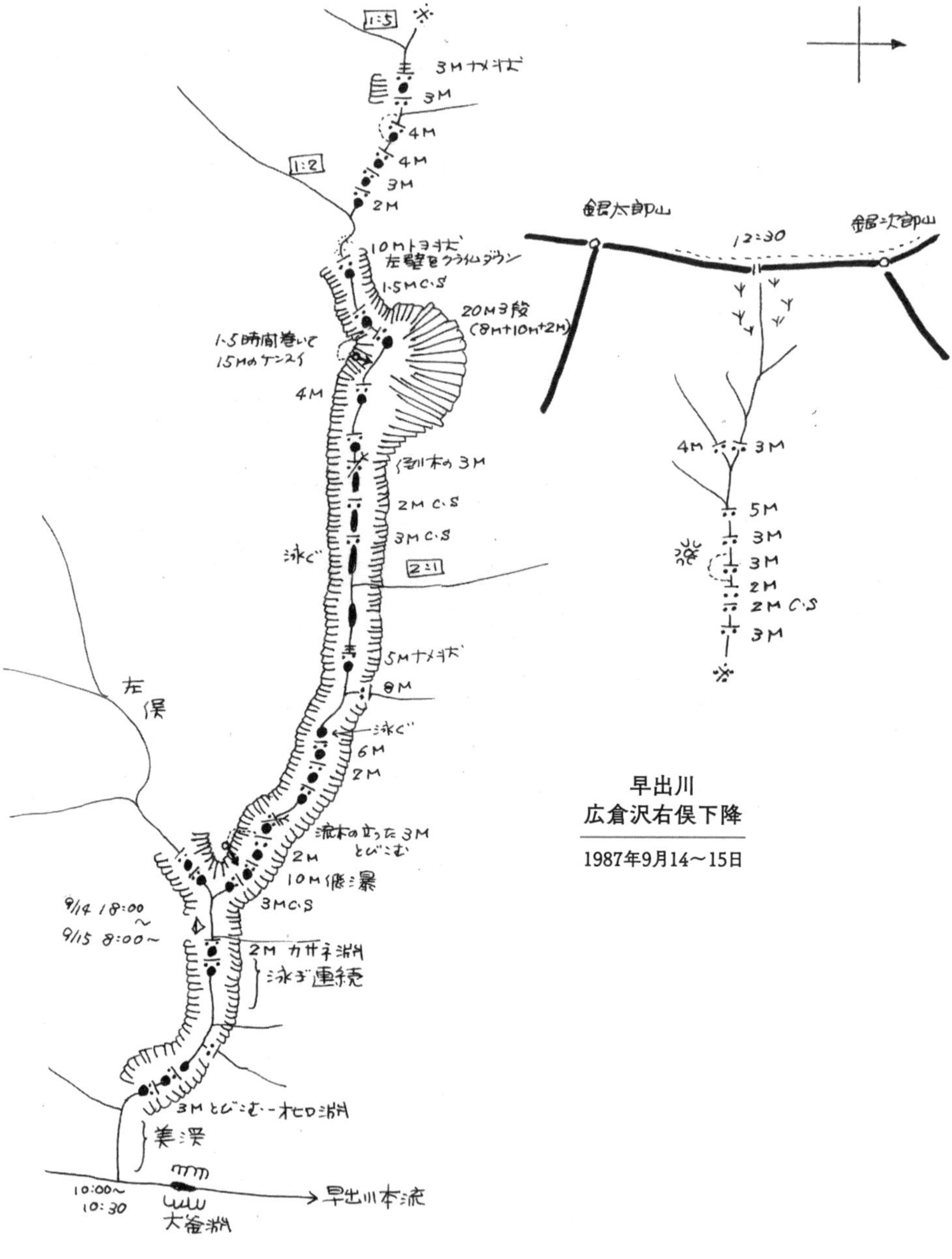

早出川
広倉沢右俣下降

1987年9月14～15日

広倉沢のポイントは三カ所。ひとつめがオヒロ淵で、両岸絶壁の三メートル滝の滝壺である。泳いで取り付いてみるが、両岸つるつるの壁で登攀は不可能。初回は左岸を巻いたが懸垂下降を強いられた。正解は右岸から小さく巻くのである。

ふたつめが重ね淵。ふたつの滝の落差は乏しいが泳いで取り付かないと越えられない。正面からでも登れるが水勢の小さい左壁が楽だ。三つめが最上流にある四段九〇メートルの大滝で、二〇、六〇、五、五メートルとつづく。下の大滝四〇メートルを含めれば五段一三〇メートルということになる。

上の大滝は、二〇メートル滝を右から高巻き気味に登ると六〇メートル滝の上まで七〇メートルの外傾のバンドが延びていて、これをたどる。ザイルを付けても確保する場所さえない空間だが、安心感が欲しくてザイルを出す。三段目と四段目は容易。

大滝の上はチョックストーン滝が連続し、水の涸れたルンゼをつめると稜線で、十五分ほど藪漕ぎをして五剣谷岳の山頂に立つ。下降は夕沢（ユウ沢）のB、Cルンゼの中間尾根を下り、そのまま夕沢を忠実に下降する。

三つのポイント以外の左俣の滝は無数と言っておく。泳いだりショルダーをしたりと目まぐるしいが、大高巻きを要する滝はひとつもない。

広倉沢右俣下降　五時間三十分（二俣まで）

後述するが、事前に読んだ先人の資料には、広倉沢右俣はなにもない沢、というのがあった。それを信じて下降ルートに選んだのである。しかしこれが大誤算で大変な苦労を強いられたのだが、終わってみれば思いもよらない手応えのある渓を下ったのであり、うれしい誤算になった。

右俣の下降は、のっけから二～五メートル級の滝が十数本つづき、そこから強烈なゴルジュがはじまる。ゴルジュの中の二俣までの滝は全部で十六本。泳いだ滝が三本。ゴルジュの両岸は届きそうで届かないため、両手のフリクションが使えない。おまけにチョックストーン滝が多く、苦労してこれらを下る。

最大の滝は上部の三段二〇メートル滝で、釜を泳いだら滝の落ち口の向こうが大滝で慌てて戻り、右岸を一時間半高巻いた末、一五メートルの懸垂下降で沢床に降りた。この大滝が右俣で唯一の大高巻きだった。日没寸前に二俣に着いて泊まり、早出川本流に出てから早出川ダムまで泳いで下った。

右俣は予想を超えた沢で、いずれ態勢を整えて遡らねばと誓ったが、いまだに再訪を果たしていない。

コラム①

『風雪四号』と亀田山岳会

私たちが川内の渓に足繁く通ったのはインターネットもGPSもない時代で、渓の情報といえば山岳会の会報と山岳雑誌と口コミだけであった。それでも欲しい山域の情報は、どこからともなく流れてきたのである。

どこから入手したのか定かではないが、手もとに一冊の会報がある。新潟の亀田山岳会の『風雪』で、その四号が川内の沢特集であるがゆえに、私たちはこの会報を『風雪四号』と呼んだ。

複写に次ぐ複写の製本で文字はかすれ、ページも抜けていて判読は容易ではないが、この会報は川内の渓を志向する遡行者たちによって密かに愛読されたのである。

私の所持している『風雪四号』は六、七ページが抜け、五十五ページで終わっているため奥付もない。したがって発行年月も定かではなかったが、インターネットの発達した現在ならば調べられる。『風雪四号』の発行は一九六三年四月で七十八ページ。復刻版が二〇〇三年二月というのだから、それぞれ何部を発行したかは知らず、半世紀近くを経ているとはいえ山岳会の会報としては異例の人気を博したことになる。

その後、一九八一年に発行された『日本登山大系2　南会津・越後の山』(白水社)の「川内山塊」によれば、亀田山岳会の川内における活動は一九六〇年から足掛け六年とあり、『風雪四号』の発行年から類推すれば、その発表は一九六二年までの三年間の活動の軌跡ということになる。その後の三年間の活動が発表されたかについてはわかっていない。

『風雪四号』の翌年、亀田山岳会は雑誌『山と溪谷』(一九六四年五・六月号)に風雪四号のダイジェスト版を発表している。そのなかで川内の岩魚の豊穣を紹介してしまったために大学溪流釣りクラブの今出合宿を招く結果になり、川内の岩魚は激減してしまったと嘆いている。そのため後年の『日本登山大系』には岩魚の記述が一切なく、逆に川内のヤマビル、マムシ、ヤブ蚊、メジロアブの怖さを強調することになった。

ともあれ『風雪四号』は川内の渓をめざす者たちにとってのバイブルであり、私たちはだれにも負けない愛読者であった。その熟読の過程で、『風雪四号』の新しい利用方法を見いだしたのである。それは行間に埋もれた珠玉の渓を見つけることだった。

断っておくが、私は『風雪四号』を批判しているのでもなければ非難しているのでもない。むしろ感謝しているのである。そのうえで見つけた珠玉のいくつかを紹介すれば、彼らが豪雨で右岸のヤジロ尾根に逃げざるを得なかった割岩沢曲り沢以奥の全貌であり、曲り沢を分けてから矢筈岳山頂に至るム沢の解明であった。

あるいは沛然と降る雨に追われて進路を変え、初登攀を逸したらしき杉川大杉沢の岩塔ルンゼがある。これらは川内に足繁く通い、現場と対照しながら熟読しないかぎり見過ごしてしまいかねない記述であった。

後年、『日本登山大系』が出版されたとき、未知未踏を求める遡行者たちが合言葉にしたのは、「登山大系に載っていない沢を探せ!」というものだった。『風雪四号』の逆説的な読まれ方は、いわばこれに等しい。

分野を問わず報告書というものは後世の人間から分析され、解析され、分解され、研究されるという宿命をもつ。それでいいのである。もちろん私もその前提と覚悟で本書を執筆している。

一連の川内報告の文責者である亀田山岳会の立川重衛《たちかわしげえ》は、先人の他会の会報を「暗夜の一灯」と記した。その言葉を借りれば、私たちにとって『風雪四号』もまた川内の渓に分け入るための暗夜の一灯であった。『風雪四号』がなければ、私たちの愚直で執拗なまでの川内詣《もうで》はあり得なかった。

付け加えたいことがある。前述した早出川本流の広倉沢右俣の項に「事前に読んだ先人の資料には、広倉沢右俣はなにもない沢というのがあった」と書いた。これは『日本登山大系』の川内山塊の以下の記述を指す。

――広倉沢右俣上部は灌木が多くて登攀対象としては物足りない――

この文章から、広倉沢右俣はなにもない沢だと思ったとしても無理はない。それを信じて右俣に足を踏み入れた私たちは広倉沢の輝きを手にしたのだが、あれほど詳細に大底《おおそこ》川（逢塞《おうそく》川）の難渓の数々を紹介した亀田山岳会の記録としてはあまりに簡潔に過ぎた。

もしかしたら亀田山岳会は広倉沢を遡行しておらず、その後『日本登山大系』に掲載する必要から他会に情報提供を求めたか、あるいは地元のゼンマイ採りなどの精通者に話を聞いたのかもしれない。

というのも、登山大系にある広倉沢の記述が『風雪四号』にはないからだが、いずれにしても非難されるべきものではない。攀じようが高巻こうが泳ごうが、すべては遡行における正当な選択肢なのであり、その結果得られた遡行記録が遡行者の心情の反映であるかぎり、灌木が多くて遡行対象として物足りないとした右俣も、広倉沢そのものなのである。

『風雪四号』をはじめとする亀田山岳会の記録は、その行間から多くの示唆を私たちに与えた。それもまた先人の記録を渉猟するよろこびであった。

以上が十年を超えて川内に通った私の、『風雪四号』に寄せる偏愛であり礼賛である。

広倉沢の「オヒロ淵」を突破すべく泳いで取り付こうとしたが、つるつるの岩に撃退される

割岩沢流域

今出で早出川は支流の今早出沢と割岩沢本流に分かれるが、割岩沢には遡行価値の高い沢が何本も存在する。下流から紹介していく。

小割岩沢　八時間

小割岩沢は「ミニ夕沢」だと遡行メンバーが感想を述べている。夕沢（ユウ沢）は一本上流の渓で、沢の諸要素を満載した美しい渓である。小割岩沢は出合こそ貧弱だが、すぐに明るく開け、両岸高いゴルジュになる。一〇メートルチョックストーン滝こそ右岸から巻くが、あとはすべて登れる滝だ。

遡行パーティは源流部の三俣手前で泊まっている。本流は中央で、滝を連続しながら高度を上げる。つめは快適なスラブで藪漕ぎなく尾根に出る。

夕沢のDルンゼ左岸尾根を下って広河原を横断してAルンゼを登り、北俣沢右沢を下って夕沢のベースに帰着している。

夕沢（ユウ沢）　一三時間（出合～五剣谷岳）

夕沢は割岩沢の白眉である。出合からつづくゴルジュの滝は一、二カ所の高巻きはあるものの、ほとんどすべてが登れる。ゴルジュが尽きると一転して平坦な広河原になる。その劇的な変化が夕沢の妙だ。

その広河原にまで岩魚が生息しているのは、昔この地で仕事をしていたゼンマイ採りの仕業だろう。もちろん広河原で泊まるのが定番。夕沢の語源も幽で、夕は幽で岩小屋のことだと述べたが、以前夕沢の岩小屋に泊まって杉川を下っている。

広河原から五剣谷岳までの登路はA、B、C、Dの各ルンゼ。AからDにかけて難しくなるが、Cルンゼが山頂に近く難しさも手ごろである。

下降は時間が押して、広河原の下流末端から左岸尾根に乗って下るが（地形図に「ユウ沢」と記載のある付近の緩い地形）、これがブナの森の闊達な尾根で、三時間ほどで夕沢出合のベース対岸の衝立岩に下り着いた。

割岩山南面直登沢（仮称）　三時間

ジッピの手前から割岩山に突き上げる左岸の沢である。スラブ状の短い沢なので水量は少ない。一五メートルナメ状滝は右から快適に越える。すぐに圧倒的なゴルジュになるが小滝の連続で越える。

右に大きなスラブを見上げると階段状の三〇メー

割岩沢夕沢

1996年8月3～4日

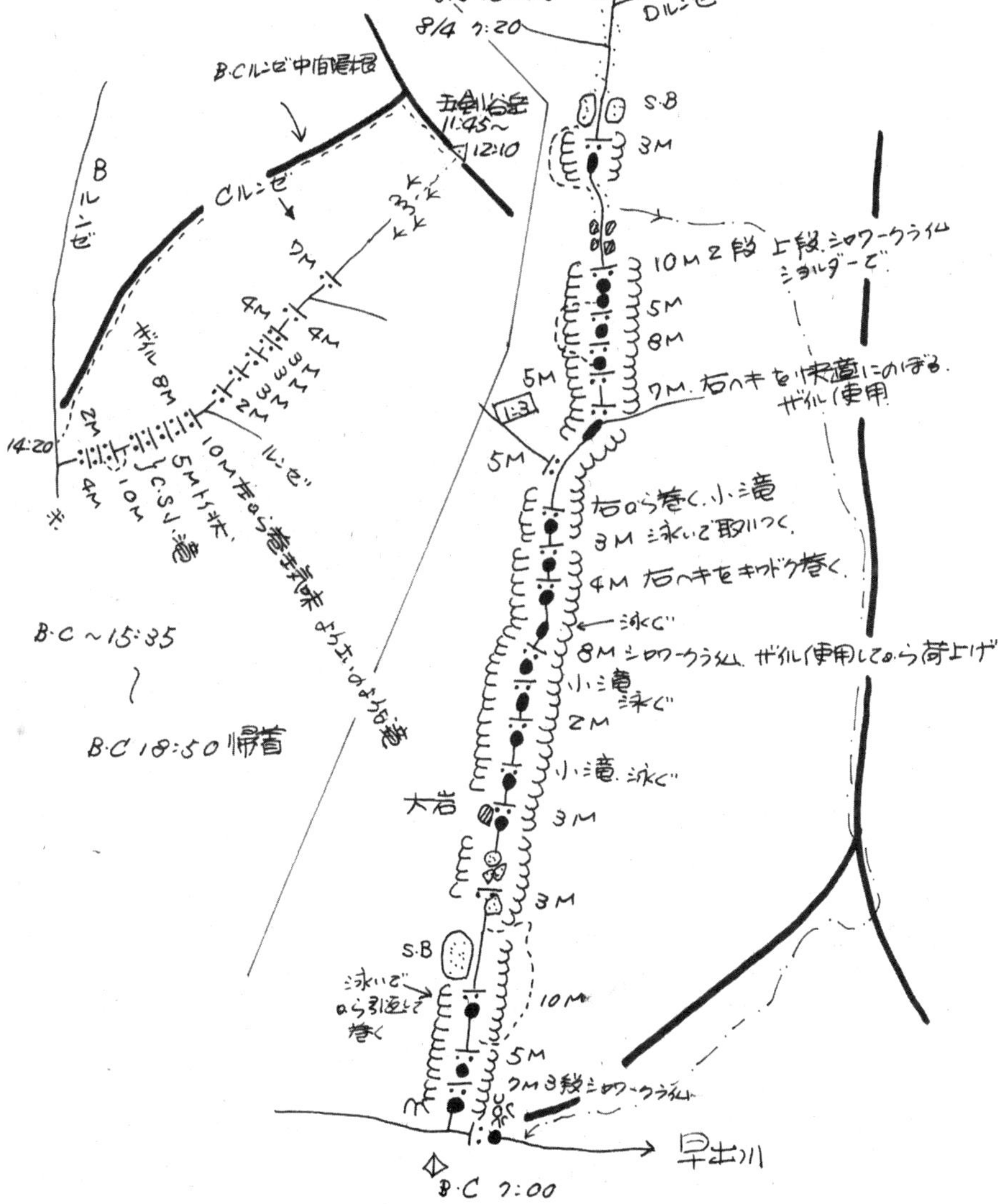

トル滝。滝がつづくが快適に登っていける。源流部は灌木が覆いかぶさるがナメ床で快適。稜線は矮小灌木の藪で苦労するが、割岩山の三角点を確認して左岸尾根を下降する。

トウゾウ平沢　五時間

ジッピの直下に注ぐ沢。後述する笠原藤七《かさはらとうしち》は、この沢を「藤蔵平沢」としているが語源は記していない。近年ガンガラシバナ大滝を登攀後、下降に使われていると聞くが下降点は不明。

このルートを終えた人によれば、ガンガラシバナ大滝の登攀よりも下降のトウゾウ平沢のほうが、よほど難しかったらしい。

出合の小滝三本を越え、つづく四連続の滝も越え、三メートルナメ状滝を泳ぎ、登れないハング状の六メートル滝を左のスラブ帯からザイル使用でトラバースして、一五メートルの懸垂下降で沢に戻る。

二俣は右に進むが、出合の厄介な滝群を避けて左俣から高巻いて右俣に下りる。あとは淡々と高度を稼ぎ、泊まり場もないまま稜線の藪を切り拓いてビバークし、上矢筈から魚止山経由で下山する。

北俣沢右俣右沢下降　三時間三十分（二俣まで）

夕沢のAルンゼから継続。この沢はダオ沢ともいい、ダオはコルの意味で夕沢と割岩沢を結ぶからである。藪を漕ぐがすぐ水が出る。いくつか滝を下り、一二メートル滝を右岸から高巻いて懸垂下降する。すぐ二十五メートル、一〇メートルハング状滝の、合わせて三十五メートルの両岸にスラブの広がる大滝で、二〇メートルの懸垂下降で降りる。あとは難しさもないまま下降をつづけ、左俣を合わせて割岩沢と合流する。

北俣沢左俣下降　四時間

西俣沢から継続して下る。次々と現われる滝のほとんどを懸垂下降で降りる。懸垂下降五回で二俣。あとは竿を振りつつ、割岩沢まで下降する。

曲り沢　十一時間

割岩沢の流域でもっとも険悪な曲り沢を完登した記録は未見。先人は左俣に入って、途中から右岸のヤジロ尾根に逃げている。

最初の一五メートル滝は右壁のトラバースで、ハーケン三枚を使用。滝を四本越えると、緑色凝灰岩

（グリーンタフ）を細く、鋭く穿ったすり鉢状のゴルジュになる。中に滝が十本。これを抜けると二俣で、右に入ると岩質が変わり茶色っぽく脆いものになる。四〜八メートル級の滝が七本つづくと核心部のゴルジュで、最初の登れなさそうな一〇メートルチョックストーン滝は、チョックストーンの向こうに穴が開いていて難なく越える。

さらに三段八〇メートルのスラブ滝。二メートル、五メートルと滝を越え、つづく多段六〇メートルチムニー滝は空身で左壁を直登するが、登攀にハーケンを三枚使用。これを越えると長さ五〇メートル、幅一メートルのゴルジュで、三、八、一〇メートルとつづくチムニー滝を必死で登り、二〇メートル滝上まで右壁を巻くと悪場も終わり、源頭でビバークする。

翌朝、小滝を越えて四十五分で稜線に出て、矢筈岳を踏んで曲り沢左岸尾根を下る。

西俣沢　六時間

小規模だがゴルジュの渓で、滝の数は三十数本に及んだ。一二メートル滝は右から高巻く。最大は一五メートルの滝で泥ルンゼを高巻く。ほかはトップが空身で登り、ザックを引き上げる滝が多かった。

二〇メートルのチムニー滝を越えるとおだやかになる。青里岳から派生する支尾根の一一一六ピークの上に出て、北俣沢の下降に入る。

今早出沢流域

今早出沢左俣本流　十一時間三十分

今出で割岩沢と水量を二分する支流が今早出沢である。今出を後にするとほどなく坊主べつりが現われるが、左岸を少しの泳ぎで越える。高巻きは右岸が容易。

右岸の風立《かぜたち》沢は悪い沢で知られるが詳細は不明。室谷越をして迷いこんだ結果、懸垂下降を強いられて苦労したことからの報告なので、きちんと遡行すればそれほどではないのかもしれない。

二重《にじゅう》滝は本来、二丈《にじょう》滝なのだと地元の人から教わった。二丈滝のすぐ上に赤ッパ沢が細流で注ぎ、さらに上流右岸からアカバ沢が斜滝で注ぐが、この沢沿いに室谷への一ノ又越のゼンマイ道が延びている。

なお、赤ッパ沢の背後の尾根に延びていたのが室谷越（二八〇ページ）だが、いまでは藪に覆われてしまった。

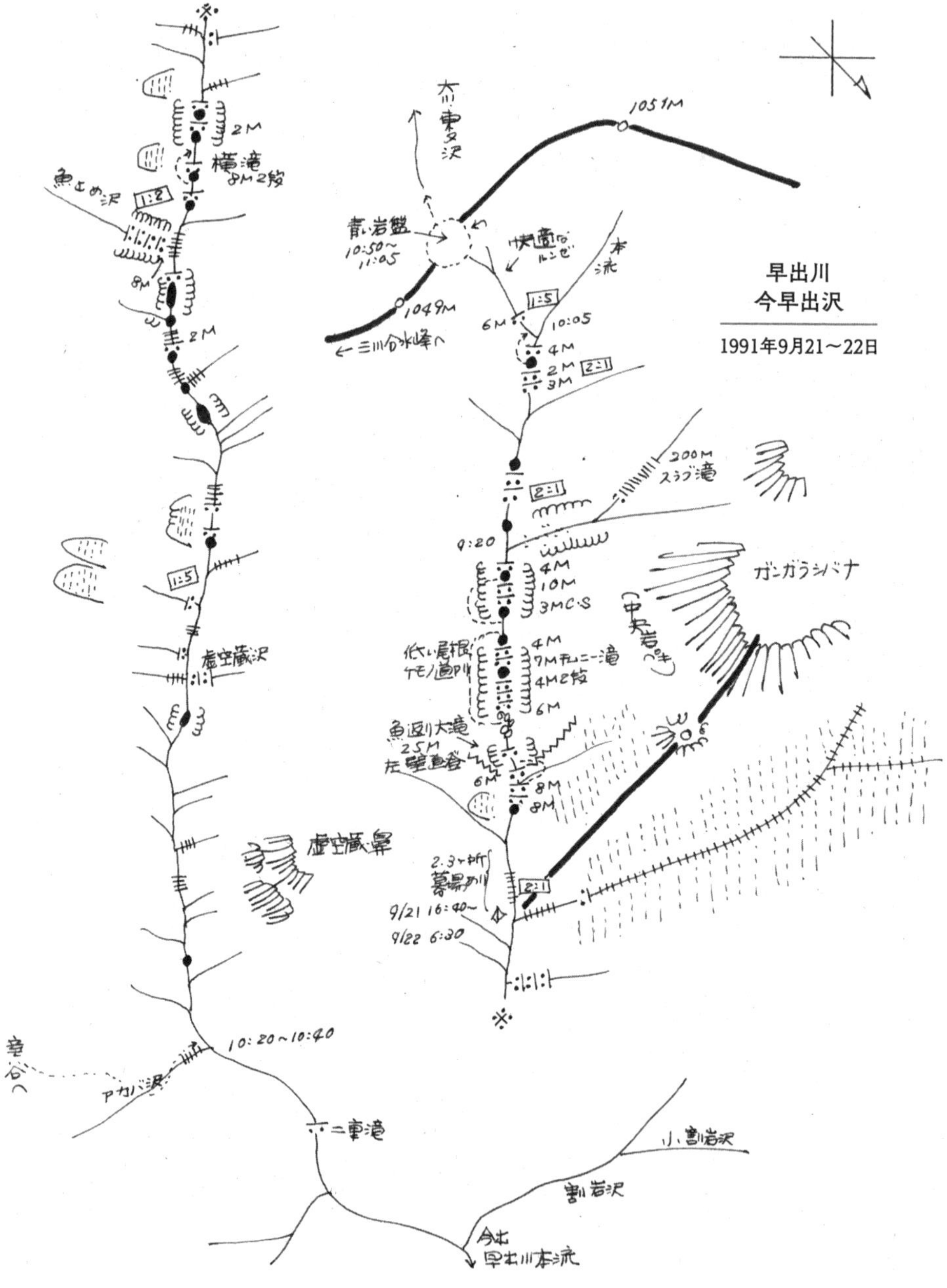

早出川
今早出沢

1991年9月21～22日

あとは源流のガンガラシバナまで二段八メートルの横滝があるだけで平凡。横滝は左から簡単に巻ける。

ガンガラシバナの一大伽藍を目にして絶句する。本流は魚返《うおがえ》りの大滝を擁する左俣で、右手の大岩壁のただ中を流れ落ちる二〇〇メートルの滝を「ガンガラシバナ右方ルンゼ」と名付けたのだが、近年はガンガラシバナ大滝とも呼ばれている。

本流の左俣は陰鬱な魚返りの大滝が立ち塞がっている。左俣を初遡行したのは新潟の亀田山岳会で、一九六一年の盛夏である。以来遡行記録を見ず、私たちの会の遡行が第二登ということになるかもしれない。

前衛の八、八、六メートル滝を問題なく登ると本命の大滝二十五メートルで、左壁に取り付き、中段のバンドから左上して上部のバンド。ハング気味の岩の基部を落ち口に向かって右にトラバースして安定したテラス。そこから落ち口までは容易だった。

大滝の上のゴルジュ帯は左の低い尾根の獣道を難なくたどり、つづく第二のゴルジュ帯も左から巻く。それぞれのゴルジュには滝がいくつかあるが難しい滝はなく、単に巻いたほうが早かったにすぎない。

稜線直下で本流を右に見送り、左のルンゼを稜線の青い岩盤をめざして登る。これは予定の行動である。青い岩盤は稜線上で唯一岩の露出した藪のない別天地で、下降は下田山塊の大川東又沢に継続する。

今早出沢ガンガラシバナ右方ルンゼ下降 三時間三十分

早出川本流の割岩沢を遡行して矢筈岳に立ったあと、下降に用いたのがガンガラシバナ右方ルンゼであった。

矢筈岳山頂に立ったのが午後で、山頂から上矢筈まで藪を漕ぎ、ヤジロ尾根を少し下って標高一一二〇メートル付近から沢に下りる。小滝を六本下ると右手のルンゼのたもとに小さな川原がありビバークを決める。ここまで一時間。

翌日は雨模様だったが停滞する余力はなく、早朝から下降を敢行。小滝を八本下ると大滝の大伽藍に出た。周囲には推定三〇〇メートルの落差の岩壁が広がっている。足もとの二〇〇メートルの大空間の岩壁のただ中に、一条の流れが吸いこまれていく。周囲の岩壁帯のどこにも逃げ場はなく、クライムダウンするのみ。

大滝の右手、すなわち左壁に生えている親指ほどのか細い灌木を頼りに右下方に下り、傾斜の強まった中段のバットレスを懸垂下降の連続で降りると、あとは緩傾斜になり滝下に着く。

下降に要した時間は二時間ほどだろうか。時間の観念などまったく考える余裕のない緊迫した数ピッチであった。

下から見上げてため息をつく。よくもまあ、こんなところを下ったものだ。見上げるかぎり大滝なのだが、しかし大滝にしては水量が少なすぎる。大滝上から上矢筈までの短い流程を思えば、春先や豪雨でもないかぎり水量はこんなものだろう。

登攀の記録も下降の記録も見当たらないこの大滝を、私たちは初下降したのである。水の消えかねないこの大滝をガンガラシバナ大滝と名付けることによって、後世の人びとから、なにを大げさな、という指摘を怖れた私は、謙遜と謙虚をこめてガンガラシバナ右方ルンゼと名付けた。

それにしてもと、あれから四十年近い歳月を経たいまにして思う。なぜ私は割岩沢遡行の帰路にガンガラシバナ右方ルンゼを選んだのだろう。

もしも今早出沢を稜線に立つ意思で遡ったなら、右方ルンゼを目にした瞬間不可能だとあきらめていたに違いない。あの大空間を事前に知っていたなら、右方ルンゼの下降はあり得なかった。

おそらく過去の経験がそうさせたのだ。大げさに言えば、これまで下れない渓などなかった。どこかに弱点があったのだ。しかしガンガラシバナ右方ルンゼだけは、大滝そのものが弱点だったというに過ぎない。

あれから初登攀も行なわれ、いまではガンガラシバナ大滝と呼ばれるようになったらしい右方ルンゼを登攀してヤジロ尾根に立ち、トウゾウ平沢を下降して割岩沢のジッピに至り、本流を下降して今早出沢から一ノ又越で室谷に戻る周遊コースが人気だと聞く。いわゆる遡行登攀の聖地になっているというのだから、時代の変遷を思い知る。

コラム②

川内の先駆者、笠原藤七

笠原藤七《かさはらとうしち》（一九〇三〜二〇〇三年）、慶応義塾大学卒。登山家、日本山岳会会員、村松町町会議員。素封《そほう》家として趣味の大半を川内の山々に注いだ人物である。

大正時代の後半から本格的に川内山塊を登るが、その多くは案内人を雇っている。案内人は農業のかたわらゼンマイを採り、あるいは熊撃ちなどで山に精通した里びとである。彼の活躍した時代は、ゼンマイ採りや炭焼きたちが山中に小屋を構え、並行して鉱山事務所もあって、それらのための山道が縦横に延びていた。したがって矢筈岳に登頂後、割岩沢の奥に泊まり、五剣谷岳を経て一日で山麓の門原に帰り着き、その近さに本人も驚いた記述がある。

笠原藤七の登山記録は、大正の終わりから第二次世界大戦を挟んで昭和の三十年代まで及び、彼は旺盛に文章を書き、寄稿した。その集大成が著書『川内山とその周辺』である。川内の山里の民俗や伝承などを収録したが、地名についても誌面を割いている。杉川の逢塞川＝大底川説もそのひとつだが、特に早出川を「はやでがわ」と呼ばれるのを嘆き、『新編会津風土記』に載っている「配手川」「佩手川」を引用して反論している。「配」も「佩」も当て字に違いあるまい。出水の速さから早出川になったのは頷けるが、早出川は「はいでがわ」であるべきで、私もその説を採用している。

私の所持する『川内山とその周辺』は『風雪四号』と同じく複写の製本だが、全ページそろっている。一九六五年十月発行、再版が一九八七年一月。この本もまた私の川内へのバイブルであった。

杉川流域

杉川の源流域は戦後に至るまで、もっとも鉱山の発達した地域で、鉱山道が張りめぐらされ、川内山を探訪するうえで最良のアプローチを提供したのであった。

上杉川最奥の「チャレンジランド杉川」は、往時の庄屋だった釜《かま》ノ鍔《つば》の藤波家の居宅跡である。そこから林道を五〇〇メートルほど進むと釜ノ鍔の終点で、杉川源流や木六《きろく》山や銀次郎山への登り口がある。現在もその林道終点が登山口で、駐車場（数台駐車可）になっている。

林道終点からの山道は柴倉沢を木橋で渡り、杉川右岸に沿ってつづき、堰堤小屋から山腹の岬を越えて大底川（逢塞川）の右岸までつづいていたが、近年では堰堤小屋先から杉川に下りて、すぐに遡行を開始しているらしい。

大底川へは、杉川を分けて左に入り、しばらく先で朽ちた吊橋を見る。いまは歩かれなくなったが、釜ノ鍔からの山道が、大底川と杉川に入るために架けられた吊橋である。

杉川は、大底川の分岐からしばらく進むと、左の山道から下りてくる徒渉点になるが、道の荒れた現在では徒渉点さえ見つけることが難しいだろう。したがって徒渉点を経由し、杉川の難所を避けて左岸に延びていたゼンマイ道は、すでに探せなくなって久しい。

杉川はそこから落差はないが泳ぎを強いられるゴルジュの渓となる。ゴルジュのさなかから上流にかけて小粒だが遡行価値のある沢が点在する。杉川の栃平と上久《あげきゅう》沢の小屋場を過ぎると左から大杉沢が流入する。ゴルジュに覆われた登り応えのある渓で、本流は五剣谷岳に突き上げるが、左俣には岩塔ルンゼが隠微で暗い岩溝を秘めている。

大杉沢を分けてほどなくアカシガラ沢の出合に着く。出合は恰好の幕場になっている。本流は右俣のアカシガラ沢で、左俣はカンバナ沢を分け、青里《あおり》沢と名を変えて青里岳に導かれていく。

アカシガラ沢の左俣は平凡だが右俣は滝場を連ね、最後の大滝の上に三協鉄山があったことが確認されており、そこから下流の栃平を経て、遠く西村松駅までケーブルを架設して鉱物を運んだのである。

問題は左岸のゼンマイ道の消失である。杉川本流を遡行するだけならゴルジュを突破すれば事足りるが、アカシガラ沢出合の泊まり場にベースを構えて支流群を遡行するのであれば、本流遡行とはべつのアプローチが必要になる。

　私はこれまでに何度もゼンマイ道をたどった。そのたびに荒廃は進み、いつしか使えなくなってしまったが、その代替案がないではない。

　杉川の左岸尾根には毛石山があり、そこまでの鉱山道がいまでも登山道として延びている。そこからは年によって異なるが、灰ヶ岳に向かう山道が東側の山腹を絡んで細々と延びていて、そのしかるべき場所から、地形図上でそれとわかる平地にあった鉱山の拠点の栃平（ゴルジュの出口、上久沢対岸の杉川左岸にある標高五〇〇メートル地点にある台地）をめざして下れば本流は目前である。

　このアプローチで杉川本流のアカシガラ沢出合に一日でたどり着けるなら、新たな杉川上流へのアプローチとして浮上する可能性があるといえよう。

杉川本流アカシガラ沢右俣

　杉川の徒渉点からゴルジュに突入する。遡行者の技術と泳力にもよるが、その日のうちにゴルジュを抜け出てアカシガラ沢出合の幕場に着ければ上出来。もちろんアカシガラ沢手前にも、上久沢や二本杉などのゼンマイ小屋跡地の泊まり場はあるから焦ることはないが、いずれにしてもアカシガラ沢右俣を遡って、翌日の昼前には稜線に出られるだろう。繰り返すが左岸のゼンマイ道はすでに使えない。

　ゴルジュ内に滝はなく、すべて泳ぐことになる。この白亜の殿堂を私の仲間が「緋色の回廊」と呼んだ。はかない一瞬の光が岩壁を緋色に染めたのだろうか。その光景が浮かび上がってきそうな美しい言葉であった。

　やがて左から八匹《はちひき》沢が流入し、その奥の八匹スラブの威容に度肝を抜かれるが、ここを通過すればゴルジュの出口は近い。ゴルジュの出口で左から流入するのが上久沢で、右から大鴨助《おおかもすけ》沢が合わさると右岸に二本杉の小屋場がある。左から大花《おおばな》沢が合わさり、さらに左から杉川最大の険谷である大杉沢を確認すると五分でアカシガラ沢出合に着く。

　青里沢を左に分け、出合の三メートル、六メートルを右から越えると二俣までは平凡である。右俣に入ると滝がつづく。ゴルジュを越えて二十五メートル滝をふたつ右から越えると、左から四〇メートル滝が入る。これを越えると流れはまったく平坦になり、極上の空間になる。ここは以前、三協鉄山があった場所だと後になって知る。

　左俣は右俣に比べてやさしい沢で、雪渓のない季

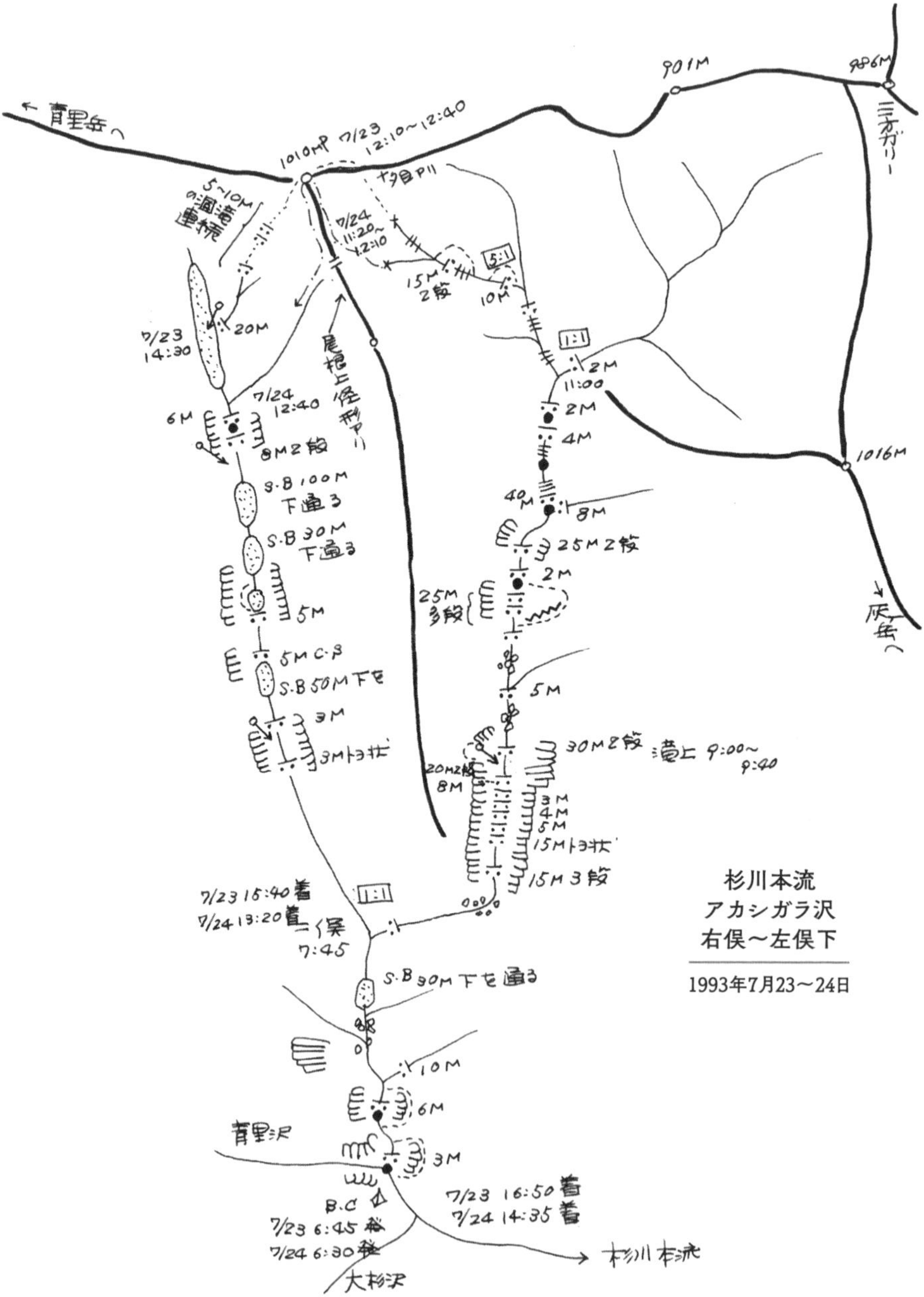

杉川本流
アカシガラ沢
右俣〜左俣下

1993年7月23〜24日

節なら歓声を上げて遡行できる沢だが、下降する場合、メンバーの技量によっては懸垂下降を強いられる滝があるだろう。

青里沢　五時間

青里岳に至る沢で、カンバナ沢を左に分けると楽しめる滝がつづく。明るく開けた沢である。

山頂を踏みたかったが藪に覆われているのは知っていたので、頂上直下の水の絶えた地点で引き返す。初心者向きの沢というべきである。

カンバナ沢　九時間

悪い沢で、出合からゴルジュの中に滝がつづき、これを丹念に登っていく。幕場は少ない。一〇メートル級の滝が多く悪い登りがつづく。おおむね右岸の巻きで慎重にステップを刻む。

源流部の五メートル滝の手前から右のスラブ帯に入るが、これが悪かった。ようやくスラブ帯を越えて稜線に立ち青里沢を下る。

大鴨助沢　四時間

灰ヶ岳への最短の登路かもしれない。三メートル、八メートル級の滝が二俣まで連続する。二俣で水が涸れ左に入る。八、六、四メートル滝は左岸の急な高巻きで越える。周囲はスラブ帯である。ぼろぼろの岩から藪を漕ぐと稜線で、灰ヶ岳の山頂まで往復して右俣を下るが、なにもないルンゼであった。

八匹沢　五時間

地元によれば、この沢は「はっぴき」ではなく「はちひき」と読むらしい。出合までは杉川の巻き道を利用する。一九九八年の遡行で、このころまでは杉川の巻き道もかろうじて使えたのだ。杉川のゴルジュの出口に近く、中山尾根の八匹ノ頭からスラブ帯を形成して落ちる沢が八匹沢だ。

泳ぎを交えてゴルジュを進むと一五メートルチムニー滝で、左岸のルンゼから草付をトラバースして滝上に出る。一〇メートル滝も直登は難しく、左岸の草付から灌木に上がり、枝沢に懸垂下降する。三メートルチョックストーン滝を空身ショルダーで越え、六、一二、四メートルと登るとスラブ最下段の一五メートル滝で、これを左から巻き気味に登ると眼前に八匹スラブの全容が姿を現わした。

高低差八〇～一〇〇メートル。ノーザイルで思い思いに登っていける。左端の灌木をめざして斜上をつづけ、八匹ノ頭に出る。中山尾根は大底川（逢塞川）まで踏み跡があった。

大杉沢右俣　十一時間（五剣谷岳まで）

大杉沢は杉川流域で最大の険谷で、本流右俣のみならず左俣には「岩塔ルンゼ」という険悪なルンゼを秘めている。

大杉沢は、いきなりゴルジュではじまるが、しばらく進んで現われる二〇メートルハング滝は直登不能で、右岸の草付混じりの側壁から高巻く。つづく一五メートル、二メートルも巻いて沢床に戻り、スノーブリッジをくぐって六メートル滝をシャワーで直登する。激流の釜に守られた四〇メートル大滝は左岸のルンゼから高巻くと、そこが二俣だった。

右俣出合の二、二十五、四メートル滝は左俣の中間尾根から高巻く。次々と現われる滝をシャワーや高巻きでこなすと沢が開け、一〇メートル、一五メートル滝を右から巻き気味に登ると、五剣谷岳の地下水の出口といわれる「大杉沢の水源地」に出る。ここで水が消え、二俣を右に入り藪漕ぎ二十分で稜線に立ち、さらに十五分の藪漕ぎで五剣谷岳に立って山頂にタープを張る。

大杉沢左俣下降　三時間四十五分（二俣まで）

銀太郎山から西に派生する尾根に乗り、標高尾根との鞍部から下降する。

細い水流の一〇メートル滝を右から懸垂下降し、つづくゴルジュの滝は、高巻くやら、クライムダウンするやらして下る。相対的に右俣よりも容易だが二俣から下の険悪なゴルジュが待っている。

岩塔ルンゼと出合う一五メートルと二〇メートル滝は左から巻いて、草付を下りるとすぐに二俣。ここからさらに出合まで三時間を要した。

大杉沢左俣岩塔ルンゼ　四時間

「岩塔ルンゼ」という名称は、だれが付けたのかはわかっていない。ただルンゼなのだから見える方向は限られる。私にはそれがどこからの視認なのか謎だったが、すでに述べたように周辺一帯が過ぎし日、鉱山開発で沸き返っていたことを思えば、たとえば三協鉄山のあったアカシガラ沢右俣源頭の辺りから遠望しての命名とも思えてくる。

秀逸な命名だと思う。登攀欲を刺激するのだ。「岩塔」と「ルンゼ」という矛盾する組み合わせがいいのかもしれない。沢中からは望めないが上部に象徴的な奇岩があるらしい。その岩塔ルンゼが、長く未踏のまま大杉沢の奥に秘められてきたのが信じられなかった。

　この淫靡ともいえる暗がりのルンゼを二〇〇〇年の九月に初登攀したのが、ACCJ-茨城を率いる本図《もとず》一統《かずのり》と私であった。岩塔ルンゼが私のなかで、いまだ精彩を失わないのは、ガンガラシバナ右方ルンゼの初下降とともに数少ない初登攀のタイトルだからである。

　能書きをさておけば勝算は日帰りにしたことだ。アカシガラ沢出合のベースから二俣まで三時間、そこから左俣に入り、岩塔ルンゼを登攀して四時間で標高尾根に出て、そのまま尾根を忠実に下降し、ベース帰着が十八時。十二時間行動ということになる。

　核心部は二〇メートルの三つの滝で、うちふたつがチョックストーン滝。最後の滝が二段のシャワークライム。この登攀に、ハーケン一枚、ボルト一本を消費した。すべては本図一統の圧倒的な登攀力の賜物である。

　この遡行の詳細は、別冊つり人『渓流』（二〇〇一年春号）、『岳人』（二〇〇〇年十二月号）のクロニ

大杉沢左俣「岩塔ルンゼ」を登攀する本図一統

クルに、遡行図とともに掲載した。ともあれ、このときは杉川左岸のゼンマイ道が八匹沢近くまで、かろうじて使えたことを付記しておく。

柴倉沢左俣　八時間

柴倉沢は杉川の最下流にあって、山里から最も近い支流である。取水口から入渓して一五メートル、四メートル滝を越えると一〇メートル滝からはじまるゴルジュで、左から一気に高巻く。右俣を分けるとすぐに滝がつづき、二段一五メートル滝は中段から右壁を登りザイル利用で巻く。

一〇メートル滝を左から巻き、四メートル滝はシャワークライム。三〇メートル滝を左壁からザイルで登り、つづくゴルジュの連瀑は左から大きく巻く。ゴルジュ出口の一五メートル滝は左のルンゼから上の四メートル滝まで巻くとゴルジュは終わる。

なおも滝がつづくが問題なく、最上部の分岐を左に入って木六山直下の稜線に出て山頂を往復。下山は水無《みずなし》平から釜ノ鍔に下りた。

大底川流域

国土地理院発行の二万五千分ノ一地形図では、この沢が逢塞川になっている。これは国土地理院が測量の際の聞き取りに対して、地元民が「オーソコガワと呼んでいる」と言ったのを曲解して「逢塞川」と当て字したのであろうと、川内山塊の先駆者である笠原藤七が『川内山とその周辺』で述べている。

したがって本書では、地元民の意向に立ち還って大底川に統一する。入渓してみればすぐにわかるが、まさしく深い渓の底なのである。

この渓の不幸と幸運は杉川の支流に甘んじていることだろう。大底川が直接早出川に注いでいたなら、もっと早くから脚光を浴びていたに違いない。渓の規模は小さいものの登攀性の高い支流を満載している。私に言わせれば「川内の奥座敷」と呼びたいほどだが、その一方で、中山尾根ひとつ隔てているとはいえ杉川の陰に隠れて、よくぞ昭和三十年代まで全貌を明らかにされなかったものである。

アプローチは大底川に架かる吊橋で、私たちが通いはじめたころから朽ち果てていた。それでも当時、山道は健在で、橋から沢に下り、徒渉して対岸に登ると五分ほどでT字にぶつかる。右が杉川の徒渉点に至る道で、左が大底川の広河原に通じる道である。つまりこの吊橋と山道は、以前から地元民にとって欠かせない生活道だったのだ。

吊橋を架けたのは杉川から分かれた大底川が険しかったからで、この橋が架け替えられなかったのは、すでに時代が変わって必要とされなくなったということだ。したがって近年山道が荒廃してしまったのは、やむを得ないともいえる。

ただ私は近年の山道を知らない。いまでも釣りびとが入っているなら、細くとも道が残っている可能性がある。けれど私たちのようにベースを設けて周囲の渓を探るのではなく、目的の渓を限定し、荷を軽くして遡行するのであれば、古い山道にこだわることなく水線通しに遡ってもかまわないのである。

もし対岸の山道が見いだせなかったなら、そのまま橋を渡らず支流の赤花《あかばな》沢への山道を進み、赤花沢を少し下れば大底川で、なおもゴルジュを連ねて泳ぎを強いるが、ほどなく渓が開けて広河原に出る。

ベース地として最適なのは広河原の右岸台地で、これを地元では「ユウの川原」と呼んでいる。ユウは幽で岩小屋だが私は確認していない。幕場は最奥の岩宿沢のほとりがいい。ブナに囲まれた別天地で増水の心配もなく岩宿沢から水も得られる。

大底川本流のム沢は銀太郎山直下の稜線に出る。ム沢に注ぐ右岸の沢は下流から赤花沢、岩宿沢、コザマタ沢、七郎平《しちろうべい》沢、切松《きりまつ》沢、銀次郎沢で、コザマタ沢以外は登攀性の高い沢である。

左岸の沢はハンタン沢のみで、さほどの難しさもなく八匹ノ頭に立つことができる。

大底川（逢塞川）ム沢　一泊二日

大底川左岸の巻き道は七郎平沢の先まで延びていたが、いまでも歩けるかはわからない。すぐにゴルジュになって六メートル、一〇メートルの二段滝で、この滝をホラ貝ノ滝というらしく、左岸のスラブと草付を高巻く。

右岸にガレた小ルンゼを入れると連瀑帯がはじまる。ここは右岸の獣道を拾ってしばらく高巻く。つづく滝群をなんとかかわし、五メートル、三メートルの二段滝はハーケン三枚とアブミ使用で越えると三〇メートル滝を抱えた銀次郎沢と出合う。本流にも三〇メートル滝が懸かり、銀次郎沢の三〇メートル滝を右岸から巻いて銀次郎沢に下り、中間尾根から獣道にしたがってトラバースし、懸垂下降で沢に戻る。

左岸に巨岩の山抜けを見ると三段一五メートル滝で、このあたりを「ココノスジ滝」と呼ぶらしいが判然としない。これを越えると稜線が見え、沢が開けてガレ模様。三メートル滝で水が消え、少し藪を漕いで銀太郎山直下のブナの森の尾根に出る。下降は七郎平山からコザマタ沢を下る。

銀次郎沢　六時間三十分

以下、右岸上流から下流に向けて順に述べていく。銀次郎沢出合の二段三〇メートル滝の高巻きに一時間を要する。しばらくゴルジュ模様だが本流のような圧迫感はない。滝がつづくが小さく巻いたりして問題なく登れる。右から支流を合わせると渓は開け、ナメのなかに小滝が連続する。すでに源頭の様相である。

二俣先の枝沢のたもとで時間切れ。ここで深夜の鉄砲水に襲われて右往左往するというドタバタ劇があった。稜線に手が届きそうな源頭の細流も鉄砲水が発生し得るのである。あとはガレを登って稜線に立ち、銀次郎山を往復してからコザマタ沢を下る。

切松沢　七時間

出合からゴルジュを進むと、いきなり雪渓を伴った下の三俣に出る。本流は左の二〇メートル滝で左のリッジから高巻く。ここから上は呆れ果てるほどの連瀑で、チョックストーン滝が多く高巻きは不可。ひとつひとつ丁寧に、時にハーケンを打ちA0を交えてクリアしていく。一〇メートルトイ状滝をザイル使用で右壁から登ると、上の三俣でいったん渓は開ける。本流は右俣で、八メートル、八メートルの直瀑を巻くと両岸に緑が下りてくる。二〇メートル多段滝をザイル使用で登り、つるつるのナメ滝をふたつばかり苦労して登ると二俣になる。右のルンゼには悪絶な連瀑が懸かって一気に高度を上げるが左俣は明るく、どうにかなりそうだ。

二俣からは、ほとんどすべてがナメ状滝で高度を上げ、藪を漕いで銀次郎山直下の縦走路に出てコザマタ沢を下る。

七郎平沢左俣　八時間

沢に入って右に二〇メートル滝を懸ける支沢を分ける。滝がつづいて巻き登ると正面に三〇メートル大滝が現われる。ザイル使用で左を巻き気味に登る。小滝を越えていくと二俣になる。

右俣には迫力のある二段三〇メートルの滝が懸かっている。左俣からつづく滝をそれぞれ左から巻いていくが、かなり悪く苦労する。ここから上は水量も減るが滝がつづき、藪漕ぎもなく縦走路に出た。下降は同じくコザマタ沢を下る。

コザマタ沢下降　四時間

七郎平山の登山道から下降し、小一時間で水流が出る。中間に高さ一五〇メートルほどの岩壁が左岸に広がる。

下降なので下るところは下り、下れないところは都合五回の懸垂下降で降りる。登ることを考えても、それほど苦労はしないと思われる。

岩宿沢　九時間二十分

出合からチョックストーン滝がつづく。いったん渓が開け二〇メートル滝が懸かる。狭い渓の中に三～四メートルの、それもすべてといっていいほどチョックストーン滝がつづき、両岸の壁は高くなる。

一〇メートル滝は右壁を登り、四メートル、六メートルとつづく滝を越えると壁はいよいよ高く、滝も高度を増し、そのいずれにもチョックストーンが嵌めこまれている。おそらくこの辺りが核心部だ。

一〇メートルチョックストーン滝は右のルンゼから越え、二段二〇メートルチョックストーン滝はボルトを一本打ってザイルを延ばす。トップの奮闘をラストで眺めながら、ふいに気づく。この沢は谷川岳の一ノ倉沢のクライミングに匹敵する難しさだ。

私は沢登りに来たのであって、クライミングをしに来たのではない。それでも登るしか生還の道はなかった。

しかし、亀田山岳会がボルトなしで登った滝の登攀を、仲間が戯れにザックに忍ばせておいたボルトに頼った時点で、可能なかぎり岩を傷つけまいとする思潮からいえば、遡行に成功してもクライミングとしては敗北である。遡行と登攀の境界は、かくも曖昧で複雑であった。

つづく一〇メートル滝は残置ハーケンに惑わされ、一〇メートル滝を左壁から登ると目前に凄まじい「双子ノ大滝」四〇メートルが現われて絶句する。これはもう逃げ出すしかないわけで、左壁を一〇〇メートル登って赤花尾根に乗る。

踏み跡と鉈目のある赤花尾根を一時間四十分でベースに戻った。おのれの限界を知らされた登攀であった。

赤花沢ム沢　三時間三十分

赤花沢は出合からゴルジュがつづく。一〇メートル斜瀑は右壁を登る。一〇メートル垂直の大釜滝と呼ばれる滝を右から巻く。S字峡を過ぎると右手に赤花スラブが見えてくる。四メートルのトイ状滝と五メートルトイ状滝を過ぎると第二ルンゼが出合う。三、二、二メートル滝を越えて第三ルンゼを分ける。

出合の六メートル、四メートルの滝を越え、正面に鋭い切れこみのルンゼを見て、大滝三十五メートル滝も合わせて右のスラブを四〇メートルトラバース。幅二メートルのゴルジュにある小滝の連続を腰まで浸かり、シャワーで越えていくとゴルジュが尽きる手前の五メートル滝が脆く、つづく六メートルのナメ状滝を越えると源頭の雰囲気。小沢を分けると滝は尽き、やがて水が消えて稜線に出た。

赤花沢第三ルンゼ　三時間

第三ルンゼに入って七メートル滝を右から巻き、二俣手前の一五メートル直瀑は右岸から巻いて岩場のトラバース。三段五〇メートル滝は灌木帯の左岸から登り、つづく連瀑帯も右から越え、薄い藪を漕ぐと木六山付近の銀次郎山寄りの登山道に出た。

赤花沢スラブ状ルンゼ　一時間三十分

第二ルンゼから小滝ふたつでスラブ状ルンゼ。滝をいくつか越え、二十五メートルナメ状滝は右から登って左の沢に戻る。途中、大雨を避けて雨宿りするが、埒《らち》が明かないので本降りの雨の水流際をぐいぐい登り、わずかな藪を漕いで稜線に出た。

赤花沢第二ルンゼ左俣　二時間十五分

第二ルンゼは小滝が三つほどで問題なく二俣に至る。二俣の左俣には二十五メートル滝が懸かり、左の灌木から巻く。この滝を越えると源頭の気配で、遠く仲間の呼ぶ声を聞きながら稜線に立つ。

ハンタン沢　五時間

ハンタン沢は大底川の左岸にあり、おそらく流域中もっとも簡単な沢である。滝はあるが難しくはない。上部で樹林帯に入り、中山尾根に向かってルンゼが数本並ぶ。最奥の本流を登って中山尾根に立ち、新しい鉈目を拾って北上すると八匹ノ頭に出る。

下りは一本南のルンゼから往路を下降した。八匹ノ頭に立つための好ルートといえるだろう。

仙見川流域

仙見川は早出川でもっとも下流の有力な支流である。最奥の門原《かどはら》集落が昭和四十年代に集団離村してから、現在の最奥の集落は夏針《なつはり》で、集落手前の橋を渡ると車道は川に沿って右に曲がり仙見川渓谷を形成する。

門原から車道はさらに流れに沿って奥につづき、次第に悪路になるので、橋を渡った林道終点から歩くことになる。

寄草沢《よりくさ》に架かる橋の一帯はヤマビルの巣窟で気が抜けない。二俣で流れを徒渉すると遡行領域になる。右俣が本流で左が赤倉沢（赤倉川）である。赤倉沢の左岸には栃平《とちだいら》までゼンマイ道があってアプローチに使えた。

本流は、静又《しずかまた》で右に静川《しずか》を分ける。静川は名のとおりおだやかな沢で、玉ノ沢白山沢《はくさん》が遡行されている。

左の仙見川本流はここから中ノ俣沢と呼ばれ、すぐに瀞淵が現われて泳ぎを強いられる。中ノ俣沢にもゼンマイ道があったが、渓が険しすぎて私たちが遡行した時代には赤倉沢との中間尾根に付け替えられていたようである。

本流はヨコムネ滝や大滝を経て広河原になり、タテヒビ沢と白糸の滝を擁するム沢に分かれ、粟ヶ岳に導かれていく。

赤倉沢は栃平の上にあるシシバナ滝の上で日影沢を右に分け、灰《はい》ヶ岳沢を左に分けると小滝沢と名を変え、上部で東俣、西俣となって三方ガリーを包むように消えていく。

仙見川本流中ノ俣沢　二日

二〇二二年の夏、東北旅行のかたわら川内の門原を訪ねた。本稿執筆の過程で現状が知りたかったのである。夏針から四キロの車道を進むと道は二手に分かれる。左は門原峠から上杉川への道で、右の川沿いに狭い車道が延びている。正面の未舗装の道の先に民家が見えてきて、車を停めて訪ねると、はたしてそこが門原の最後の住人で、「門原町内会長」の表札を掲げていた渡辺慶作《わたなべけいさく》さんの住まいであった。

人の姿が見えたので声をかけると、渡辺さんの息子と思しき人が応対してくれた。私と同じような年ごろである。昔、仙見川の奥に入ったとき、何度かお世話になったと挨拶すると、納得してくださったようである。たしか奥さんの花子さんとふたりで暮らしてらして……と告げると、もうふたりとも亡くなりました、と言った。

渡辺さんが存命のころ足繁く通って話を伺い、拙著『山の仕事、山の暮らし』（ヤマケイ文庫）に「たったひとりの町内会長」として登場してもらったことがある。その息子ならば、彼にとっても門原は生まれ育った地であろう。故郷の両親の暮らした土地に仮住まいを建て、ときおり訪ねているらしく、そんな彼との邂逅は、なにやら不思議な縁に導かれた気がして、とても懐かしい思いになった。

さて、沢沿いの道は一キロほどで橋を渡る。橋の向こうが門原の墓地で、以前はお盆の墓参りの人びとの姿があった。橋のすぐ先で林道の終点になる。

この林道は二俣の中間まで延びている。おそらく昔の鉱山道で、吊橋で右岸に渡っているが、その朽ちた橋を以前、仙見川の下降中に確認している。道は踏み跡になって左岸につづき、やがて二俣に着く。二俣で道は消え、徒渉して右の本流を進む。三十分ほどで静又に着き、静川を右に分けると、すぐに瀞淵になる。泳げば七〇メートルほどだが右から巻いてもいい。

瀞淵の上からは、渓の緩急を見事に配した中俣沢のもっとも美しい渓相がつづく。仙見川の本領発揮というべきだろう。ゴルジュの左右に以前のゼンマイ道の補強に使ったらしい針金が垂れ下がっている。滝はない。ゴルジュを抜けると小さな川原で、ふたたびゴルジュになる。ここには「タナイの滝」があり、落差は乏しいが左壁をきわどく登らねばならない。これを抜けると川原で、要はこの渓はゴルジュと川原の繰り返しである。

三つ目のゴルジュがヨコムネ滝八メートルで、これを右から巻くと、すぐ大滝八メートルになる。これも右から巻くとようやく広河原に出る。ゼンマイ採りが小屋場を拓いた場所で、初日の泊まり場に最適だ。

広河原が尽きると源流の滝場になる。滝をいくつか登り、一〇、一〇、三〇メートルとつづく滝の左のルンゼにジュラルミンの梯子が掛かっていて驚かされた。おそらくゼンマイ採りのもので、その巧まざる所業に舌を巻く。いまでも残っているかはわからないが残骸ならば探せるかもしれない。

ゴルジュの中に滝が連続して支流を分け、緑が両側に下りてくる滝を何本か登ると双方に六メートルの滝を懸けた両門上の二俣になる。同水量で迷ったあげく左に入る。やがて城塞のような岩が聳え、タテヒビ沢であることを知る。流れが尽きて飛び出した稜線は三ツ鼻と粟ヶ岳の鞍部で、山頂まで二十分ほどの距離だった。

仙見川の本流は白糸ノ滝を擁する白滝沢と目されていて、私たちは左沢に入ったことになる。数年後、雪辱を期して右沢の白滝沢をめざしたが、水の涸れた白糸ノ滝を確認して落胆した。こんどは粟ヶ岳の

仙見川本流
中ノ俣沢

1990年9月23～24日

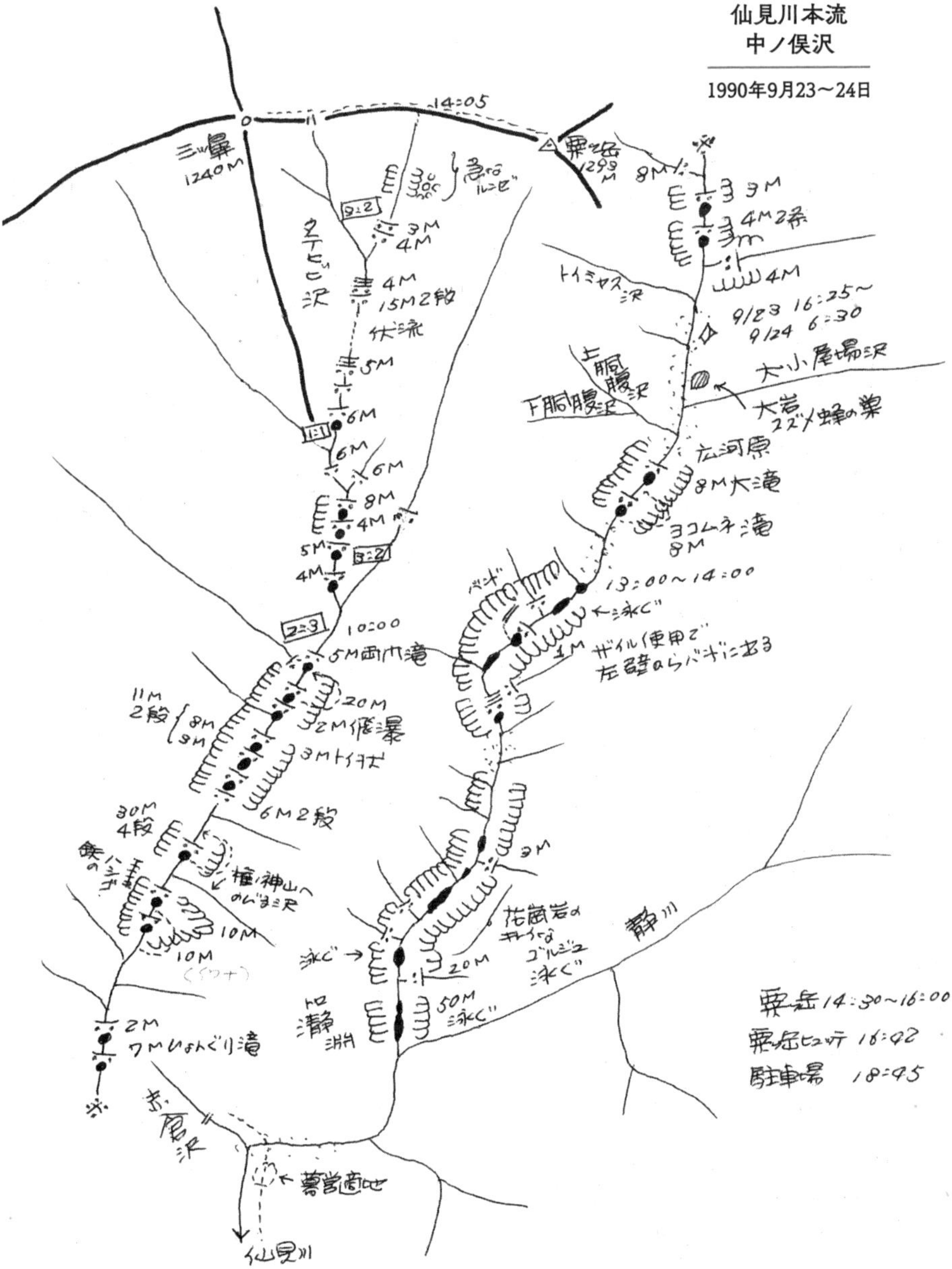

少し右の稜線に出た。

寄草沢下降　二時間十五分

越後《えちご》白山《はくさん》（白山）山頂近くの「天狗の腰掛」というブナの大木から下降するが、下部に規模の小さなゴルジュがあるだけで滝らしい滝もない。

ヤマビルが気になるようになるとヒルの名所、仙見川左岸道の寄草橋は近い。この沢は遡下降するよりも越後白山のバリエーション的な登路としておもしろそうだ。

静川玉ノ沢白山沢　七時間

静川本流の柴倉沢は、まったく平凡。稜線の静越《しずかごえ》から山越えで入渓する道がある。左岸支流の玉ノ沢は上流で白山沢と名を変えるが、二段五〇メートルのスラブ滝がある。涸れ滝で、左のブナの大木から巻くと平らな森になり、越後白山（白山）直下の稜線に出て、鯖池を経て寄草沢を下降する。

赤倉沢（赤倉川）小滝沢東俣下降　九時間

赤倉沢本流とされる沢で、川内・下田山塊の分水嶺の三方ガリーが源頭である。杉川のアカシガラ沢から継続する。

三方ガリーの東肩から下降するが、灰ヶ岳から落ちる支沢を合わせると、いきなり深いゴルジュになり、連瀑が脳天逆落としのごとく一本に連なって灰ヶ岳沢の出合まで雪崩れ落ちるのである。一五、三〇、二〇メートルと連続し、一〇メートル滝は数知れず。これらの滝を懸垂下降し、あるいは高巻きを繰り返して下る。

灰ヶ岳沢を合わせると、すぐに左から日影沢が合流し、川原になってシシバナ滝六メートルになる。これを右から下るとゼンマイ小屋跡の栃平（杉川の栃平とはべつ）で、そこから山道を下って仙見川の二俣に着く。

灰ヶ岳沢　六時間

貧弱な灰ヶ岳沢に入ると、すぐに滝が連続するが登れない滝ばかりですべて巻く。多段四〇メートルを右岸から巻くと二十五メートル滝になる。これが大滝か？　滝上からは両側に伐採の跡らしきワイヤーが点在して人臭い渓である。最後は一二メートルスラブ滝で、これを右から巻こうとして尾根に出て、そのまま灰ヶ岳の山頂に立つ。

赤倉沢小滝沢
東俣下降

1992年7月26～28日

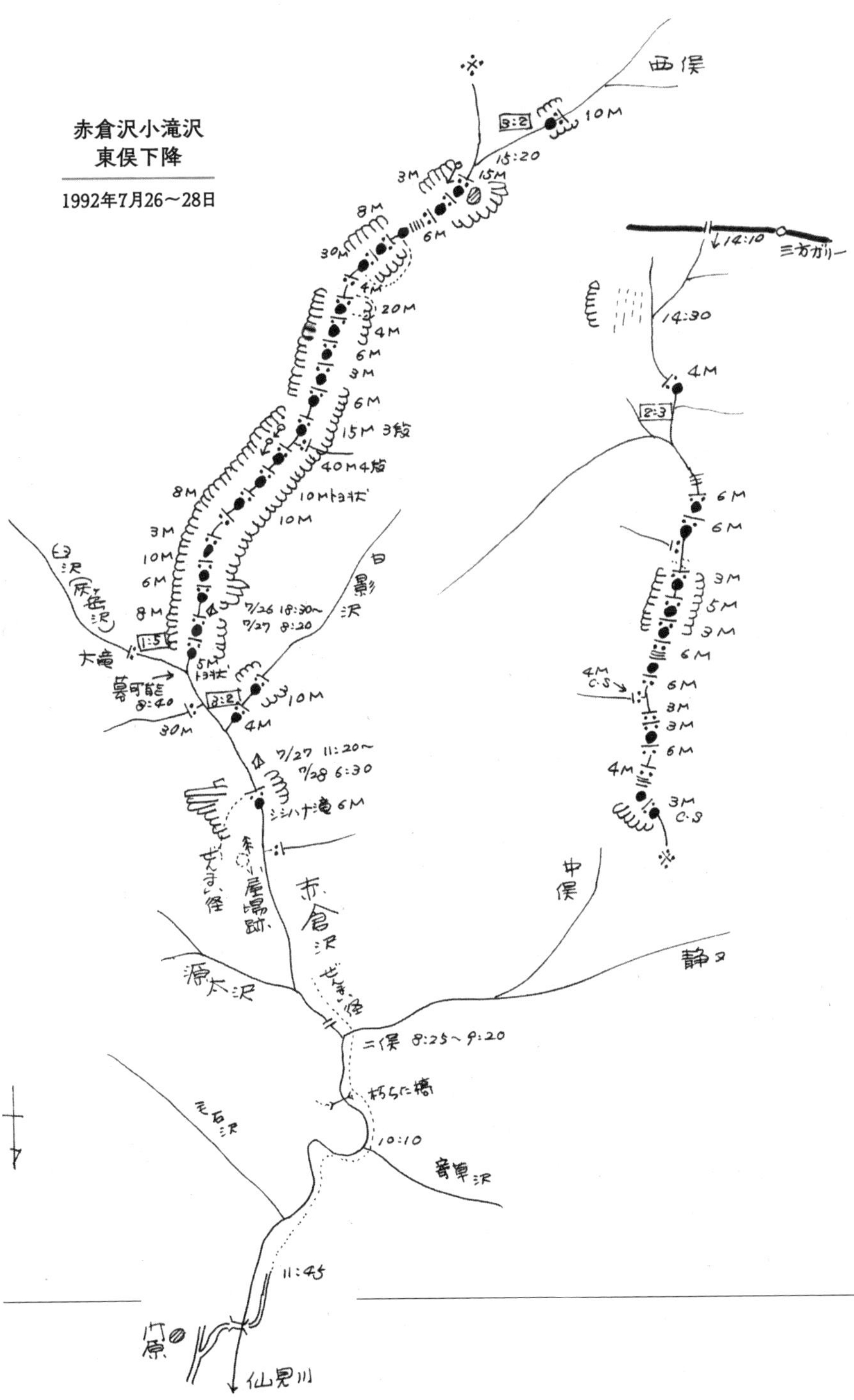

日影沢　五時間

小滝沢を分けるとすぐに四メートル滝で、つづく三メートルと合わせて右から巻く一〇メートルが弥三郎の滝と呼ばれている。ここから大岩が連なり、淡々と高度を上げていく。五メートルのチョックストーン滝につづく二段一三メートルの滝が井戸状で目を瞠らされるが、あとは問題なく高度を稼ぐ。左俣はなにもなく、中俣、右俣ともに高度を上げて堂《どう》ノ窪《くぼ》山に至る。

毛石沢　四時間

滝はそれなりにあるが、すべてに仕事道が付いている。上部に至って急峻なルンゼになり、毛石山に立ち源太沢を下降する。源太沢は、赤倉沢（赤倉川）と出合う場面で二〇メートル滝の懸垂下降を強いられたのみであった。

尾長谷　六時間

仙見川のはるか下流、門原手前の桑沢橋から入渓する。尾長《おなが》谷は仙見川下流の有力な支流だが、平凡な流れのままに、越後白山（白山）の八合目付近に出る。

桑沢橋を渡ると朽ちた民家のそばの木橋から、杉林の中の送電線の巡視道を巻いて沢に戻る。平凡な流れを進むと滝が出てくる。落差は最大で八メートルほどだが、単独なので無理をせず、高巻きを多用する。

源流で小川のような流れになり、尾根が近づくと水が涸れ、七九八ピークの下に出る。越後白山を往復して登山道を下山する。

コラム③

川内・下田の厄介もの

この山域が登山者の開拓を遠ざけてきた理由のひとつに害虫の存在がある。地元の開拓者たちが筆頭に挙げるのはメジロ、ヤマビル、マムシ、ヤブ蚊だが、ヤブ蚊とマムシは、どこの山でも遭遇する厄介ものというべきで、やはり際立っているのはヤマビルとメジロなのである。

メジロはイヨシロオビアブという成虫の雌のみ吸血するアブで、主に日本海側の清流に生息し、梅雨明けの八月を中心に大発生する夏の害虫だ。富山ではオロロと呼び、新潟ではメジロと呼ぶ。下向きがお好きのようで、日の出から夕暮れにかけて股間を中心にびっしりと張り付いて登山者を悩ませる。夜間は周囲の岩や草むらに潜み、一切の攻撃のないのがむしろ不気味である。

メジロアブは夏季限定の害虫だが、ヤマビルは梅雨時から秋にかけてと季節が長い。山野に生息する動物や人びとの足もとからひっそりと這い上がり、思う存分血を吸ったあげく、音もなく転がり落ちて繁殖の糧にし、流れる血に気づいた登山者に悲鳴を上げさせる存在である。

古来ヤマビルは「木から落ちる」とされてきたが、私の経験では木から落ちてくるヤマビルはいない。首筋への吸血はザックから這い上がったヤマビルによるものである。だから私たちは休憩に際してザックを背負う前に点検を怠らないよう注意してきた。

二〇一八年二月に開催された「三重《みえ》生物研究発表会」で、「子どもヤマビル研究会」は「ヤマビルは木から落ちてこない」という研究成果を発表している。

吸血に気づかないのはヒルの唾液に麻酔成分が含まれているからで、吸われた血が固まらないのは血液凝固を阻害するヒルジンという成分を注入するためである。咬まれた吸血箇所はベンツのマークの三角の咬み跡が鮮やかに残る。

近年各地でヤマビルが増えているのは、動物が移動の際に運ぶのに加え、登山者も慌てて振り払うばかりできちんと殺そうとせず、その結果として里にまで生息域を広げるためである。ちなみにヤマビルは踏んでも死なない。忌避剤を使うか塩をかけるか、あるいはキンカンを塗れば一発で死ぬ。

ただヤマビルは標高が高くなれば姿を消すが、メジロアブはかなりの標高まで生息する。どちらも避けることは不可避だが、羽音高く殺到するメジロアブとサイレンサーのように衣服の暗がりに潜りこむヤマビルの、どちらかを選ぶ選択肢は残されている。

いずれも登山者の呼気に感応して接近するのであり、登山者の構成から、宙を飛ぶメジロアブが先頭のメンバーに集中するのに比べて、地を這うヤマビルは反応が遅れるがゆえに二番手以降の足もとから這い上がる。

夏の川内・下田山塊に分け入って、どちらの襲来も避けられない以上、せめて歩行者の順番によって、どちらかの被害を軽減しようとする、情けないほど消極的な選択である。

川内山塊が五泉市と合併する前の村松町だった時代に、上杉川のチャレンジランドの奥にある林道終点の登山口で、ヤマビルの存在を知らず山から下りてきて血を吸われたことに気づき、悲鳴を上げて振り落とす登山者カップルに遭遇したことがある。

当時の村松町のパンフレットにはヤマビルの存在を示す文言が一切なかったが、現在の五泉市のホームページには、わずかに越後白山（白山）の一合目までヒルの存在を明らかにし、注意を促している。しかし川内山塊のヤマビルの分布状況はそんなものではない。山奥の林道や登山道、渓流沿いの草むらに至るまで、鎌首をもたげて待ち構えている。ただ基本的に川原には生息しないのだが、いくら登山者を招来するためとはいえ、ヤマビルの存在を明記しないのはまずかろう。

ちなみに、川内に比べると下田はヤマビルの数が圧倒的に少ない。笠堀ダム下流の粟ヶ岳周辺、光明山の登山道の下部周辺などにいるくらいだろう。害虫の存在に怯えているのは登山者ばかりで、近隣の里びとや鉱山で働く人びとなどはまったく苦にしなかった。ヤマビルやメジロに怯んでいては仕事にならないからだ。メジロには厚手の衣類やネットをかぶって対応し、ヤマビルには塩を摺りこんでおけば足りたのである。鉱山作業員の生存能力と逞しさを思い知らされる。

私たちにとっては、害虫蠢く山塊だからこそ開拓者が少ないという利点があった。地域研究の場所に、たまたま害虫がいたにすぎず、忌避するよりは対策を考えるほうが先である。

下田山塊

光来出沢流域

光来出沢（笠堀川）本流シンズ沢 二日（粟ヶ岳まで）

下田の渓を語る前に、流域の主要渓谷である笠堀川光来出沢と大川のアプローチである笠堀ダムに言及しなければならない。

笠堀ダムは一九六四年の完成で、ダム湖の両岸に湖岸道があった。ダム湖には遊覧船が運航し、湖岸道から手を振ればどこでも乗せてもらえた。笠堀川上流の光来出沢や大川のアプローチとして、快適でのどかな環境だったのだ。

それが一変したのが二〇一一年の新潟・福島豪雨であった。こうした災害級の水害の再来に備えるために行なわれたのが笠堀ダムの嵩上げ工事である。嵩上げ高は四メートルで、二〇一四年から二〇一七年まで行なわれたが、問題は工事中から完成以後も、ダムの構造上の理由で以奥の湖岸道が両岸とも通行止めになったことである。

ダムの右岸に延びていた湖岸道は、四年間の嵩上げ工事のあいだに見るも無残に荒れ果ててしまった。それでも通れるものなら回復の手立てもあるが、通れなければ手の打ちようがない。

ただ、正確にはダムからの立ち入りが禁止されているだけで、湖岸道そのものが歩けないわけではない。ならばどうするか。もちろん遊覧船はとうに廃止されている。

それでも二〇二一年夏に、遡行者がダムの管理人と問答したうえで黙認してもらった事例がある。それほど厳重な管理体制ではないからだ。ダムの天端は歩けるし、ゲートを越えれば進入は容易である。それは二〇二二年の夏に私自身が現認している。だが、もしも遡行中に事故があったなら一切の弁明は成り立たない。

川内・下田を代表する白亜の殿堂である光来出沢を紹介する前提として、アプローチの解決が急務なのだ。

そもそも湖岸道は、ダムが湖底に沈む前の里びとの仕事道を救済するための付け替え道だった。つまりは里びとの在来の権利である。ダム完成時点での付け替え道の有効期限があるのかは知らない。

しかしダム側の理由で通行禁止にするのなら、なんらかの救済手段を講じるのは当然といえる。それが半ば既成事実のように通行止めの措置を敢行したのは、すでにダム以奥の山仕事が消滅、もしくは激減していることを意味している。

ダム側の無策を追及しても仕方ないので、アプローチの代替案を机上で検討してみる。親《おや》沢から登山道のある白根山の山越えは、直下の外白根沢、内白根沢の峻烈に阻まれて事実上不可能。光来出沢の栃《とち》ノ木《き》沢上流に、私たちが定宿にしているシリヒキ沢の川原があるが、その上の茶屋峠まで白根山からの踏み跡があるにしても、かなりの藪漕ぎになるだろう。

ダム湖の左岸には砥沢《とぞう》（砥沢川）までの水平道が延びていた。途中の大日影《おおひかげ》沢には光明山への登山道があった。幸いなのはダムの手前の光明山登山道が復活したことで、この登山道を途中まで登り、大日影沢の登山道から左岸の水平道に下りられる。もちろん、水平道が通行止めなら、大日影沢の登山道そのものが廃道になっている可能性もある。それに、たとえ水平道に下りられたとしても、光来出沢や大川に入渓するためには、砥沢と大川のダム湖最上端の泳ぎを強いられるのであるが。

いまひとつは地形図にあるダム下の橋である。永久橋で笠堀川の右岸に渡り、そのままダムの右岸で湖岸道に直結しているように見える。途中までは車道で、その後山道になるが、道形さえ残っていれば使える可能性がある。この橋が嵩上げ工事の影響で通行禁止だとしても、徒歩での通行は可能なのではあるまいか。

さて、光来出沢である。一泊二日としたが、道の悪さを思えば予備日を加えて三日にすると安心できるだろう。

私の経験から選んだ川内・下田の美渓のベストスリーは、早出川本流を別格とすれば仙見川中俣沢、早出川中杉川、笠堀川光来出沢で、いずれも精妙な渓だが、そのスケールと粟ヶ岳に立つ晴朗において光来出沢に軍配が上がる。なにより光来出沢には渓を遡るよろこびがあった。手に余る滝もなく、いや

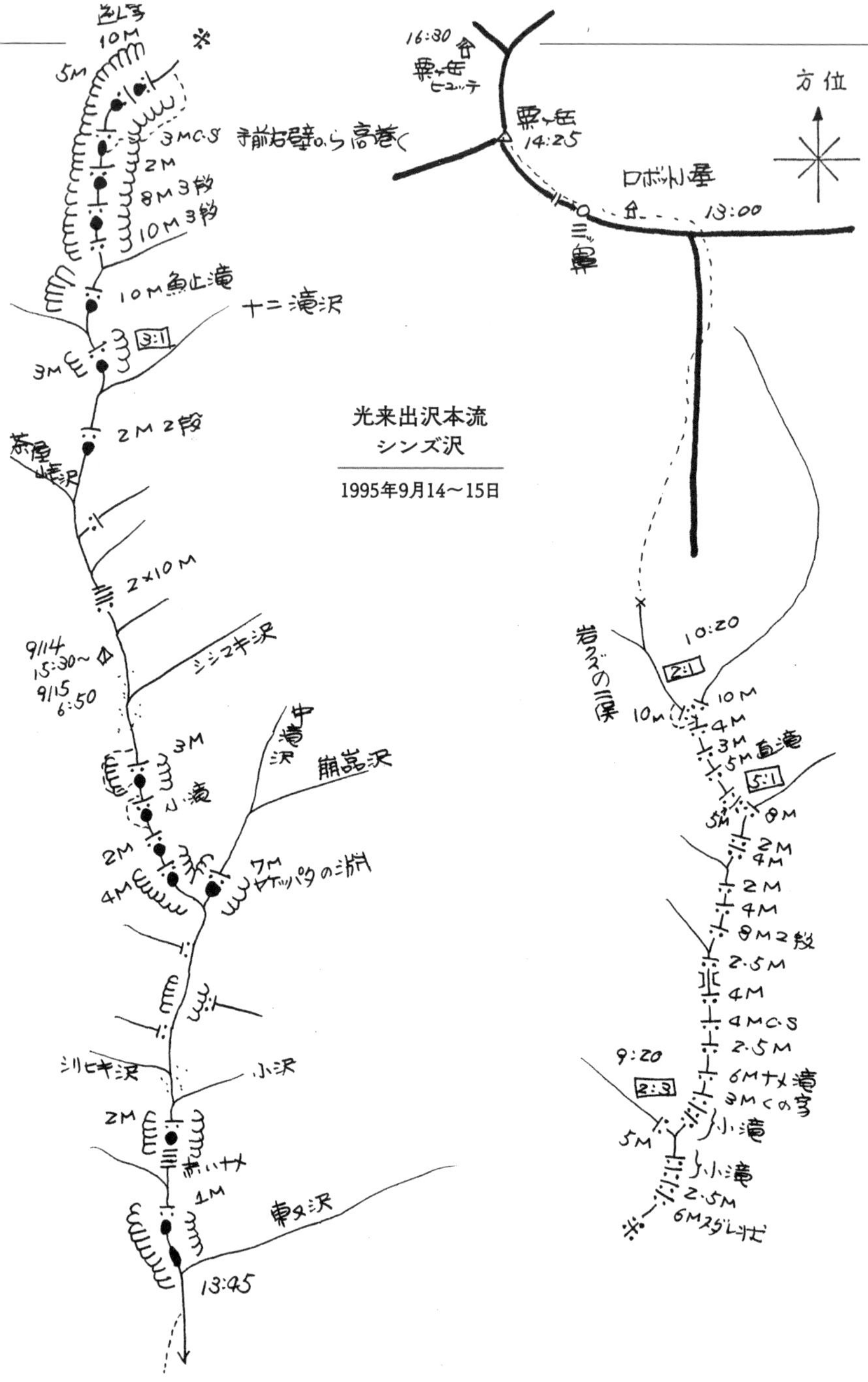

光来出沢本流
シンズ沢

1995年9月14～15日

らしい高巻きもない。森の緑と白い岩盤の黄金比率。エメラルドグリーンの清冽な流れ。

右岸の湖岸道はウルイサドリの岩壁の下を通り、大川との合流点を下に見て白根沢出合の白根丸淵を左岸に渡り、ふたたび栃ノ木沢出合の滝を左から巻いて東又沢手前まで延びている。

東又沢《ひがしまた》を右に分けると小さなゴルジュで、これを抜けるとシリヒキ沢出合の川原が快適な幕場を提供している。ここまでダムから五時間。湖岸道から大川の出合に下りる階段がある。いまなら湖岸道のつづきが見いだせず、大川出合に下りて光来出沢の遡行を強いられるかもわからない。

出合からは白亜の回廊で、何カ所か泳がされる。白根丸淵の手前で左から道が下りてきて、丸淵を右から越えると沢は開ける。

東又沢の暗がりを右に分け、シリヒキ沢を過ぎると沢が左に直角に折れ、正面から崩嵓《くずれくら》沢が入る。出合の奥に滝が見え、その釜が「ヤケッパタの淵」である。左のゴルジュを進むと柳丸淵《やなぎまる》の大釜で、左右どちらからでも巻ける。ゴルジュを抜けるとシシマキ沢の出合の川原で、初日にここまで進んでおけば二日目は下山が容易である。

小滝群を快適に越え、十二滝沢を右に分けると核心のゴルジュになる。右岸が庇状になった幅二メートル、長さ一〇〇メートル近いゴルジュで、途中から右壁を登り、出口の逆L字状二段一五メートルの滝上まで低く巻く。

ゴルジュから上は連瀑帯だが、ほとんど直登可能で小気味よく登っていける。左右に一五メートル滝を落とす奥の二俣は右俣が沢名の由来になった清水沢だが、右に入ると粟ヶ岳が遠くなるので山頂に近い左に入る。しかし、その後の遡行では清水沢のほうが藪は少なかった。

細流がいくつか分岐するが藪の少ないほうを選び、ロボット小屋に出れば正解である。ここからは三ツ鼻を越えて粟ヶ岳の山頂まで道が使える。山頂から粟薬師を経て、北五百川《きたいもがわ》集落まで三時間もみておけばいい。

十二滝沢　四時間三十分

以下、上流から順に支流を解説する。核心の一〇〇メートルゴルジュの手前に右から入るのが十二滝沢である。水量は少なく滝が連続するが難しいものはない。水の涸れるのが早く、稜線まで登っても道がなく、粟ヶ岳まで藪漕ぎを強いられる。

シシマキ沢　三時間

シシマキ沢出合の川原は、シリヒキ沢出合の川原とともに光来出沢の本流シンズ沢の数少ない泊まり場である。出合は平凡。すぐに右からゴルジュを伴った三〇メートル多段、その上に三〇メートル以上の落差の滝が懸かる強烈な支流が合わさる。沢はゴルジュの中に滝がつづくが難しいものはない。二俣で渓が開ける。二俣の上はやさしい滝がふたつ。稜線が間近に見える地点で水が涸れる。

崩嵓沢左俣下降　十時間

杉川のアカシガラ沢左俣から継続する。稜線から下って一時間二十分で水流が現われる。二段六メートル滝を懸垂下降し、三メートル滝を三つ左から巻くと水量の多い右俣に出合う。ここからはゴルジュで、右岸に大岩壁がある。左岸を大きく巻いてから大滝二〇メートルを懸垂下降。さらにシビアなクライムダウンをいくつか強いられ、右から中滝沢を合わせると本流出合のヤケッパタの淵は近い。

崩嵓沢中滝沢　六時間（三方ガリーまで）

崩嵓沢左俣のようなゴルジュと大岩壁はない。二俣まではゴルジュが発達しているが規模は小さい。このあいだに登れない滝がひとつ。二俣からは単調な遡行になる。いったん伏流になり、高度を稼ぐと最後のスラブ帯で、快適に登って稜線に立ち、三方ガリーまで藪を漕ぐ。

東又沢左俣　六時間（青里岳まで）

出合からいきなり両手の着く瀞で、胸まで浸って通過する。すぐ二俣で左のゴルジュに入る。ゴルジュが終わると滝が連続する。丹念に登って高度を上げ、左から支沢を入れると細流になり、一〇メートル、八メートルと涸れ滝を登る。青里岳の肩を越えて早出川割岩沢の北俣沢に下降する。

東又沢右俣　七時間

左俣を分けてもゴルジュはつづき、直登不能の四メートル滝は右岸のバンドから巻く。出口の一〇メートル滝を手前の小滝ごと右岸から高巻き、最後のS字状のゴルジュは手強く、左岸の壁を登って懸垂下降で沢に降りる。

さらに小滝をいくつも越え、大川西沢（ヤナガシュク沢）に継続すべく大ダルミへの支沢に入り、二ピッチの急傾斜に喘いでコルに着く。

外白根沢　五時間

白根沢は光来出沢（笠堀川）にあって傑出した渓である。「井戸の底」という形容を耳にするが白根沢の遡行以来、これを越える井戸の底を知らない。私はダムで封印された湖岸道のアプローチを白根山越えに求めてみたが、白根山直下にある白根沢の存在に気づいて瞬時にあきらめたほどであった。

外白根沢が右俣で左俣が内白根沢である。右俣を遡行して尾根を越え、内白根沢を下降したが、下部は井戸ではなく「フラスコの底」であった。下降は可能だったが遡行は不可能で、下ってよかったと心底思えた。たとえ登れたとしても大高巻きになるはずで、それでは内白根沢の封印された内院を見たことにはならないのである。険しいという形容は当たらない。白根沢はひたすら妖艶で艶めかしい渓であった。

白根沢に入るとすぐ魚止一五メートルのチョックストーン滝になるが、この滝が白眉だった。滝裏から登れるのである。滝裏の空間は蝙蝠の巣窟で、岩を登ると滝の水流に開いた穴から飛沫を浴びて顔を出し、そのまま滝上に抜けられたのである（その後、埋まってしまったのが惜しまれる）。

ここからはじまる連瀑は、碧い水を湛えた釜と花崗岩でつくられた滝が瞬時のためらいも見せずに立ち上がって見事である。二俣手前の一二メートル滝を右から巻いたほかはすべて登れた。

二俣から上は小気味よい渓相をそのままにスケールを二分する。右俣の外白根沢は狭いゴルジュの中を滝が連続し、内面登攀を駆使して遡っていく。ゴルジュの出口に一五メートルの半円状の滝が懸かり、これを越えると奥の二俣までは容易で、四〇メートル滝を越えて右岸から入る支流にザックを置いて本流を偵察する。

最上部のブナの森から流れ出る水源を確認して戻り、尾根を越えて内白根沢に転じる。

内白根沢下降　二時間

内白根沢は外白根沢と比べて容易な沢だが、狭いゴルジュの下降に変わりはない。途中の狭い川原に泊まった翌朝、すぐに甌穴のゴルジュになる。この甌穴状の滝と釜は見事なもので、造形の極致と言ってかまうまい。フラスコの底と表現したのはこのゴルジュのことである。これを過ぎてもゴルジュはつづき、泳ぎ高巻いて下降をつづけ、二俣に戻る。

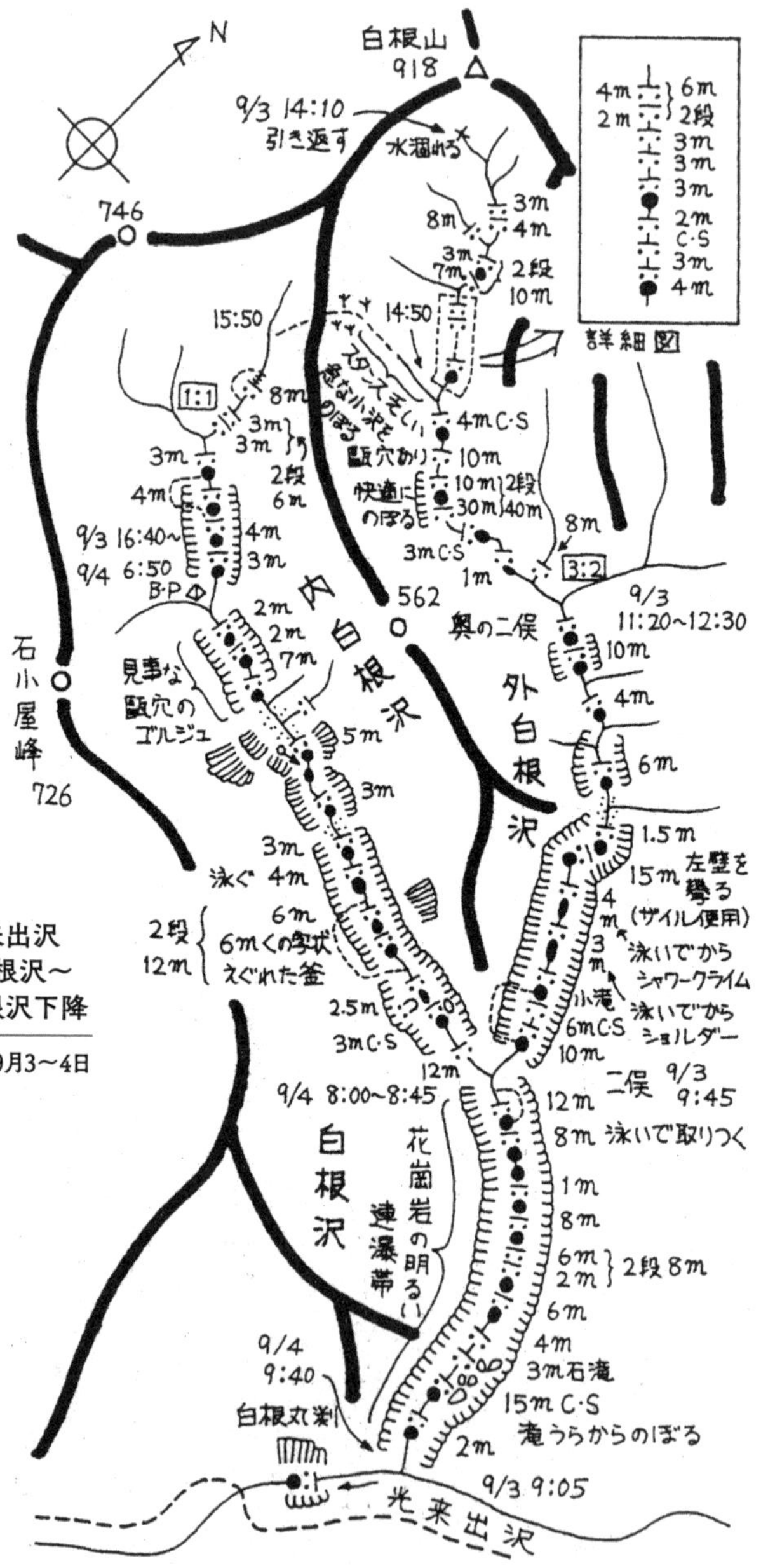

光来出沢
外白根沢～
内白根沢下降

1988年9月3～4日

大川流域

大川本流大ブナ沢　二日

大ブナ沢というのはとてもいい名前だ。大川は光来出沢（笠堀川）と水流を二分し、どちらが本流でもいいスケールだが、山域の主峰である粟ヶ岳に至るという一点で光来出沢が本流とされる。粟ヶ岳で完結する光来出沢の遡行のしやすさに比べ、登山道のない大ブナ沢は奥深さが遡行欲を刺激する。

笠堀湖の湖岸道から大川の出合までコンクリートの階段を下りる。対岸にも階段があって道がつづくが、これは少し上のロボット小屋のためのもので、上部の向赤松倉《むかいあかまつくら》まで延びている。

本流はすぐに音《おと》滝三メートルを迎えるが問題なく越える。沢は泳ぎを交えて楽しみながら進むと右に小又沢を分ける。大川は左から西沢（ヤナガシュク沢）を入れるといったん川原になる。下矢筈沢を過ぎるとふたたびゴルジュで、一五メートル滝をもつ上矢筈沢を分ける。白い花崗岩の気持ちのよいゴルジュを登って大岩のゴーロから見事なブナ森へとつづき、森の中で東又沢が入ってくる。右に顕著な支流を分けると源頭のゴルジュで、二〇メートル滝を右壁から登ると三メートルの魚止滝が現われ右岸から巻く。滝はさらにつづき、大岩のある八メートル多段滝、柱状節理の六メートル滝を登る。中ノ又山への稜線一〇九六ピークに立つべく遡行を重ねるが、稜線間近の一〇メートル滝を確認したのを機に時間切れで下降する。

なお、下矢筈沢出合で泊まった翌日の三日目。出合まで一キロに迫ったワシガ沢付近で豪雨による増水に見舞われ、右岸の大高巻きを敢行の末、八時間をかけて日の落ちたロボット小屋に帰り着いた。

大川東又沢下降　二時間

下降開始点は今早出沢本流遡行後の青い岩盤で、笹薮を下って現われる五メートル滝は右から懸垂下降する。あとは滝が点在するものの問題なく下降して、ブナの森を流れる大ブナ沢に出合う。

上矢筈沢　八時間

出合の一五メートル滝は上の三メートル滝ごと右から巻く。圧倒的な周囲の岩壁のただ中を右岸から二段五〇メートル滝が注ぐ。釜をもつ三メートル滝は、つるつるで取り付けず、右岸を巻いて懸垂下降

大川本流大ブナ沢

1988年9月23～25日

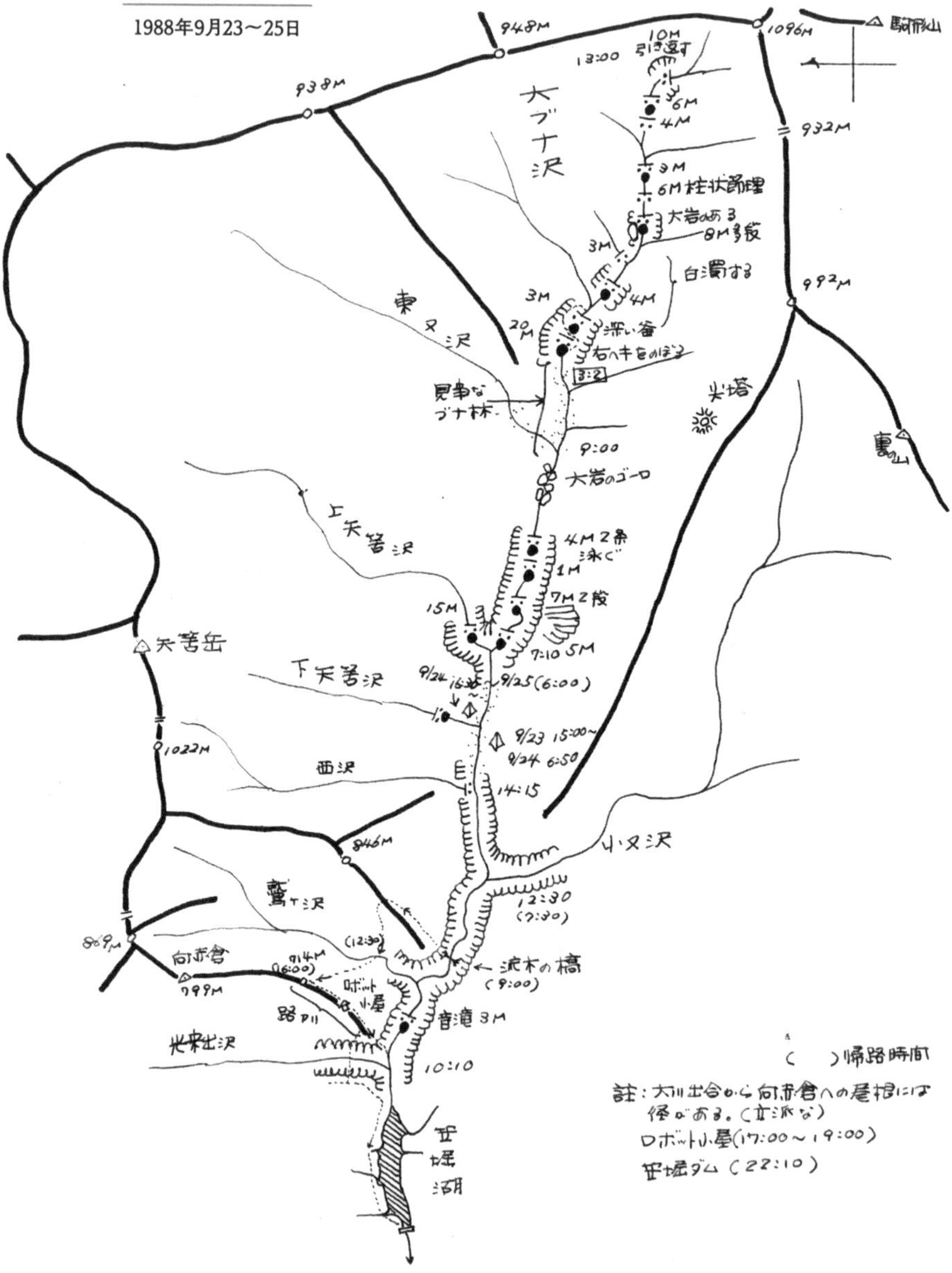

大川東又沢下降～大川本流

1991年9月22～23日

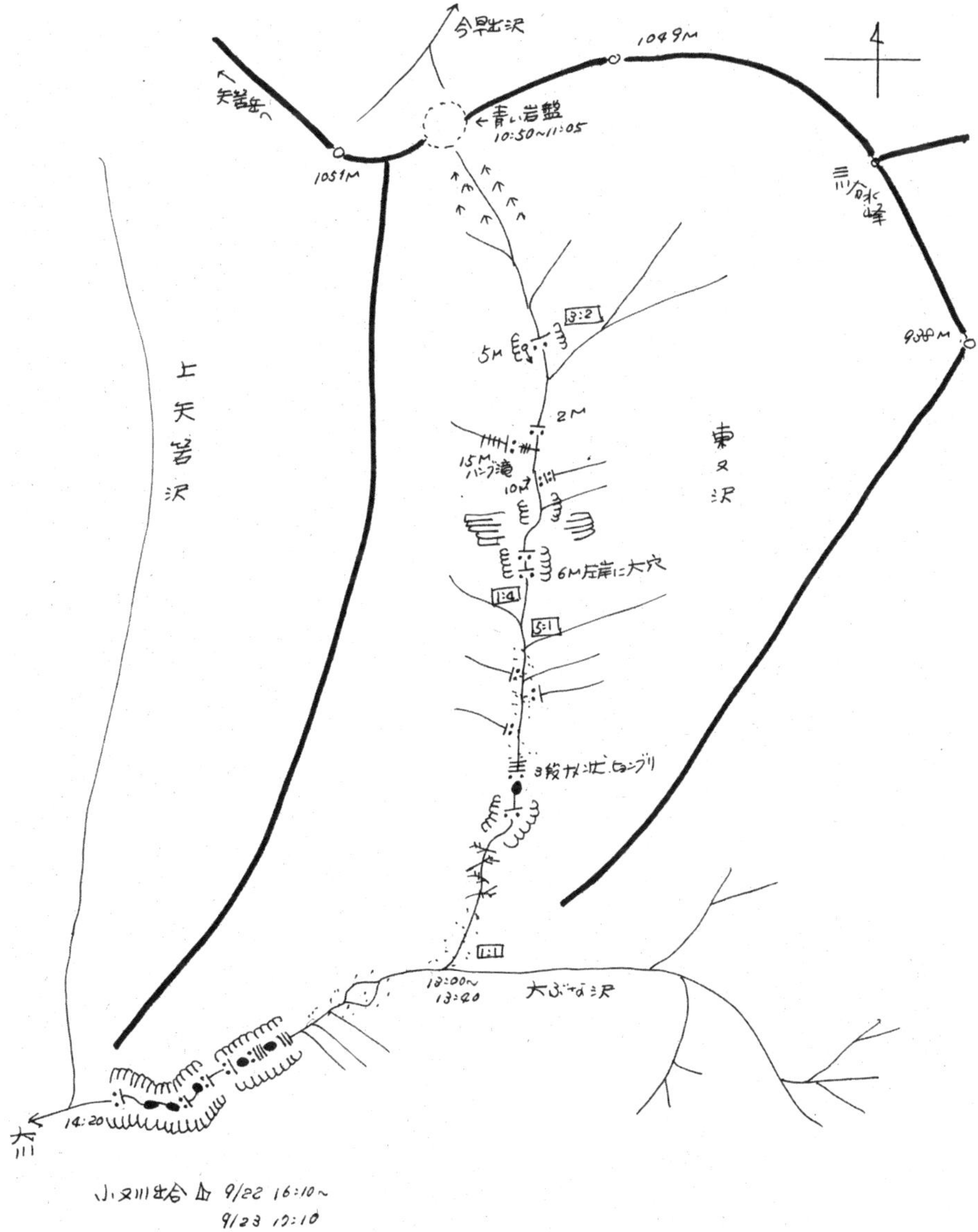

で六メートル滝上に降りる。小ゴルジュは胸まで浸かって突破。渓が少し開ける。三メートル、一〇メートル滝は右から巻くと巨岩帯になる。

左に岩幽《いわゆう》を見て巨岩帯を抜けると小滝とゴーロがつづく。左に支流を分けるとゴルジュのような岩の裂け目で、これを根気よく登り、一見絶望的な六メートル滝を苦労して登る。沢はガレてきて灌木交じりの草付が間際に迫り、ようやく源頭の様相。水が涸れてから一時間の藪漕ぎで上矢筈の肩に出て、矢筈岳を往復して川内の曲り沢との中間尾根を下って割岩沢に出た。

下矢筈沢　二時間

雨天の大川を遡行し、幕場を求めて下矢筈沢の出合に泊まることにしたら時間が余り、偵察に下矢筈沢を一時間ほど遡行した。圧倒的なゴルジュがつづき、上部はまったく不明のまま引き返す。

ワシガ沢　九時間三十分

出合のゴルジュを越えると一〇メートル滝。左から空身でザイルを引いて登りザックを吊り上げる。右岸から支流を合わせると核心部。一五メートル滝をふたつ越えると一段落。湧水が噴き出す印象的な四メートル滝を越えると右俣を分ける。九メートル滝を左から越えて登ると奥の二俣で、滝の連続する右沢と本流が二〇メートル両門状の滝を懸ける。

傾斜を増した本流の源流部は美しいナメ滝を多く懸け、たいした藪漕ぎもなく稜線に出る。下山は断続する道形を拾いながら、向赤松倉を経てロボット小屋下の出合に下る。

大川小又沢西ノ沢下降　四時間（小又沢出合までさらに二時間三十分）

小又沢は大川の中流で合わさる奥深い支流で、いくつかの秀渓を秘めている。本流は西ノ沢で、私は過去に二度下っているが手に負えない難渓のため、その後遡行する機会に恵まれていない。

コラム⑤でも述べるが、所属する山岳会の記念行事で「沢で結ぶ奥利根から川内」というイベントを行なったとき、私が担当したのが砥沢（砥沢川）上流から継続し、小又沢の西ノ沢を下降して笠堀ダムに至るルートであった。

吉原《よしわら》沢の金蔵《きんぞう》沢右俣から尾根を越え、下りはじめてすぐに魚影を見て「しめた！」と思った。岩魚が走るのは下に面倒な滝がないということだ。

安心して蕎麦なんぞを茹でて食い、腰を上げた私

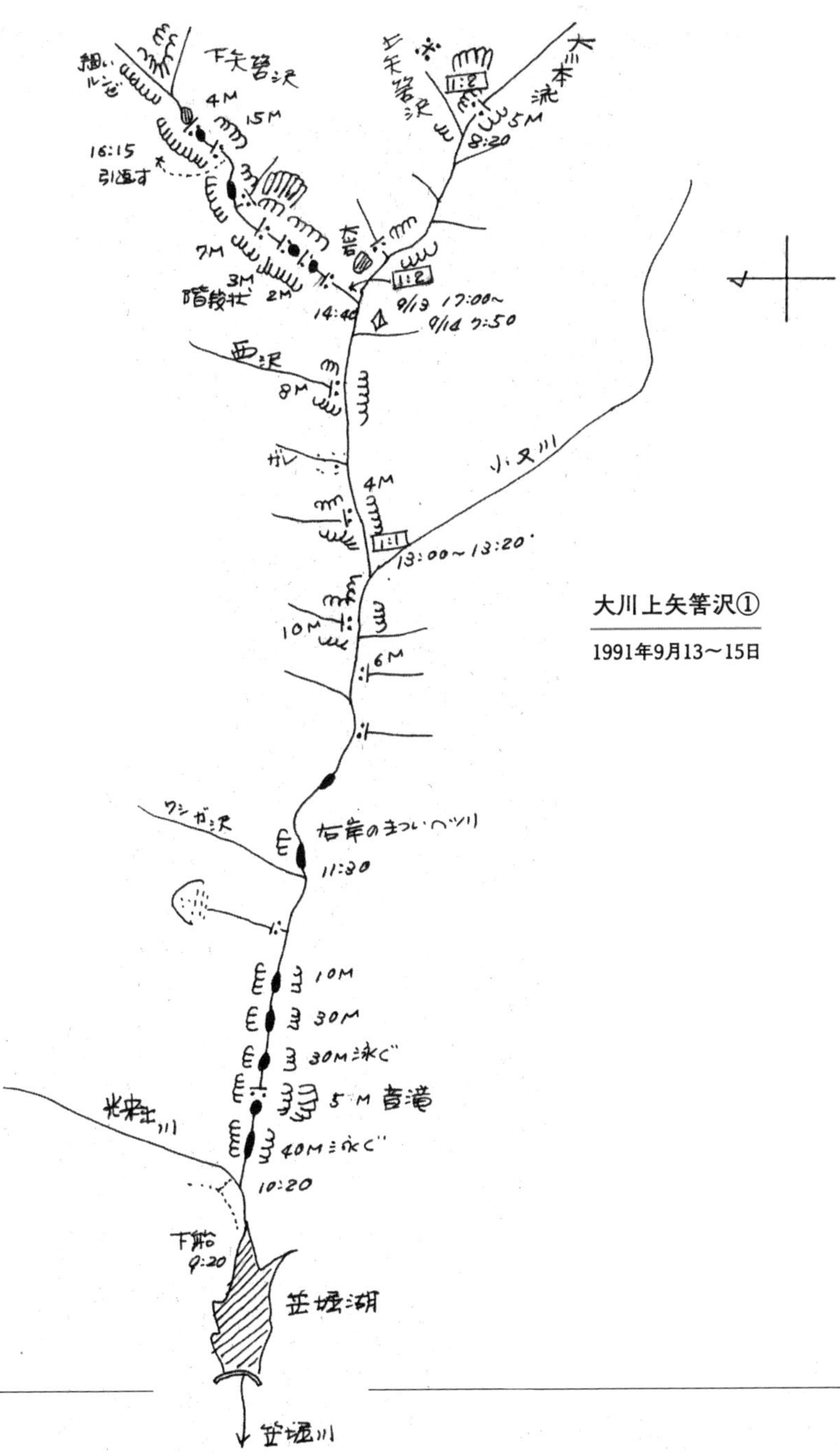

大川上矢筈沢①

1991年9月13～15日

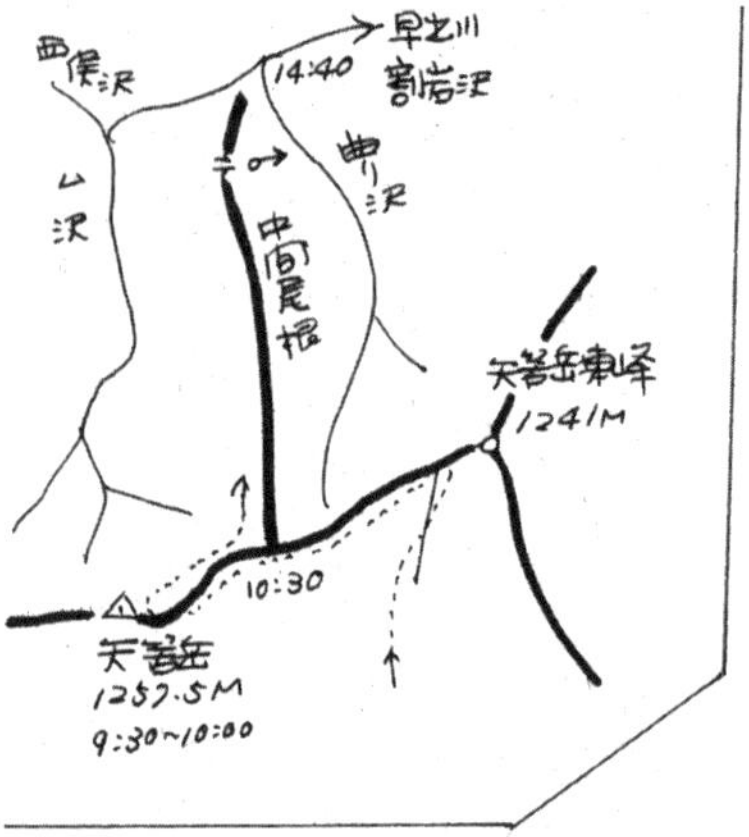

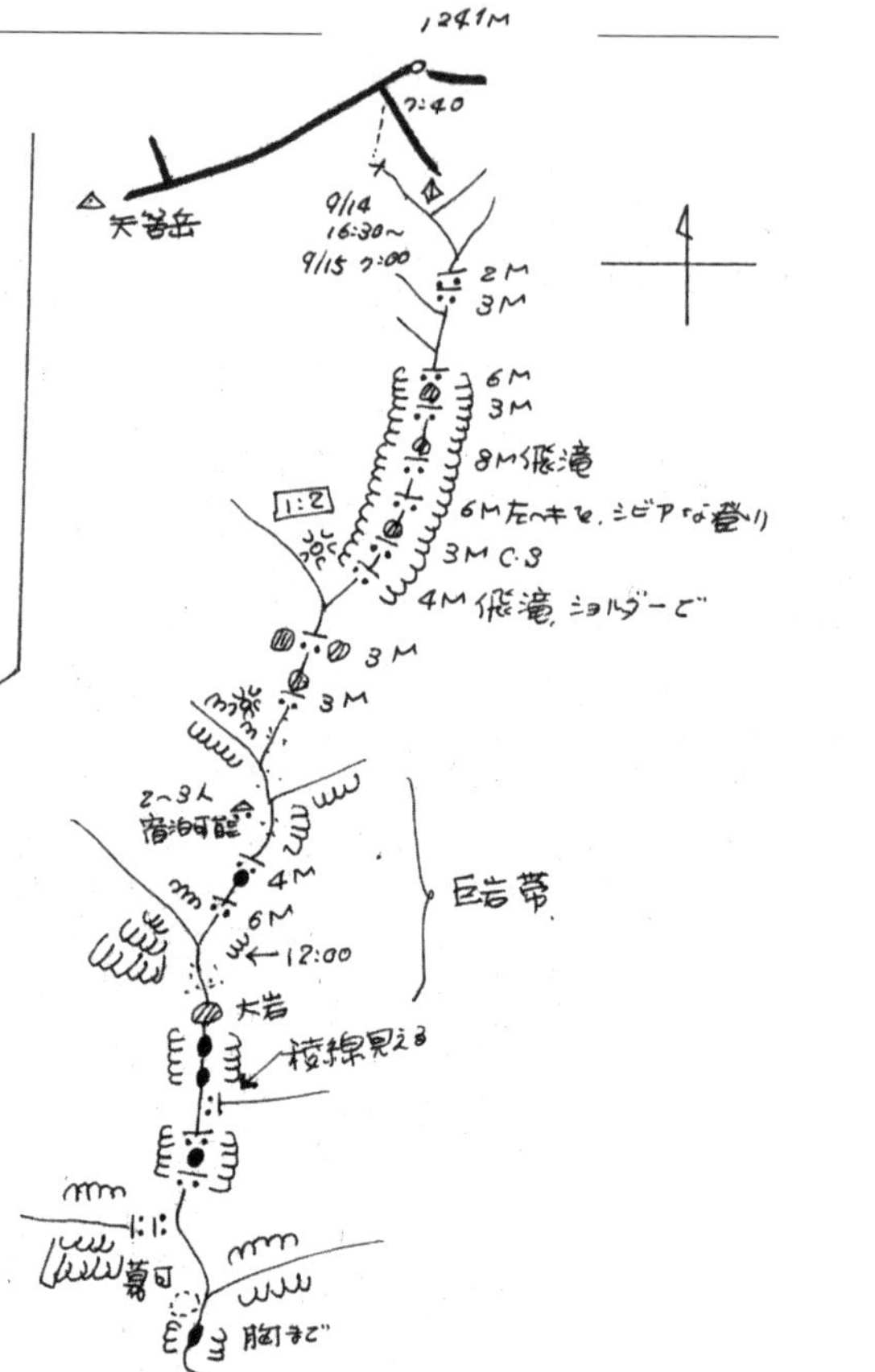

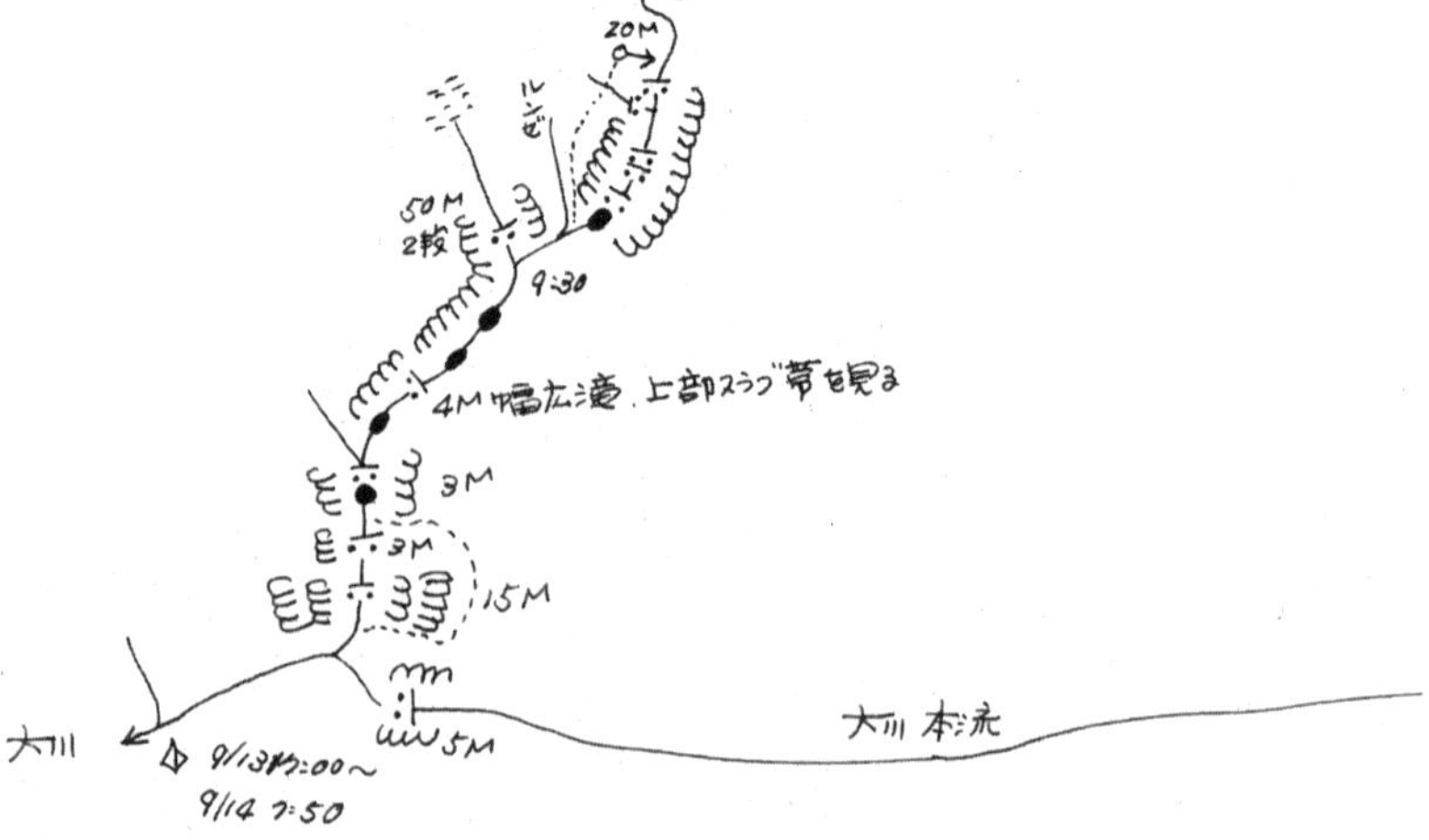

大川上矢筈沢②

1991年9月13〜15日

たちの前に手強そうな連瀑が出現したのである。

真下に出合の川原が見えているゴルジュの十八本の滝を、懸垂下降あり、高巻きあり、へつりあり、ドボンありで休むいとまもなく下ったのであった。

小又沢中ノ沢　三時間

出合の四メートル、七メートル滝を越えると左から東又沢が入る。中ノ沢はゴルジュの中に滝を連ねる。二段一五メートルが最大の滝で、あとは小滝がつづいて飽きさせない。直登できる滝がほとんどで気持ちよく登り、源頭のスラブをザイル使用で草付から稜線に這いあがる。

小又沢東ノ沢　五時間

時間がかかったのは大川本流に継続するため重荷になったからで、あわよくば裏ノ山に立ちたいという欲もあった。

この沢の特徴はただひとつ。一辺が二〇メートルはあろうかという巨岩がチョックストーン滝となって渓を塞いでいるのである。長く渓を歩いてきたが、こんな光景には出会うとは思わなかった。あとは連続する滝を登り、天候の悪化を懸念して、裏ノ山に近い九九二ピークの肩から大ブナ沢に下りた。

砥沢流域

砥沢（砥沢川）本流吉原沢　十時間（神楽沢出合まで）

砥沢は出合こそダムに沈んでしまったが、歴とした笠堀川の一大支流である。砥沢は本来「とざわ」と読むが、地元の古い呼称にしたがって私たちはいまでも「とぞう」と読んでいる。「ぞう」は沢の転訛である。したがって地形図の砥沢川の「川」は余分であり、屋上屋そのものといえよう。

砥沢は上流で天然砥石の名品として知られた「五《い》十嵐《からし》砥《と》」を産したことから名づけられ、光明《こうみょう》山を経て砥石道が山麓まで延びていた。それが現在の光明山の登山道として名残りをとどめている。

出合からつづく強烈なゴルジュは古くから知られていて、砥石道までの下流部のみ遡られていた。

当時、運航されていた遊覧船に乗って出合近くで下ろしてもらう。ロンレ沢からすぐにゴルジュがはじまる。光明滝三メートルは流れの速さに取り付くこともできず、とっておきの秘策のハンマー投げで乗り切る。ただ近年の報告によれば光明滝は埋まっ

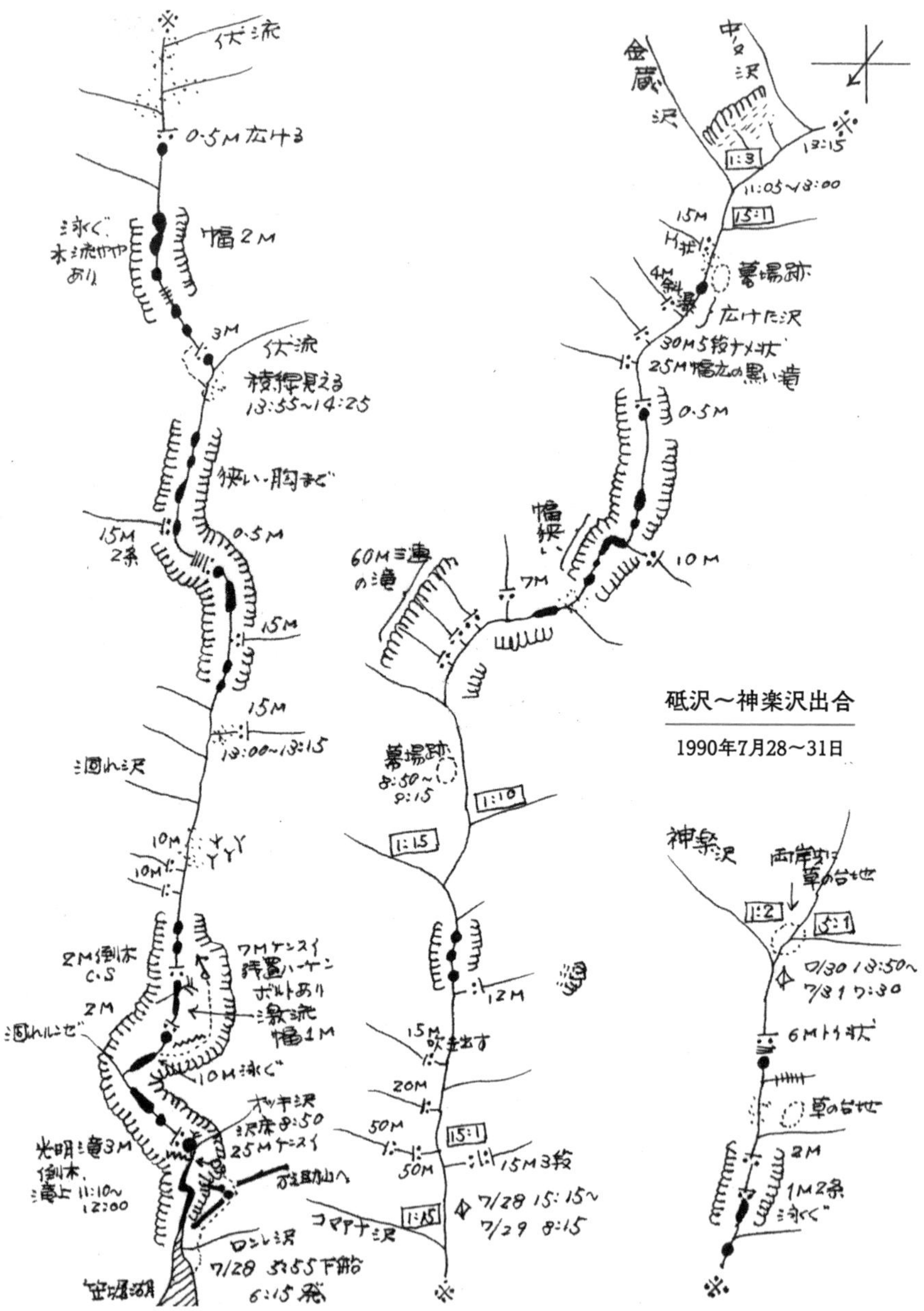

砥沢～神楽沢出合

1990年7月28～31日

てしまったらしい。

つづく二メートル滝ふたつも激流で、泳ぐも突破できず、右の岩のバンドからトラバースして懸垂下降で降りる。川原が点在するとふたたび狭いゴルジュになり、胸まで浸かって進むとコマアナ沢付近の川原に出る。

右岸から落ちる六〇メートル三連の滝を過ぎると、ふたたび狭い川原になり、ようやくゴルジュから解放される。この辺りから右に古い砥石道が並走するようになる。

あとは気持ちのよい川原を進むと左から金蔵沢を合わせ、さらに左から中ノ又沢が入り、神楽《かぐら》沢出合に適地を決めてベースにする。

吉原沢左俣下降　二時間十五分

翌日、少し下って中ノ又沢に入り、これを遡行して中ノ又山に立ち、三時間の藪漕ぎの末に神楽山から、砥沢の本流と目される吉原沢左俣の下降を開始する。

狭い沢床にナメ状小滝が連続して急激に高度を下げる。奥の二俣を過ぎてナメと小滝を下ると、めずらしい貫通した甌穴滝を見る。さらに苔むしたゴルジュ内の滝をふたつまとめて左岸から巻き下り、次の三段一〇メートルチョックストーン滝も左岸から巻いて、涸れたルンゼから下りる。

やがて眼下に深く抉られたゴルジュが現われる。中に一二、三、五メートルのチョックストーンが詰まり、これをまとめてダイレクトに懸垂下降で降りる。あとは小滝の連続と石滝の連続を下り、出合のベースに着く。

吉原沢右俣　五時間三十分

ゴルジュの中の六メートルトイ状滝は左から巻いて懸垂下降する。五メートル滝を空身で登って、すぐ上の二段九メートル滝も右から越える。登れそうもない三メートルチョックストーン滝は、バック＆ニーからショルダーで越えるがしんどかった。

この上で両門に三〇メートル滝を抱えた一大伽藍。前回の下降で、あまりの凄まじさに撤退した場所である。右の滝を右から登り、ザイルを延ばして左に斜上して滝を越え、沢床に戻る。

二俣からは小滝がつづき、八〇メートルナメ滝、階段状の黒いナメ滝二〇〇メートルを登り、草地から少しだけ灌木を登ると藪漕ぎもなく五兵衛《ごへえ》小屋跡に飛び出した。

水量比をさておけば、吉原沢右俣は左俣に勝ると

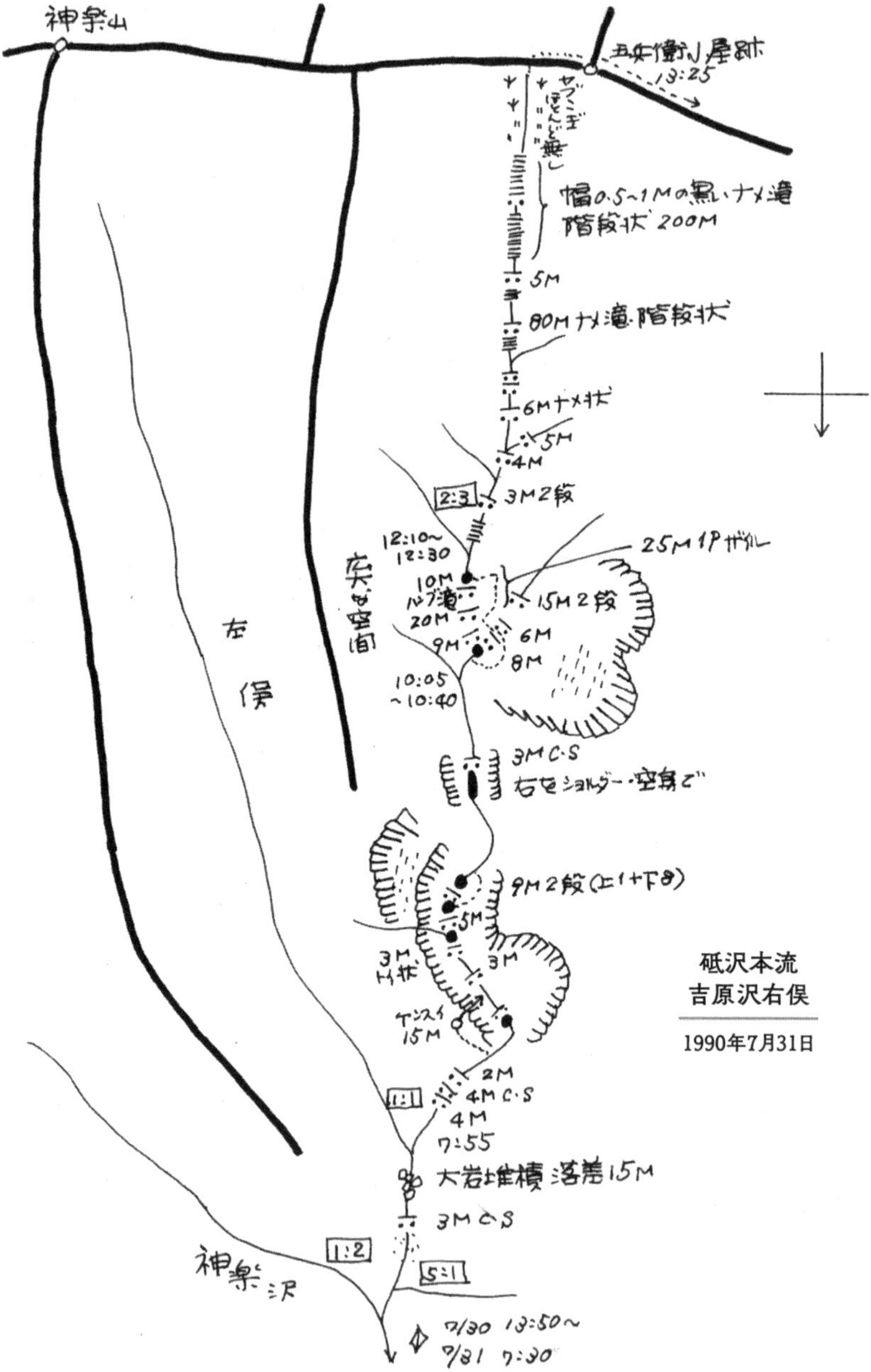

砥沢本流
吉原沢右俣

1990年7月31日

も劣らず、いっそ砥沢本流と呼んでしまいたいほどのスケールを秘めた渓であった。

神楽沢　四時間

水が少ないために緑色の苔に覆われ妖しい雰囲気を醸し出す。全体にスラブが展開する渓で、中央に鎮座する白滝三〇〇メートルが圧巻。川内・下田山塊でも最大級の規模を誇る。傾斜も適度で快適に登れるが、リスが乏しく支点が取れないため滑ったら一巻の終わりである。

最上部はナメ状滝が連続し、四メートル滝から左の尾根を越え、中ノ又沢右俣に下降する。

中ノ又沢右俣下降　四時間

神楽沢から継続する。この沢も中央部にスラブ状岩壁を展開し、右岸から白滝一五〇メートルを落とす。下部はスラブのなかに厄介な滝を連続させ、懸垂下降を何度か繰り返して下る。

中ノ又沢左俣　六時間

計画は中ノ又沢を遡行して中ノ又山に立ち、吉原沢左俣を下る計画のためベースを空身で発つ。

出合から五メートル滝を越えると二俣に着く。白滝があるらしき右俣を見送り、二俣の四メートル滝を越えると下田の渓らしい見事に抉られた狭いゴルジュの中を小滝がつづき、楽しく越えると六メートルチョックストーン滝で左壁のきびしい巻きを強いられる。

奥の二俣は現在地の把握が難しく、左に入ると傾斜が強まりスラブ状滝の連続になる。数えきれない滝を登りながら見下ろせば、渓は一気に下までつづいている。周囲はあくまで沢なのだが、全体が一連のスラブ滝ともいえそうだ。

同水量の分岐を左にとるが、落差も不明瞭な滝を快適に、しかも際限なく登る。一〇メートル滝を最後に細々とした窪になり、水の涸れた藪漕ぎを二十分で稜線に飛び出し、さらに三十分の藪漕ぎで展望のない中ノ又山に立つ。

金蔵沢左俣　四時間三十分

沢はのっけからゴルジュがつづく。大きな滝はないが、泳ぎやら高巻きやらホールドの細かい滝の直登を強いられる。ゴルジュを抜けると大岩帯になる。

やがて同水量の二俣になる。予定は大川に継続するための左俣で、つめを間違えたくないのでいったん右俣を登り、一〇、一〇、二〇メートルの三連の大滝を越えた時点で間違いに気づき、背の低い尾根を越えて左俣に戻る。すぐに左から支沢が入り、これをつめる。スラブ状滝が間断なくつづき、小気味よく高度を上げていく。いったん傾斜が緩むあたりから沢を離れて藪を漕ぎ、尾根を越えて大川小又沢西又沢（西ノ沢）を下る。

金蔵沢右俣下降　四時間三十分

ナメと小滝を繰り返すと四〇メートル大滝で左岸から巻く。下れない滝を巻きと懸垂下降で高度を下げ、左俣遡行で確認した三連の大滝を下ると、ほどなく二俣に着く。

大谷川流域

大谷川（五十嵐川）本流ブナ沢高清水沢　十二時間

遡行価値の高い渓を秘めた笠堀川は五十嵐川の有力な支流であり、本流の大谷《おおたに》川は大谷ダムからさらに福島県境近くまで素朴な林道を沿わせている。笠堀川には遠く及ばないが、それでも鎌倉沢やブナ沢や大倉沢、大ヒグラ沢などの個性あふれる沢を秘めている。

なにより五十嵐川の上流の価値は、はるかな時代から外界に向かって開かれていたことだ。いにしえの八十里越の存在がそれで、栃中瀬《とちなかせ》沢中流まで延びる林道の最奥から八十里越の空堀への接続路がいまでも使われている。

私たちが親しんだ時代は自由に林道が通行できたが、近年は大谷ダム上流のゲートに阻まれてアプローチに苦労する。しかし、建設中の新八十里越の開通が予定されている二〇二六年以降はゲートも撤去され、自由に入渓できるようになるはずである。

大谷林道の屈曲点の手前で沢に下りる。水量は乏しく滝も少ないが総じて難しい。ゴルジュを抜けるとブナ林の川原。次のゴルジュの出口に懸かる一五メートル滝を越えると二俣で、右のブナ沢が本流のようで水が多いが、烏帽子《えぼし》山奥壁の登攀欲に負けて左の高清水沢に入る。少し登ると八十里越の古道で、道のかたわらに泊まる。

高清水沢の雪渓を登ると二〇メートル滝で、次の雪渓を左から登って登攀を開始する。ざっくりいうとザイル五ピッチ、三時間の登攀であった。残置が一切なかったのでおそらく初登攀と思われるが、急

大谷川
ブナ沢高清水沢～ブナ沢右俣下降

1992年6月27～28日

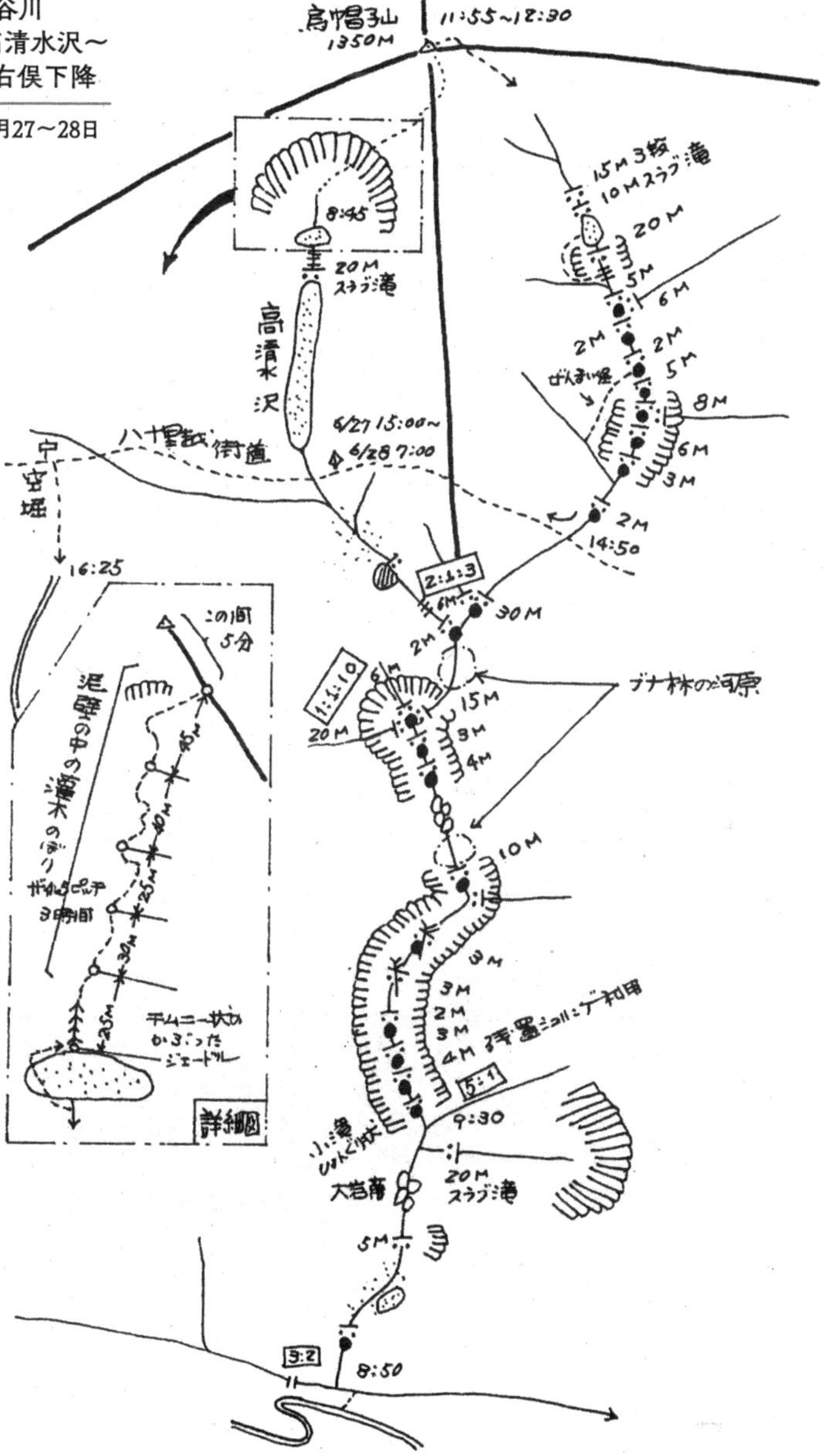

峻な泥壁に生えた細い灌木に頼る、不快な緊張を強いる登攀であった。登攀を終え、藪を十五分漕ぐと平坦な烏帽子山の山頂である。

ブナ沢右俣下降　二時間二十分

烏帽子山から直に下降する。三段一五メートル、一〇メートルスラブ滝を下ると雪渓を架けた二〇メートル滝の右にゼンマイ道を見つけてこれをたどる。こんなところまでゼンマイ採りが来ているのである。

小滝をいくつか下降し、下部のゴルジュは、これも右岸にあるゼンマイ道を拾うと八十里越で、世話になった泊まり場を整理して空堀から林道を下る。

大ヒグラ沢　七時間

大ヒグラ沢は予想以上の沢だった。メリハリがあり変化に富んでいた。右壁から歓声を上げて登攀した八〇メートル滝の優美。つづく甌穴を配したゴルジュの妙と、その不思議な明るさ。高巻きの途中から見晴るかす五〇メートル滝の空間の静謐。そして落ち口へと導くブナ森の深い趣と安らぎ。希《ねが》わくは、このブナの台地に一夜の夢を結んで旅したい。そんな夢を紡ぐ渓であった。

大倉沢左俣　七時間

出合のゴルジュはすぐに終わり、長いゴーロ歩きになる。やがて両岸を急峻な露岩帯に挟まれた谷筋に滝が連なっているのが見える。その奥の右岸には、すり鉢状の岩壁の下にスラブ帯が広がり、なかなかの景観である。二段一五メートルの滝はザイルを使う。二俣の上はグリーンタフの水路を小滝と瀞が連続する。小気味よく登ると上の二俣で、直登不能の八メートルハング滝は左岸のいやらしい泥付を登る。支流から叶津《かのうづ》川に継続すべく稜線に立つ。

鎌倉沢　九時間

鎌倉沢は最上部の白《しら》滝一五〇メートルに代表される沢である。鎌倉沢林道のゲートを越えると道は金《かな》倉《くら》沢の先まで延びている。沢に下りるとゴルジュがつづくが滝はいっこうに現われてこない。ようやく小滝が現われると三段三〇メートル滝で、これを直登すると滝はなおもつづき、一五〇メートルの白滝に導かれていく。傾斜の緩い白滝の左壁を楽しんで登る。滝上の小さな川原にかろうじて泊まり、あとは藪沢になって五兵衛小屋跡に飛び出し、日本平から川胡桃沢《かわくるみ》（川クルミ沢）を経て林道に戻る。

コラム④

川内の核心を縫う

夕暮れが迫っていた。春の早出川のほとりに張ったテントの中で、私はトランシーバに向かって「緊急事態発生！」と繰り返し叫んだ。遠い山稜にねぐらを構えた仲間たちは、一瞬事故かと思ったらしかった。命に別状はなかったが、私たちは物言わぬコンロを囲んで途方に暮れていた。

＊

川内山塊の集水面積の九〇パーセントを占める早出川の、数ある支流の解明に情熱を傾けながら、同時に私たちは、それが当然の帰結であるかのように残雪の川内に切りこんでいった。

慣れ親しんだ山域の冬の姿を知ろうとするのは、どちらも水が介在するからだ。膨大に降り積む雪が森を育て、ゆたかな水が下流を潤して海に向かう。その源である雪の山に挑むのは、登山者として正当な志向であり、軌跡であろうと思うのである。

山稜の骨格を形づくる主要な稜線は、意外にたやすく片付いた。逆にいうなら、それ以外の尾根筋は、低い標高と急峻なスラブの山肌ゆえに早くから雪が落ち、魅力ある雪稜が藪に覆われてしまうということでもあった。残雪の川内の核心を探ろうとするなら、五月の連休では遅すぎたのである。

一九九五年三月、屈強な仲間ふたりを得た私は勇躍して雪の川内に向かった。奥利根で培った手法をそのままに、渓を横断して尾根を繋ぎ、川内の内臓を覗いてやろうと企てたのである。問題はただひとつ、峻烈で鳴る早出川の本支流が、雪渓によって結ばれて、横断が叶うかどうかだけであった。

津川駅からタクシーで、ダム建設で集団移転した室谷の新しい集落まで入り、硬く締まった雪原に一歩を刻んだ。天候は申し分なく、登るにつれて背後に御神楽岳がせり上がって美しい。炭焼きに用いるために幹を切られ、残ったヒコバエが、奇妙な形で生育したアガリコのブナが迎えてくれた。

室谷川と早出川の分水嶺にある船窪山に立ち、往時のゼンマイ道に沿うようにして、鉈目を拾いながら尾根をたどって今早出沢に下りた。雪渓は思い描いた場所にあった。勝利を半ば手にしたも同然であった。

その日のうちに雪渓を横断してザイルを固定し、あとはザックを担いで渡るばかりにして、テントを張った。さあ前祝いだ、と威勢よくガソリンコンロを点火したその刹那、コンロは派手な焔を吹きあげたあと、末期《まつご》のような吐息を繰り返し、やがてコトリと呼吸を止めた。鼓動を忘れたコンロはもはや、ただの無機質な金属の塊だった。

軽量化を図り、予備のコンロを持たない私たちは、呆然として言葉がなかった。コンロがなくて、三泊四日の日程を凌ぎきれるはずもなかった。非常用の固形燃料を出し合って飯を炊き、やり場のない思いとともに一夜を過ごした翌朝、私たちは悄然と山を下りた。

昼下がりの上越線は乗客もまばらで、車窓から望む碧い空の下に、川内の山波が白く淡く連なっていた。唇を噛み締めて、遠ざかる山を眺めていた無念の思いを、私はいまだに忘れない。

＊

翌年の三月、私たちはふたたび川内に向かった。メンバーのひとりが若手に入れ替わっているが、目標は変わらない。前年のアプローチを使い、今早出沢と割岩沢を分けるヤジロ尾根を登攀して矢筈岳に立ち、そこから下田山塊の大川を横断して毛無山から光明山を越えるという、前年よりも長い四泊五日の計画を組んだのである。

晴天の下、湿雪に喘いで尾根を越えた。黒々と聳える虚空蔵鼻《こくぞうばな》の岩壁の上から、めざすヤジロ尾根が長く連なって矢筈岳につづいていた。ルートを目で追いながら、深い谷底を流れる今早出沢に降り立つ。残雪は昨年に増して多く、同じ場所に雪渓が架かっていて安堵する。

きょうじゅうに渓を渡って、少しでも高度を上げておきたかった。残雪を伝い、流れに下りて水を汲んで口に含むと、早春の香りが染みわたるようであった。

ルート工作して手際よく横断を済ませ、対岸に積み重なるキノコ雪の迷路を縫うようにして登り、ブナの台地にたどり着いてテントを張った。急峻なスラブの山肌に覆われた川内にも、いくつかの安らぎの空間はある。地形図で目星を付けていたその台地は、思い描いた夢のいざないであった。

翌朝、ワンピッチでヤジロ尾根に乗る。雪が締まってワカンの爪が小気味よく軋んで鳴いた。割岩山から青里岳につづく雪の尾根が朝日を浴びて輝いている。ヤジロ尾根は予想以上の長さと険しさで眼前にあった。ナイフリッジをたどり、岩峰を左右にかわし、時にブナの安らぎを見いだして、川内の核心を分ける尾根を歩むよろこびに身を委ねた。

三日目は雨だった。気の重さから遅い出発になる。雨が風を伴って体を叩き、フードで顔を覆って雪の壁を越えていく。

行く手には、いつも急峻なピークが聳え、ガスの中に去来していた。そのピークのひとつひとつが難関である。尾根を忠実にたどるかぎり、どこかに弱点が見いだせるものだが、ヤジロ尾根はいくつものピークを連続させ、その前後に灌木と岩と雪の混在した壁を形成していた。

救いは左右に張り出した支稜で、正面の壁を回避して、いかに支稜に繋げるかが登攀のポイントであった。

九六八ピークの傾斜は遠目にも際立っていた。尾根通しに進むにはあまりに傾斜が強すぎて攀じる自信がなく、尾根の右手は凄まじい角度の雪壁で、ルンゼになって谷底に消えていた。雪壁の真ん中に、かすかなカモシカの足跡があった。ならば、私たちもカモシカになるしかない。中間支点をいくつも取り、慎重にザイルを延ばし、支稜に抜け出してピークに立った。

冷たい雨に叩かれた登攀の連続に、ほとほと嫌気がさしていた。それは次のピークから上部を見たとき頂点に達した。左右が切れ落ちたナイフリッジの刃先に松の木が立ち並び、その枝先までセメントで塗り固めたように雪が覆っていたのである。

尾根を忠実にたどろうにも、そこは立ちこむ場所さえない松の葉末である。距離は約四〇メートル、左右の傾斜は七十度あまり。気持ちを静めてトラバースを開始する。雨を吸った雪はつま先が入らないほど硬い。体を支えるホールドにしようとピッケルで雪を砕いたら、松葉越しに穴が開いて向こうが見えた。キシキシとピッケルを根元まで刺しこんでのろい歩みを重ね、ようやく太い松の木にたどり着き、後続を迎えて胸をなで下ろす。

少し下った雪渓の上端を拓いてテントを張った。見上げる上部にも難しそうなピークが聳え、もうどこでもいいから泊まりたいと願っていただけに、天の配剤とでも呼びたいほどの空間であった。

おそらくヤジロ尾根は、知るかぎりにおいて、川内でもっとも悪絶な尾根である。せめて三日目には矢筈岳を越えているはずが、すでにこの尾根で三日目の夜を迎えているのだから、もはや光明山への継続は叶うまい。むしろ帰ることさえ、やっとの状況である。

しかし、この鎧のような尾根にも鉈目や切り付けがあって驚かされる。おそらく春のゼンマイ採りのものだろうが、だとすれば私たちは最悪の条件のヤジロ尾根を登っているのである。

*

四日目、山は氷の鎧で覆われた。昨日の雨が凍ったのだ。鎧の尾根が、さらに鉄壁の鎧で身を固めたことになる。一〇〇〇メートルに満たない尾根で四日を費やそうとしている。

きびしい雪稜が行く手にあった。指先が凍り、ザイルが凍り、カラビナが凍った。ワカンでは歯が立たず、アイゼンに替えようと声をかけながら、しぶしぶ私が取り出したのは四本爪の軽アイゼンだった。

奥利根から通算する歳月を、いちどもアイゼンを使った覚えがなく、どうせまた使うまいと山を嘗めた結果である。その報いと試練が、絵に描いたようなこの窮地に訪れたのだ。

土踏まずにある四本の爪を使い、たどたどしく難場を越え、上矢筈に立とうとする最後の氷の斜面で、それは起こった。

カランという乾いた音に、思わず見下ろす股間の下方で、滑り落ちていく片方のアイゼンが見えた。慄然として私は足もとを見つめた。探しに戻ることなど論外である。身動きできず、アイゼンを効かせて登る先頭からザイルをもらい、芋虫のように這い上った。

十四時、上矢筈に立つ。しかし目前には、登りよりも怖い氷の斜面が待ち受けていた。無間地獄のようなその斜面を、果てしない懸垂下降を繰り返して下った。それは、傲然と聳える山にひれ伏す姿そのものにほかならなかった。

その日は三川分水峰に届かず、今早出沢本流の源頭である青い岩盤の手前の平坦地で夜を迎えた。明日は魚止山を越えて室谷に下らねばならない。標高が下がれば少しは氷が緩んでくれるだろうか。

翌朝、テントから這い出たら、矢筈岳がモルゲンロートに染まっていた。あれを越えたのかと、矢筈岳と右方に落ちるヤジロ尾根を見つめたまま、私は呆然として、しばらく動けなかった。

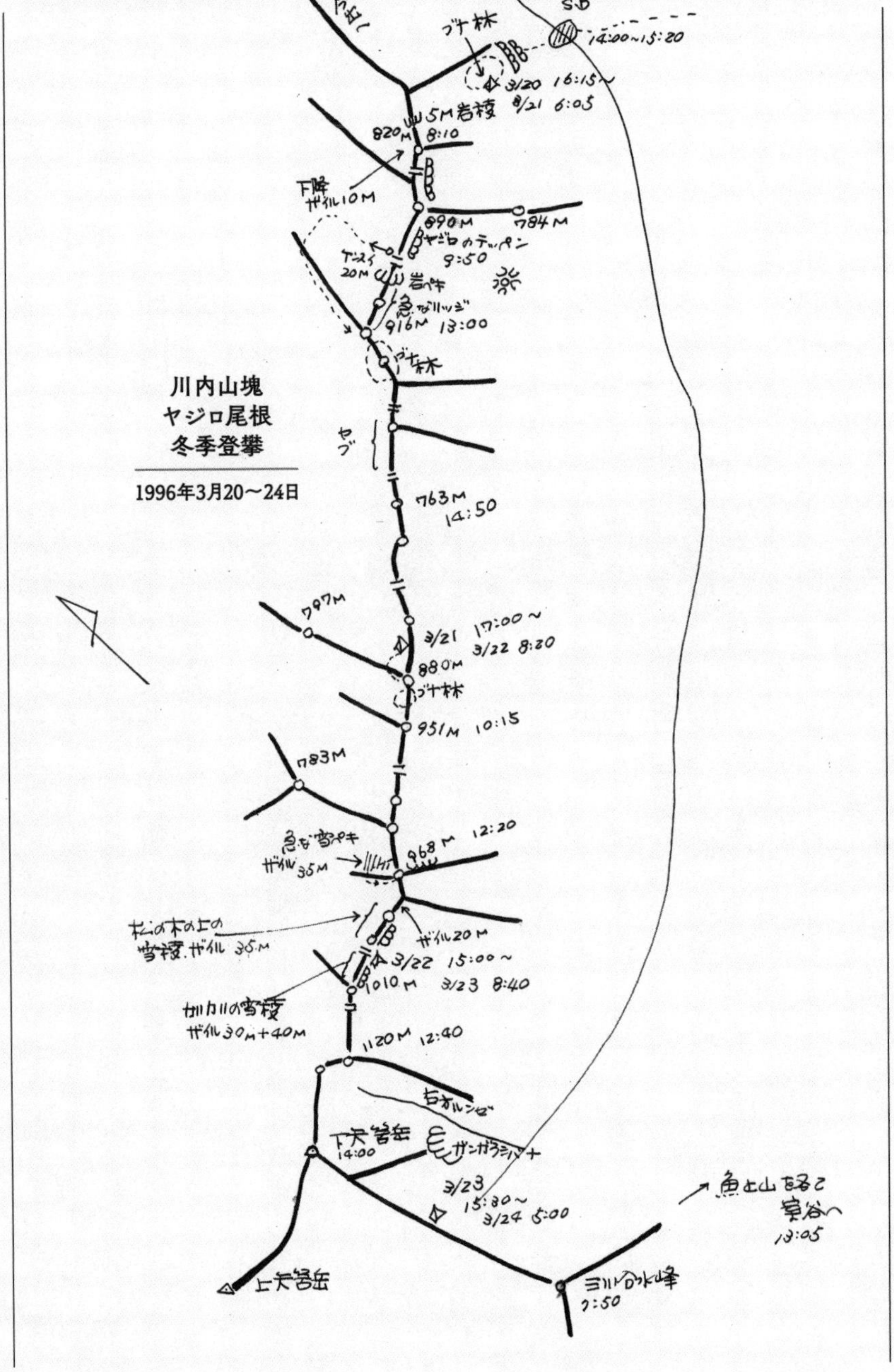

川内山塊
ヤジロ尾根
冬季登攀

1996年3月20～24日

コラム⑤

沢で繋ぐ奥利根から川内・下田

あまり古い話をしたくはないと思いながら、本書に掲載した渓の遡行記録もかなり古い。思えば私も若かった。所属する山岳会の二十周年創立記念に際し、それまで地域研究で親しんだ山域を沢の継続で繋ぐのはどうか、という形で発案された。

もちろんリレー遡下降行を許してくれるほど楽な山域ではない。会の山行を主軸として個人山行で繋ぎ、結果として最終的に一本のラインで結ぶことでよしとした。

奥利根、会越国境、川内・下田山塊が主要な山域で、これに越後と毛猛《けもう》連山を加えた六山域になった。奥利根本流遡行と早出川本流下降を主軸に据えて、イベント成功の大集合を早出川ダムに設定。これを一シーズンで行なうのである。

残雪の多い年で不安定な雪渓に悩まされ、夏から秋は台風の当たり年で週末ごとの来襲に頭を抱えた。

述べ日数六十七日で、述べ人数二八〇人。現役OB合わせて三十人足らずの弱小山岳会としては破格の稼働率だった。

南会津の只見《ただみ》川左岸流域は、奥利根をめざすかたわら訪れたサブ山域で、のびやかで明るく、奥利根や越後、毛猛、さらに川内・下田山塊と気の抜けない山域のただ中にあって、浅草《あさくさ》岳から叶津につづく珠玉の渓たちは、いっとき目的を忘れさせるほど遊ばせ、包みこんでくれたのであった。

奥利根や越後、川内・下田を知る遡行者なら追えると思うが、ラインの概略を紹介しておきたい。

　奥利根本流を遡行して大水上山《おおみなかみ》に立ち、北ノ又川を遡行で結ぶ。銀山《ぎんざん》平から未丈《みじょう》ヶ岳を経て黒又《くろまた》川。毛猛山を越えて末沢《すえざわ》川に下り、浅草岳から叶津川に繋げ、五兵衛小屋跡で下田山塊に入る。

　砥沢の吉原沢から大川の小又沢に越え、大川上流で矢筈岳に立って川内山塊へ。割岩沢右岸尾根を下り、今出から早出川本流を泳ぎ下って、早出川ダムで完結するという長大なラインであった。

早出川ダムのかたわらで行なった創立二十周年記念山行フィナーレの宴会

南会津

東京都の四倍に匹敵する広大な面積に
わずか二万三千人が暮らす過疎の山里。
その中央に位置する深い森の
密やかな息吹にいざなわれて南会津を旅した。
歩むたびに遠ざかる文明の光を背に
歩むほど近づき包まれる原生の輝き。
森閑と静まり返る漆黒の闇を照らして
焚き火が燃えさかる悠久の記憶。

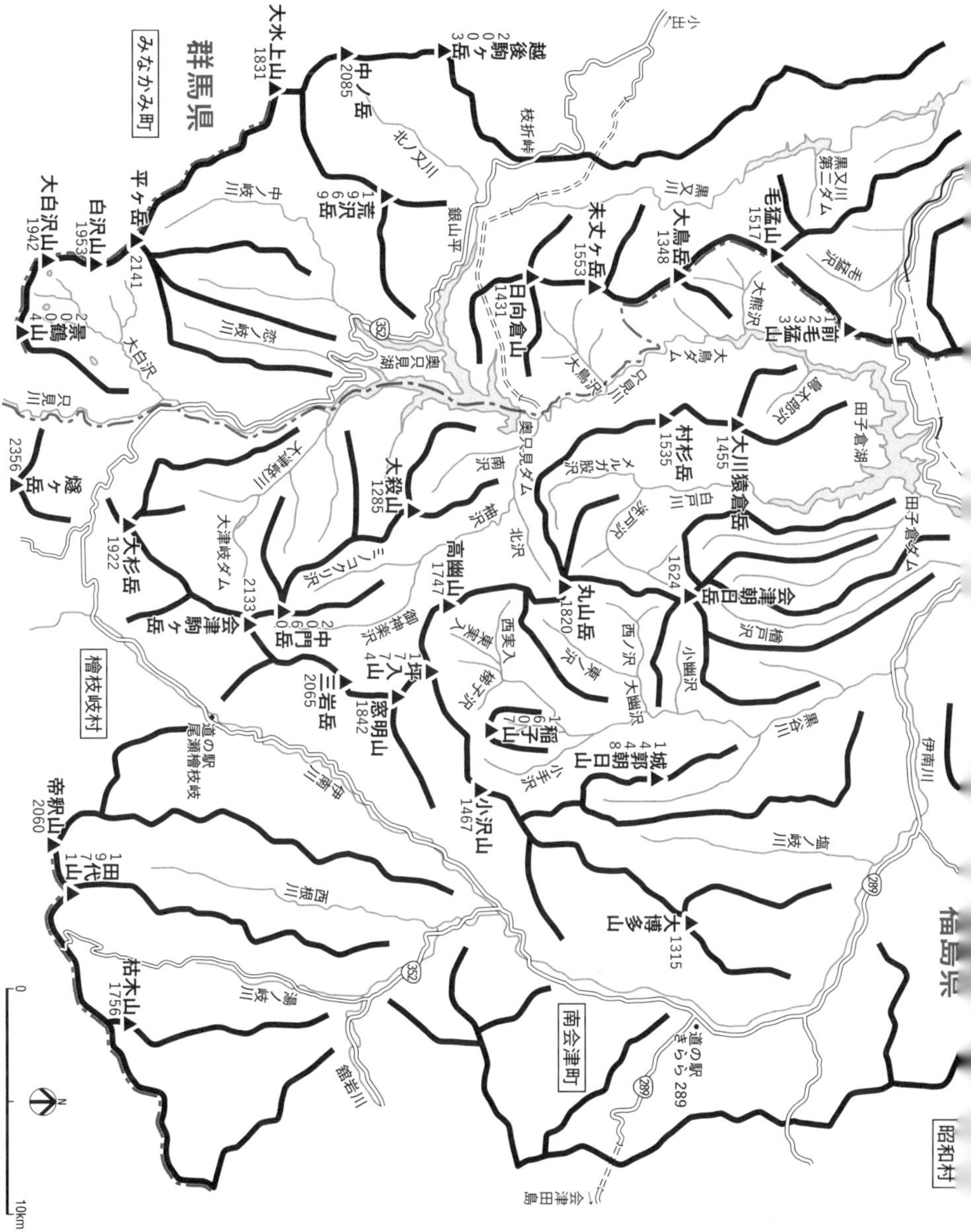
群馬県
みなかみ町
福島県
檜枝岐村
南会津町
昭和村
越後駒ヶ岳 2003
中ノ岳 2085
大水上山 1831
平ヶ岳 2141
白沢山 1953
大白沢山 1942
景鶴山 2004
荒沢岳 1969
燧ヶ岳 2356
大杉岳 1922
会津駒ヶ岳 2133
中門岳 2060
三岩岳 2065
窓明山 1842
坪入山 1774
高幽山 1747
丸山岳 1820
稲子山 1607
城郭朝日山 1448
小沢山 1467
大博多山 1315
帝釈山 2060
田代山 1971
枯木山 1756
会津朝日岳 1624
大川猿倉岳 1455
村杉岳 1535
日向倉山 1431
未丈ヶ岳 1553
大鳥岳 1348
毛猛山 1517
前毛猛山 1233
枝折峠
銀山平
奥只見湖
奥只見ダム
大鳥ダム
黒又川第二ダム
田子倉湖
田子倉ダム
大津岐ダム
只見川
伊南川
舘岩川
北ノ又川
中ノ岐川
恋ノ岐川
大白沢
西根川
湯ノ岐川
塩ノ岐川
白戸川
道の駅 尾瀬檜枝岐
道の駅 きらら289
会津田島
352
289
0
10km

南会津とは

――南会津に親しむようになってから、どれほどの歳月が流れただろう。たおやかな渓の流れと深い森のそこかしこに漂う、密やかな息吹にも似た里びとの痕跡にいざなわれて、さすらうように南会津を旅してきた。

ある特定の山岳は、ただ無機質にそこに存在するわけではない。緯度や経度やそのほかの、あらゆる要因によって決定された山容があり、森があり、川が流れ、花が咲く。

その山麓に人が住み、民俗や信仰が生まれ、山と人が不可分な存在して共生してきた。それを風土と呼んでもいい。

できることなら学問としてではない、さまざまな要因の縒《よ》り合わさった生活空間としての風土を、山を見据える私たちの背後にひっそりと横たえてみたい。

そんな私たちの前に、南会津はまことに鮮やかに発光してみせた。その深さ、その潔さ、悠久の時を刻んだ山波の連なりと、山稜に見え隠れするいにしえびとの輝きの跡。

時あたかもこの時代。高みをめざすのが、われら山に遊ぶものたちのゆるぎない性とは言いながら、そろそろ山頂の呪縛から解放されてみたいのだ。

南会津の深く広大な山岳空間は、そんな私たちの欲望を十全に受け入れてなお、泰然として身じろぎもしない。

それは南会津の、きわめて稀な個性によるのだろう。記憶の底に沈んでしまった遺伝子を揺り動かされるような、切ないほどの滅びゆく個性である。人と自然のあいだに居座ってしまった、文明という名の夾雑物が介在してくるはるか以前の、懐かしい時代の匂いと温もりが南会津にはある――。

「ロマネスク南会津」と題して、山岳雑誌『岳人』（一九九九年十月号）に寄せたエッセイの断片である。

南会津は、それまでの奥利根や川内・下田山塊のように、山域を丸ごと切り取って全貌を解明する対象とは異なって、山と里が滑らかに混在する原郷であった。

奥利根と川内・下田の解明に、夏の長期休暇のすべてを投入するかたわら、折を見つけては南会津の原生の森を旅した。それは安らぎであり郷愁であった。

川内・下田の解明が終盤を迎え、次なる目標を求める私たちの前に横たわっていたのが南会津だが、ふるさとのごとき南会津の山々は、徒党を組んで駆け抜けるのではなく、ゆったりと風のように旅する対象であった。それでも、あの広大な山岳空間のどこかに、私たちの活動にふさわしい流域があるはずだ。その直感を信じて、綿密な調査の末に見つけ出したのが、ダムに閉ざされた白戸《しろと》川であった。

「南会津の山々」という概念は、実は確定されたものではない。広義でいう南会津の山々は、磐梯《ばんだい》山、吾妻《あづま》連峰などの北会津の山々に対向する概念で、狭義には南会津郡とその周辺の山々ということになる。

市川学園山岳ＯＢ会の佐藤勉《さとうつとむ》氏が、著書『我が南会津』（現代旅行研究所／一九八五年）で述べている広義の南会津の山々の概念は次のようになる。

（一）猪苗代《いなわしろ》湖南岸山地
（二）那須《なす》山地
（三）男鹿《おじか》山地
（四）帝釈《たいしゃく》山地
（五）尾瀬山地
（六）北ノ又流域山地
（七）岩越《がんえつ》国境山地
（八）駒《こま》・朝日《あさひ》山地
（九）駒止《こまどめ》高原山地

上記に含まれる狭義の南会津郡、すなわち南会津町、只見《ただみ》町、下郷《しもごう》町、檜枝岐《ひのえまた》村の四町村の総面積が二三四一キロ平方メートル。東京都のほぼ四倍に匹敵する広大な山野に、わずか二万三千人（二〇二二年現在）が暮らしている過疎地域で、無人地帯は深く、かつ広い。

東は栃木県と隣接する男鹿山地から帝釈山地を経て、尾瀬を有する西端の檜枝岐村までと広範で、そこから北上し、只見川を県境として川内・下田山塊と隣り合いながら、遠く金山《かなやま》町の本名御神楽《ほんなみかぐら》近くにまで至るのである。

南会津の山々はそれぞれに奥深いが、その筆頭に挙げるなら、会津駒ヶ岳（駒ヶ岳）から会津朝日岳を結ぶ（八）の駒・朝日山地（山群）ということになる。主要な山岳は、会津駒ヶ岳、三岩《みついわ》岳、窓明《まどあけ》山、坪入《つぼいり》山、高幽《こうゆう》山、丸山《まるやま》岳、会津朝日岳。なかでも特筆すべきは黒谷《くろたに》川流域で、千古斧鉞《せんこふえつ》を知らぬ幽玄な奥深さを秘めている。『我が南会津』に触発されてこのかた、私もまた、黒谷《くろたに》川の原生の未開に魅かれて分け入ってきた。前述した白戸川は、黒谷川と湿原の山、丸山岳に代表される駒・朝日山地に含まれる。

黒谷川は、最奥集落の倉谷から延びる黒谷林道がアプローチになる。林道の途中で小幽《こゆう》沢を右に分け、少し先で大幽《おおゆう》沢を右に分ける。大幽沢は東ノ沢と西ノ沢に分かれ、どちらも丸山岳に収斂される。

本流は小手《こて》沢や稲子《いなこ》沢を分け、崩《くずれ》ノ滝と岩幽《いわゆう》を経ていったん開け、梯子《はしご》沢を分けて東・西実《うみ》入《いり》の出合に達する。本流は西実入で、さほどの難しさもないままに高幽山に導かれていく。

話を大幽沢に戻す。大幽西ノ沢の左岸に連なるのは、丸山岳から会津朝日岳に至る稜線で、白戸川流域との分水嶺になっている。

ダムに閉ざされた白戸川は、本流のメルガ股沢と支流の洗戸《あらいど》沢に大別されるが、洗戸沢は奥壁を展開させて会津朝日岳に向かって立ち上がり、メルガ股沢は袖《そで》沢の北沢とともに丸山岳への有力な登路になっている。洗戸沢、メルガ股沢ともに、それなりに歩かれてはいるのだが、その支流となると、佐藤勉氏らの「市川学園山岳OB会」の足跡を嚆矢《こうし》として「郡山《こおりやま》山岳会」や「会津山岳会」がつづき、その数十年後に流域を探った私たちのほかは、ほとんど遡行されていないように思われる。

田子倉《たごくら》湖を二分するように突き出した尾根は、のちに村杉《むらすぎ》半島と呼ばれるようになる尾根で、左右どちらも険阻な沢を抱えているのだが、只見川本流の湖面から白戸川に抜ける形で宿《しゅく》ノ沢と島太郎《しまたろう》沢の二本を遡行した。どちらも船でなければ取り付けない沢で、険悪な渓であった。

ダムに沈んだ只見川左岸は、未丈《みじょう》ヶ岳から毛《け》猛《もう》連山に至る山波で、このうちの主要な沢を遡下降している。

白戸川の南に袖沢が流れている。南会津の南西端ともいうべき流域で、左岸にある大殺《だいさつ》山という不穏な山名に魅かれて集中遡行を行ない、ささやかな解明を試みた。

白戸川を閉ざしている田子倉ダムの左岸には浅草岳《あさくさ》があり、そこから北方につづく低い山波がある。北の本名御神楽に至る稜線で、南会津の西端に位置し、川内・下田山塊と軒を接している。佐藤勉氏の分類によれば（七）岩越国境山地に該当し、主要な山岳は、未丈ヶ岳、大鳥《おおとり》岳、浅草岳、毛猛山、守門《すもん》岳、中《なか》ノ又《また》山、貉《むじな》ヶ森《もり》山、本名御神楽などの一部が該当する。

この流域を俯瞰すると只見川の中流を構成するところから、私たちは「只見川中流左岸流域」と名付け、奥利根の山々に分け入るかたわら、手軽に通える山域として位置付けた。すなわち地域研究のような集中遡行ではなく、里山として日常的に親しんだのであった。

また、この流域は部分的に南会津と隣接する大沼郡金山町が含まれるが、浅草岳から本名御神楽までの只見川中流という概念で括らせてもらった。

加えて遠く離れるが、帝釈山地の枯木《かれき》山や奥《おく》鬼怒《きぬ》の黒岩山《くろいわ》でも集中遡行を行なっている。山里からさほど離れていないが、福島と栃木、あるいは群馬県をも交えて横たわるこの山々も、道なき南会津の山々の重厚な一角なのであった。

　以上、私たちの足跡をもとに、雑駁《ざっぱく》ながら南会津の概説を述べた。

　広大な南会津の山々からすれば虫食いのようなものだが、本書で取り上げなかった他の地域も、インターネットの時代ならば、たやすく遡行記録を調べられるはずである。調べたうえで分け入るか、資料を見ずに分け入るかの選択も自在で、情報過多の現在ならば、アプローチ以外の核心部を、情報を得ないで遡行してみるのも新鮮な感動を得られるはずである。

思いがけない秋の渓の恵みを手にして、満面の笑みを浮かべる

黒谷川流域

只見町朝日地区で伊南《いな》川に注ぐ黒谷川左岸の道は、国道二八九号から数キロ入ると二分され、右は会津朝日岳の登山口に通じ、左は橋を渡って倉谷集落の外れで黒谷林道に接している。

林道は黒谷川の右岸を数キロ進み、大幽沢を分けた後、右に渡り左に渡りして、小手沢のはるか上流まで延びていた。長く黒谷川本支流のアプローチとして使われた林道が寸断されたのが、東日本大震災のあった二〇一一年の七月二十七日から三十日にかけて発生した新潟・福島豪雨であった。

多くの家屋が流失し、伊南川に架かる小川橋が橋桁ごと流され、只見川本流の鉄橋も吹き飛ばされて、JR只見線は長きにわたって一部運休を余儀なくされた(二〇二二年十月に全線復旧)。当然のように黒谷川も無傷ではいられなかった。

それまでは林道の入り口にゲートが設けられ、未明にやってくる釣りびとに入漁券を販売していた。釣りびとが来なくなる朝八時にゲートが開けられ、夜八時には閉められたため、そのことを知っていなければ帰れなくなる怖れがあった。

そのゲートも水害で撤去され、通行は自由になったが、林道は寸断されたままだった。近年ようやく小幽沢まで復旧されたが、以奥の林道は荒れたままで、どうやら放置する構えのようなのだ。したがって本稿は現状の林道に沿って書き進めることにする。

黒谷川本流西実入(西実沢) 一日半

小幽沢の出合に車を停めて歩き出す。一キロほど先で林道が崩壊していて、その手前から渓に下りて本流を進む。やがて青い橋が見えてくると大幽沢が右から出合う。さらに平流を五〇〇メートルも進むと橋が横切り、その先で一九九四年に完成したゴムダム(※註)に行きあたる。

ダムを越えると水は一気に増えるが、平流は変わらない。橋をもうひとつくぐると小手沢は近い。以前の林道はその先の稲子沢中流まで延びていた。稲子沢からは本流の右岸に沿って踏み跡が使えたが、いまでは探すのも難しい。

流れは淡々とつづき、やがて巨岩帯の崩ノ滝に出合い、左に岩幽を見る。岩幽の向こうは闊達な川原で、右からモチツボ沢の細流が合わさる。

この原稿を書いている十日ほど前の二〇二二年九月中旬、私はこの川原まで遡った。特に目当ての沢があったわけではない。古い記憶にある崩ノ滝と岩幽を確認しておきたかったのである。地形図にある崩ノ滝と岩幽の位置は、いまでも正確ではない。

その結果判明したのは、地形図の崩ノ滝を、いまの位置より二〇〇メートル上流の標高八五〇メートルに上げ、左岸に記されている岩幽を、滝上のすぐ右岸に移動すればいいということ。

記憶にある崩ノ滝は、滝状の岩の積み重ねだと思っていたが、確認できないまま巨岩帯に入り、パズルを解くように越えたら左に岩幽があった。そこで初めて巨岩帯そのものが崩ノ滝だったと思い出す。

岩幽は、昔日と寸分変わらなかった。当時は焚き火の跡があり、天井に煤が付着していたが、いまではその煤も消え、使われている痕跡はどこにもなかった。ただ当時のまま、天井に意味不明な朱色の文字が鮮明に記されていた。

初めて岩幽を目にしたときは鮮烈な印象であった。林道のない時代、杣道《そま》を歩けばようやく一日行程で、ここを根城に猟師たちは周辺の山々を歩いたらしい。

しかし私は異なる印象をもった。山麓の里びととまったく異なる山の民の棲み処に思えたのである。たとえていうなら、柳田國男の『遠野物語』（大和書房／一九七二年）の世界である。柳田はその初版序文にこう書いた。

——国内の山村にして遠野より更に物深き所には又無数の山神山人の伝説あるべし。願わくは之を語りて平地人を戦慄せしめよ——

そう思いなしてしまえば太古の昔、この岩幽に山の民が棲んでいたとしても不思議はないのであった。

これまで数多くの岩幽を見、あるいは利用してきたが、山の民にまで思いが及んだのは、黒谷の岩幽のほかないのである。

下流の沢の細部にまで伐採のための林道が触手を伸ばしたが、幸いにして岩幽までは届かなかった。岩幽のある深い森には不伐の原生があった。その森と出会える幸福を、素直に喜びたい。

川原の右岸はサワグルミの純林で、川原が尽きると左から梯子沢が入り、すぐに同じく左からスギゾネ沢を入れ、しばらく進むと東・西実入の出合になる、周辺はおだやかな川原で、幕場適地が点在する。

さて、地形図では東実沢、西実沢と記してあるが、佐藤勉氏が地元で得た情報によれば、「実」は「うみ」で、海は上流に堰止湖の存在があったからとしている。その海から流れ出た沢を「入」と称した。したがって、ここでは東実入「ひがしうみいり」、西実入「にしうみいり」として話を進める。

東・西実入の水量比はほぼ同じで、沢床の高さの違いで西実入を本流と見なす。西実入は、出合から標高差八〇〇メートルを遡る梵天《ぼんてん》岳一帯を水源とするが、私は西実入を忠実に遡っていない。中間点に近い地形図の一一五一メートル付近の支流から高幽山に立ったからである。

高幽山の山頂にある小さな湿原を、まんまと見つけたが、山頂付近は凄まじい藪であった。

その後、西実入を遡行した仲間によれば、一一五一メートルの上は小滝ばかりと確認されている。

本稿を執筆した契機に、いまだ歩いていない西実入の上半部から、おそらく大滝もないままに梵天岳の肩に立ち、大幽東ノ沢に繋げる沢旅を、老骨に鞭打ってたどれないものかと思いはじめている。

※註　当時、世界最大のゴム堰ダムとして稼働した。取水した水は大幽沢のゴムダムを経て約八キロのトンネルで運ばれ、黒谷発電所に導水されている。

梯子沢　八時間三十分

上・下梯子沢出合までは平凡。そこから一時間弱でふたたび一対一の二俣で、この二俣を右に進んだのは、坪入山に立って東実入（東実沢）に繋げたかったからだ。

沢はここから二〜五メートルの滝場がつづくが、難しくはない。この連続する滝の様子から梯子沢の名前が付いたと聞く。

奥の二俣を左に進み、水が涸れてから二時間の猛烈な藪漕ぎの末に坪入山に立った。

東実入（東実沢）東俣下降　四時間

坪入山から一七五四ピークまでは、かすかな踏み跡が残るが、藪は低く展望がよい。

一七五四ピークを越えて東実入東俣を下降。水流まで三十分を要する。中流まではナメ滝が多く、下流も滝がつづくが、高巻きでかわして問題はない。西俣を合わせると、西実入（西実沢）までは平流だが、出合までは泊まり場がない。

大幽東ノ沢　一日半（丸山岳まで）

大幽東ノ沢は湿原の山で、「マイナー12名山」（一一〇ページ）にも選ばれた丸山岳に端を発するがゆえに、黒谷川流域でもっとも人気のある沢である。ただ水害でアプローチが長くなり、丸山岳をめざす遡行者もめっきり減った。

出合の橋は水害以降使えず、ゴムダムまでの作業道も崩壊して、道探しに苦労するより沢を歩いたほうが早い。ゴムダムの先も西ノ沢まで踏み跡があったが、いまでは歩けない。

西ノ沢を分けて東ノ沢に入るとサワグルミの森になり、サブウリのゴルジュまで川原歩きがつづく。

サブウリの語源は不明だが、ゴルジュの中間から左岸に上がると窪《くぼ》ノ沢まで高巻く踏み跡がある。サブウリのゴルジュをそのまま進むと小滝が現われ、泳ぎを強いられるが、水が少なければ楽に越えられる。

窪ノ沢出合の左上に小さな幕場がある。ここからヨシノ沢と名を変えて、二俣までは平凡。途中に腰から胸まで浸かって越える滝があるが、以前は倒木が掛かっていて、楽に越えられた。数少ないが左岸に何カ所か幕場が得られ、丸山岳往復の基地になる。

二俣を右に入ると傾斜が増し、滝を連ねて高度を上げるが、快適な滝群である。上部のルンゼを左に進むと稜線の小さな湿原に出て、古い道形が現われるが、このルンゼを見落とすとかなりの藪漕ぎを強いられる。

道形に従って藪を漕ぎ、小さなピークに立つと、前方に丸山岳の山頂が見えてくる。草原と藪の境目を進み、ひと登りで山頂の湿原に出る。

なお湿原を貫く道は、一九七七年に会津朝日岳から丸山岳まで開かれた測量道の痕跡である。

大幽東ノ沢窪ノ沢　十一時間

窪ノ沢の由来は、読んで字のごとくだろうが、本来は沢の中で合流するために沢中合《さわなかごう》とも呼ばれる。地元では、沢を後ろに付けて中合沢と読んでいるが、意味は同じである。

窪ノ沢は東ノ沢に比べて、かなり悪い。遡行したパーティは釣りで時間を浪費したのと、つめを誤って藪漕ぎに嵌まったために沢で二泊しているが、私見では出合の幕場をベースにして軽装で遡れば、つめを間違えないかぎり一日で山頂を踏んで東ノ沢を下降できそうである。ただ、うまく藪を避けて尾根に出ても藪がつづくため、いったん西ノ沢源頭の丸山朝日沢に下って遡り返したほうが楽であろう。

窪ノ沢はゴルジュの渓で、五～一〇メートルの滝が連続し、高巻きとシャワークライムを多用している。大滝は中間部に二十二メートルと上部の多段一五メートル滝があるが、どちらも問題なく登れる。

大幽西ノ沢　九時間（丸山岳まで）

西ノ沢は以前から険谷で知られてきた。そのため戦々恐々として入渓したのだが、秋の遡行を存分に楽しめたのは意外であり、うれしい誤算であった。

つまり西ノ沢を悪絶たらしめたのは雪渓だったのである。明るいゴルジュとはいえ、むしろ大滝がないゆえに、ゴルジュに詰めこまれた雪渓が、思わぬ険悪をもたらすということだろう。

もちろんゴボウ（※註）あり、懸垂下降あり、泥壁の登りありと、それなりに難しいのだが、大滝がなく、どの滝もどうにか登れる。ただ幕場は少なく、連瀑帯の手前右岸と二俣手前左岸の二カ所のみ。

流木で埋まった滝が多いのには閉口したが、これは雪崩によるもので、いわばこの沢の宿命のようにも思われる。二俣から左の丸山朝日沢に入るが、一〇メートル滝を数本交え、数えきれないほど滝がつづく。ちなみに、標高差五〇〇メートルあまりの丸山朝日沢の遡行には四時間を費やした。つめ上がったのは、山頂のすぐそばの南東のコルであった。

※註　ゴボウを引き抜くような体勢で灌木（またはザイル）をつかみ、力任せに体を持ち上げる沢登りならではの技術。

大幽西ノ沢丸山朝日沢　六時間三十分

険悪で鳴る西ノ沢の中間部から、会津朝日岳から丸山岳間の稜線の鋸刃に突き上げる沢である。

滝を三つほど越えた後の一〇メートル滝は右壁バンドから滝上に抜ける。いくつか現われる滝を慎重に登って奥の二俣で泊まり、藪を漕いで一時間後、鋸刃下の鞍部を越えて小幽沢に下降する。

小幽沢　六時間

手もとの遡行図には小幽沢の林道がない。それほど古い遡行だったということになるが、滝のない下流部なので問題はない。その後、拓かれた林道は出合から先一キロで終わっている。

大幽山から落ちてくる向猿倉沢《むかいさるくら》までは、大岩の堆積を経て小滝がひとつ。向猿倉沢の先も広い渓がつづく。右に樋ノ口沢を分けても平流がしばらく続く。

最奥は本流の朝日沢と大持場沢の二俣となる。地形図の小餅葉沢は誤りと思われるが、「餅葉」は「持場」の転訛だろうか。大持場沢は小滝がいくつかつづいてナメになり、奥の二俣から三メートル滝がひとつ。ガレ沢を登ると避難小屋手前の登山道に出る。

小幽沢は難しい部分はなにもなく、いかにも昔、会津朝日岳に立つための登路に使われた沢にふさわしいやさしさだった。なお、会津朝日岳山頂に直接突き上げる朝日沢は未見である

黒谷川流域

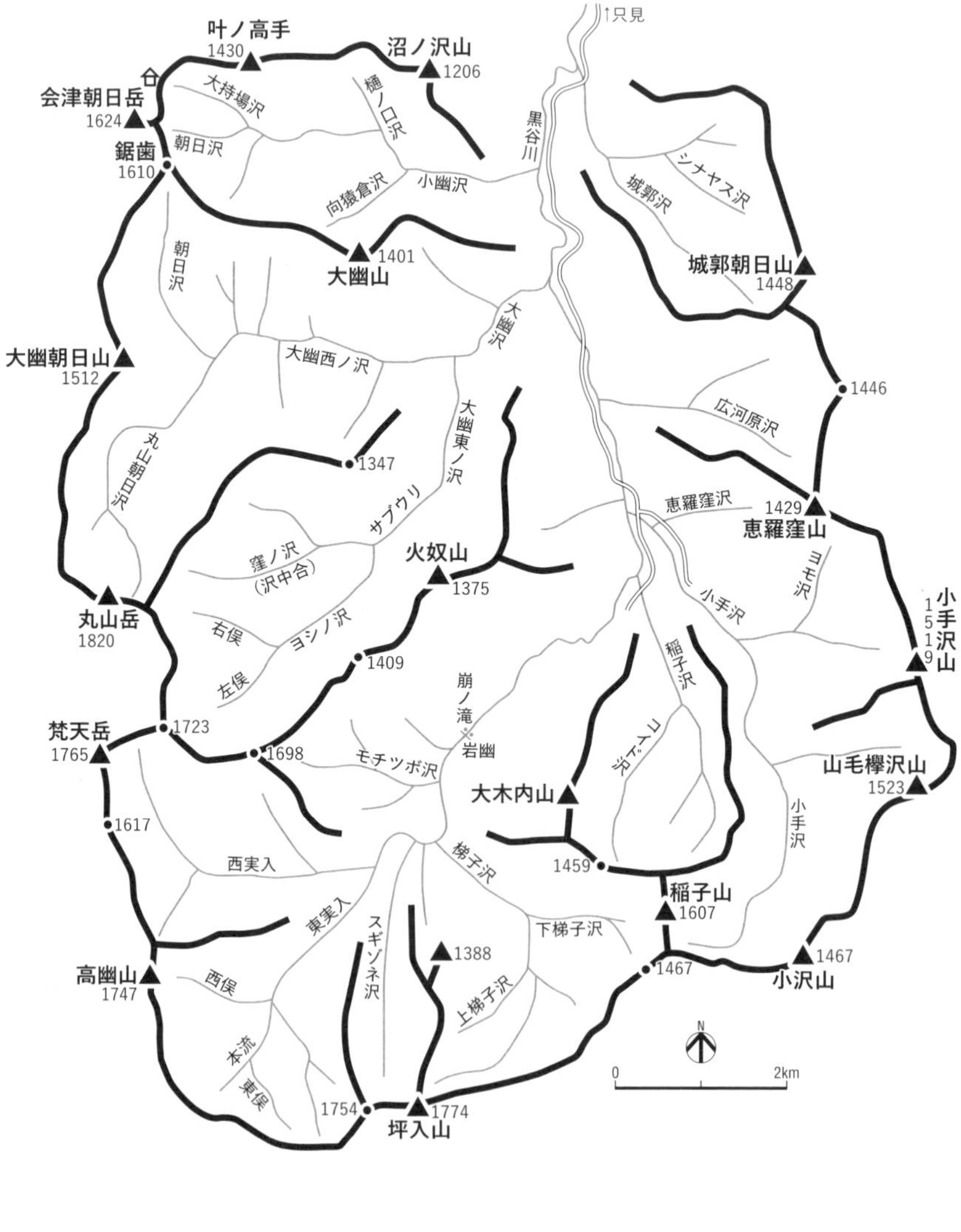
↑只見
叶ノ高手
1430
沼ノ沢山
1206
会津朝日岳
1624
大持場沢
樋ノ口沢
黒谷川
鋸歯
1610
朝日沢
向猿倉沢
小幽沢
シナヤス沢
城郭沢
朝日沢
1401
大幽山
城郭朝日山
1448
大幽沢
大幽朝日山
1512
大幽西ノ沢
1446
広河原沢
丸山朝日沢
1347
大幽東ノ沢
サブウリ
恵羅窪沢
1429
恵羅窪山
ヨモ沢
窪ノ沢
（沢中合）
火奴山
1375
小手沢
丸山岳
1820
右俣
ヨシノ沢
左俣
1409
稲子沢
小手沢山
1519
崩ノ滝
コイド沢
梵天岳
1765
1723
岩幽
1698
モチツボ沢
山毛欅沢山
1523
大木内山
小手沢
1617
1459
西実入
梯子沢
稲子山
1607
東実入
スギゾネ沢
1388
下梯子沢
1467
1467
小沢山
高幽山
1747
西俣
上梯子沢
本流
東俣
0
2km
1754
1774
坪入山

白戸川流域

白戸川本流下部　五時間（洗戸沢出合まで）

大河只見川を堰き止める形で田子倉ダムが完成したのは一九六〇年である。このダムの物資を運ぶために会津川口まで只見線を延伸し、さらに建設現地まで専用鉄道が敷設された。

ダムの湖底には、秋田マタギの伝承を有する田子倉の集落があったが、ダムの完成後、付け替え道も拓かれないまま原生の森に沈んだ。

白戸川は田子倉集落の背後で只見川に注ぐ一大支流であった。その白戸川に沿って一条の道が延び、はるか上流のメルガ股沢で尾根を越え、新潟の銀山《ぎんざん》平と結ばれていた。その道が、山深い銀山平へ物資を運び、銀山で働く人びとの慰安のための芸人や遊女が歩いたとする説があるが、定かではない。

白戸川は奥利根に負けずとも劣らない無人地帯だと言ったのは、地元の福島で暮らす私の仲間だが、それは正しい。過ぎし日、船で渡ってゼンマイを採んでいた地元の人びととの晴朗な笑い声が絶え、熊撃ちたちの勇壮な姿もいまでは見られなくなった。

無人の山野が開発の波から逃れたのは歓迎すべきだが、といって山里の人びとまでが山に背を向けるのは寂しいものだ。いまや田子倉湖の無人の奥山に入るのは、少数の登山者や釣りびとだけなのである。

白戸川への入渓手段は、山越え以外は渡船しかない。文次《ぶんじ》沢付近で船を下りると仕事道がつづき、大塚小屋に至って、小屋の裏手に冷たい湧水があった。

道は終始右岸で、抱返りの屈曲を越えて藤倉沢出合の正也《まさや》小屋の先の上五《かみご》沢（上小沢）付近まで延びていた。すべて過去形なのは道の保全もされず、いまでは藪に覆われて、たどることさえ難しくなっているからである。

大塚小屋も正也小屋もゼンマイ小屋で、只見に住む大塚正也の所有だった。近年まで開放され、だれでも自由に使えたが、老朽して畳まれてしまった。

上五沢から川原になって、一時間で洗戸沢に至る。船を下りてから五時間と記したが、道をたどれない現在、もっとかかるかもしれない。

白戸川本流メルガ股沢　一日（丸山岳まで）

メルガ股沢を白戸川本流とするのは、標高に勝る丸山岳を源頭とするためで、また『日本登山大系』で八〜十時間とされている遡行時間をおおむね一日

白戸川流域

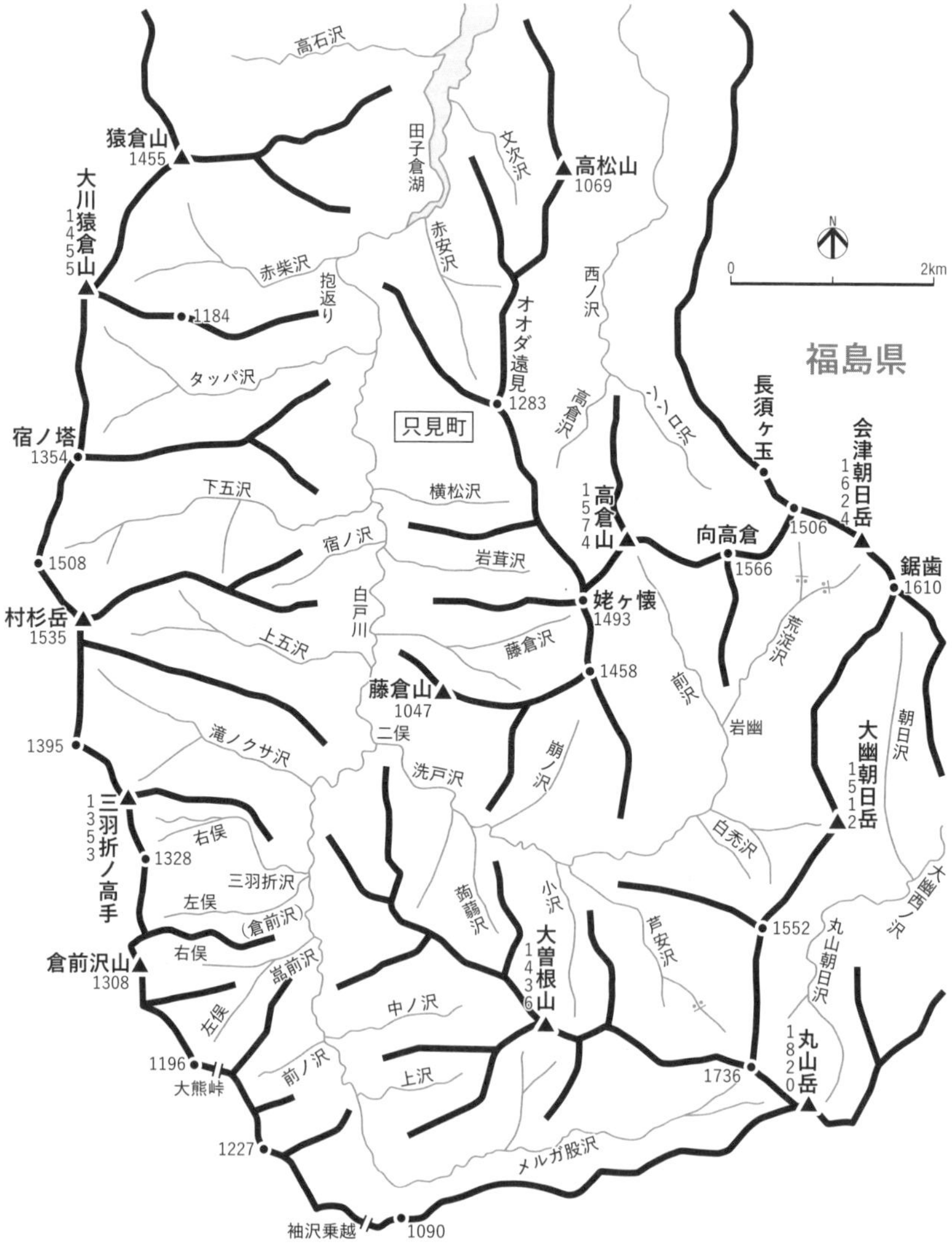
高石沢
田子倉湖
文次沢
高松山
1069
猿倉山
1455
大川猿倉山
1455
赤安沢
赤柴沢
抱返り
1184
オオダ遠見
1283
西ノ沢
N
0
2km
福島県
タッパ沢
高倉沢
ソソロ沢
長須ヶ玉
会津朝日岳
1624
只見町
宿ノ塔
1354
下五沢
横松沢
高倉山
1574
向高倉
1506
1566
1508
宿ノ沢
岩茸沢
鋸歯
1610
白戸川
姥ヶ懐
1493
荒沢
村杉岳
1535
上五沢
藤倉沢
1458
藤倉山
1047
前沢
朝日沢
岩幽
二俣
大幽朝日岳
1512
1395
滝ノクサ沢
崩ノ沢
洗戸沢
白禿沢
三羽折ノ高手
1353
1328
右俣
三羽折沢
左俣
(倉前沢)
蒟蒻沢
小沢
大曽根山
1436
芦安沢
1552
大幽西ノ沢
丸山朝日沢
倉前沢山
1308
右俣
嵓前沢
中ノ沢
左俣
丸山岳
1820
1196
大熊峠
前ノ沢
上沢
1736
1227
メルガ股沢
袖沢乗越
1090

としたのは、緊急事態を除いて山頂湿原に泊まってほしくないからだ。大幽東ノ沢か、袖沢の北沢か、あるいは丸山岳まで軽装でピストンして袖沢乗越を経る以外に下山路がなく、どちらもかなり下がらなければ幕場が得られない。一日というのは幕場を探す判断のための時間的な目安である。

洗戸沢までつづいた川原が、メルガ股沢に入ると一転して狭くなる。出合の左岸に格好の幕場があるが、そこで泊まってしまうと、泊まり場のない山頂で窮地に立たされる。

したがって、さらに進んでおきたいが、メルガ股沢にも泊まり場が少ない。中沢（中ノ沢）が左から入る出合の右岸に、かつて甚右衛門《じんえもん》小屋があったので、幕場に使えるかもしれない。あとは袖沢乗越に至る小沢を過ぎてしばらく進んだ三角点沢の手前の右岸支流に幕場がある。それ以外にも、少人数なら使える場所が何カ所か見いだせるだろう。

渓は狭いが、滝は小滝をべつにすればひとつだけ。三羽折《さんばおり》沢出合の上で四メートルの白滝を右から高巻けば、あとはなにもない。袖沢乗越への支流を過ぎると沢は大きく左曲する。三角点沢を過ぎ、左に平沢を分けると傾斜を増して滝がつづくが、難しいものはない。水が消えると藪になり、丸山岳の西の肩に出る。湿原の点在する山頂は目前である。

白戸川本流下部の沢

タッパ沢右俣　八時間

ほかの流域は上部から紹介してきたが、メルガ股沢以外の白戸川は解説のしやすさから、左岸の下流から順に紹介する。ただし遡行の継続で、順序が異なることもある。

船を下りて昼前に到着し、タッパ沢上流の日向倉《ひなたぐら》左岸にベースを構え、準備をしてタッパ沢に入る。ゴルジュというわけではないが滝が多い。釜は胸まで浸かって通過。四メートルほどの滝が連続する。二条一〇メートル滝を左から巻き、三段一〇メートル滝を越え、両岸岩壁になった二メートルのチョックストーン滝の釜を泳ぎ、そのまま四メートルのナメ状滝と四メートル滝を越えると同水量の二俣で、これを右に入る。

五メートル滝を泳いで取り付き、その上の小さな平地で時間切れ。深夜の増水に遭って高台に逃れる。

滝は変わらずつづき、六メートル滝は手前右岸に懸かる二段一〇メートル、五メートル滝ごと高巻くと奥の二俣。これを赤柴沢へのコル（大川猿倉山から東側、一五〇〇メートル付近）をめざして右を遡る。右、右と進み、ほとんど藪漕ぎなしでコルに立つ。

タッパ沢左俣下降　七時間

タッパ沢は達波《たつば》沢である。達波山は大川猿倉《おおかわべいくら》山の古名で、宿《しゅく》ノ塔《とう》から下る。二俣まで懸垂下降七回。五時間を要する。さらに二俣から白戸川本流まで二時間。

赤柴沢左俣下降　七時間

タッパ沢右俣から継続する。赤柴《あかしば》沢は急峻で、「闇の底へ突き落ちるように次から次と滝が現われる」と、下降したメンバーの記録にある。

赤柴沢下降の翌日、島太郎沢バイクラ沢左俣を遡行して大川猿倉山に立ったべつのパーティも下ったが、大川猿倉山から一一五〇メートルのコルまで藪を漕いだのは、源頭のスラブを回避するよう助言したためである。

コルから藪漕ぎもなく沢に下りる。スラブ状の乾いた岩に滝がつづき、二俣までの滝の数は三十本余りで懸垂下降四回。二俣からも滝で、滑り台状の八メートル滝が最大の見せ場。これを懸垂下降すると、あとは問題なく本流に至る。

なお、赤柴沢右俣の奥壁（猿倉山南壁）は、一九七〇年六月の郡山山岳会の記録を見るのみである。

宿ノ沢下降　三時間

宿ノ沢は、下五沢（下小沢）と上五沢（上小沢）に挟まれた短い沢で、村杉岳東方の支尾根に突き上げている。滝の数は二十二。そのすべてが三〜八メートルで、中間部の八、八、六メートルの三つの滝を左右から巻いただけで、あとはクライムダウンで下った。

宿ノ沢は、反対側の只見川にもあるが、相互の因果関係は不明である。

上五沢（上小沢）　八時間（村杉岳まで）

地形図では上小沢、下小沢とあるが、上五沢、下五沢が正しい。

ベースを設営してそのまま遡行に入る。水量は乏しい。二時間ほど遡行し、目星をつけておいた傾斜の緩い地点で泊まるが、夜半の豪雨に遭う。

翌日も朝から滝がつづくが、壁がないので威圧感はない。ザイルを二度ほど使用すると湧水で水が消え、藪を漕いで村杉岳の山頂に立ち、下五沢（下小沢）に継続する。

下五沢（下小沢）左俣下降　十三時間

私はすべての支流を遡行したわけではないが、総合すると下五沢は白戸川左岸の中でもっとも険悪な沢であろう。十三時間と記したように、一日では下れなかった。だが、早朝に下降点に立てば、あるいはその日のうちにベースに戻れたかもしれない。

上五沢（上小沢）を遡行して村杉岳から昼すぎに下降を開始する。その日じゅうの帰着を決意していたが、ついに叶わなかった。

沢に下りてほどなく多段一二〇メートルの大滝に出合い、これを高巻く。一〇メートル級の滝を巻き、あるいは懸垂下降して、大岩を乗せた二〇メートルの美しい滝を懸垂下降した地点でタープを張る。連瀑帯の真っただ中である。

連瀑はさらにつづき、ひとつひとつの滝を、パズルを解くように下っていく。途中で古びたハーケンを見つける。おそらく市川学園山岳OB会が途中から引き返した地点と推測する。そのあともクライムダウンや高巻きを繰り返す。懸垂下降は計五回に及び、十五時半に白戸川に降り立った。

白戸川本流メルガ股沢の沢

三羽折沢右俣　四時間三十分（三羽折ノ高手まで）

これ以降はメルガ股沢の領域になる。洗戸沢出合から三羽折沢まで五十分。沢に入るとすぐに左俣（倉前沢）が合わさる。二俣を右に進むとゴルジュの中に滝の連続。難しいが、どの滝もおおむね登れる。最後のつめは藪漕ぎ三十分で主稜線に立ち、さらにきつい藪を三十分漕いで三羽折ノ高手に着き、滝ノクサ沢（滝ノ沢）左俣に継続する。

三羽折沢左俣（倉前沢）下降　三時間四十分

藪を漕いで下りた二俣から滝になる。七メートル滝は左岸を高巻き、三段二〇メートルチムニー滝は、右岸の岩場を中段までクライムダウンし、幅の狭いチムニーを突っ張りで左岸に渡って下る。小さな二俣を過ぎると小滝の連続で、五メートル滝は灌木に支点を取って懸垂下降。一〇メートル幅広の滝を過ぎると二メートル滝が連続し、最後のゴルジュの七メートル滝を懸垂下降で降り、つづく出口の三メートル滝も懸垂下降して右俣の出合に着く。

滝ノクサ沢（滝ノ沢）左俣下降　三時間三十分

左俣は二本の大滝がメイン。一本目は左岸の急傾斜を灌木につかまりながら下降する。二本目のほうが高巻きのラインが難しかった。あとは順調に下って本流に下りる。

滝ノクサ沢（滝ノ沢）右俣　六時間（村杉岳まで）

沢に入ってすぐ二〇メートル滝で、左から簡単に巻く。左俣を合わせると沢が開け、三〜四メートルの滝を六つほど越えると二段二〇メートル滝で、これも左から巻く。つづく小滝群を小気味よく越えて奥の二俣。すぐ二〇メートルのスラブ滝が現われ、次にこの沢唯一のゴルジュの中の六メートルのチョックストーン滝で、あとは小滝の連続を経て草原から村杉岳に立つ。

嵓前沢右俣　五時間

三羽折沢の上流左岸に注ぐ沢で（地形図の「倉前沢」より一本上流）、倉前沢山を水源とする。

沢に入り、最初の一五メートル滝を越え、つづく六メートル滝をシャワーで越えると二俣。右俣のつづく滝群はどれも快適に登る。七メートルのトイ状滝は左の岩を登るが、右から中段のテラスに立ち、飛沫を浴びて滝裏を登ってもいい。

三対二の支流を右に分け、倉前沢山に立つべく左を進む。水量の減った滝の連続をさらに登り、最後の二俣を右に入って高度を上げると水が涸れ、藪に覆われた倉前沢山の北の肩に出て、前述の三羽折沢左俣（倉前沢）に継続下降する。

なお、嵓前沢《くらまえ》左俣上部の尾根には以前、大熊峠という山越えの道があった。中ノ沢（中沢）出合の甚右衛門小屋が使った道らしい。

洗戸沢流域

洗戸沢本流荒淀沢　二日（会津朝日岳まで）

メルガ股沢と合わさる洗戸沢は、岩幽を越えると荒淀沢《あらよど》と名を変える。出合から岩幽までは格別な困難もなく、雪渓がなければ広い川原歩きで、重荷を背負っても三〜四時間をみておけばいい。

遡行時間を二日としたのは、洗戸沢の出合からではなく全行程である。田子倉湖からでも袖沢乗越からでも、岩幽までほぼ一日。さらに奥壁をどう越えるかにもよるが、山頂まで一日を要する。

岩幽は、前沢を分けた本流右岸の高台にあって、私は確認していないが、春に仲間たちが見つけている。古い時代はかたわらに石の祠があったらしい。

岩幽の奥で、私はすぐ上の左岸支流を遡って会津朝日岳に立っているが、それは奥壁の険悪を避けて稜線に逃れたからで、その奥には、私を含めて仲間のだれも踏み入ってはいない。

会津朝日岳は南北に奥壁を抱えている。北面の楢《なら》戸《と》沢の源頭にあるのが北壁で、南面の白戸川源頭に展開するのが南壁、すなわち洗戸沢本流荒淀沢奥壁ということになる。

会津朝日岳南壁の記録はほとんど見ないが、手もとに郡山山岳会の一九七九年の記録がある。

彼らは初日に岩幽に泊まっている。荒淀沢に入ってからは雪渓に苛まれ、四〇メートルの両門滝の手前から、向高倉《むこうたかくら》と一五〇六ピークの中間尾根に追い上げられ、上部の山肌をトラバースして源頭に至って稜線に抜けている。洗戸沢本流の遡行として完結しているが、奥壁の登攀としては、すっきり登ったとは言い難い。

ただ、地元の郡山山岳会に移籍した私の仲間によれば、数年後に郡山山岳会のパーティが遡行、登攀したのが初登攀のはずだと聞かされた。

近年では二〇二〇年九月、ＡＣＣ-Ｊ茨城会員の単独行の記録がある。その記録をたどれば、岩幽の先で二〇メートルと一〇メートルの両門の滝を通過するが、左の滝はすでに崩壊。郡山山岳会の視認した両門の滝と同一かは不明。

やがて二俣。左の本流に懸かる八メートルのナメ滝が登れず、中間尾根から高巻くと、遠くに三俣が見え、右に多段三〇メートルのスラブ滝、左が一五メートルのチョックストーン滝、中央に二〇メートルのハング滝があり、このハング滝を苦労して登る。

滝上で流れは単調になり、五メートルナメ滝を登ったあとはルンゼに入って、夕刻に山頂左の八本歯の稜線に出ている。山頂まではさらに二時間を要し、避難小屋に泊まって登山道で白沢に下山。

水量の多い沢を忠実にたどっていることから、奥壁登攀の成功と考えていい。私も稜線からしか見ていないので正確なところは言えないのだが、奥壁を含めた荒淀沢は、快適とは縁遠い厄介な構成の沢といえそうである。

洗戸沢前沢　四時間三十分（高倉山直下まで）

残雪の多い年で、雪渓に苦労する。小滝、雪渓、川原とつづき、二条六メートル滝上の六メートル滝は、ハーケンで支点を取り、振り子で滝を直登してザイルでザックを上げる。

六メートル滝を越えると長い雪渓で、三メートル、五メートル、四メートルのチョックストーン滝を越えると水が涸れ、空身で高倉山直下までピストンし、往路を下る。

洗戸沢芦安沢　四時間四十分

水は少ないが滝の多い沢である。暗い出合を進むと悪い三メートル滝を越えて連瀑。六メートル直瀑の上から巨岩帯になる。二〇メートル多段滝、五メートルのチョックストーン滝を越えて荒れた二俣を左に入ると連瀑で、この沢最大の大滝三段四〇メートル滝は右から巻く。

滝はさらにつづくが快適に登り、丸山岳に近い支流を選んで登る。水が消えてからが長く、きつい藪を漕いで一七三六ピークに立ち、わずか一キロ足らずの丸山岳まで、さらに二時間の藪漕ぎを強いられた。

白禿沢　二時間三十分

この沢の同定が難しいのは、私自身登っていないからだ。

わが仲間のパーティは、白禿沢《しらはげ》の名を芦安沢とのあいだの小さな支流に移し、地図上の白禿沢をワセ白禿沢とし、同水量で注ぐ、大幽朝日岳への左俣を赤柴沢と記している。だが、岩幽左の前沢も赤柴沢と称している文献があり、沢名の正否が判然としない。ワセ白禿沢の「ワセ」の意味も不明で、つまりは沢名を引用した先行文献を明示していないことが混乱を招いている原因なのである。

ワセ白禿沢（白禿沢）は、急峻だが格別の難しさもなく一五五二ピークに突き上げている。左俣とされる赤柴沢の詳細は不明。

小沢　二時間

芦安沢の下流左岸に位置し、通常は芦安小沢と称される。『日本登山大系』には、「下・上流に連瀑を秘め、ほとんどの滝が直登でき、小気味のよい遡行が楽しめる」としているが、私たちの下降の際には、前記した集中豪雨によって見る影もなく荒れ果てていた。

崩《くずれ》ノ沢（崩沢）、蒟蒻《こんにゃく》沢、藤倉沢——周辺の沢は残らず歩いてみたが、ことさら取り上げるべき沢ではない。

洗戸沢芦安沢

1993年9月23〜25日

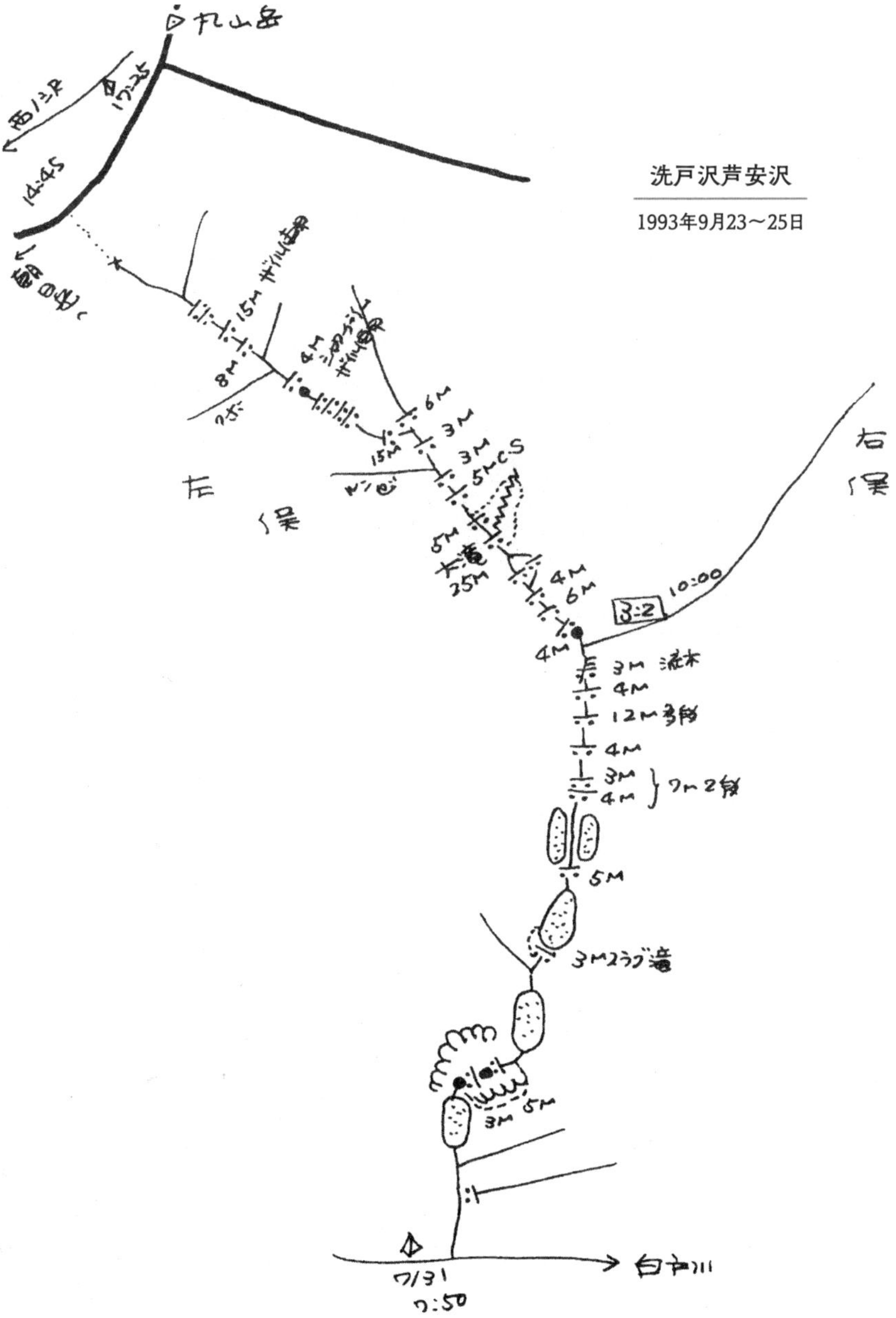

会津朝日岳北面の沢

流域は異なるが、会津朝日岳を語るうえで欠かせない北面の沢を紹介する。

檜戸沢　二日（会津朝日岳まで）

伊南川の支流で、只見町郊外の檜戸集落から林道に入る（現在は途中で通行止め）。終点から踏み跡をたどって沢に下りる。ゼンマイ小屋の跡地をいくつか見つけ、最初の二段七メートル滝は両岸垂直で、右岸を巻いて懸垂下降で沢に降りる。ここから下の二俣までは、形状の異なる三～八メートル滝が十三本ほどつづき、楽しみながら遡行する。下の二俣から奥は険悪で幕場が乏しく、連瀑をいくつか越えた右岸に泊まる。

朝一番の行動は、幕場正面に見えた連瀑の高巻きからはじまる。右岸から巻き、つづく五メートルトイ状滝はザイルを出して登る。両岸いよいよ険悪になり、二段二〇メートル滝のある連瀑は右から大きく高巻き、二俣を確認して一五メートルの懸垂下降で沢に降りる。

二俣から上はさらにきびしい滝がつづき、雪渓がいやらしく架かる。雪渓の状態を見極めながら高巻きと懸垂下降を繰り返すが、高巻きの悪さは半端ではない。北壁を目前にして、奥壁スラブ右稜に追い上げられ、北壁を横目に見ながら、一投足で尾根に出る。会津朝日岳まで十分の位置で、避難小屋に泊まって登山道を白沢に下る。北壁完登は逃したが、見たかぎりにおいて、すっきりした壁であった。

只見川小戸沢東ノ沢　十三時間

小戸《おど》沢は田子倉ダム直下で入る右岸の沢である。東ノ沢に難しい箇所はない。小ゴルジュまでは平凡。そのあともブナの森を小滝がつづく。源頭で尾根に出て長須《ちょうす》ヶ玉《たま》の密藪を越え、白戸川洗戸沢の岩幽につづく向高倉南尾根を下る。

只見川小戸沢西ノ沢　二日半

西ノ沢は、左岸の尾根を越えれば船を使わずに白戸川へ入渓できるという意味で価値が高い。途中に切り付けがあったのは、熊撃ちやゼンマイ採りが入っていた証である。

東ノ沢と同時に遡行したが、同じ方向に並流していながら、西ノ沢は雪渓に埋まっていた。理由は不明だが、季節風と地形のいたずらとでもいえようか。

雪渓がなければ、それほど難しい渓ではない。七月の末だったが、くぐった雪渓が多いのは、それだけ雪渓が厚く安定していたということだ。雪渓に苛まれた結果、初日は地形図の六六六メートル付近の広い川原に到達できず、雪渓の上で焚き火をして、存外暖かい夜を過ごす。

二日目は、広河原の先で切り付けを見て雪渓をいくつか越え、二段八メートル滝を右から巻くが、これが悪かった。すぐ先で、左のソソロ沢（そそろ沢）に四メートル、右の高倉沢に六メートル二段の両門滝が懸かるが、時間短縮を狙ってソソロ沢に入る。傾斜を増したソソロ沢は、当然ながら雪渓も多くなり、その日じゅうには抜けきれず、右俣上部に泊まる。

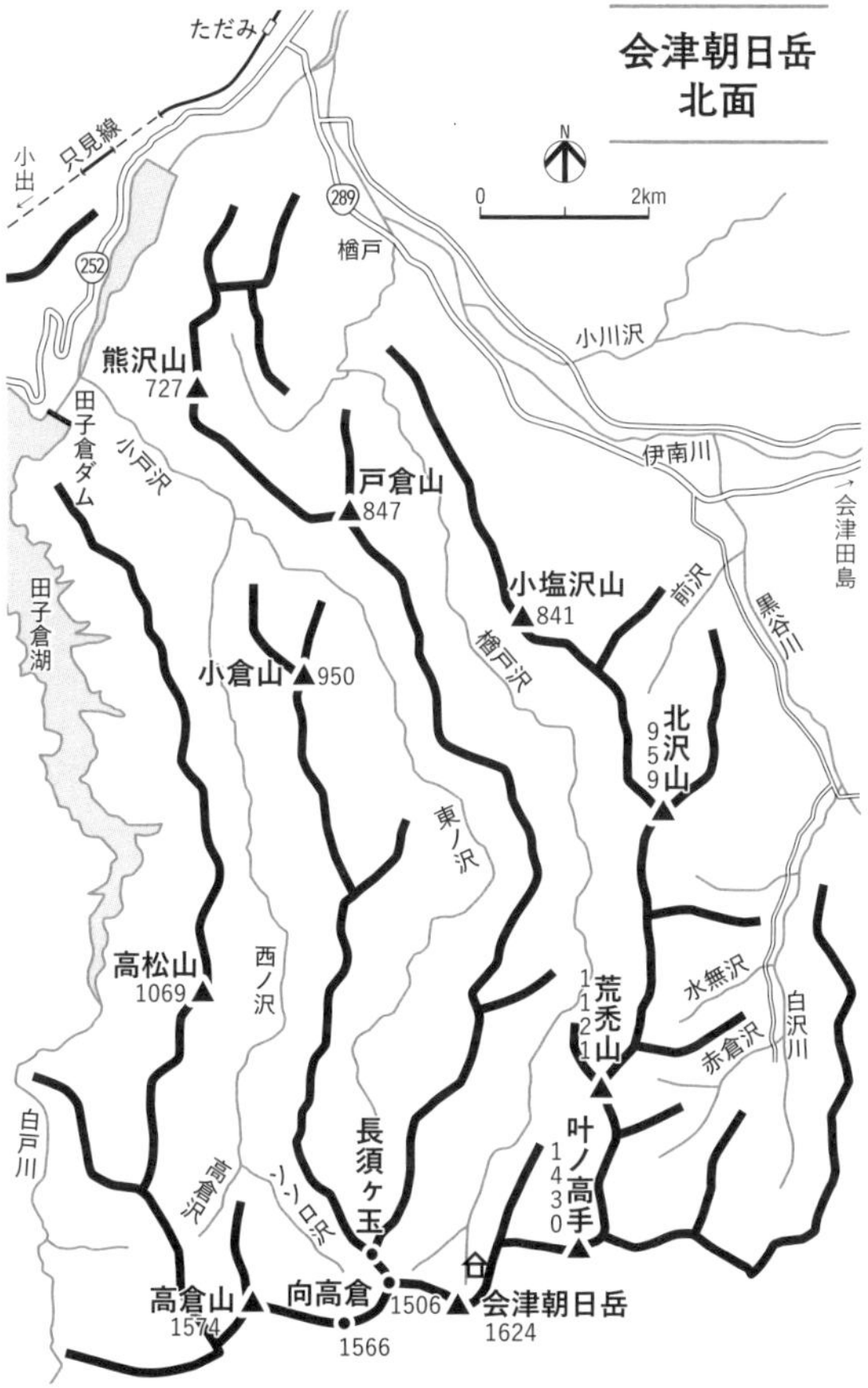

三日目は時間に追われて三時起床、五時出発。源頭の一〇メートル滝六本を登り、藪を漕いで高倉山と向高倉の鞍部に出て、南面の洗戸沢前沢の左岸尾根を下る。あえて沢下降をしなかったのは、すでに解明を終えた沢なら、不安定な沢下降より、時間はかかっても尾根下降が安全ということだ。渓の継続も臨機応変でいいのである。

コラム①

春の村杉半島

半島とは、三方を水に囲まれた陸地を指す言葉である。つまり田子倉湖ができる以前は、村杉半島という言葉自体存在しなかった。只見川と白戸川を分ける長大なこの尾根を、だれが村杉半島と呼ぶようになったのか、定かではない。ただ、不思議に半島という言葉には人をいざなう効果がある。その意味で、村杉半島は極上の絶対空間なのだ。

船でなければ取り付けない不便と隔絶。いったん取り付いてしまえば、主稜線に抜け出るまで逃れられない孤絶の縦走への不安と覚悟。わずかなミスも許されない精神の強さと技術の裏付け。その一方で送電線以外、一切の人工物を添わせない原生の自然とのかぎりない一体感。村杉半島が、いまでも登山者を惹きつけてやまないのは、半島にあるからだ。登山本来の魅力がこの半島にあるからだ。

名前の由来は、半島の南部に位置する最高峰の村杉岳からくる。歩けるのは残雪に覆われる春の短い季節のみ。雪が消えれば、凄まじい藪に覆われて歩くことさえ叶わない。

村杉半島がいまだに厳冬期の縦走を許さないのは、そもそも田子倉湖の船着き場に向かう国道が通行止めになるのと、仮に道が使えたとして、船のプロペラが凍りつきそうな季節に船を出してくれる業者などいるはずもないからだ。

基部がくびれてツチノコのような形の半島は、村杉岳の北へ行くほど険しくなる。田子倉湖を船で渡り、北端から縦走を開始するため、左右を絶壁に囲まれた細い尾根を、一転して天国のごとき雪原の待ち受ける村杉岳まで、残雪を頼りに越えねばならないのである。

　村杉半島は、北から横山、猿倉山、大川猿倉山、宿ノ塔、村杉岳と連なり、三羽折ノ高手、倉前沢山とつづくのだが、古典的な縦走は、さらに丸山岳を経て会津朝日岳に至るまで、白戸川をめぐる長大なコースで完結する。

　村杉半島を初めて縦走したのは、「郡山山岳会」の成《なり》田《た》安弘《やすひろ》と、「こまくさ山岳会」の土《ど》井《い》勝《まさる》である。一九六九年五月初旬のことだ。両氏は初見の村杉半島を縦走し、丸山岳を越え、会津朝日岳に立って山麓まで、わずか三日で縦走しているのは見事である。

　地域研究は季節を問わない。無雪期は沢登り一辺倒だが、雪が降れば、待っていたかのように重荷を担いで冬山に向かうのである。南会津にかぎらず、奥利根も川内・下田山塊も同様であった。したがって、田子倉湖に取り残されたような村杉半島に食指を伸ばさないはずがなかった。

　私たちが村杉半島を縦走したのは二〇〇〇年の春である。会津朝日岳まで四日を費やしたが、途中にメルガ股沢の横断を入れたのは、山域の沢に親しんでいる地域研究者の誇りがあったからだ。渓を埋める雪渓の有無が確約できないかぎり、下れば下るほど窮地に陥る春の渓の横断は、おそらく渓を愛するものだけが考えつく、こだわりの特権なのである。

　横山の登りで、めずらしい黄色のカタクリの花を見つけて歓声を上げたのも束の間、猿倉山から村杉岳直下までの濃霧で視界のない雪の斜面と、不安定なブロックや藪との果てしない格闘。翌朝、劇的に晴れた山頂と周囲の山々の展望。

振り返ると大川猿倉山と猿倉山が、凄まじい岩壁を際立たせて聳えている。あの濃霧の中を、よくぞ歩いてこられたものだ。

そういえば両者の山名に付いている猿を、猟師は「サル」ではなくベイと呼ぶ。「ベイクラヤマ」なのだ。サルは獲物が去ることに繋がるからで、ベイはアイヌ言葉からきているらしいが、だとすれば春の一時期しか歩けない険しいこの山に、獲物を求めて猟師が来ていたことになる。ほんとうだろうか。もしかしたら、さまざまなアプローチが可能だったダムができる以前の呼称ではないのか、とも思ってしまうのである。それでもサルをベイと呼んでいる以上、猟師の活躍はあったはずだ。それほど猟師という山の民は、私たちの想像をたやすく覆す。

村杉岳から三羽折ノ高手につづく、一〇〇メートル道路と呼んだ広大な雪原のプロムナードは、苦難の縦走を終えた者たちへの極上の贈り物であった。

会津朝日岳には、それぞれ異なる三方のラインから春の集中を企てた。ルートの険しさよりもなによりも、決めた日時に山頂に集まることを優先するという知的行為が、集中山行の揺るがざるおもしろさである。

只見川上流域

袖沢の解説に入る前に、南会津でもっとも長大な只見川流域を紹介しておく。というのも奥只見湖以奥の只見川は、ほとんど個人レベルでしか遡行していないからである。したがって、私自身が歩いた只見川上流の沢を紹介したのち、袖沢に移りたい。

只見川は、喜多方《きたかた》市の山都《やまと》町で阿賀川と分かれ、水源の尾瀬沼までの流程が一四五キロに及ぶ。尾瀬沼から流下した流れは平滑《ひらなめ》ノ滝から三条《さんじょう》ノ滝に至り、檜枝岐村の砂子《すなこ》平で左から大白沢《おおしら》を合わせる。

大白沢周遊　三泊四日

大白沢《おおしら》はモッコ渡しで知られるが、左俣のクロウ沢からアサユウ沢右俣を経て大白沢池、カッパ池、東白沢池を貫いてクロウ沢本流を下った。

近くに平《ひら》ヶ岳があるのだが、大白沢源頭の三つの池めぐりがしたかったのだ。手応え充分の充実した遡行であった。

その下流の右岸の大津岐《おおつまた》川は、会津駒ヶ岳周辺に突き上げる有力な支流だが、なぜかいまだに入渓を果たしていない。

恋ノ岐川　一日半（平ヶ岳まで）

近年まで、私はこの沢の由来を会津や越後特有の小幽、すなわち小さな岩幽の転訛だと思っていたが、まったく違って、単純に恋は恋そのものだった。

恋《こい》ノ岐《また》川一帯は古くから銀山で栄え、江戸時代の最盛期には千～千五百人の鉱夫や銀山関係者で活況を呈していた。彼らを追って、遠く山越えをした遊女がやってきて、小さな歓楽街まで生まれた。近くには傾城《けいせい》沢（沢の確定はされていない）と呼ぶ沢まで生まれた。傾城は美女の代名詞である。

金銭で贖《あがな》う関係とはいえ、男女にはつきものの愛憎劇や色恋沙汰があったとして不思議ではない。恋ノ岐川と名付けられる下地はあったのである。

もうひとつ恥の上塗りを披露しておけば、恋ノ岐川から遠くない北ノ又川に骨投《こつなげ》沢という小さな支流がある。骨投は奥利根のコツナギ沢と同じく山越えの道として使われた沢と似た読みだ。

骨投沢は上流で、銀山平へのアプローチだった「銀の道」と接続している。その西側には、越後駒ヶ岳に連なる道行《みちゆき》山がある。つまり私は道行山との関連から、銀の道ができる以前の山越え道が骨投沢ではないかと推定し、現地に出かけて取材までした。

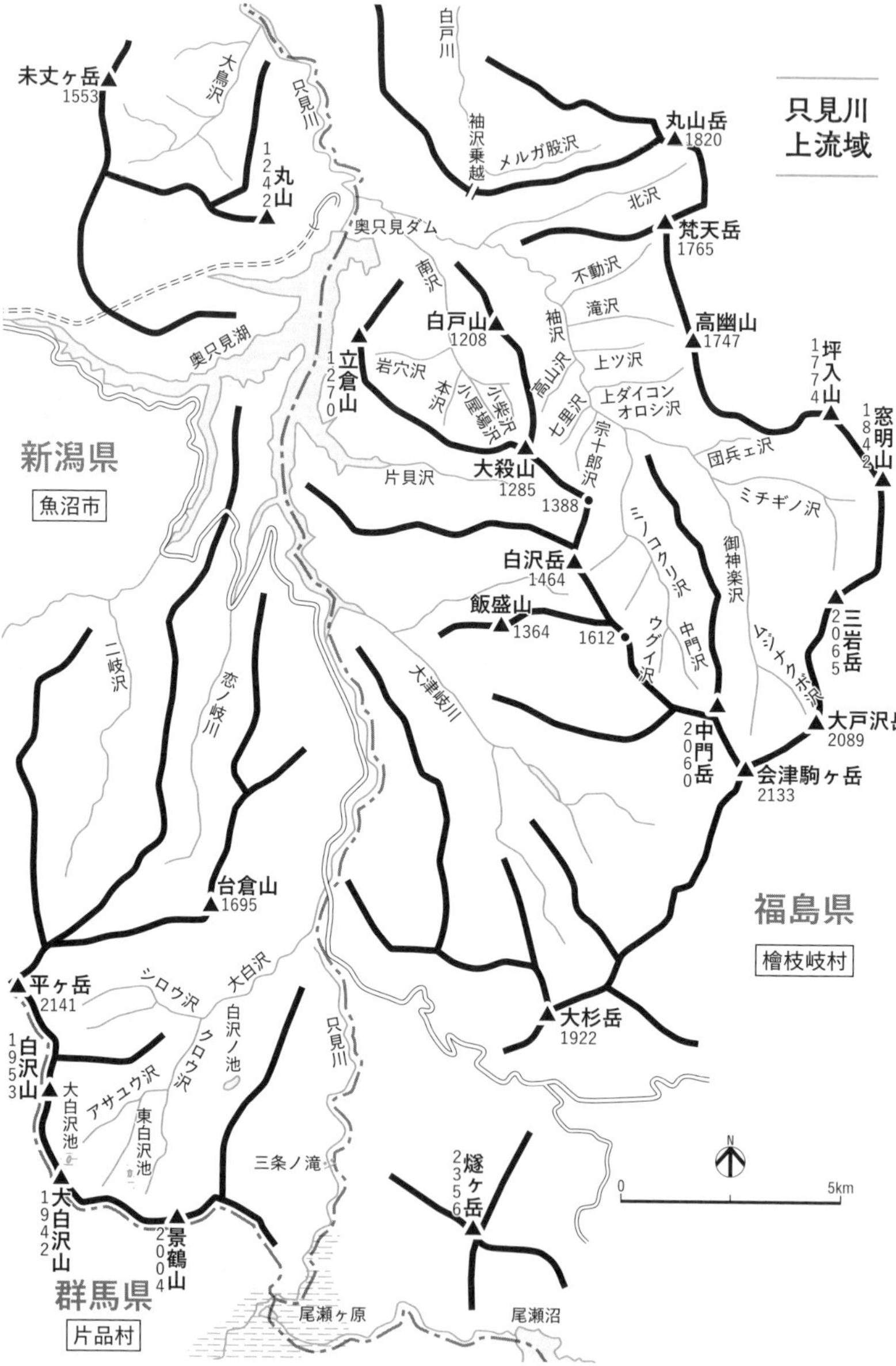

只見川
上流域
末丈ヶ岳
1553
大鳥沢
只見川
丸山
1242
白戸川
袖沢乗越
メルガ股沢
丸山岳
1820
北沢
梵天岳
1765
奥只見ダム
南沢
不動沢
滝沢
袖沢
高幽山
1747
白戸山
1208
奥只見湖
立倉山
1270
岩穴沢
本沢
小屋場沢
小柴沢
高山沢
上ツ沢
上ダイコン
オロシ沢
七里沢
坪入山
1774
窓明山
1842
新潟県
魚沼市
片貝沢
大殺山
1285
宗十郎沢
1388
団兵ェ沢
ミチギノ沢
ミノコクリ沢
御神楽沢
白沢岳
1464
飯盛山
1364
1612
中門沢
ウグイ沢
ムジナクボ沢
三岩岳
2065
二岐沢
恋ノ岐川
大津岐川
中門岳
2060
大戸沢岳
2089
会津駒ヶ岳
2133
台倉山
1695
福島県
檜枝岐村
平ヶ岳
2141
シロウ沢
大白沢
白沢ノ池
クロウ沢
只見川
大杉岳
1922
白沢山
1953
アサユウ沢
大白沢池
東白沢池
三条ノ滝
燧ヶ岳
2356
N
0
5km
大白沢山
1942
景鶴山
2004
群馬県
片品村
尾瀬ヶ原
尾瀬沼

しかし、事実はまったく違っていた。骨投沢は出合からしばらくは平穏だったが、上部は滝がつづいて、こんなはずではないと私を困惑させた。骨投沢は字のごとく骨を投げる場所でよかったのである。

銀山の鉱夫には、不法に銀を持ち出すものが後を絶たなかった。その手法として、遺骨箱の底に銀を隠したのである。被害の大きさに慌てた銀山側は、骨箱を持って山を下りようとすると、嵐になって枝《し》折《おり》峠を越えられないぞと噂を流した。そのため、難を怖れた鉱夫が骨箱を投げ捨てた沢にその名がついた。銀山平の民宿「伝之助小屋」のホームページに、そう記されている。

下調べをきちんとせず、生半可な知識をひけらかして即断をすると、のちのち見立て違いが発覚して大恥をかくという好例である。

恋ノ岐川は、花崗岩に覆われた、晴朗で精妙な美渓である。大滝は、稜線直下に五〇メートルのナメ滝がひとつだけ。ただ、稜線の池ノ岳に出てからが長い。そこから山頂の往復を含めて登山道には野営が許されていないため、鷹巣口から登山道を歩くだけでも往復十一時間の長丁場を強いられる。平ヶ岳がもっとも遠い百名山といわれるゆえんだ。

紹介した大白沢も恋ノ岐川も新潟県の領域だが、古くは国境未確定地域で、奥会津の人びとが漁労や狩猟の場として分け入っていた。つまり南会津の一角でもあったのが、江戸時代初期に銀山が発見されて、会津藩と高田藩の国境争いになった。長い係争の末、幕府の裁定で只見川の中央を両藩の国境とする採決が下って以降、大鳥ダム付近までの只見川左岸は高田藩、ひいては新潟県の領有になったのである。

袖沢本流御神楽沢　一日半（会津駒ヶ岳まで）

御神楽沢の源流は会津駒ヶ岳である。藪漕ぎも少なく、湿原の点在する山頂に立つことのできる爽快な渓なのだが、アプローチが厄介だった。

いまでこそ、銀山平の民宿に泊まる条件でお金を支払えば取水口まで送迎してくれるが、奥只見ダムの追加工事の十年前後を含めて、それ以前は一般車の立ち入りが制限され、延々五時間の林道歩きを余儀なくされた。したがって、多くの遡行者はいまだに会津側から山越えをする。そのほうが車の回収を考えなくていいからである。

袖沢林道はミノコクリ取水ダムまで延びている。そこから歩きはじめると、ほどなく右岸にミチギノ沢が流入する。ミチギの語源は道行で、古くから山越えの道として使われていた。奥会津の小豆《あずき》温泉から三岩岳に立ち、窓明山との鞍部から下りる沢である。

現われる滝をいくつか越えていくと、岩畳地帯になる。両岸を抉った中央を滝が流れる美しい岩畳で、袖沢の象徴にふさわしい造形美である。

ゴルジュの中の二十五メートル滝は、左岸を斜上し、上段はA0を交えて滝上に出る。小気味よいナメやナメ滝を味わいながら進むと一〇メートル直瀑で、左の踏み跡を登るとムジナクボ沢が出合う。ここには安全で快適な幕場がある。

水量が半減した本流を進むと三段二〇メートルの稲妻型の滝に出る。ヌメり気味の滝で、慎重に越えると水はさらに減り、水の消えた地点から藪を漕いで、会津駒ヶ岳と中門《ちゅうもん》岳を結ぶ登山道に出る。中門岳を往復して会津駒ヶ岳に向かっても、その日の午後には檜枝岐村に下れるだろう。

ミノコクリ沢中門沢下降　一日（袖沢まで）

中門沢は、私が初めて御神楽沢を遡行したときのアプローチで、下降に用いたが袖沢まで忠実に下ったわけではない。ウグイ沢（ドングリ沢）出合の支流から袖沢との中間尾根の一六〇五ピークに登り、そこから御神楽沢の岩畳付近に下った。

そのとき稜線のコルで便意をもよおし、かたわらにレンズを二本、そのまま置き忘れるという失態を犯した。後日林道の通行許可を得て、車で回収に出向いた記憶が鮮明である。

中門岳からウグイ沢まで五時間強を要したが、ここからミノコクリ沢と名を変え、特に問題のない下流部は、さらに四時間ほどで取水ダムまで到達するはずである。

中門岳の草原から藪を漕ぐ。ナメ状の滝が次々と現われるが、問題なく下る。やがて本流五メートル、右岸から八メートルの両門の滝になる。五メートル滝の左岸から懸垂下降し、さらに五メートル滝を左から懸垂下降。三、三、二メートルとつづき、五メートル滝と四メートル滝を下るとウグイ沢が左から入る。

出合は整地された幕場で、ここに泊まり、翌日右岸の小沢をつめて尾根に立ち、件の失態を経て、昼すぎに御神楽沢の岩畳に下りた。

三岩岳から山越えをしたのは後年のことで、平凡だがゆたかな渓相のミチギノ沢を下り、袖沢の支流から中門岳に立っている。

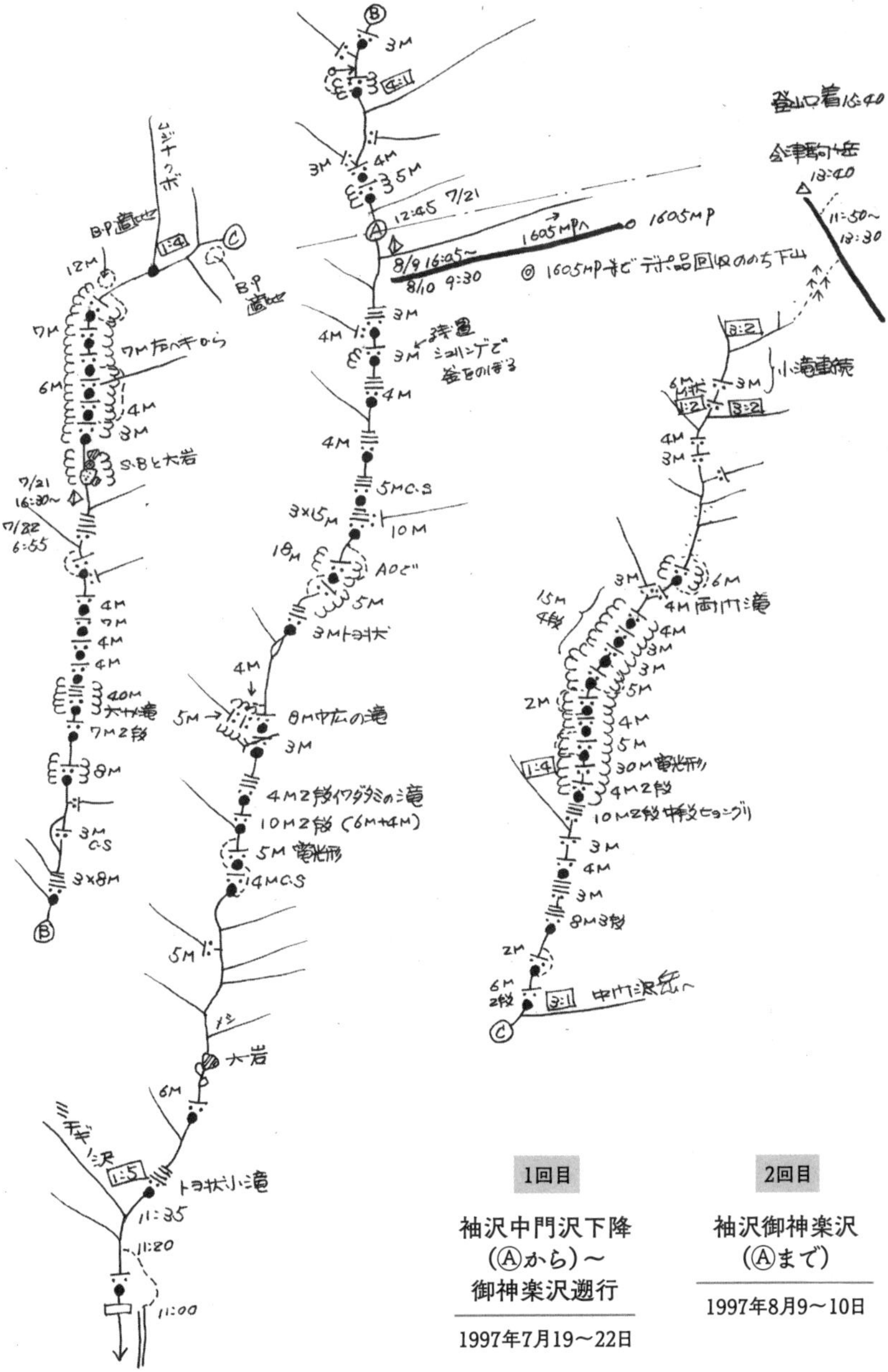

1回目

袖沢中門沢下降
(Ⓐから)～
御神楽沢遡行

1997年7月19～22日

2回目

袖沢御神楽沢
(Ⓐまで)

1997年8月9～10日

七里沢（惣十郎沢）下降　二時間三十分

　袖沢左岸にはオツナ沢、宗十郎《そうじゅうろう》沢（惣十郎沢）、七里《しちり》沢とあるが、いずれも地形図の沢名が一本ずつずれているので、まことにややこしい。このうち私たちが登ったのは、高山沢（地形図の七里沢）、七里沢（地形図の惣十郎沢）の二本である。後述するが、いずれも大殺山の集中で遡行したものである。

　大殺山は、地形図を見ていて袖沢左岸に見つけた山で、一泊の集中には手ごろだろうと計画し、二日目の朝に集中を果たしたのち、全員で七里沢を下っている。当時は「だいさつ」か「おおごろし」なのかと議論が沸騰したが、どちらにしても物騒な名前に変わりはない（『日本山名事典』では「だいさつ」）。

　周囲には「オツナ沢」や「宗十郎沢」がある。この沢を知ったとき、即座に私は、井原西鶴《いはらさいかく》や近松門《ちかまつもん》左衛門《ざえもん》が題材にして書いた「お夏清十郎《なつせいじゅうろう》」を模したのではないかと疑ったものだ。オツナがお夏に、清十郎が宗十郎に、である。ましてや、近くには傾城沢や恋ノ岐川などの艶っぽい沢まであり、その中心に大殺山があるとなれば、いちどはその山頂に立ってみたくなるというものである。

　大殺山の山頂から藪を漕いでナメに出る。右岸スラブの二十五メートル、一五メートルの連瀑を、右岸の急な灌木から高巻く。あとは三メートル、二メートルの滝があるばかりで、二俣から下は、ブナ林の中のおだやかな流れであった。

高山沢（七里沢）　四時間

　高山沢は情けなくなるほど貧弱な沢で、袖沢の雄大な流れと比ぶべくもないと落胆する。下部は小滝ばかりで、中間部でナメと甌穴が連続する。

　しかし、両門の滝の左が三段五〇メートル大滝になっていて、落胆が歓喜に変わる。スリップに注意し、灌木を頼りに慎重に登れば、美しい傾斜湿原に出て、またまた歓喜。七月の花咲く別天地であった。このあと、支尾根から小屋場沢に下りて他パーティと合流する。

北沢　二時間（丸山岳まで）

　ミチギノ沢から北沢までの袖沢右岸の沢は、団兵《だんべ》エ沢（クドレ沢）、上ダイコンオロシ沢（ダイコロシ沢）、上ツ沢（下ダイコロシ沢）、滝沢、不動沢とあるが、私たちは未見である。唯一、高幽山に立った後、団兵エ沢を下降に利用して御神楽沢に継続した仲間がいるが、詳細は不明。

北沢は、前述したが丸山岳への有力な登路で、私たちも数多く遡行している。

奥只見ダムから一時間四十分で出合に着く。袖沢を徒渉して入渓。出合は小さいが、奥に進むほど闊達に開ける。一五メートル三段滝を左から越えると、渓は美しい広がりを見せる。一〇メートル滝を左から越えると一一七〇メートルの二俣で、水量の多い右俣に入る。幕場は二俣の下流に何カ所かある。

右俣は滝の連続で、ひとつずつ丁寧に越えていく。梵天岳に向かう奥の二俣を左に入ると水が減って源頭の雰囲気。藪の薄いところを探して進むと、丸山岳山頂近くの踏み跡に飛び出す。

袖沢乗越　二時間

この小さな沢の名前を寡聞にして知らないので、そのまま袖沢乗越としておく。出合は貧弱。滝もなく進むと最後の二俣から滝が出てくるが、総じて小さい。面倒な滝にはロープが掛かり、踏み跡を追って沢から離れるとコルに出る。この沢は、メルガ股沢と袖沢を結ぶ昔からの道で、三十分ほど下るとメルガ股沢に下りる。

南沢小屋場沢　五時間（大殺山まで）

南沢の取水口から沢に入り、五分で左に一対一の小柴沢を分ける。滝をふたつ越えると三段三〇メートル滝で、これを快適に登る。五メートル滝、六メートル滝とつづき、その奥に迫力満点の四〇メートル直瀑が控えていた。左手上部には見事な柱状節理が広がり、滝の右の支尾根から大きく高巻く。

この上はナメ滝がつづき、一〇メートルナメ状の美瀑を越え、さらにナメが連なる。鉈目が刻まれたブナの台地で泊まる。この小さな沢の上流に、四パーティ十三人が合流して快適に一夜を過ごしたのだから、いかに広い台地だったかわかるだろう。集中に際して地形図から見当をつけていたが、ドンピシャであった。

翌日、小滝をいくつか越えると一時間もかからずに、あっけなく大殺山に着いた。

南沢小柴沢　三時間

小柴沢は小屋場沢の支流で、小柴、中小柴、裏小柴と扇形に分かれるが、小柴沢はいちばん右の沢で、小屋場沢と尾根ひとつ隔てて流れている。

いきなり出合に多段八〇メートル滝が懸かる。これは弱点を縫って登る。ザイルも出さず、スケールのわりに快適であった。すぐ上が柱状節理の二〇メートル滝で、右岸を高巻くと滝場は終わる。二、三のナメ滝を越えると、あとは見事なナメ、ナメ、ナメの連続で高度を上げ、軽い藪漕ぎで一一八二ピーク手前の尾根に乗る。

南沢本沢　五時間

沢に入って、傾斜の緩いナメ滝を越えると大滝が現われる。左右とも高い側壁に護られた、落ち口がハングしている四〇メートル直瀑で、左岸から大きく高巻き三十分を費やす。滝上も予想以上に滝がつづく。一対一で合わさる右俣は、一〇〇メートル以上もナメが延びている。一一七六ピークに突き上げる支流を見送り、本沢を忠実につめるが、滝はすでに尽きて、藪を漕いで大殺山北西のピークに立った。

南沢岩穴沢左俣　六時間二十分（一二二二ピークまで）

出合から右俣を分け、左俣右沢の出合まで、滝がつづくが簡単に越えて一時間で着く。その上が双方一〇メートルの両門の滝で、水量の多い右沢に入る。この滝は右の水流の際からザイル使用で登ると、上に三段五〇メートル滝が懸かっている。この滝は、ザイル二十五メートル二ピッチで抜ける。そこからは平凡で小さな沢になり。枝沢を二本横切って一二二一ピークに立つ

只見川左岸流域

いよいよ奥只見湖の下流に移る。大鳥ダムから田子倉ダムの間は湖なので、あるときは渡船を用い、あるときは周辺の沢から山越えをした。

大鳥ダムから左岸の渓と山は新潟県の領域だが、昔から田子倉マタギたちが狩猟に入っていたので、南会津の領分と断じていい。まして大鳥沢源頭の未丈ヶ岳は、「未丈」という仏教用語にも似た山名と秀麗な山容が気に入って、足繁く通ったのである。

左岸の沢は、おおむね未丈ヶ岳から毛猛岳に連なる稜線に突き上げるもので、右岸は、険しいと目された島太郎沢と宿ノ沢を、白戸川探索の際に継続して遡行した。

大鳥沢左俣下降　六時間四十分

奥只見シルバーラインから入渓して仕入沢《しいれ》を遡り、

一三七六ピークの肩から大鳥沢に下降する。仕入沢は奥只見ダムの原石山（※註）だった沢で、そのせいか人工的な痕跡の残る沢だった。

下降してすぐに五～一〇メートルの涸滝が連続して出てくる。八、一〇、一五メートル滝はいずれも懸垂下降し、つづく一五メートル滝を左から巻くと川原になり、そこで泊まる。

二段八メートル滝を下り、八メートル、一〇メートルと連なる滝は、下の二条一〇メートル滝のみ懸垂下降する。あとはゴーロの川原に、ときおり小滝が交じり、美しい平流を淡々と歩いて大鳥ダム上の滝ノ沢に入る。

※註　ダムを構築するコンクリートを得るため、ダムの近くに骨材を求めた山を原石山と呼ぶ。

大鳥沢セイノ沢（せいの沢）　八時間（未丈ヶ岳まで）

セイノ沢は、大鳥沢奥の右俣と呼んでいい沢で、滝ノ沢（滝沢）とともに未丈ヶ岳で収斂する。

このときの遡行は中年女性の二人組で、しかもキノコ採りも目的にしていたから、途中一泊で八時間の行程は、遡行に専念すれば五時間ほどで山頂に立てたはずである。ただ、このときも集中遡行で、あらかじめセイノ沢がやさしい沢だと知っており、集中時間にさえ間に合えば、沢を楽しんで二日間を存分に過ごしてよかった。

大鳥沢下降の記録にもあるように、出合までは平凡。すぐに四メートル滝になるが、左から巻く。ゴルジュの中に滝がつづくが、小滝ばかりで問題なく通過。二俣上の二段一〇メートルくの字状滝は、左俣との中間尾根を登って懸垂下降でかわす。同水量の二俣は左に入り、三、四、三メートル滝を登ると水が消え、窪状から密藪に入ってこれを漕ぎ、濃霧の未丈ヶ岳山頂の湿原に立つ。

滝ノ沢（滝沢）左俣　八時間（未丈ヶ岳まで）

二俣まではなにもなく、左俣に入ると滝が出てくる。三メートル滝で軽くシャワー。美しい一五メートル滝は快適に登る。つづく八メートル滝は最後の一メートルがきびしかった。さらに二条五メートル滝でもろにシャワーを浴びる。晩秋の時期に至ってのシャワークライムはきつい。あとは三～五メートル滝が連続して奥の二俣に着き、狭いスペースにツエルトを張る。

左沢へは右の六メートルチムニー滝を登って中間リッジから高巻く。その上も滝がいくつかつづく。

最後の二俣は、どちらもいやらしい滝で、そのまま尾根を直上し、二十分の藪漕ぎで未丈ヶ岳の山頂に出る。

宿ノ沢沈曽根沢右俣　九時間（宿ノ塔まで）

田子倉湖に注ぐ右岸の沢で、村杉半島の宿ノ塔を越えてタッパ沢を下降している。

船を下りてすぐに岡沢を分け、送電線を過ぎる。右から二本小沢を合わせるとゴルジュがはじまる。絶望的なゴルジュと書かれた過去の記録にビビっていたが、寡雪の年で雪の苦労はなさそうだ、

左右に支流を数本合わせるとゴルジュがきびしさを増す。幅は狭くて一メートル、広いところで四メートルほどか。ショルダーや泳ぎを交えて登るが、両岸のゴルジュは高巻きを許してくれず、ひたすら直登する。

二〇メートルナメ滝を過ぎるといくらか沢が広く明るくなる。少し先が二俣の出合。計画どおり水量の少ない右俣に入る。三～四メートルの滝がつづくが、傾斜が緩くホールドもあるので問題なく通過。六メートル滝を右から巻くと、正面から三〇メートルの支流の滝が入り、沢は右曲する。一〇～一五メートルほどの滝が四つつづいて一気に高度を上げる。

ここから先は四～五メートル滝が延々とつづく。水はちょろちょろだが、ホールドが細かくよく滑る。両岸は草付なので、やむなく強引に直登していく。最後は藪漕ぎもなく稜線に出て、宿ノ塔手前のコルにタープを張る。

島太郎沢バイクラ沢左俣　十時間（大川猿倉山まで）

島太郎沢は宿ノ沢の一本下流の沢で、バイクラ沢は島太郎沢の中流部で左に分かれ、大川猿倉山に突き上げる沢である。バイクラは、村杉半島の項で述べたベイクラと同義であろう。

バイクラ沢までは、特に問題になるところはない。バイクラ沢に入ると滝が連続して懸かるようになる。七メートル滝は直登不能で右のルンゼを登り、ザイル使用でバンドをトラバース。そのまま草付をトラバースして二段一〇メートル滝の上に下りる。

ゴルジュの中に小さな滝が連続するが、それほど苦労せずに二俣に到着する。右俣の水量が多いが、ここは山頂をめざして左俣にルートをとる。ここから比較的大きな滝が出てくるが、おおむね右岸の高巻きでかわす。

上部は五メートル前後の滝がつづき、空身で登っ

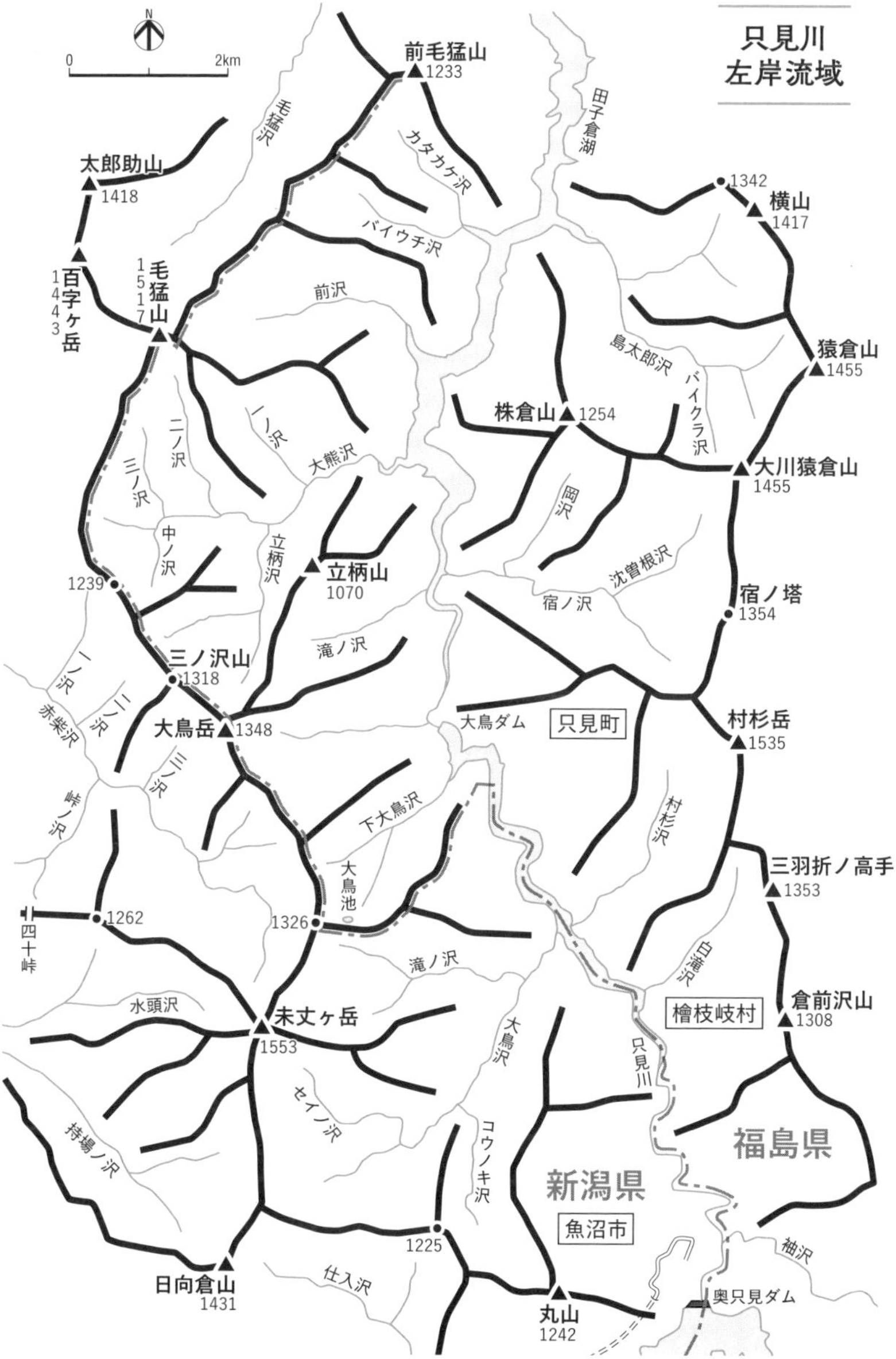
只見川
左岸流域
0
2km
N
前毛猛山
1233
太郎助山
1418
百字ヶ岳
1443
毛猛山
1517
毛猛沢
カタカケ沢
バイウチ沢
田子倉湖
1342
横山
1417
前沢
鳥太郎沢
バイクラ沢
猿倉山
1455
株倉山
1254
大川猿倉山
1455
二ノ沢
一ノ沢
三ノ沢
大熊沢
岡沢
中ノ沢
立柄沢
立柄山
1070
沈曽根沢
1239
宿ノ沢
宿ノ塔
1354
滝ノ沢
三ノ沢山
1318
一ノ沢
二ノ沢
赤柴沢
大鳥岳
1348
大鳥ダム
只見町
村杉岳
1535
三ノ沢
峠ノ沢
下大鳥沢
村杉沢
大鳥池
三羽折ノ高手
1353
1262
四十峠
1326
滝ノ沢
白滝沢
水頭沢
未丈ヶ岳
1553
檜枝岐村
倉前沢山
1308
大鳥沢
只見川
セイノ沢
持場ノ沢
コウノキ沢
福島県
新潟県
魚沼市
1225
袖沢
日向倉山
1431
仕入沢
丸山
1242
奥只見ダム

てザックを引き上げるケースが多くなる。源頭のスラブ状ルンゼで激しい雨に見舞われ、山頂に近い支尾根の末端に小さな泊まり場を求め、翌朝山頂に立ち、白戸川の赤柴沢を下降する。

大熊沢流域

大熊沢は、田子倉湖の左岸流域で最大の支流である。この沢を遡下降したのは、山岳会創立記念の奥利根から川内を渓で結ぶ計画の一翼を担ったときで、大熊沢解明の好機と捉えたが、それよりも毛猛山と未丈ヶ岳を繋ぐ絶妙なラインとして私たちの前に浮上したのであった。

国道二五二号の六十里越の手前で毛猛沢に入ってこれを越え、大熊沢三ノ沢を下降し、中ノ沢左俣を遡行して主稜線に立ち、黒又川赤柴沢一ノ沢を下降。左岸支流の峠ノ沢から四十峠を越えてシルバーラインに抜けるという、予備日を含めて四泊五日の計画であった。

この山行は、長い私の遡行人生のなかでも会心の沢の四本に入る。ちなみに残る三本は、川内山塊の早出川本流完全遡行と川内・下田の継続遡下降、北アルプスの劔《つるぎ》沢大滝の登攀を含む劔沢完全遡行である。

豪雪の翌年の夏、その名に恥じない毛猛沢は、悪い残雪と険悪な滝が相まって困難を強いた。一泊で抜ける予定が沢で二泊を余儀なくされ、毛猛山に立ったのは三日目の昼である。予備日はすでに使ってしまった。

残る二泊の日程で、下流を田子倉湖に閉ざされた無人地帯の大熊沢を遡下降して稜線を越え、はたして帰還できるのか……。そんな状況のなかで大熊沢に分け入るのは、普段とは異なる緊張があった。

この継続遡下降の成功の要因に、私が四十歳になっていたことがある。まさか心技体の充実とは言わない。ただ四十の坂を越えると、おのれの人生の行く末が、うすぼんやりと見えてくる。仮にサラリーマンなら、いつまで働けて、どこまで出世でき、いかほど稼げるか、などという下世話なことだ。

そんなことがわかってくると、不要な力みが消え、欲が消え、惑いがなくなる。不惑という言葉は伊達ではない。

体力も気力も充分残っていて、経験の蓄積もある。雑事に惑わされない自然体の心境の獲得が、新たな遡行への意欲を生み、難関突破への知恵をもたらすという好例である。

大熊沢三ノ沢下降　六時間三十分

毛猛山山頂から下降点を求めて主稜線の藪を一時間ほど漕ぎ、一二五七ピーク付近で支尾根を確認して下降に入る。源頭部は一見して下れない滝ばかりだが、弱点を見極めながらクライムダウンを重ねる。懸垂下降を二回こなすと、傾斜の強い渓を五〜八メートル級の滝が果てしなくつづく。下部で現われる一五メートル多段滝は右から巻いて雪渓に下り、二段四メートルは左から懸垂下降。淵をひとつ泳ぐと中ノ沢の出合に着く。

三ノ沢の滝の数は四十七本。田子倉湖までの下流は、まだ三キロほどあるが、立柄沢の解説に譲る。十五分ほど遡って二俣出合にタープを張る。

大熊沢中ノ沢左俣　三時間

左俣に入ってすぐの四段一五メートル滝は直登。つづく四メートルと三メートル滝を越えると川原で、つづく三、三、五、四メートル滝は左岸から高巻く。三段六メートル、四メートル、二・五メートル滝を越えるとゴーロになり、点々と滝がつづく。上部の二段一五メートル滝は下部の五メートルを左から登って右に水流をまたぎ、そこからザイルを出す。

この上で右に大量の湧水を見て存分に喉を潤す。四メートル滝上のゴーロから藪漕ぎなしで主稜線に立ち、一二三九ピークの北のコルから赤柴沢一ノ沢に下る。この思ったより短時間ですむ中ノ沢左俣の存在が、継続遡行のもうひとつの成功の要因であった。四日目の夜を峠ノ沢の出合で過ごし、最終日の一四時にシルバーラインに着いて長い山行を終える。

大熊沢立柄沢左俣　一二時間

田子倉湖から上陸する。大熊沢の下部はゴルジュの中を小滝がつづいて、巻きの連続で通過する。渓が開けて右から一ノ沢が入る。泳ぎを要する淵が連続するが、右にゼンマイ道があり、これを使って高巻く。大熊沢本流と立柄《たちがら》沢の出合に幕営適地がある。

立柄沢はしばらく平凡。滝はあるが明るく開けた沢筋。滝を登っていくと一対一の二俣で、左俣に入ると三〇メートルの大滝が現われて右の尾根から高巻く。次第に両岸草付になり、右の草付から尾根に取り付いて大高巻きをし、尾根上で泊まる。

翌朝、いったん沢に下りるが、登れない滝がさらにつづき、ふたたび尾根に乗って藪漕ぎの末、三ノ沢山に立つ。密藪を漕いで大鳥岳を越え、一三五二ピークから赤柴沢に下る。

御神楽岳▲1386
笠倉山▲1140
本名御神楽
1266
1091
922
鍋倉山
1137
傘山
741
倉谷沢
阿賀町
打出沢
御神楽沢
倉掛沢
沼入
古滝
室谷川
小久蔵沢
日尊ノ倉山
1262
もうがけ沢
八乙女滝
大鍋又沢
岳山
942
駒形沢
大久蔵沢
倉前山
922
東岐山
1008
貉ヶ森山
1315
大石田沢
駒形山
1072
小金井山
961
1128
霧来沢
風来沢
小金花山
846
岩茸沢
大官袋沢
吉三坂山
1107
金丸沢
雲河曽根山
1290
持場沢
井戸ノ沢
1290
高幽山
1192
押倉沢
日出山▲664
252
ほんな
会津若松
蒲生川
1008
笠倉沢
滝沢川
蟬倉山
823
小白沢
994
笠倉山
男滝
女滝
袖ノ窪山
953
清作沢
つづけ安沢
幽ノ沢
二ノ平沢
立安沢
高盛東山
金山町
840
倉前沢
似蕪山
現燈山
833
只子沢
高森山
塩沢川
袖山
702
蒲生川
小塩沢
あいづおしお
あいづよこた
あいづこすがわ
烏帽子山
714
蒲生岳▲828
あいづしおざわ
鷲ヶ倉山
918
田沢山
生板倉山
717
戸板山
白沢山
864
あいづがもう
苧巻岳
910
要害山
705
只見川
柴倉山
871
汝倉山
908
山入川
松坂峠
ただみ
丸山
840
高畑山
672
只見線
福島県
小川沢
金石ヶ鳥屋山
970
布沢川
只見ダム
只見町
別当山
924
N
0
3km
伊南川
289
会津田島

只見川中流左岸流域

孤高の田子倉湖も、六十里越から国道二五二号を添わせて文明の香りを届けるようになる。

毛猛山からつづく会越国境稜線は、鬼《おに》ヶ面《づら》山から浅草岳へと連なり、八十里越の近くでの木ノ根山で下田山塊と接し、中ノ又山で川内山塊との境を構成する。

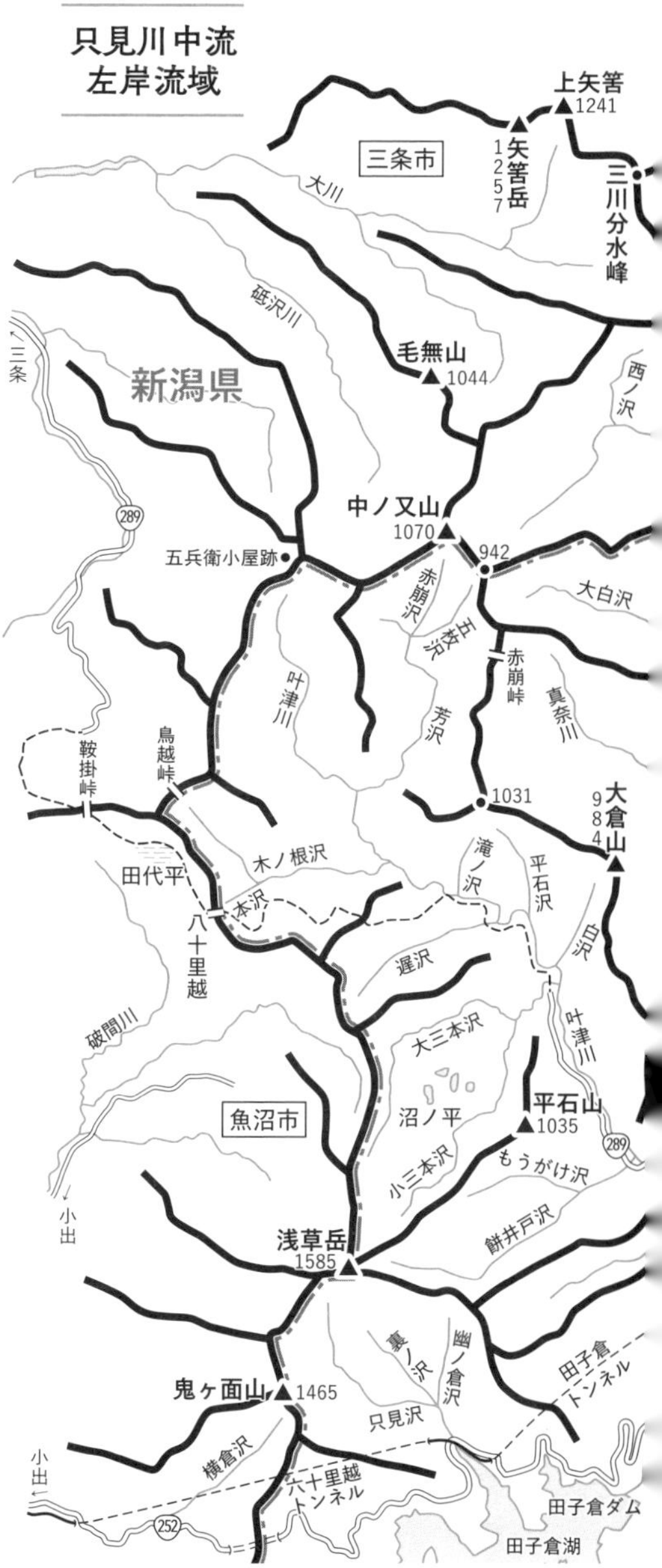

中ノ又山で東進に転じた国境稜線は、雲河曽根《うんがそね》山で南会津郡から離れ、さらに大沼郡金山町の本名御神楽を経て西会津町まで延びているが、これらの山波の東に沿って流れるのは、すべて只見川の支流である。したがって私たちは、この流域を只見川中流左岸流域と名付けた。

つまり、只見川中流左岸流域の定義は、田子倉湖を見下ろす南端の鬼ヶ面山と浅草岳に端を発し、四〇キロほど北方に国境稜線をたどった、本名御神楽までの東面一帯の流域を指す。

里に近いせいなのか、この流域には記録が乏しかった。地域研究の展開を狙う私たちにとっては格好の領域だったのである。

昭和から平成へと移り変わるその時代、流域の山々には小屋掛けのゼンマイ採りたちが、かろうじて生き延びていた。そして流域の中央を、越後と会津を結ぶ八十里越の古道が貫いている。

いつしか私たちは、地域研究のかたわら、すでに十二軒と数を減らしたゼンマイ小屋を訪ねてその終焉を見定め、古道を越えてきた交易の歴史に親しみ、流域に明滅した鉱山の残影に思いを馳せ、さらには八十里越の裏街道を探し歩くようになった。それは無人の山野をさまよう遡行と異なり、山と里びとの融合の在り処を訪ねる旅でもあった。里びとにとって、暮らしと密接に関わって欠かすことのできない只見川の中流左岸流域は、私たちに地域研究の新たな対し方と楽しみを教えてくれたのだった。

只見沢ムス沢　六時間（浅草岳まで）

鬼ヶ面山は、浅草岳の爆裂火口である。遠くから眺めると、角を生やした鬼に似ているためその名が付いた。その東壁は、谷川岳（一九七七メートル）の一ノ倉沢に匹敵するほどの険しい岩壁を形成する完全な登攀領域で、しかも記録も多いため対象から外したが、それでも、比較的やさしそうな数本を遡行、登攀した。ちなみに、ム沢は本流の地方名である。

田子倉湖のレストハウスを発つ。ほどなく幽ノ倉沢を分け、ゴルジュ帯を進むと一五メートルのカオスの魚止。カオスは混沌の意味なので、おもしろい滝の名前だと思ったが、その後の調べでカワウソのことだと知る。すなわちカワウソ返しの滝である。好物の岩魚が棲まなければ、カワウソも登ってこないということだろう。ここは手前のルンゼから右岸を巻き上がる。滝上は一転して川原。彼方には名高い鬼ヶ面山の岩壁が立ち上がってくる。

スノーブリッジを抱えた巨岩帯を進む。大きな雪渓に覆われた分岐が三俣で、これを右にとる。スラブ帯の裾を左にまわりこむと一五メートルの直角に落ちる滝。これを左から越えて奥の二俣。右がム沢のはずだが、どう見ても左のほうが水量は多い。右俣を進むと川原がつづき、水も減って源頭の様相で幾分拍子抜けする。

小滝を越えると二〇メートル滝。右壁を登ってすぐ四〇メートル滝が現われる。右俣の三〇メートル滝上滝を登り、滝上をトラバースして四〇メートル滝上に出る。六メートル、四メートルと滝を登り、水を落とさぬ二段五〇メートル滝はスラブのフリクションで登る。

稜線は近く、正面には山頂が見え、その下に奥壁を抱えている。右方のルンゼを行けば難なく稜線に立てるだろうが、遡行充足度がいまひとつで、奥壁を登って帳尻合わせをしようとしたのだが、この壁が悪かった。一五〇メートルも登ると傾斜が立ち、ザイル二ピッチで山頂よりやや鬼ヶ面山寄りの草原に出た。

只見川割石沢中俣下降　六時間四十分

遡行したのは、毛猛沢に近い末沢《すえざわ》川の横倉沢で、鬼ヶ面山の南峰（南岳ではない）に立ってから、南峰東南稜とマンモス尾根を左に見ながら、割石沢中俣の下降を開始する。この下降が悪かった。

源頭は急峻でガレている。しばらく下ると一五メートル滝で、早くも懸垂下降になる。両岸スラブの岩壁なので高巻きを避け、あえて懸垂下降を連続する。五回の左岸の懸垂下降で、左俣を合わせる雪渓は東南稜の末端を巻き下り、一五メートル斜滝を横目に見て、二〇メートル滝を左から懸垂下降する。ここまで懸垂下降が六回。使ったハーケン六枚。スリング八本を費消。散乱する悪いスノーブロックを左から大きく高巻いて雪渓に降り立ち、角次《かくじ》沢を確認して只見川本流に出合い、薄暮のなかタープを張る。

翌日の継続をあきらめ、ゆっくり起きて下降をつづけ、カオスの魚止を左から巻いて、幽ノ倉沢出合からで登山道に上がる。

只見沢幽ノ倉沢裏ノ沢　五時間（浅草岳まで）

登山道から幽ノ倉沢に入って設けた幕場を七時に発つ。本流を分け、二ツ岩沢を分けるとゴルジュになる。二段五メートルチョックストーン滝を登り、すぐ上の四メートル滝は滝身を突っ張りで越える。五メートルのチョックストーン滝を越えると沢はいったん川原状になるが、すぐ四メートルのチョックストーン滝で、しばらく川原がつづく。

やがて明るい沢筋に滝が連続するようになる。いずれも右壁を快適に越えていくが、一〇メートルスラブ滝は手が出ず、右岸を小さく巻いて落ち口に立つ。左右圧倒的なスラブ帯になり、崩れたスノーブロックの積み重なった沢床を進む。

右岸上部の尾根から落ちるように見える滝が合わさると七メートルチムニー滝である。ホールド・スタンスともに微妙で、ナッツでランニングビレイを取って登る。この辺りは両岸スラブが迫り、まるで井戸の底にいるかのようである。四メートル滝は取り付けず右岸を巻くが、見下ろすゴルジュには滝がつづき、懸垂下降で降りるにも支点がなく、正面の扇状に広がるスケールの大きな一〇メートル滝の落ち口まで巻く。

以後も滝が連続し、一〇メートル、四メートル滝は風化した左岸のスラブを巻くが、四、四、六、六メートルとつづく滝は細かいホールドで快適に登る。

最後の六メートルスラブ滝を越えると、か細い水流のスラブ状となり、ショルダーや手足の突っ張りで越えていく。

ルンゼが尽きると奥壁が展開する。奥壁といっても小規模なもので、あいだを縫うようにつづく灌木を腕力で乗越し、藪を北上して山頂直下の登山道に出た。

叶津川流域

叶津《かのうづ》川は、只見川中流左岸流域の中でも最大の支流で、只見川と合流する叶津の集落には、一八六九（明治二）年まで存続した口留《くちどめ》番所が現存している。

番所が絶えて以降も、番所の世話役を代々担った長谷部《はせべ》家が住み、その後、市川学園山岳OB会の坂本知忠氏が所有し、現在は只見町が管理している。

口留番所は、幕府が設けた関所の地方版で、八十里越を通る人別や物資の検《あらた》めを行なった。八十里越については、別稿のコラム②「八十里越とゼンマイ採り」で述べるが、長く点線国道（車の通れない国道のこと）だった古道を、通年道路にしようと一九八四年に工事がはじめられ、ようやく二〇二六年に開通する決定が近年発表された。

四半世紀に及ぶ遠大な計画だが、この道路が完成すると地元民の暮らしは激変するはずである。便利は必ずしも繁栄を生まない。暮らしを便利にしようとして山中まで拓いた車道を、山奥の人びとが逆にたどって山を捨て、無人の集落が増えた例は全国各地にある。それまで最奥の地だった只見の人びとにとって、新潟県三条市まで二時間近く短縮することになる国道の開通が、生活圏の拡大をもたらすにせよ、はたして山里の繁栄に繋がるものか、しかと考えねばならないだろう。

私たちの活動は、そのまま国道工事の進捗と合致する。年を追うごとに車道が奥へ奥へと進んだからである。したがって本項では工事の影響の少ない、芳《よし》沢（赤崩沢）と叶津川の二俣から解説し、二俣の下流は芳沢の項で述べる。

入叶津からつづいたゼンマイ道は、車道に踏襲されてしまったが、いまでも越後（新潟県三条市）と会津（南会津郡只見町）を結ぶトンネルの福島側の入り口からゼンマイ道を歩くことができる。

叶津川本流　六時間

芳沢（赤崩沢）を分けた叶津川本流は、滝はないが甌穴の釜が連続し、時にきわどいへつりを強いられる。ゼンマイ道を合わせて巨岩帯を登ると、富貴《ふき》平《だいら》銅山のあったフキ平で、左岸にはいまもフキガラ（鉱滓《こうさい》）や精錬跡地が遺されている。

渓が狭まると大きく右へ曲り、五兵衛小屋に抜ける八十里越の裏街道の小沢を越えると小滝が連続し、左岸のゼンマイ道から大きく高巻く。一対一の二俣を右に進むと二〜三メートルの小滝が連続して現われ、源頭の様相。沢の水が尽きると急な草付スラブになり、慎重に通過する。あとは軽い藪漕ぎで尾根に出て、芳沢を下降する。

芳沢（赤崩沢）本流　七時間

浅草岳登山口の先にあるゲートから、一般車は通行できないが、私たちは地元の知人に頼んで奥まで入れてもらう。地元民は仕事の場でもある山に、いつでも入る権利があるからだ。

叶津第二トンネルを抜けると、木ノ根沢に架かる橋を渡って車を停める。すぐ先の路肩から川に下りる小道がある。そこには河岸段丘が広がっていて、ブナの古木の群れの中に一条の仕事道がつづいている。段丘の端で小沢を横切り、さらに低い川岸の台地に下りると御前《ごまい》平である。台地が尽きた地点で叶津川を徒渉すると、左岸にもゼンマイ道が延びて、本流と芳沢の出合までつづいている。

本流を左に見送ってしばらくのあいだ、叶津川がもっとも美しい景色を見せる流れになる。流れが足首近くまで水嵩を減らす秋は、両岸の紅葉が静かな川面に照り映え、春はブナの新緑が、清冽な流れを淡い緑に染め上げる。ここまで滝はない。

三十分も歩くと右から引入沢が入る。左の高台にゼンマイ小屋の跡。ここから一転してゴルジュになるが、相変わらず滝は出てこない。しばらく進むと、大きな釜をもつ二条八メートル滝が現われる。これは左壁の左端を簡単に登るが、数年前に訪れたときは下部が崩れていて、少しだけ難しくなっていた。

滝上から渓は闊達に開ける。小滝をひとつ越えて進むと、右から赤崩《あかくずれ》峠に突き上げる小沢が入る。その出合の台地が赤崩の小屋場だ。細くなった流れをたどると、左にフキ平に抜ける山越えのゼンマイ道があり、その先で左から芳沢本流が入る。この沢を岩魚沢とも呼ぶのは、源流一帯の種沢になっているからだ。

すぐに大釜をもつ一五メートル滝になり、左岸の細かい足場を使って登る。川原がつづくと二俣で、左に入ると傾斜が強まる。右壁がスラブの一〇メートル滝を高巻くと四～五メートルの連瀑で、やがてスラブのなかに三〇メートル大滝が出てきてこれを高巻く。涸滝を三つ登って藪を少し漕ぐと、叶津川本流とのコルに出る。

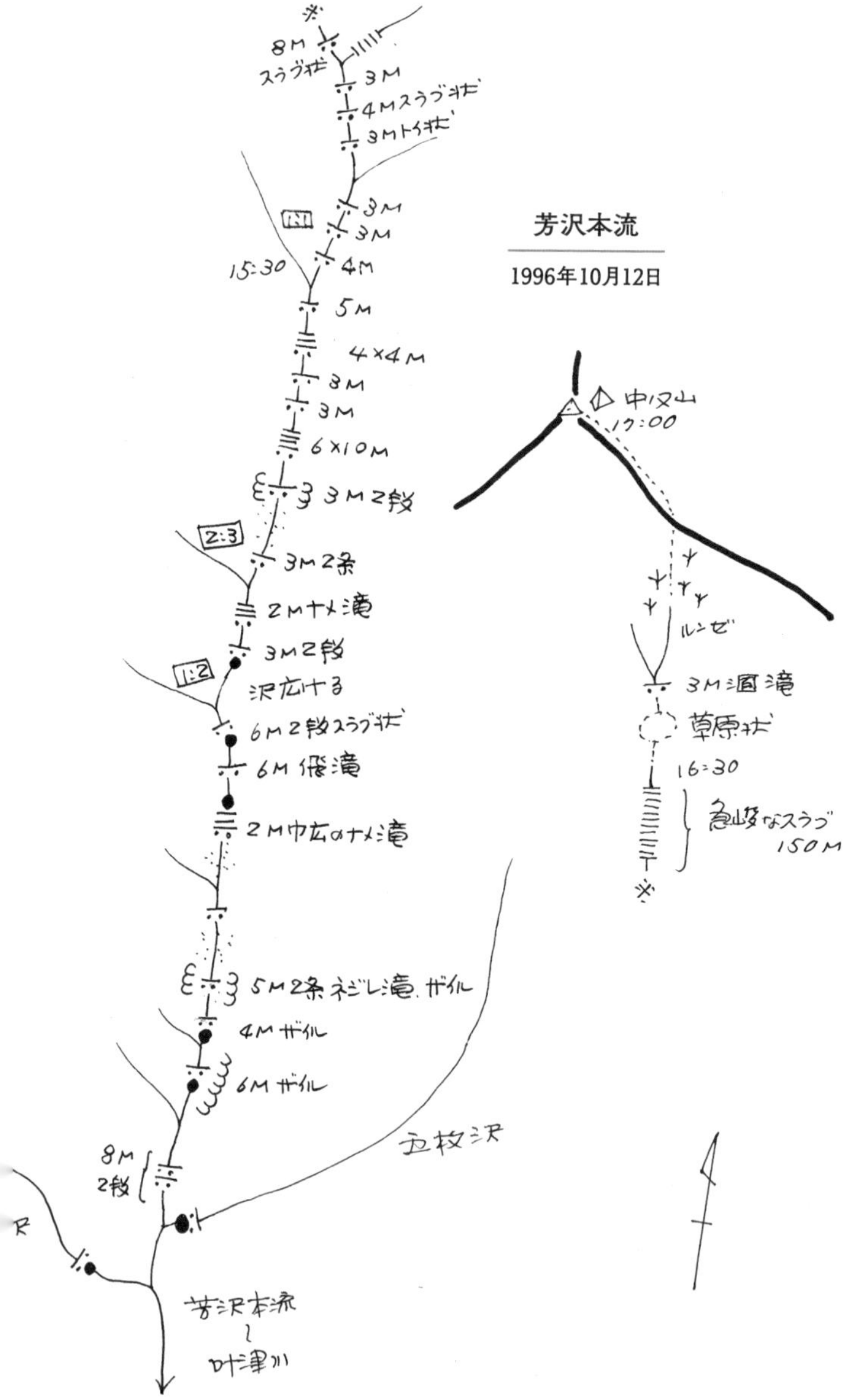

芳沢本流

1996年10月12日

赤崩沢　三時間三十分

叶津川の右俣になる芳沢は、地形図ではすべて赤崩沢だが、実際は細かく名前が分かれている。唯一名前の残る赤崩沢は中ノ又山から落ちる沢で、隣の五枚《ごまい》沢の平穏に比べ、芳沢流域ではもっとも悪い沢である。

五枚沢の最初の滝を右に見送ると、すぐ二段八メートル滝で、つづく六、四、二条五メートル滝を、それぞれザイルを使って登る。六メートル滝がふたつつづくと沢が開け、さらに小滝が連続する。源頭のスラブ状八メートル滝を越えると、長さ一五〇メートルの急峻なスラブで、高度感もあり緊張を強いられる。

スラブの上で小さな草原が現われ、三メートル涸滝を過ぎてルンゼを登り、五枚沢との中間尾根に出て藪を漕ぐと中ノ又山はすぐであった。

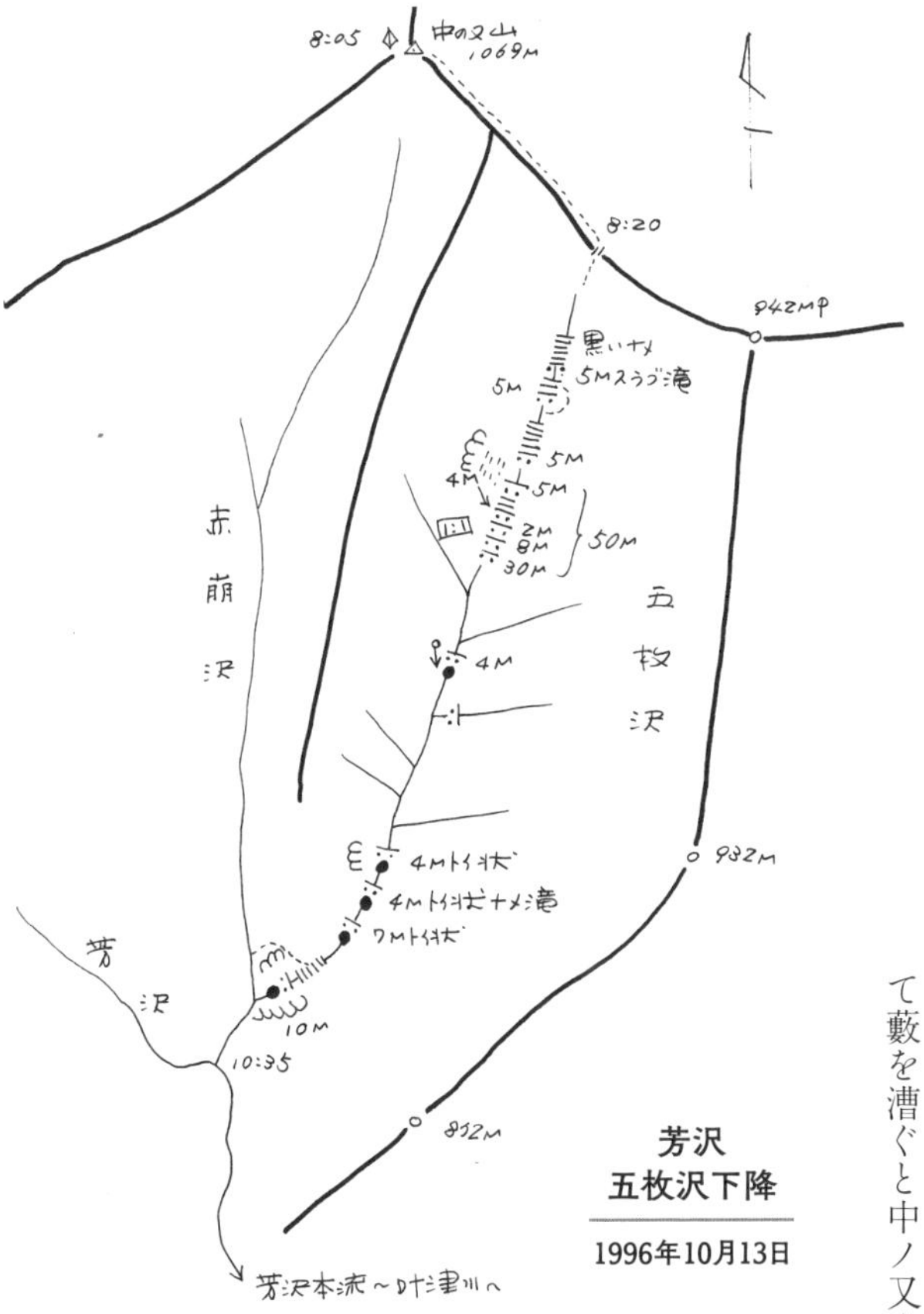

芳沢
五枚沢下降
1996年10月13日

五枚沢下降　二時間

赤崩沢と並行し、いずれも中ノ又山を水源とするが、こちらのほうがはるかに明るくやさしい。したがって初見以降、中ノ又山への登高は五枚沢が定番であった。

中ノ又山から険悪な赤崩沢に入らないよう、九四二ピークの中間まで藪を漕ぎ、コルから五枚沢に下りる。

黒いナメが出てくると五メートルスラブ滝。その下の五メートル滝は左岸を巻く。多段の連瀑は、五〇メートルの緩い傾斜の大滝を形成している。あとは四メートルのトイ状滝をふたつ、七メートル滝を下りると、出合の深い釜をもつ一五メートル滝で、右岸のゼンマイ道を使って巻き下りる。

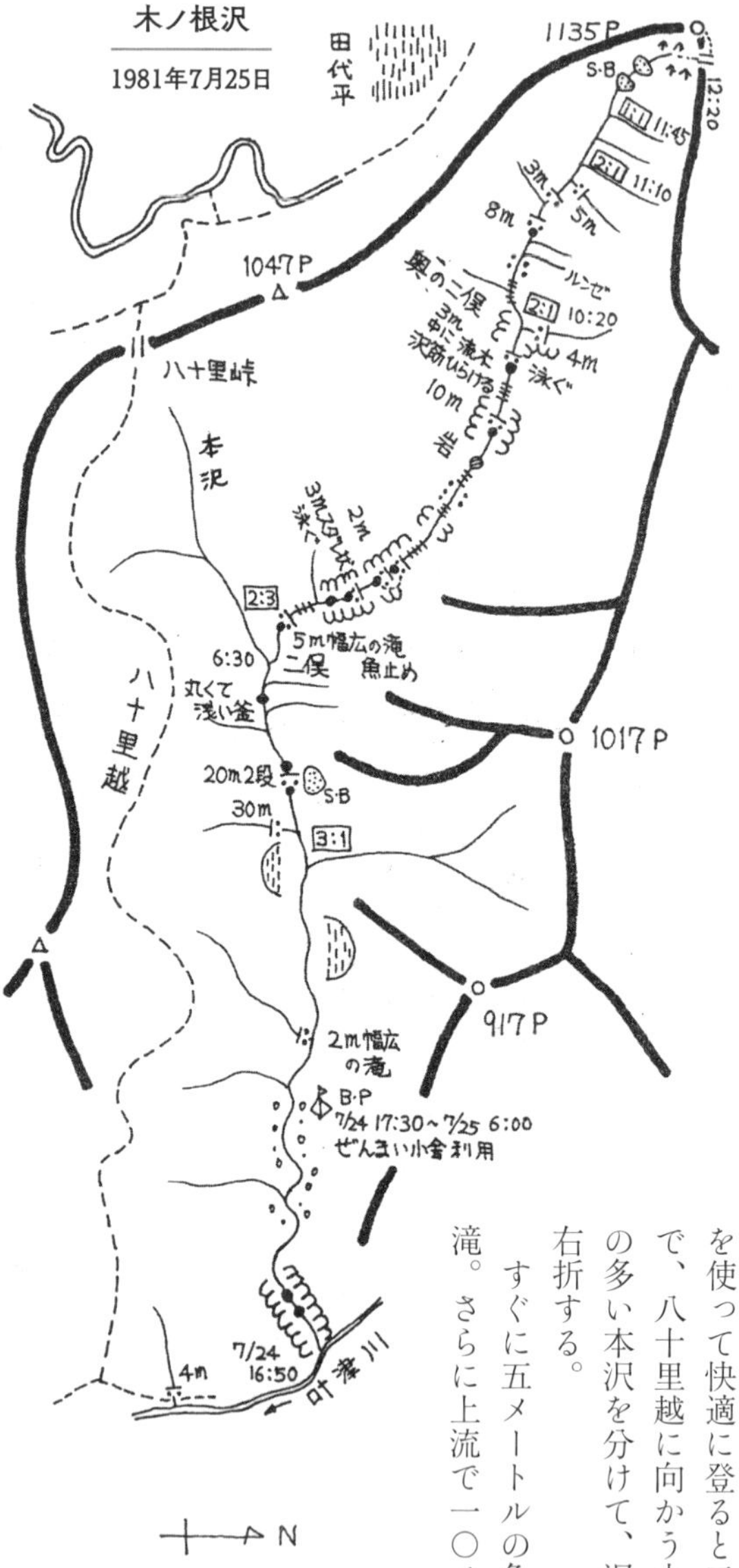

木ノ根沢　七時間(鳥越峠まで)

八十里越の古道を見送って、初めて左から入る沢である。叶津川に注ぐ下部は短いゴルジュで、ゼンマイ道は、その上を通っていた。いまはその道が、新八十里越の国道としてよみがえりつつある。

　ゼンマイ小屋跡まではなにもない。沢幅いっぱいに広がる二〇メートル滝は、細かい手足のホールドを使って快適に登ると二俣で、八十里越に向かう水量の多い本沢を分けて、沢は右折する。

　すぐに五メートルの魚止滝。さらに上流で一〇メートル滝を越えると奥の二俣を左に入る。細流をいくつか迎えて藪を漕ぎ、鳥越峠に出て、直下を走る八十里越から叶津川への古道をたどる。

大三本沢　九時間（浅草岳まで）

小三本沢とともに浅草岳に突き上げる沢である。出合から右岸に車道が延びているが、かまわず沢を進む。川原を三十分で小三本沢と出合う。小さなゴルジュを楽しみながら越えていくとふたたび川原で、特筆する滝もないままたどると、長さ五〇〇メートル、幅一〇〇メートルほどもある源頭の湿原に出る。振り返れば御神楽岳を背に遡ってきた大三本の流れが、ひと筋の糸となって風情ゆたかである。

最後の藪漕ぎは予想していた。この藪の存在によって、大三本沢源頭の湿原は、いまだ人跡未踏かもしれないと思えるほどの、それは見事な趣のある湿原であった。

背丈を越える灌木と笹藪を水平に小一時間漕ぎ、天狗の遊び場上の登山道に出た。

小三本沢　五時間（浅草岳まで）

大三本沢を分けると小滝が三つ。あとは白濁した流れを進む。右岸から石灰成分が流れ出しているらしい。沼ノ平の手前で登山道が横切るが、このあたりは地質が脆く、現在は通行禁止になっている。

安沢出合で、沼ノ平を通過した登山道にふたたび出合う。小三本沢は沢としては小粒だが、登れる滝が連続し、楽しく遡っていくと四段七〇メートルの大滝にぶつかる。下段は四〇メートルで、ザイルを使って登り、上段三〇メートルはシャワークライムで越える。大滝の上部は藪っぽくなるが、突然天狗の遊び場の雪渓に飛び出すと、頂上は間近である。

餅井戸沢　六時間三十分（浅草岳まで）

この沢には流域にはめずらしく川原がない。ナメ床は、めずらしくも美しい緑色凝灰岩（グリーンタフ）である。餅井戸《もちいど》橋からもうがけ沢（もかけ沢）の手前まで、堰堤沿いに車道が延びている。もうがけ沢からつづく山道は、山越えで田子倉湖までつづいていると聞いた。歩いたわけではないため不明のままだが、地形図にはいまでも破線が延びている。これを見送ると六、四メートル滝がある。釜をもつ同じような滝が点々とつづくと、左岸上部に一〇〇メートルの長さのスラブ状岩壁が連なっている。

すぐ先の二〇メートル滝が魚止。その上の三十五メートル滝と合わせて二段五十五メートル滝を構成していない。下段を問題なく登り、上段は右から大きく高巻く。五メートルのスラブ状滝を登ると二俣で、小さな両門状の滝がある。左の四メートルトイ状滝を登り、四メートル斜滝を過ぎると雪渓がいくつか出てくる。二〇メートル滝は水流の左壁を登る。

あとはスノーブロックが散乱する源頭を進み、薮漕ぎ皆無で天狗の遊び場上部の登山道に出る。山頂までは十五分であった。

叶津川のそのほかの沢

叶津川下流の左岸にある滝ノ沢、平石沢はゼンマイ道に導かれる平易な沢である。いわゆる、南会津の原郷のような渓である。対岸遅《おそ》沢は、出合の両側にゼンマイ小屋があった。遅沢左岸の尾根には、八十里越の中道が通っていた。遅沢は、落差五メートル以下の滝が十本ほどのやさしい沢である。

只見川本流に近い小滝沢と葡萄《ぶどう》沢も、遡行興味を引く沢ではなかった。

蒲生川流域

蒲生《がもう》川には、戦後しばらく開拓集落があった。敗戦の窮乏を救おうとして、全国に展開した国策で「戦後開拓」と呼ばれたが、その多くは失敗に終わった。蒲生川の暁《あかつき》開拓地もそのひとつで、土地を無償で手に入れて、ナメコ栽培やホップ栽培などを手掛けたものの、どれも成果を見ないうちに疲弊して山を下りた。現在は、その開拓跡地がワラビ畑になっている。

蒲生川本流左俣　五時間三十分（雲河曽根山まで）

林道ゲートから一時間ほどで終点に着き、沢に下りる。すぐ左が岩茸《いわたけ》沢、右が塩沢寄手《しおざわよりて》沢との三俣で、十字峡と呼ばれている。左のゼンマイ道を少し進んで沢に下りる。

ゴルジュの中の四メートル、六メートル滝は右から巻く。スノーブリッジをいくつか越えていくと井戸状の四メートル滝で、これを右から巻いて白滝沢を合わせる。七メートル滝は左のスラブから大きく巻き、四、七、四メートル滝をふたつ越えると二俣に着く。

左俣に入ると小滝の間に六〜一〇メートル滝が点々とつづき、同水量の二俣を左に採るとスラブ状の階段滝一〇〇メートルが現われる。この上で三俣になり、左の支流を登って雲河曽根山西方のコルに立つ。

蒲生川本流右俣　四時間（雲河曽根山まで）

左俣を分けると、一二メートルスラブ状滝を右から巻く。小滝をいくつか越えると、この沢最大の直瀑、二段四〇メートルの本滝で、右から巻くと、あとは問題なく雲河曽根山東方の肩に出る。

岩茸沢～大官袋沢下降　五時間三十分

両沢は蒲生川本流上部右岸の有力な支流だが、岩茸沢は稜線まで五メートルと六メートル滝がわずかにあるだけで、まったく平凡。下降した大官袋《おおかんぶくろ》沢も、小滝がつづいて快適にクライムダウン。ゴルジュ手前の二段一三メートルの逆くの字滝は、なかなかおもしろい下降であった。ゴルジュは両岸低く、手足の突っ張りで下ると川原になり、堰堤を越えると蒲生川本流に着く。

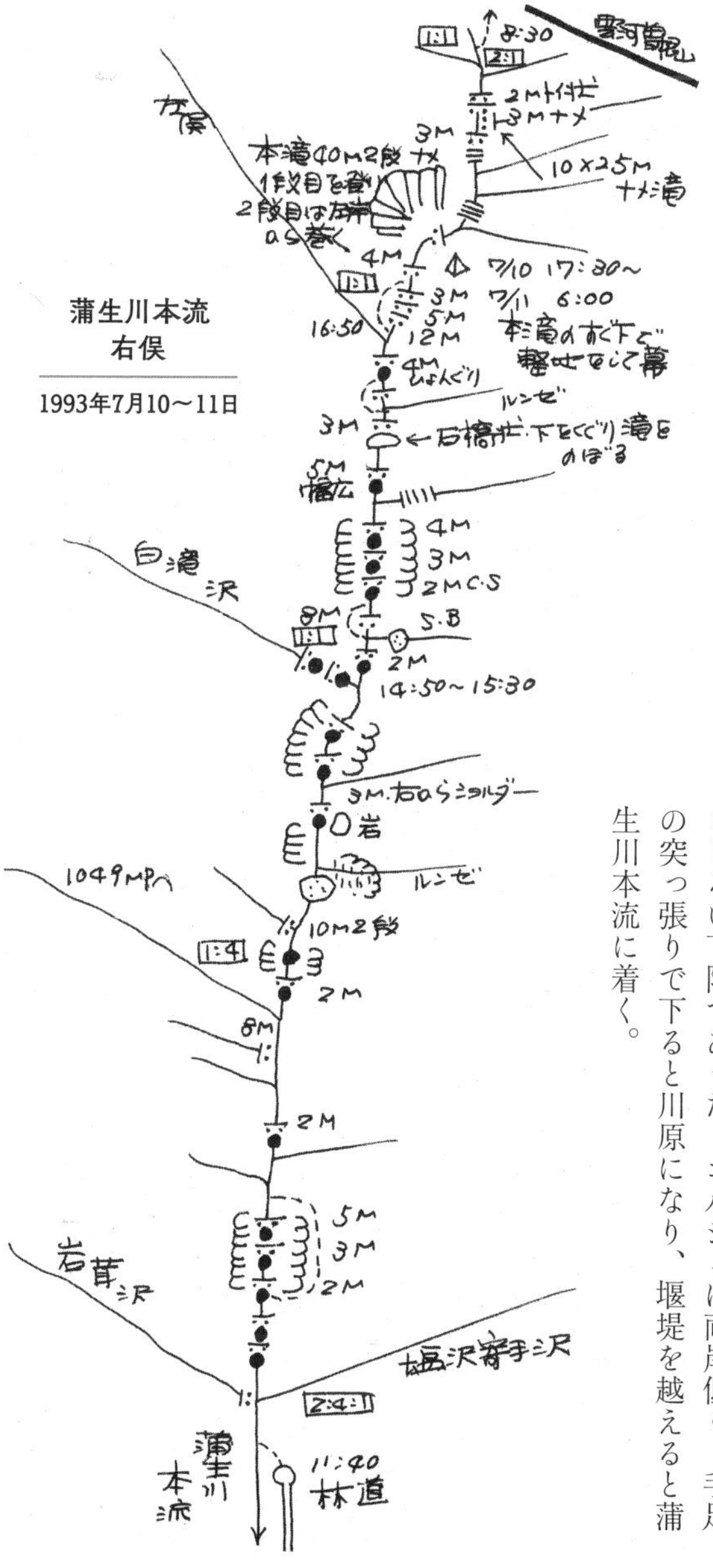

蒲生川本流
右俣
1993年7月10～11日

持場沢左俣・右俣、井戸ノ沢右俣　いずれも三時間三十分

左俣が持場《もちば》沢だが、右俣の井戸ノ沢のほうが本流だろう。井戸ノ沢を登って稜線に立ち、新潟側の室《むろ》谷《や》川に下って、さらに山越えをして持場沢を下降する周遊を計画したが、天気が味方せず、持場沢左俣から稜線の小金花山西方のコルまでピストンするにとどまった。小滝が連続する、おだやかな渓であった。

　また数年後に持場沢右俣を登る。出合の三段一二メートル滝を左から登るとナメ状小滝が連続し、トイ状四メートル滝と三段五メートル滝は右岸を巻く。次の八メートル直瀑は右のチムニーから越え、ナメ滝をいくつか登って小金花山に立つ。

　私たちはこの山を「こきんかやま」と呼ぶが、『コンサイス日本山名辞典』(三省堂)によれば「こがねはなやま」らしい。

　さらに数年後、井戸ノ沢右俣に入って室谷川への山越えを企てたが、稜線直下でリングワンダリングをしでかし、ふたたび井戸ノ沢に迷いこむという失策を犯した。井戸ノ沢も、おだやかでやさしい沢であった。

大白沢　六時間三十分

出合の堰堤は、そのまま進むと泥沼にはまる。ここは本流の上手にある朽ちた吊橋の下の流れを渡り、左岸のゼンマイ道を進むのである。水の少ない時期なら、ゼンマイ道から沢に下りて遡行してもいい。下部はゴルジュ模様だが、水が少なければ問題はない。

　ゼンマイ小屋の跡地が支流の出合にふたつあり、奥壁スラブまで遡行の難しさはない。上流にも小屋場がふたつ。ひとつは手前の円形上の台地にあり、いまひとつは奥壁の基部にある。傾斜の緩い奥壁そのものを登ってもいいが、右手の支稜にも踏み跡がある。これをたどって稜線に立ち、中ノ又山まで藪を漕ぐが、五枚沢上部をトラバースしたほうが早いかもしれない。

小白沢下降　四時間

小白《こしら》沢は蒲生川左岸の沢で、大白沢の対岸下流にあり、塩沢川立安《たてやす》沢から継続する。

笠倉《かさくら》山北西の八四九ピークから下降する。上部は急で灌木懸垂下降を多用する。上段がハングした八メートル飛瀑を左から巻くと、右岸上部に岩塔を見

る。いくつかの雪渓を処理して下ると、右岸の台地にゼンマイ小屋場があり、すぐ下で清作《せいさく》沢を合わせると、蒲生本流まで小一時間であった。

清作沢下降　二時間

只見川本流から直接延びる小塩沢倉前沢から継続して下降する。

わずか二時間で下ったこの沢の白眉は、両岸にスラブを抱えた六〇メートル大滝の存在であった。地形図でも予測できず、単に蒲生川と繋げるために安直に選んだ短い沢だっただけに、この大滝の出現には度肝を抜かれた。まるで奈落の底であった。正直に言えば、滝上に立っただけで尿意を催した。

弱点などどこにもなく、松の根っこから二十五メートルの懸垂下降で中段のテラスへ。ここにハーケンを一枚打って、さらに二十五メートル懸垂下降するが、これでも足りず、もう一枚ハーケンを打って一〇メートル懸垂下降し、やっと滝下にたどり着く。

現在のようにハーケンもハンマーも持たず、三〇メートルザイルだけだったならば、この滝の下降は到底不可能であった。

この大滝の三回の懸垂下降で一時間は費やしているはずなので、滝がなければ、清作沢の下降自体は一時間もかかるまい。人知れぬ山中に忽然と現われて水を落とす神秘に畏敬を抱く。いやあ、長く沢をやっているといいことあるなあ。

ちなみに女性との二人旅で、緊張の度合いが一桁違っていたことを告白しておく。百戦錬磨の女性ではない。私が下ったあと、事態の意外な展開に懸垂下降の手順を誤らないか、あるいは下降をはじめてから、タイオフ(※註)など予期せぬ窮地に陥らないか。

メンバーが三人以上なら、ひとりを落ち口に配置すれば適切な助言ができ、下降を開始してからも有事の対応が可能なのだが、ふたりではそれができない。そんな不測の事態への懸念が、緊張を増幅させた要因であった。

※註　ザイルがエイト環（下降器）に固定されて動かなくなってしまう状態のこと。

真奈川　八時間(赤崩まで)

遡行対象の沢として見るべきものはないが、景観として見るなら比類なき美しさである。

左岸に沿って延々とゼンマイ道が延びている。この沢は八十里越の裏街道なのである。途中に鉱山がふたつあったため、水が悪く、中流以下には岩魚が棲まない。

ゼンマイ小屋は、以前ならすべての支流の出合にあり、裏街道の道筋を尋ねると、お茶を振る舞って教えてくれたものだった。

最奥の赤岩の小屋場から沢らしくなり、これを過ぎると、切り付けが並ぶブナ林の中の山道で、赤崩峠を越えると赤崩の小屋場まで小一時間もかからない。

塩沢川流域

塩沢川の右岸には、上田哲農の『山とある日』（中公文庫）に収められた笠倉山がある。標高わずか一〇〇〇メートル足らずだが、塩沢川から五〇〇メートルの標高差をもつピラミダルな山である。下流の本名御神楽の東方にも同名の山があるが、あちらではない。

塩沢川の源流には馬尾《まのお》滝がある。落差六十五メートルといわれ、近年は滝マニアが訪れるようになった。名前の由来は馬の尻尾で、垂直の優美な滝である。別名「二十四丈滝」とも呼ばれる。二十四丈は、計算ではほぼ七十二メートルになるが、昔の人が正確に測ったはずもなく、感覚として名付けやすかったのであろう。

只見川との出合に、昔は無人の温泉小屋があった。掘っ立て小屋で、深夜到着して宴会仮眠の場に使わせてもらったものだ。塩沢の名前は、この近くで山塩を産したことによる。

便宜上、只見川に直接注ぐ小塩沢と只子《ただこ》沢を含める。

塩沢川本流　五時間三十分（雲河曾根山まで）

林道終点から踏み跡をたどり、笠倉沢出合に下りて遡行を開始する。最初の五メートル泣き滝は右から巻く。きれいな青い大岩の点在するゴーロを遡り、左岸から三段三〇メートル滝を合わせると、右岸から水量豊富なカヤガリ沢を迎える。狭いゴルジュを過ぎると馬尾滝の登場である。左壁のルンゼを登り、滝上から走る尾根を越えて滝上に出る。

二〇メートル滝を左から巻くと水量の減った階段状のナメを登り、最後はボサをかき分けて雲河曽根山の南峰に立つ。

泣き滝沢下降　二時間二十分

滝沢川幽ノ沢左俣から継続する。藪をかき分けるとスラブ帯で灌木を利用して下るが、最後は四メートルの懸垂下降となる。いくつか滝を下るとナメになり、三、八、六メートルと滝を下ると大滝四十五メートルが現われる。

右岸は広い岩壁でとても下れず、巻くとすれば左岸だが、厄介そうなので懸垂下降する。下降して見上げると、水量が少ないので威圧感はなく、難しいだろうが直登も可能に見えた。すぐにゴルジュで小滝をいくつか下る。あとは小さな廊下やナメを滑り台のように楽しみ、泣き滝上の塩沢川本流に出る。

笠倉沢　三時間

笠倉山は、笠倉沢と立安沢に囲まれている。入渓してすぐの五メートル滝はハングしていて登れず、左岸の草付を巻くと小ゴルジュで、小滝が多い。

暑い夏だったが分厚いスノーブリッジが連続し、苦労して越えていく。ゴルジュが現われると二俣で、水量が減り、沢は倒木で歩きにくい。水流が途絶えて窪がつづき、難なくコルに着いて往路を下る。

なお、二俣を左に入ると四段二〇メートル滝があり、小滝がつづくと細いナメが二〇〇メートル延びて、八四九ピークと笠倉山のコルに出る。

つづけ安沢（つづけやす沢）下降　二時間三十分

取り立てて難しい沢ではないが、この辺りの典型的な渓の様相で、上部に急峻なスラブ帯をもっている。もちろん、このスラブは下れるはずもなく、各スラブを分断している草付帯を下るのだが、なにしろ急峻。灌木懸垂（※註）もたびたびで、腕力の消耗と緊張でへとへとになる。

出合の塩沢林道が間近に見え、対岸の笠倉山が、こちらの苦労を知らぬげにたたずんでいる。巻き終えると、あとは平坦な沢を小走りで通過する。

※註　灌木を両手でつかんで下りること。

立安沢　五時間三十分（笠倉山まで）

出合は平凡。最初の小ゴルジュには残置ロープがある。小滝をいくつか越えた一五メートル大滝は左壁をシャワーで快適に登る。次の柱状節理の一〇メートル滝も右壁を快適に登る。この上で二対三の二俣を右に進むと、沢はおだやかな平流になる。右岸にはゼンマイ道がしばらくつづく。

こぢんまりした沢筋は楽しく登れる。次第に両岸の藪がうるさくなり、浅いゴルジュと甌穴状のナメの小滝がつづく。小さなスラブを登りきると、八四九ピークと笠倉山のコルで、荷を置いてピークに向かう。鉈目こそないものの、ところどころ獣道はあり、比較的歩きやすい。ちょうど一時間で笠倉山の山頂に着く。

小塩沢倉前沢左俣　三時間十五分

小塩沢の林道は、倉前沢の二俣手前まで入っている。倉前沢自体は、通称「イモ沢」、すなわち、なにもない沢だったが、二俣から稜線までの半分くらいの場所に不思議な「道」を見つけた。スマホなど影も形もなかった時代で、現在地を特定できなかったのが無念である。

沢を横断する幅広い歩道のような道で、ブナの並木に無数の鉈目が刻まれていた。その一部をメモしてあったので、ここに紹介すると、「少女二十三人引キ連レテ登ル」「祈健康六十五歳」などなどで、山が里びとの畏敬の対象だった時代の、たしかな痕跡であった。

倉前沢はすぐ二俣で、これを左に入り、すぐの二俣を右に入ると、この沢唯一の五メートル滝を越える。つまり八四〇ピークをめざせばいいわけで、入渓から一時間半、ピークまでの半分だから、おおよそ標高六〇〇メートル前後の平地付近と推定する。荷を下ろして道の行方を捜してみたが、すぐに藪に消えて困惑した覚えがある。

あれからすでに四十年が経過した。なぜいままで再訪しなかったのかも不思議だが、いまもなお、あの幻の道は健在だと固く信じている。来春はブナの新緑に染まり、エゾハルゼミの声を聴きながら、酒とタープを背負って、あの正体不明の古道探訪に向かわねばなるまいと思っている。

只子沢　四時間（高盛東山まで）

この沢の下流は、南会津郡と大沼郡の境界になっている。源頭は高盛東《たかもりひがし》山である。

国道二五二号の橋の脇から入渓する。崩れた堰堤を越えると小滝がつづく。二俣上の六メートル滝は右から巻く。小滝と釜の連続を、両足の突っ張りで越えていく。現燈《げんとう》山からの流れを右から入れると水が減り、三メートル滝をふたつ越えて、この沢最大の八メートル滝。これを右から越えると、沢は明るく開けてくる。

沢が傾斜を増し、いくつものスノーブリッジを越えると三俣で、中央の窪をつめて高盛東山に立つ。

滝沢川流域

滝沢川には昔、県境稜線を越えて室谷と一日で行き来した里びとの伝説があった。奥の二俣には近年までゼンマイ道があり、そこから尾根を越えればすぐ下が古道を踏襲した林道室谷本名《ほんな》線なので、あるいは可能だったのかもしれないが、いずれにしても健脚でなければ叶うまい。

下部と上部にきびしいゴルジュがあり、下部ゴルジュを避けて林道につづく踏み跡が二《に》ノ平《ひら》を過ぎて、もちいと沢まで延びている。二ノ平の手前で、この沢最大の支流である幽ノ沢が左から入り、沢向こうの右岸に山の神の岩屋がある。

上部ゴルジュは、風呂桶を何個も重ねたような、美しくも険悪なもので、これを越えた右岸に信じられないような快適なゼンマイ小屋場が現われる。とてもゴルジュを越えたものとは思われず、数年をかけ、何度か逆方向に歩いた末にようやく見つけて納得した。すなわち、二ノ平を過ぎて最初の急な右岸支流を遡り、踏み跡を頼りに水平に山肌を横断していけば、ワラビ平の二俣の小屋場に行き着く。春の一時期しか歩けない難路とはいえ、山びとの知恵は、いつも私たちの意表を突く。

上部ゴルジュはいちど通過すれば充分で、二俣上の滝沢川は、隣り合う塩沢川や蒲生川や霧来《きりきた》沢の継続中継地として欠かせず、二俣の小屋場もまた、快適な泊まり場を提供してきたのである。

滝沢川本流左俣左沢　八時間

二ノ平上部の発達したゴルジュと連続する滝、美しい釜で構成された渓筋は、流域の中でも白眉。水量と滝の規模から、左俣左沢が本流である。

狩場小屋沢までの三つの釜と四つの滝の異形と美しさは、なかなか見られないものだった。三メートル滝を登り、風呂釜と呼んだ二段九メートルの魚止滝を越えて狩場小屋沢が出合う。さらにゴルジュがつづくが、雪渓が多くなり、連瀑の上に一〇メートル滝がある。この一〇メートル滝は、右のルンゼから壁を登り、ブッシュ伝いにトラバースして滝上に出ると二俣で、左俣の左上にゼンマイ小屋がある。

ゼンマイ道を使い、一〇メートル滝を巻いて奥の二俣。二段二〇メートル滝は右壁から巻き、二十五メートル滝は左壁を直登する。あとはブナの大木の急な雪面をつめて、貉ヶ森山と雲河曽根山のコルに出る。雲河曽根山まで十分であった。

滝沢川左俣右沢　三時間二十分(貉ヶ森山まで)

水量の多い左沢を分けて右沢に入ると滝が連続する。すべて登れる滝で、途中からナメ滝が多くなる。奥の二俣は、水が少ないが山頂に近い右に入る。

分岐の右に懸かる黒い五メートル滝は、扇を開いたようなきれいな形をしている。両岸のボサがうるさくなり、軽い藪漕ぎで稜線に出ると、山頂は目前であった。

滝沢川右俣左沢　四時間

ワラビ平にあったゼンマイ小屋下の小沢から本流に下りる。水量比は左俣が圧倒的に多く、右俣は三分の一というところか。

くの字状の三メートル滝を越えると雪渓が断続し、上を越え、下をくぐりして進むと二俣に着く。左沢に入ると二メートル、三メートルと釜をもつ滝が連続し、チョックストーンをもつハングした三メートル滝になる。これは登れず左から巻く。スノーブリッジの落ち口に懸かる四メートル滝は、下り口が草付で悪く、バイルに頼って巻き下りる。すぐに安定した雪渓六〇メートルで、下をくぐる。

これを越えると両門の滝が懸かる同水量の二俣で、左に入る。二段一〇メートルのスラブ滝を直登するが、上段がきびしく空身で登って荷を吊り上げる。

一二メートル滝は取付が悪いが、右壁からフリクションと突っ張りで登ると、あとはたやすい。三メートル、四メートルとつづく釜をもつ滝を併せて右岸から巻くと源頭の様相で、左、左と遡れば問題なく貉ヶ森山に着くはずが、早めに右に振ったために東方に延びる道なき稜線に出てしまい、山頂まで一時間の藪漕ぎを強いられた。

狩場小屋沢　二時間三十分（雲河曾根山南峰まで）

本流を遡って狩場小屋沢まで四時間。沢に入ると、連続する滝は支流とは思わせない美しさを見せて飽きさせない。高幽山から落ちる小沢を過ぎると小滝が連続し、一〇メートル滝を越えると水が消える。一二メートルの涸滝の上から窪になり、藪漕ぎなしで稜線に出るが、そこからは激藪で、雲河曽根山の南方一二九〇ピークから塩沢川の下降に入る。

もちいと沢下降　二時間二十分

霧来沢の押倉《おしくら》沢から継続する。下降点は吉三坂《よしみさか》山と、かたいた倉山との鞍部である。すっきりしない沢だが、滝は多い。二対三で右岸から支流を合わせると水量が多くなる。二メートルの滑り台状の滝を下ると、左に人面状の岩塔が現われる。

沢はゴルジュになり、不安定な雪渓を処理してトイ状の五メートル滝を下ると、ほんの少しでゼンマイ道に出た。

二ノ平沢　三時間

滝沢川の左岸から二ノ平《にひら》に注ぐ沢である。なんの変哲もない沢を承知で入渓する。すぐに二メートルのナメ滝がふたつ、階段状の三メートルナメ滝、二段四メートル滝、二俣下の五〇メートルのナメ、二俣上の三メートル滝、これがすべてである。源流の藪沢を進むと平地になる。出合の川原を二ノ平と呼ぶが、この平地と合わせて二ノ平沢の命名になったのではあるまいか、などと思ったりする。

なんという名か知らぬが、小鳥の雛が飛行訓練をしており、まだ満足に飛べないその雛を手のひらに掬い上げたら、頭上で親鳥が喧《やかま》しく咎めた。

この沢には鉈目がつづいていて、上部で導かれるようにして小沢に入ると、すぐ尾根に出た。鉈目はそのまま押倉沢左俣に下っていて、試しに下ってみたら、ブナの大木に切り付けが残っていた。明治や大正のものが多く、それも霧来沢下流対岸の日出山に行ったというもので、なんとも古色蒼然とした思いになる。

おそらく、只見川が渡し船しかなかった時代の山越えの道なのであろう。われに返って尾根に戻り、袖《そで》ノ窪《くぼ》山から霧来《きりきた》沢の大松《おおまつ》沢を下降する。

幽ノ沢右俣　三時間（高幽山まで）

山の神の岩屋から男滝《お》、女滝《め》までは観光用の道が付いている。左俣の出合が女滝二十五メートルで、右俣の男滝は、六、二、五、五メートル滝の上に四〇メートル滝を懸けている。この滝を左から高巻く。あとは小滝がいくつかあり、ナメとトイ状滝が連続する。一〇メートル滝を越えると、ふたたび小滝が連続し、高幽山の肩に出る。稜線にはどこにつづくのか知らないが、明瞭な道が延びていた。

幽ノ沢左俣　二時間（高幽山まで）

女滝は右岸のゼンマイ道を高巻くが、高度感が凄い。上部で二段四〇メートル滝が出てくるが、ルートは自由にとれる。つめはスラブで、不安定な足もとに気をつけて登ると、高盛東山北の肩に出て、塩沢川のつづけ安沢を下る。

床滑沢　四時間三〇分（高盛東山まで）

滝沢川最下流の右岸支流である。堰堤の上にナメ状多段六メートル、その上に四段二〇メートル滝。二俣の上に高さ二十五メートル、長さ六〇メートルのナメ状多段のきれいな滝があってうれしくなる。

滝をいくつか越えていくと藪っぽくなり、ほとんど藪漕ぎなしで稜線に出る。高盛東山まで十五分だった。稜線には明瞭な道があり、現燈山を越えて里までつづいていそうだった。

霧来沢流域

霧来沢にあった三条集落は、平家の落人集落といわれ、山を越えた常浪《とこなみ》川の室谷集落と一対をなす。一九八〇年代前半、私たちは廃村直前の三条集落を訪れたことがある。むろん観光などではなく遡行の帰途だ。おぼろげな記憶では、三条集落の最盛期は村の戸数が三十九軒に固定され、苗字はすべて栗田姓であった。戸数が限定されたのは、それ以上分家を増やすと村が疲弊してしまうからにほかならない。

その繁栄の村が、わずか四軒程度に数を減らして私の眼前にあった。黄昏どきで、訊きたいことがあって声をかけると、ほの暗い灯りをともす土間の奥に人影が見えて、背後の座敷の神棚に蠟燭の炎が揺れていた。まるで幻想のような、哀感と抒情ただよう滅びの光景であった。

数年後に訪れたとき、すでに村は無人になっていて、廃校の分校を何度か勝手に使わせてもらった覚えがある。

三条と室谷を結ぶ林道本名室谷線は峰越《みねこし》林道とも呼ばれ、三条と室谷間の古道を踏襲して昭和の末期に開通したが、車道には向いていない地質らしく、いまでも改修がつづき、年間を通して通行可能な期間は少ない。

源頭は本名御神楽から貉ヶ森山までの稜線で、あいだの日尊《ひそ》ノ倉《くら》山には幻の大滝群がある。

また、本名御神楽の南西面は、カラ沢の奥壁を形成していて、これを通称「前ヶ岳南壁」あるいは「御神楽ジャンダルム」と呼ぶ。奥壁そのものは立っていて高度感はあるが、順層のスラブで難しくはない。カラ沢を左に分けると正面がV字スラブで、四本のルンゼがあり、多くはザイルを使わずに登れる。

この奥壁の上の稜線に、御神楽岳管理舎という避難小屋が建っており、室谷と三条から登山道が延びている。薪ストーブのある快適な小屋である。

もうがけ沢　五時間四十分

もうがけ沢は、幻の大滝群がある沢である。「もうがけ」は、毛髪のような滝を懸ける沢の意味で、塩沢川の馬尾滝と同義である。幻の大滝群と呼ばれるのは、春先の雪解けの時期しか出現しないからだ。

その春先を狙って入渓してみたが、支流に八〇メートル滝を見たのみで、そのほかの大滝がどこにあるかはわからなかった。

このときは、日尊ノ倉山から本名御神楽に向かう九五七ピークに出て、五時間をかけて避難小屋まで藪を漕いでいるが、左俣を遡れば、難なく峰越林道に出られるだけに、なぜ北上したのかはわからない。

大鍋又沢左俣左沢（沼入）　四時間三十分

地形図で見るかぎり、霧来沢の本流はこの沢である。大鍋又《おおなべまた》沢は、古滝沢近くまで車道が延びている。川原歩きをつづけていると、中流域の湿地帯になり、沼入の由来を思わせる。

本流は雪渓を断続させ、小規模なゴルジュとなり、中の四メートル滝は雪渓から右岸を巻いて通過する。二俣を左に入るとナメ滝が連続するが、快適に登る。三メートル、五メートルと、ホールドの乏しい滝を越えると水量が急減する。最後の六メートル滝を越え、細流となって藪に突入する。四十分ほどの藪漕ぎで、かすかな踏み跡のある稜線に出た。

大鍋又沢中俣左沢　三時間

沼入を分けた中俣は、その先の二俣まではなにもない。山頂に近い左俣に入る。ゴルジュの中に小滝と雪渓が延々と連なる。ゴルジュが尽きると大ナメ滝五〇メートルだが、問題なく登れる。さらに小滝がつづき、二〇メートルのナメ滝の上で水が消える。チムニー状の四メートル滝を含めて小さなナメ滝が連続し、藪漕ぎなしで稜線に出る。稜線のかすかな踏み跡を本名御神楽に向かう。

大鍋又沢古滝沢　四時間三十分

沢の中ほどに落差五〇メートルの古《ふる》滝があるため、この名がある。

出合の四メートル滝、三メートル滝は、まとめて右の踏み跡から高巻く。傾斜のあるナメと三メートル滝を越えると古滝で、直登は無理。右のルンゼから大きく巻きあがる。十五分であった。

あとはなにもなく、奥の二俣から窪になった左沢に入る。すぐに水が消え、平坦な湿原になる。一時間ほど林を登り、沼入と古滝沢を分ける支尾根に乗って藪を漕ぐ。本名御神楽までは、踏み跡をたどって一時間であった。

御神楽沢（霧来沢）　二時間

林道三条線に入って終点から登山道を歩く。この登山道は、カラ沢から本名御神楽に向かって沢を離れる。御神楽沢は、倉掛《くらかけ》沢（鞍掛沢）を分けた上部をいう。滝も少なく、難しくもない平凡な沢で、名前負け、といってもいい短い沢だった。最初に出合う五メートル滝と、最後のナメ状七メートル滝まで、それ以下の落差の滝は五本しかない。

藪を漕いで支稜に乗ると、一〇八二ピーク付近からかすかな踏み跡が現われ、これをたどって東に向かうと、避難小屋近くの登山道に出る。

倉掛沢（鞍掛沢）左俣　四時間四十分（本名御神楽まで）

寡雪の年だったが、沢には大量の雪渓が残っていた。沢に入るとすぐに小滝が懸かり、雪渓の隙間から噴き出すトイ状一五メートル滝を越える。三～五メートル滝を無難に越えていくと雪渓に埋もれた二俣に着く。

雪渓の断続のあいだにいくつか滝が懸かる。この沢の核心部は稜線近くで現われる連瀑帯である。一五、七、七、八メートルと、たったこれだけの滝なのだが、両岸に岩壁を広げた傾斜の強い滝で、初心者がいたためザイルを用いて越えた。

あとは雪の消えた草付に翻弄されて、本名御神楽直下の登山道に出た。

倉掛沢（鞍掛沢）右俣　四時間

右俣に懸かる多段二〇メートル滝は、下部がハングしていて、右の浅いルンゼを少し登って藪から高巻く。五〇メートルの雪渓の上から二メートル滝が四カ所つづく。一〇〇メートルのふたつの雪渓に挟まれた八メートル滝は左を巻いて雪渓を繋ぐ。

最後の雪渓を越えると二俣で、山頂に近い水の涸れた左に進む。四〇メートルの涸滝を登るとスラブになり、ルンゼに入って中間尾根から一時間弱藪を漕いで山頂に向かう。

大石田沢左俣　五時間三十分（貉ヶ森山まで）

林道室谷本名線の屈曲部から入渓する。最初のゴルジュを越えると、沢は明るく開ける。長い雪渓を越えると、雪解け水なのだろう右岸のスラブから多段五〇メートル滝が堂々と落ちている。雪渓上部の三段逆くの字状八メートル滝は、左岸のいやらしい草付から中段に下りるが、かなり緊張する。

二俣から上は源頭を思わせる狭いルンゼで、あとは淡々とつめるだけかと楽観していたら、二段三〇メートルの大滝が出現する。下段は右壁を登り、右の灌木帯に逃げ、上段をそのまま高巻いて滝上に出る。あとは小気味よく登れる小滝が連続し、右へ右へとつめて、たいした藪漕ぎもなく貉ヶ森山のピークに出る。

金丸沢左俣　八時間二十分

三条集落跡の対岸上手の支流である。前半は南会津特有のゴーロ歩き。右岸に大岩壁を見るとゴルジュになる。最初こそ右岸を巻いたものの、あとは雪渓の通過や淵の通過でずぶ濡れになる。

二俣で大休止して左俣に入るがふたたび狭いゴルジュで、出合の二メートル滝は空身でハングを越える。ゴルジュの滝を右に左に巻いて進み、一二メートル直瀑は左の泥交じりの壁をバイルで攀じ登り、荷を吊り上げる。

この滝を過ぎると沢幅が狭くなり、源頭近しを思わせる。緩やかに左曲する地点から右の支流に入り、吉三坂山北方のコルに出て、滝沢川に下降する。

押倉沢右俣　四時間

押倉沢の出合は段丘状になっていて、流れは左端のゴルジュ模様である。五メートルナメ滝を越えて二俣。水量の多い右俣に入ると、すぐ二段三〇メートルの直瀑である。下段は右壁を登り、上段は左壁を登る。小滝がつづき、四メートル滝を越えてさらに進むと、尾根上の八八二ピークから落ちる支流に出合う。

吉三坂山のピークを避け、逃げたつもりが、この支流が悪かった。深い釜をもった傾斜のあるトイ状滝が連続するのである。何度かずり落ちそうになりながら強引に登り、およそ一時間で稜線に抜けた。

大松沢右俣下降　三時間

滝沢川二ノ平沢を遡行して袖ノ窪山に立ってから大松沢の右俣を下る。灌木にすがって順調に下るとスラブ状の涸滝が何本か現われ、一〇〇メートルもある雪渓になる。さらに長い三〇〇メートルの雪渓で、その下のスノーブリッジの断裂に、釜をもった三〜六メートル滝を連続させる。

二俣から沢の規模が大きくなるが、相変わらずスノーブリッジがつづく。広河原を通り、巨岩帯を過ぎるとふたたびゴルジュ。滝をいくつか下ると出合のゴルジュで、最後の八メートル滝を左岸からクライムダウンすると、霧来沢は目前であった。

コラム②

八十里越とゼンマイ採り

八十里越の起源は一一八〇（治承四）年、平家との争闘に敗れた高倉宮以仁王《たかくらみやもちひと》が越後・下田の吉《よし》ヶ平《ひら》村に漂着し、従臣の死に際してこの地に一族を住まわせたという伝説に由来する。いずれその地に権威と格式を与えるための「貴《き》種流離譚《しゅりゅうりたん》」（※註）に相違あるまいが、真偽はどうであれ、以来八百年以上にわたり、歴史の波をくぐり抜けて歩かれた道である。

八十里越は、吉ヶ平と会津只見の叶津を結ぶ八里の行程だが、諸説あって、あまりの山道の険しさから一里を十里と表現した、という説が有力である。

八十里越には三本の古道があった。天保古道、明治中道《ちゅうどう》、明治新道の三本で、いずれも時代の要請に応えて道筋を替え、改修を重ねた結果である。それまで徒歩でしか通れなかった道を、天保の改修で牛馬が通れるように広げ、明治の改修では、さらに荷車が通行できるまで拡幅されている。

ただ、遅沢左岸を通る明治中道はコースの選定を誤ったらしく、破損が多く短命に終わり、その結果、現在も歩けるのは木ノ根線を開削した一八九四（明治二十七）年の新道なのである。

新道完成後の一九〇一（明治三十四）年、年間で一万八五〇〇人の通行があった（『只見町史』第二巻より）。もちろん、荷駄による物資の輸送を含めてのことだ。雪に閉ざされる季節を除き、通行可能な日数をほぼ半分の一八〇日と仮定すれば、平均して一日で百人の通行があったことになる。険阻な山道を思えば膨大な数であろう。それほど、越後と会津の交易が盛んであった。

しかし繁栄をきわめたこの道は、一九一四（大正三）年に全通した岩越《がんえつ》鉄道（現・磐越西線）の登場に押されて、次第に衰退していくことになる。

ついでに記しておけば、八十里越を彩ったもっとも有名な人物に河井継之《かわいつぎの》助《すけ》がいる。幕末の戊辰戦争で敗れ、戸板に載せられて八十里越をたどり、会津に逃れて敗死した越後長岡藩の宰相だが、彼が通ったのが天保古道だったという事実は意外に知られていない。

天保古道は、木ノ根峠から浅草岳の早坂尾根を登り、途中から猿楽《さるがく》を通って沼ノ平に下り、現在の登山道である山神杉《さんじんすぎ》と結ぶ道だが、木ノ根峠から沼ノ平までの古道の痕跡は不明瞭である。

八十里越には裏街道があった。表街道を歩けない人びとのための冥《くら》い抜け道というよりも、表街道より簡便な仕事道だったと考えていい。事実、明治新道の開削時、新道をどこに通すかの候補として五本の間道が確認されている。その候補の最後まで残り、苦難は伴うが、現在でもかろうじて道筋をたどることができるのが富貴平線である。私自身、過去に二度歩き通しているいにしえの道だが、その道筋はこうだ。

蒲生川支流の真奈川から赤崩峠を越え、赤崩の小屋場からさらに新山《しんやま》峠を越えてフキ平に下り、コウクリ坂から五兵衛小屋跡に立ち、日本平から川胡桃沢（川クルミ沢）を下って大江《おおえ》集落と結ばれる。

富貴平線が生き遺ったのは鉱山が盛んだったからで、真奈川に銅山が二カ所、赤崩に鉛山があり、フキ平にも銅山があった。それらの鉱山を連絡し、あるいは搬出路として使われた道を、鉱山が衰退した後もゼンマイ採りが行き来した。その中心に位置していたのが、叶津川の源流にある赤崩の小屋場であった。

＊

まだゼンマイ採りが小屋を構えていた過ぎし年の六月に赤崩に向かった。遡行ではなく、初めからゼンマイ採りが小屋入りする頃合いを見計らって訪ねたのだ。山中のゼンマイ採りの暮らしぶりを知り、その終焉を見定める旅だった。

流れが大きく豁《ひら》けると、南会津の山々が季節の煌めきを見せる初夏の風光があった。六月の強い日差しが降り注ぐ小屋場の背後には、まるで借景のように、沢筋に残雪を嵌めこんだ県境両線が横たわり、周囲の森はブナの新緑に彩られていた。清らかな流れのかたわらの台地に二軒のゼンマイ小屋が建っていた。数年前の秋、中ノ又山から沢を下ってこの地に立ったとき、降雪前に畳まれるはずの小屋が五軒あった。その五軒の小屋が、数年で二軒に数を減らしていた。

手前の小屋の広場で、菅笠にモンペを穿いた女性がゼンマイを揉んでいて、私たちを認めると手を休めてお茶を振る舞ってくれた。

そのうち、ゼンマイを山と背負った小屋の親父が帰ってきて、開口一番こう言った。

「魚釣りでも沢登りでもいいが、こっちの仕事の邪魔だけはしないでくれろ」

それが長谷部《はせべ》昭信《あきのぶ》・房《ふさ》子夫妻との出会いであった。初めはなんと偏屈な親父かと思ったが、違った。彼は狷介《けんかい》なのではなく超然としていたのである。多くのゼンマイ採りが、ゼンマイを「貧乏草」と呼び、賤業《せんぎょう》と見なしていたのに比べ、長谷部夫妻はみずから進んで山の仕事を選び、心から愉しんでいたのだった。仕事の邪魔をするなというのは、もしかしたら自分たちの山の暮らしの豊穣に水を差すな、ということだったのかもしれない。

翌年から数年間、裏街道を通って春の赤崩を訪ねた。長谷部さんは、前触れもなく小屋の前に立つ私に驚くふうもなく小屋に招き入れてくれた。それから数日、小屋に寝泊まりして房子さんの手料理を食べ、小屋で仕込んだ濁酒を呑み、ゼンマイ採りの日常に接し、あげくはゼンマイ採りに連れていってもらい、わずかなゼンマイを背負って山中を歩いた。

夢のような日々であった。夜は遠くの森でトラツグミが鳴き、朝はアカショウビンの声で目覚めた。日中はエゾハルゼミの鳴き声がさんざめき、夕暮れには小屋の屋根の上でヨタカが鳴いた。

長谷部さんは、前述した叶津番所の直系の次男である。近所の娘だった房子さんを長谷部家に迎えてから、近くに家を構えて分家したのである。

私の赤崩詣は長谷部さんが小屋を畳むまでつづき、その後は遡行の往還の途次に山里の家を訪ねた。

相変わらず連絡もせず玄関口にたたずむ私に、「よく来たな。上がらねが」と房子さんが招き入れ、テーブルに着くと同時に、当然だろうと言わんばかりに酒が出る。田植えが済み、水を張った田んぼの蛙のころころと鳴く声が、薫風に乗って届く只見の春である。

やがて畑から帰った長谷部さんが席に着く。長谷部さんにとって、世界の中心は只見である。もっと正確に言えば、いま座っている場が世界の中心なのだ。政《まつりごと》に関心をいだいても、決して関わることはない。政治は俗事にすぎない、というのが彼の変わらぬスタンスである。

話題は、主を失った赤崩の小屋場にはじまって八十里越に転じ、国際情勢に及んでから天下国家を論じてとめどなくつづいた。私は初めて出会った日から三十年を超える歳月を、そのようにして長谷部さんと語らってきたのである。いささかも揺るがぬ彼の信念が、私のかけがえのない道標であった。

長谷部さんとの付き合いは現在もつづいている。二〇二二年の春の連休も長谷部家を訪ねた。気を使って昼どきを避け、午後に向かうと告げると、昼飯に間に合うように来いという。つまり私は昼から呑みはじめたのであり、再会のうれしさも手伝って正体を失うまで、さほどの時間を要しなかった。

酔い潰れた私を山荘まで送り届けてくれたのは、折から帰省していた長谷部さんの長男である。その車中で、同行した私の嫁が、長谷部さんと高桑の付き合いはもう三十年以上になると伝えたら、「あの偏屈な親父に、そんな長い付き合いの友だちがいるとは思わなかった」と、偏屈では親父に負けそうにない長男が、とても驚いたのだという。

すでに卒寿を超えた長谷部さんと、古希をすぎた私の付き合いは、どちらかがこの世を去るまでつづくに違いないのである。

その長い歳月は、国道二八九号の進捗の歴史でもあった。遅々とした工事の進捗を横目にしながら、私にはひとつの心配事があった。国道工事完成の晩に、八十里越の古道がどうなってしまうかという懸念である。

長く古道を歩いてきた経験で言えば、道は必要に応じて生まれ、不要になれば滅ぶのである。その原則に従えば、八十里越もまた消え去っていいのかもしれない。しかし、ある作家の「誇り高い凋落」という言葉になぞらえれば、長大な国境の険阻な山道をみずからの足で越えた輝かしい歴史の痕跡は、誇り高き凋落と呼んでもいい、かけがえのない遺産である。「新道ができたから用なし」にしてしまうのでは、沿線住民の民度が疑われても仕方あるまい。

だが、幸いにして近年「歴史の道八十里越調査保存整備委員会」なるものが設立されたと知って胸をなで下ろしている。委員会が掲げる「新旧八十里越の相互利用の促進」は、沿線の市や町と住民の活性に繋がると信じたい。

ただ心配が残されている。二〇二六年とされる新道完成の晩に、はたして後期高齢者になっている私が立ち会えるかということだ。工事用のゲートから解放され、新旧八十里越を繋ぐ道をみずからの足で歩きゆかんとするその日まで、つつがなく過ごせるかどうかは、さすがにだれにも知りようがないのである。

※註　高貴な身分の者が、苦難の境遇を乗り越えて各地を流浪する物語だが、その高貴な者と関連づけることによって、その地の由来に箔をつけること。平家の落人伝説などが代表的事例。

野イチゴの渓から丸山岳へ

南会津　黒谷川支流大幽東ノ沢　二〇二一年秋

初めて丸山岳に立ったのはいつだったろうかと、遠い記憶をたどるうちに、淡く色づく湿原の草紅葉が眼裏《まなうら》に浮かび上がり、ああそうだったと得心する。

ある釣り関係の出版社から、源流釣りの取材を一本やってほしいと依頼され、こちらから提案したのが白戸《しろと》川越の丸山岳だった。カメラマンを交えた仲間たち七人が、田子倉《たごくら》湖を船で渡って白戸川のほとりに立ったのは、禁漁を間近に控えた九月の半ばである。

大塚正也《まさや》の所有になる大塚小屋も、奥にある正也小屋も健在で、両者を結ぶゼンマイ道も、よく踏まれてつづいていた。その日の夜を藤倉沢の出合に建つ正也小屋で過ごしたのは、降り出した雨が強くなったためもあるが、直前に知り合いの遭難騒ぎがあり、その対応に追われて出発が遅れたからだった。ましてゼンマイ道は小屋の少し先で途絶え、そこからは沢通しの遡行を余儀なくされる。

藁葺きの小屋は少し湿っていたが、マットを敷いて囲炉裏で火を熾せば快適な空間になる。食事を楽しんでいるうちに川音が高くなったのは、水位が増した証だった。

初日に洗戸《あらいど》沢の出合まで進んでおくはずが、手前で泊まったために翌朝は早い出発になった。雨はやんだが水は引かない。笹濁りの流れを、スクラムを組んで徒渉を繰り返すうち、薄皮を剥ぐように、徐々にだが水位が下がってくれた。

本流のメルガ股沢から、行程の短い支流の洗戸沢に目標を転じたのは時間の遅れもあるが、沢幅が狭くゴルジュ模様になる本流よりも、水も少なく広い川原の洗戸沢のほうが徒渉しやすいという現場での判断だったのか、あるいは洗戸沢の煌めく陽光に導かれたのか、よくわからない。いずれにせよ、快晴の朝だったのは覚えている。それほど鮮やかな金色の光が、森の梢を透過して水面に散っていたのだ。

源流釣りの取材なのだから、竿を出したことは間違いない。いまでこそテンカラ釣りに特化しているが、当時は餌釣りだった。それも遡行に影響を与えない鬼の仕掛けである。釣りは楽しいが、時間がかかる。それまでの経験で言えば、幕場を置き、三時間釣り上がって竿を収めると、ベースまでは一時間で帰着する。つまり釣りは遡行の三倍近い時間がかかるのだ。

私の目的は釣りではなく、あくまで遡行である。竿を出すのは食糧確保のためだ。山で動物性たんぱく質が得られるなら、背負い上げる食材が少なくてすむ。それは岩魚にかぎらない。キノコや山菜などの山の幸で飯が食えれば、そのぶん私は渓と一体になるだろう。極端を言ってよければ、背負い上げるのは米と味噌などの調味料と酒があればいい。それが私の渓の哲学である。

遡行に支障を来さない釣りの仕掛けは、職漁師の技を応用した。職漁師とは、岩魚の養殖が実現していない時代に型を揃えた岩魚を釣り上げて、山里の温泉宿に卸した人びとのことだ。

そのひとりに、『東北の温泉と渓流』（つり人社／一九七六年）を著した阿部武がいる。二号の太い糸を一・三メートルの長さの道糸にし、九号のごつい鉤を結んで餌を付ける。これだけである。ハリスもなければ、錘も目印もない。

そもそも渓流釣りは仕掛けが長い。錘を付けて餌を安定させ、岩魚のいそうな上層と中層と下層を丹念に探る。アタリは道糸に結んだ目印の動きに合わせる。

糸が細く、鉤も小さいほどよいとされるのは、岩魚に警戒されないためだ。「脈釣り」と呼ばれる繊細な釣りなのである。だから時間がかかる。底を探ると根がかりする。糸が細いと絡んでほどけなくなる、これを「お祭り」と呼ぶ。釣りを楽しむだけならそれでいいが、遡行との相性はきわめて悪い。

これに対して阿部武の仕掛けは水面の釣りである。中層や下層の岩魚は一切相手にせず、ひたすら水面の餌を待ち受ける岩魚だけを狙うのだ。多くは要らない。メンバーの数だけ釣れば充分だ。

糸が太いから絡むこともなく、錘がないから根がかりもしない。水面に出てくる岩魚が相手なら目印も不要である。ザックを背負ったまま、水面に「の」の字を三度も書けばその場は終わりで、次のポイントに移動する。したがって遡行の足を引っ張ることもない。鬼の仕掛けと呼ぶゆえんである。

釣り場は遡行の状況によって変わる。時間がたっぷりあれば遡行しながら竿を出すが、時間がなければ遡行に専念し、魚止近くに泊まることにして、空身で魚止まで釣り上がる。したがって、時間が押していたはずのあのときは、おそらく目算が立つまで竿を出さなかったのかもしれない。

傾斜の少ない洗戸沢をたどり、左岸支流の芦安沢《あしやす》を丸山岳への登路に定めてから、芦安沢の魚止手前にタープを張った。

芦安沢に入った途端、おもしろいように岩魚が釣れた。七人が泊まれる広さの幕場も見つけたし、焚き火もできた。釣った岩魚は塩焼きや天ぷらやムニエルにしておいしく食べた。問題はただひとつ、翌日の行程だけであった。

明日は山頂に立って、その日のうちに林道まで下りなければならない。やれるだろうか……。

だが、やらねばならない。アプローチとクライマックスとエンディングを同じ日に味わうようなものだ。ラインはわかっている。いくつかの滝を登り、稜線の藪を漕ぎ、山頂に立ったのちに大幽《おおゆう》東ノ沢を下る。なにも悲愴になることはない。楽しめばいい。

稜線に立ったとき、指呼の間に丸山岳の山頂が望まれた。しかし、そこからが遠かった。はるかな昔、会津朝日岳から丸山岳まで測量の道が拓かれたが、すでに深い藪に埋もれていた。その藪と格闘するのだが、遅々として進まない。

山頂に立ったのは昼すぎだった。山上湿原が広がり、その湿原のあちこちに、瞳のような池塘が点在していた。山頂に灯された紅葉の一滴が、少しずつ浸透して広がりを見せようかという季節である。

湿原を縫うようにして一条の小道がつづいていた。会津朝日岳からの稜線の道は藪に埋もれたが、回復不能な湿原の道だけが、傷跡のように遺されたのだ。

つるべ落としの秋の日の短さを知りながら、しっかり休んでから腰を上げる。焦りは禁物だった。東ノ沢を慎重に下り、西ノ沢出合の手前で日が暮れた。本流を徒渉すれば踏み跡があるはずだったが、闇に沈んで見つけられず、ヘッドランプを灯して本流を下った。

大幽沢の林道に着いたのは二十時半だった。何人かを田子倉湖まで車の回収に向かわせ、残るメンバーで、昼に食べ損ねた蕎麦を茹ではじめる。林道で茹でた蕎麦を冷やすために、何度か下の流れまで行き来した記憶が鮮明である。

冷水で締めた蕎麦を温かいつゆで食べるべく、ふたたびお湯を沸かしていたら回収組が戻り、遅い夕飯になる。たかが乾麺だというのに、これがおそろしくうまかった。空きっ腹に染みわたる蕎麦の味を楽しんでいたら、僻遠の地にたたずむ孤峰の頂に立った喜びが、じわりとこみ上げてきた。

湿原のほとりに立つ。かすかな踏み
跡の先に丸山岳の山頂がある

湿原の価値は、その原生と未開性にあると思っている。したがって、木道が敷設された瞬間から色褪せる。湿原は、いわば秘境に近い。観光に毒された秘境など、本来あり得ないのである。たとえば丸山岳からさほど遠くない地に会津駒ヶ岳がある。山上湿原が広がる別天地だが、木道が延びて、登山道からいつでも訪れることができる。大池のほとりに駒の小屋が立ち、頂上には巨大な標柱がある。中門《ちゅうもん》岳の湿原も文句なしに美しい。木道を逸れることなく歩けば、会津駒ヶ岳の山上湿原を満喫できるだろう。

もちろん木道が悪いとは言わない。湿原を訪れる登山者は歓迎すべき存在である。しかし、多くの登山者の来訪はオーバーユースをもたらす。木道は湿原を守るための必要悪と言っていい。駒の小屋も、そのためにある。

会津駒ヶ岳に対する感想を率直に言えば、洗練されすぎているのである。洗練は木道と登山者がもたらすものだ。会津駒ヶ岳の山上湿原を磨きこまれた蠱惑《こわく》の美女だとすれば、丸山岳は花咲かぬ可憐な乙女である。磨けば光る珠だが、都会を知らない田舎娘のように垢抜けず、洗練とはほど遠い。しかし、たとえ湿原を貫く一条の傷跡があるにせよ、あふれんばかりに輝く原生の美しさは比類がない。

私が丸山岳に魅かれて訪れる理由は、おそらくそのあたりだ。ならば私はこれまでいくたび丸山岳に立ったのだろうと指折り数えてみる。

白戸川の洗戸沢から二度。本流のメルガ股沢と大幽西ノ沢からそれぞれいちど。春の縦走が二度。あとはすべて大幽東ノ沢からだから、都合十回は下らないはずである。しかし、累計で三十年を超える歳月のことだから、頻度として多くはないだろう。

そのぶん私も老いた。しかも前回、丸山岳に立ってから二十年が経過している。黒谷《くろたに》川本流や大幽東ノ沢ならたびたび訪れているが、山頂となると話はべつだ。はたして私は古希を迎えてなお、山頂に立つことが叶うだろうか。

本書の執筆依頼を受けて、山域ごとにルポを一本という話になり、迷わず選んだのが丸山岳だった。私独りなら覚束ないが、仲間の支えがあるならやれるかもしれない。私は老いさらばえてしまったが、おぼこ娘のような丸山岳の、輝くばかりの湿原は健在のはずである。

以前の記憶では、大幽東ノ沢から山頂に立つには一泊あれば事足りた。すなわち、初日に東ノ沢最奥の二俣付近に至り、翌日空身で山頂を往復して、そのまま下山すればいい。

二〇二一年の海の日の連休を利用して計画を組んだ。一泊を二泊に増やしたのは万全を期したつもりがあるからだ。しかし、私たちは敗退した。追い返されたといってもいい。敗退の理由は数々あるが、要は東ノ沢を甘く見ていたことに尽きる。

私は過去の丸山岳行をすべて成功したものと信じてきたが、仔細に点検してみると、敗退がいちどだけあったのである。それが、東京の中高年山岳会のメンバーを案内したガイド行であった。このときも満を持して二泊にした。

初日は、どうにか予定の二俣に至るが、翌日の傾斜を増した二俣以奥の遡行に難渋した。遅いうえに登れない。ザイルを多用しているうちに、時間はあっという間に過ぎ去ってしまう。やむなく山頂の肩まで至らずに撤退を宣言する。

その夜、焚き火を囲み、反省会と称して酒を酌み交わしていたら、客の数人から「充分楽しんだのだから、気にしないでください」と言われたのが救いであった。

そのときの彼らの姿が、現在ただいまの私である。といって、私が足を引っ張ったのではない。七月下旬になっていながら、残雪が渓を埋めていた。こんな年は初めてだった。

サブウリという難所があるが、その巻き道に至る前に雪渓に苦しめられたことなどなかったのに、サブウリのゴルジュがはじまると、渓を塞ぐ悪絶な雪渓が連続して私たちを苛んだ。

七月の遡行で出くわした雪渓。上を越えられなければ素早く、迅速にひとりずつくぐり抜ける

それでも、初日は予定どおり窪ノ沢を越えた上部の幕場に到着したのだからよしとする。

その夜の話題は、サブウリのゴルジュの入り口にあった要塞のような雪渓の苦労話であった。雪渓が完全に渓を埋めていれば、その上を通ればよく、崩壊していたら雪渓のあいだをくぐり抜ければいい。しかし、私たちは日々刻々と変化する雪渓の、いちばん悪い状態に遭遇したのである。

手前の小尾根から巻き上がろうとしたのは、サブウリの中間にある巻き道に合流できないかと思ったからだが、甘かった。行く手に小沢が出てきて渡れなかったのである。やむなく引き返し、雪渓の上端を偵察しながら進んでいくと、なんとか下れそうな斜面を見いだし、ザイルを使ってこれを下降する。

サブウリの中間にある巻き道の取付には、おそらく数十年も付け替えていないような古いトラロープが下がっていて、体重を預けることもできず、バランスの補助にして、ようやく水平の巻き道に這い上がる。

ならばだれかが付け替えてもよさそうなものだが、だれもが、だれかがやるだろうと思い、まして訪れる登山者も少ないとなれば、古いトラロープはそのまま歳月を重ねることになる。それに、あのトラロープは巻き道に取り付くための重要な目印なのである。せめてトラロープの末端に、目立つスリングでも結んでくれればよかったと、いまにして思う。

巻き道には大正時代の古い鉈目がいくつもあった。上にゼンマイ小屋があったか、あるいは猟師の道か、それともキノコ採りの道だったかはわからないが、この道も荒れてしまった。

巻き終えると窪ノ沢の出合で、さらに進むと渓は開け、安定した雪渓がつづくようになる。大きな雪渓の上端に台地があり、初日の宿にする。薪は雪渓の上から、いくらでも得られた。

二日目は山頂往復の予定だが、上部の雪渓が気になった。標高を上げるにつれて、雪渓が増えるはずだからである。

やはりというか、問題は二俣上の傾斜を増した右俣にあった。ガイド遡行で敗退したあの場所である。しかし、あのときは中高年参加者の体力と技術不足が原因だったが、今回はひたすら雪渓の悪さにあった。サブウリの雪渓があれほど悪かったのだから、上部の沢が無事でいられるはずがない。

サブザックを背に、ひとつずつ丹念に雪渓を処理して遡ったが、時間は無情に過ぎ去り、はるか前方に立ち塞がる雪渓を目にして、絶望のまなざしでメンバーを見まわした。これ以上遡っても、明るいうちにベースまで帰れる保証はどこにもない。まして雪渓は上るよりも下るほうが難しい。

天の利にも人の和にも恵まれたが、地の利がわれに味方しなかったのである。それでも私はめげなかった。雪渓が敗因なら、雪渓の消える季節を選べばいい。

その年の秋、用意周到を期して大幽沢に向かった。作戦はこうだ。

日程をさらに増やして三泊四日とし、二日目を山頂往復ではなく、二俣右沢上部に幕場を上げ、デポしたのちにサブザックで山頂を往復して泊まる。三日目は初日の幕場まで戻って登頂祝賀会を催す。

さらにメンバーを厳選した。すなわち本書の編集担当である麻生弘毅とカメラマンの高橋郁子と私の、どうしても山頂に立たねばならないチームである。

取材だけなら編集者は必要あるまいが、麻生のボッカ力は欠かせない。なにより酒ならいくらでも担げる。背水の陣と言えた。これでだめならあきらめるほかはない。

＊

天気を睨んで決行したのは、期せずして丸山岳に初めて立ったのと同じ季節であった。前夜は只見の郊外にある私の山荘に泊まった。雨さえ降らなければ車止めまで入っておくつもりが、折悪しく雨の予報であった。

雪月花《せつげっか》と名付けたこの山荘は、只見川流域の解明を終えた私たちが、流域を立ち去り難く、もっと根っこのところでこの地と繋がっていたいと手に入れたものである。おかげで叶津番所《かのうつばんしょ》を買い取った市川学園山岳ＯＢ会の坂本知忠《ともただ》さんとも知り合えたし、地元の知人との交流もできている。

この山荘が山小屋でないゆえんは、電気もガスも水道も引かれているためで、不便な山小屋というよりも、別荘のような使い方をしているからである。

山荘に泊まったのは正解だった。夜半にかなりの雨が降ったのである。そのぶん翌朝は早く出た。山荘から黒谷川までは一キロにも満たない。

車止めは小幽沢の出合にあり、黒谷林道を少し進んだ先から本流に下りて大幽沢をめざす。大幽沢の出合からも沢通しに進んだのは、豪雨による崩壊でゴムダムまでの作業道が使えなくなってしまったからである。

黒谷川本流と大幽沢にはそれぞれゴムダムがあり、両者を地下トンネルで結んで、下流の発電所に導水しているが、そのための作業道がどちらにもあった。

それが現在、補修もされずに放置されているのは、豪雨が忘れたころにやってくる天災だった時代に比べ、いまでは日常のように起こり得る災害になったからである。つまり、そのたびに金をかけて道を補修するよりも、点検のつどヘリコプターで作業員を運んだほうが安いからだろうと、私は勝手に解釈しているが、真偽のほどはわからない。

大幽沢では、フライフィッシャーと三人ほど出会ったが、丸山岳をめざす遡行者はいなかった。林道の崩壊で、アプローチが遠くなったせいだろうと私は見ているが、昔日のにぎわいを

遡行図を書かなくなって久しい。最近は防水手帳が登場して便利になった

知るだけに寂しくもあり、山が原生に還る喜びもありしで、なにやら複雑な思いであった。

ともあれ、雪渓の心配をしなくてよく、雨さえ降らなければ行く手は安泰なのである。西ノ沢を分け、東ノ沢に入ると、沢胡桃《さわぐるみ》の純林が川畔を彩るようになる。近くにはブナや水楢や栃などの広葉樹があって、目を楽しませてくれる。

縄文のブナ帯文化の基底を支えたゆたかな森の一角に沢胡桃がある。ブナを中心に、栃、水《みず》楢《なら》、朴《ほう》の木、栗、科《しな》の木、沢胡桃などが、古代からつづく人びとの暮らしを支えてきたのである。この森を訪れるたびに、私は縄文の風を感じて敬虔な思いになる。

秋の清冽な流れを気持ちよく遡る。雪渓に苛まれた場所が懐かしい。サブウリを巻き、初日は前回と同じ場所に泊まった。まだ昼である。もっと上でもよかったが、この渓の厄介なところは、標高を上げるほど幕場が少ないことだ。

午後の半日を釣りに興じ、麻生が釣った岩魚を握り寿司にして食べた。最近の私たちの渓の定番である。素揚げや塩焼きがご馳走だった時代を思えば隔世の感がある。

翌朝、最終日の荷をデポして遡行を再開する。もちろん雪渓の欠片もない。

二俣を右に入って順調に高度を上げ、標高一四五〇メートル付近にザックをデポして山頂に向かう。そのまま荷を背負って山頂周辺に泊まる手もあったが、確実に山頂に立つための機動力を思えば、荷は少ないほうがいい。

白状するが、私は東ノ沢を藪漕ぎなしに遡行したことが驚くほど少ない。沢登りの原則に従って水量の多いほうをたどると、必ずといっていいほど稜線の藪に導かれてしまうのである。つまり水が消える前に、左に分岐する細いルンゼを捉えてたどると、たやすく稜線の湿原に出ることが叶うのだが、その分岐点の確認が難しいのだ。

逆にいえば山頂からの下山時は、湿原さえ見つければ問題なく沢に戻ることができる。以前はその分岐の灌木にテープが巻かれていて道標《みちしるべ》になっていたが、遡行者が少なくなり、雪や雨風でテープが消えてしまうと探すのも困難になる。

幕場の少なさに加え、分岐点を見いだせるかどうかが、東ノ沢のもうひとつの厄介事なのだ。以前は地形図に位置と標高を書きこんだりもしたのだが、GPSでもないかぎり細かい特定は困難で、まして数年にいちどというペースではなおさらである。そろそろと思う頃合いに現われるルンゼをたどってみるのだが、いずれも藪に阻まれてしまうのである。

このたびもルンゼを見いだせないまま水が消え、周囲の山々が見えてきて、初めてルンゼを見落としてしまったことに気付く。

多くの遡行者が水線を追って藪に捕まるのだから、稜線の藪には赤テープが点々と付けられている。少し遠まわりになったが、山頂までは確実にたどれるはずだ。それでもなにやらすっきりしないのは、有終の美を飾るべきルンゼをたどって湿原に出られなかったからだ。

気を取り直して藪を漕ぐ。そろそろだろうと思うころ、梢を透かして山頂が見えた。遠い頂であった。湿原に降り立ち、ことさら足を緩めて山頂に向かう。湿原を貫く道は無残に遺っていたが、灌木帯にあったはずの道は藪に埋もれて進行を阻んだ。それが私には、原生に還ろうとする山の力に思えてうれしかった。

三角点に立つころ雲が湧き、周囲の展望が白く沈んで、湿原に風が流れた。池塘の点在する頂にたたずむ。遡行者の痕跡もなく、心なしか丸山岳が始原に立ち還ったように思えた。

下りは山頂東方の湿原まで、か細い踏み跡をたどり、湿原からつづくルンゼを下ると分岐点に出た。なんの変哲もないルンゼの合流点で、これではわからないはずである。

そのポイントを郁子のスマホのGPSに落とす。これで次回はすっきり登れると思うものの、はたして次回があるかはわからない。

野イチゴの赤い実を摘みつみ、デポ地に帰り着いたのは遅い午後だった。上にいい場所があれば移動するつもりだったが、やはりここしかなかった。

巨岩の散らばる水辺だが、薪も豊富にある。背後の高台にタープを張っておき、それぞれ石のあいだに挟まれて焚き火を囲み、ささやかな祝杯を挙げる。雨さえ降らなければ、地面の平らなタープの下の安定より、不安定でも水辺の焚き火のかたわらがいい。

久遠の頂に立った感慨がある。周囲を深い藪に閉ざされつつある丸山岳に、その弱点を縫ってたどり着いた達成感が酔いをいざない、私はまたぞろ酒に手を伸ばした。

丸山岳山頂の三角点

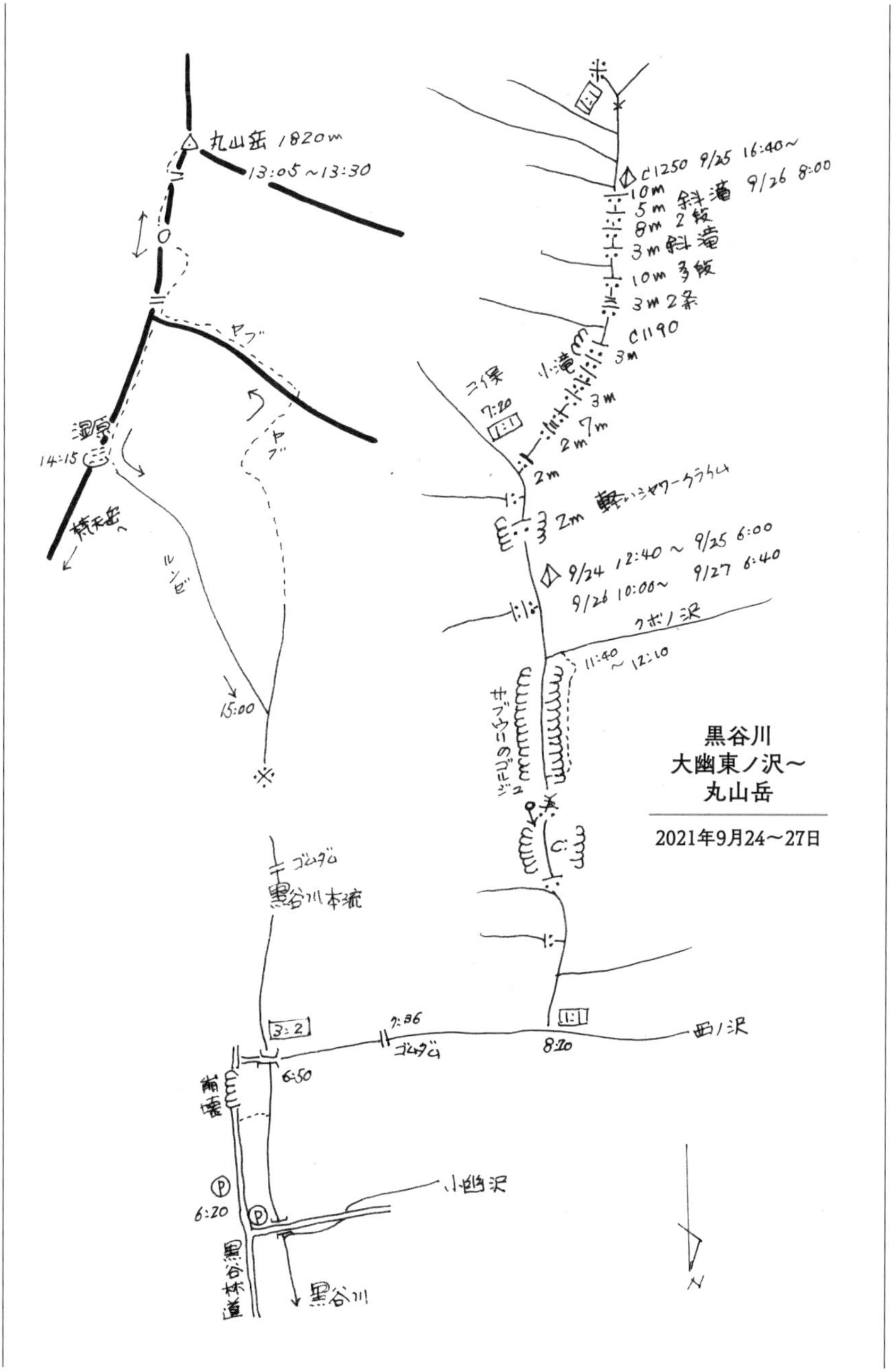

黒谷川
大幽東ノ沢～
丸山岳

2021年9月24～27日

東ノ沢の下流部を進む。
森が深い

消えゆく室谷越をたどり、磐梯山へ

川内山塊　早出川支流今早出沢　二〇二二年初夏

二万五千分ノ一地形図「高石《たかいし》」「室谷《むろや》」の二枚を縦に貫く長大な早出川《はいで》を見いだしたのは、おそらく地形図を読み耽っていたときである。地形図があったということは、多分すでに川内《かわち》山塊の主峰である粟《あわ》ヶ岳に登っていて、山頂の向こうに広がる道なき山塊に思いを馳せ、山域の地形図を買い揃えていたからに違いあるまい。

おそらく、多分、違いあるまい、などの言葉を使わざるを得ないのは、おのれの山行記録を年代別に系統立てて記録保存するのをもっとも苦手にしているからで、几帳面といわれるA型らしからぬ所業である。

それでも、山の資料を床に撒き散らかしつつ、ようやく見つけた。初めて早出川に分け入ったのは一九八三年の秋である。川内の詳細は川内・下田《しただ》山塊の項で述べたが、夜行列車をアプローチとした。

新幹線は登場していたが、まだ夜行列車は走っていた。それが世紀末に至って続々と廃止されたのは、だれもが新幹線を利用せざるを得なくするJR東日本の戦略に違いあるまいが、寝ているあいだに目的地に運ぶという、昼夜を逆転した有効かつ的確な移動手段を廃止するのは、由緒正しい文化の喪失、もしくは逸脱であろう。

こう書くと、それは新幹線に乗れない貧乏人の僻みだろうという声が聞こえそうだが、いまさらなにを言っても覆らないのだから、言いたいことを言わせてくれ。旅は早ければいいというものではない。ゆっくりという選択肢があってもいいのである。

大宮から上越線の夜行に乗った。向かうのは新潟の村松駅で、上野発二十二時十一分長岡行きの普通列車であった。谷川岳の登山者でにぎわう、通称「谷川列車」である。長岡駅で下りの始発に乗り換え、加茂でふたたび乗り換える。当時はまだ、加茂と五泉《ごせん》を結ぶ蒲原《かんばら》鉄道が走っていた。その加茂と村松間は、二年後の一九八五年に廃止されるのだから、かろうじて間に合ったことになる。始発かどうかは定かでないが、加茂駅のプラットホームで列車を待った記憶がある。

村松駅から小面谷《こつらだに》行きのバスに乗った。終点で降りたのは、ノッポの坂内幸男とチビの私である。

ふたりとも大荷物を背負っている。いまなら一五キロも背負えば音を上げる私だが、あのときは二十五キロを確実に超えていた。なにせ八泊九日の遡下降の果てに、粟ヶ岳の山頂に立つ計画である。当時の計画は次のようなものだった。

早出川本流の割岩沢《わるわ》を遡行して矢筈岳《やはず》に立ち、今早出沢を下って今出《いまで》に戻り、ふたたび割岩沢に入って小割岩沢を遡り、五剣谷岳《ごけんや》から大杉沢を下って青里沢《あおり》から青里岳を越え、光来出沢《こうらいで》を下って最後は粟ヶ岳に立とうというのだから、思い返してもおそろしい。たったふたりのこんな計画が成功するはずもない。

おそらく私たちがめずらしいのだろう。バス停で村びとたちに囲まれ、質問攻めにあってから歩き出す。秋だというのに暑い日で、重荷を背負ってよろよろ歩き、あまりの暑さに最奥の田川内《たこうち》の酒屋でビールを呑んだと記録に書いてある。てめえのことでなければ怒鳴りつけているところだ。すでに敗退の予兆がある。

早出ダムの湖岸道を歩き、金《きん》ヶ谷で昼寝を兼ねてふたたびビールを呑む。どう見てもやる気があるとは思えない。おそらく、あまりに重い荷が進む気力を削いだのだ。

駒ノ神からドゾウ淵に向かう途中で荷を下ろして休んでいると、あちこちの落ち葉の裏から、なにやら小さな生き物が蠢《うごめ》いてこちらに向かってくる。それが、呼気に反応して血を吸わんと集まってくるヤマビルとの邂逅であった。

生息は知っていたが、接するのは初めてで肝を冷やす。まさか九月までいるとは思わなかったのだ。生きとし生ける命に不要なものはないという教えに頷きつつも、それがヤマビルやメジロアブにまで適合するかはわからない。ましてヤマビルは川内の精かと問われれば、なおさらわからない。

すぐさま本流に駆け下り、唯一あった砂地で荷を下ろして仔細に点検すると、足首やひざ辺りの数カ所にヤマビルの吸血痕があり、とめどなく血が流れつづけていた。

二日目は泳ぎではじまった。水は墨色に濁っている。数日前に増水があったのだろう。先頭は泳ぎの達者な坂内で、私は後方からザイルで引かれるだけだから、いささか情けないものがある。川原はどこにもなく、ほとんど泳ぎだから荷を背負う距離は短いものの、濁った水と屹立する側壁が戦意を喪失させる。

カクマ沢、六三郎沢、ハヨ止まりとつづく難所を泳ぎきるころ体力が尽き、さすがにヤマビルの生息範囲は越えただろうと、ボフ沢を上がって松次郎のゼンマイ道に出て、これをたどる。小尾根を越えると前方に砂地が見えた。ゼンマイ沢の出合である。天与の泊まり場に思えた。

道から砕石のルンゼを下り、もうすぐ砂地というところで、足をとられたのか、坂内がこけて手首を深く切った。

傷の様子を見がてら、休養を兼ねて三日目は停滞にした。ケガ人をほったらかし、私はゼンマイ沢の魚止で三十五センチの岩魚を釣り上げたりしながら、のんびりと過ごす。

幸い坂内のケガも傷口が塞がり、これなら今出まで行けるかと話していたその夜、突然の増水に見舞われた。災厄は連鎖するのである。流れから三メートル上の焚き火まで水が迫るに及んで、荷を背負って崖を這い上り、どうにか座る場所を見つけて朝を待った。真下には濁流が渦巻いて沸騰し、藪蚊の猛攻に耐えた。痛烈な早出川の洗礼であった。

その増水で坂内の渓流足袋が片方流され、旅は唐突に断たれた。片足靴下だけの姿で、ヤマビルの待ち受ける松次郎道をたどる撤退行など、もはや語るに及ぶまい。

思えば坂内のケガと深夜の増水は、早出川が与えた心優しき試練であり、警告であった。敗退の要因は災厄などよりも、私たちが早出川に呑まれていたことに尽きるのである。

＊

翌年の秋、同じ日程で早出川に挑んだ。違うのは、松木健司が加わったことである。

昨年の敗北で尻尾を巻いていたなら、おそらくそれ以降の早出川はあり得なかっただろう。まったく同じ計画になったのは懲りないからか、あるいは勝算が生まれたのかは、いまとなっては思い出せないが、食糧と酒を減らすくらいのことはしただろう。松木の参加で、いくぶんなりと荷が軽くなったことはたしかだとしても。

だが、天候に恵まれなかった。昨年の増水の経験が行動を抑制するのである。ゴルジュがほとんどの早出川にも、小さなブナの台地がわずかだが点在し、そのブナの森を可能なかぎり探して泊まり、朝起きて雨が止むのを待ち、増水していないことを確認してから遡行するのだから、捗らないことおびただしい。一日三、四時間の行動で、今出まで四日を費やした。ドゾウ淵からコモリ淵まで、全編これ泳ぎの連続であった。

五日目、今出に食糧をデポして本流の割岩沢に入る。白い花崗岩のスラブが遡行意欲をかき立てる。この日は最狭所のジッピを越えて、曲り沢が合わさる魚止の川原に泊まる。

六日目は、果敢に遡行して矢筈岳に立ったのち、今早出沢を下って最上部に泊まり、七日目はガンガラシバナ右方ルンゼを下降して今出に戻った。矢筈岳への周回を何日と計算したものか、食糧はすでに尽きて、デポ品を黙々と貪り食った覚えがある。

すでに予備日を使い果たしていたのだから、いまさら粟ヶ岳もあるまいと、さっさと室谷越《むろやごえ》から里に下りることにする。というよりも、すでに精魂尽き果てていたのである。

未見の室谷越に不安はあったが、特に難渋することもなく、整然と付けられたゼンマイ道をたどって室谷集落の背後に下りた。

道の終点は室谷の小学校の裏手で、折から校庭は秋の運動会でにぎわっていた。

その小学校もやがて閉じられ、広い跡地に新しい室谷の集落が拓かれたのは、九年後の一九九三年のことである。

＊

その後、私たちの早出川へのアプローチは一ノ又越《いちのまたごえ》になった。一ノ又沢は室谷の数キロ先にある倉谷沢の支流で、そこまで林道が延びていて便がよく、道も手入れされていたのである。

そもそも室谷越を知ったのは古い早出川の遡行記録からだった。数少ない遡行者たちが室谷越を使って今出に至り、上流に足跡を残していた。つまり、そこから下流の早出川は、未知に等しい領域だったのである。私たちが早出川ダムから早出川の完全遡行を企てたのもそれゆえであった。

早出川に分け入る人びとが一ノ又越を使うほど、室谷越は寂れていく。一ノ又越をたどるたびに、私は室谷越がどうなったのかと思わずにいられなかった。

常浪《とこなみ》川の最奥にたたずむ室谷の集落は、古い格式を遺す家々が河岸段丘に点在する美しい村で、まるで隠れ里のような風情があった。村のバス停の前の流れに小さな橋が架かり、その道は御神楽岳までつづいていた。野辺には花が咲き群れ、田植えの終わった田んぼの水面に御神楽岳の山影が映っていた。

室谷の人びとの春の仕事にゼンマイ採りがあった。買い取り業者に「日本一」と言わしめた室谷ゼンマイである。室谷越は、彼らが早出川で小屋掛けしてゼンマイを採るために往還する道だった。

いまでも残っているかは知らないが、春の川内の山に登ろうとして車で向かうと、室谷の入り口で検問に遭うことがしばしばだった。村の共有財産である山菜を勝手に採られないための検問である。それほど室谷は、山の幸に恵まれた村であった。

その村が姿を消したのは、常浪ダムの建設で移転を余儀なくされたからである。美しい村がダムに沈むことになり、高台に新しい村が生まれた。その村の場所が、室谷小学校の跡地一帯である。

しかし、ダムは完成しなかった。民主党政権の見直しによって中断されたのだ。付け替え道路で結ばれた室谷の家々が、ダムの補償によって建てられたのだとしても、美しい村を追われた室谷の人びとの痛みは残ったはずである。

私はこの十年ほど、飯豊《いいで》連峰の避難小屋の管理を短い期間ながらつづけていて、その帰りに何度か室谷に立ち寄ったことがある。室谷越の在り処を探るためである。小学校の運動場の場所はわかったが、室谷越の入り口は、ついに見いだせなかった。村の様子が一変していたせいいもある。

早出川の探索を終えた私に残されたのは、室谷越の再訪だけであった。記憶に沈まんとするゼンマイ道をたどり、今早出川に下りてみたいが、すでに手立ては尽きていた。しかしある日、カメラマンの高橋郁子が朗報をもたらした。

室谷には古くから青年団があり、その活動を紹介する最近の記事から阿賀《あが》町役場の江川里加という職員に行きつき、彼女の伝手で、室谷越を知る古老を紹介してもらえることになったのだ。郁子の放ったホームランである。思わぬ展開に、私はようやく愁眉を開く。

室谷越をするからには、決行はゼンマイ採りの季節しかあり得なかった。道を拓いたゼンマイ採りの目線に立って、同じ時期に歩くことが道の行方を知るもっとも有効な方法なのだ。

*

六月初旬のよく晴れた朝、私と編集の麻生弘毅と郁子の三人は室谷の集落にいた。江川さんから聞いた古老を訪ねたのである。

それと思しき家の庭に、それらしき人物が立っていた。それが清野《せいの》昌三《しょうぞう》さんであった。私は江川さんを通じて道の状態を教えてほしいと伝えていた。だから話を聞かせてもらうだけのつもりでいたのだが、挨拶をする暇《いとま》も与えずに「それじゃあ行ってみるか」と言われて唖然とする。まさか案内してもらえるなど思ってもいなかったのだ。

地下足袋を履いただけの軽装だから、今出まで案内するつもりがないのはすぐにわかったが、少しでも同行してもらえるのはありがたかった。

村外れの車道を矍鑠《かくしゃく》と登っていく清野さんのあとを追うと、すぐに車道を外れて右手の山道に入った。ピンクテープに導かれるように、道は細いが明瞭につづいていた。一帯は鬱蒼とした杉林である。どちらかといえば針葉樹よりも、光と風を感知する広葉樹に強く惹かれる私だ

ゼンマイ小屋跡で清野さんが摘むのは瑞々しい初夏のワラビ

ゼンマイ小屋跡で清野さんとツーショット。このときはまだ行方の混迷を知るよしもなかった

が、しかし、なぜかこの森には清々とした山の気が満ちていた。

やがてブナの森になる。遠くでアオバトが鳴き、ああアオバトだと思う間もなく、森の上下でアカショウビンが鳴き交わし、姿まで見せた。臆病な鳥で、姿を見るのはめずらしい。

前方で清野さんが手招きしている。近づくと、荷物を背負ってやる、と言われてふたたび絶句する。たしかに初日で荷は重い。急な山道を喘いで登る私を見兼ねたのだろうが、はいそうですかと荷をわたすわけにはいかない。それに、清野さんは御年八十四歳と伺った。さすがに丁重にお断りしたが、山の人はこれだから油断がならない。

休憩のたびに、清野さんに室谷越の道筋を尋ねた。彼の返答が、私の淡い記憶を刺激するかもしれないと思ったのだ。清野さんにもまた、私がどこまで早出川に精通しているのかと、危ぶむ気配があった。

道の中間の尾根上に船窪山があり、そこから早出川に分岐する支尾根に大山があった。知らなければ「おおやま」と読むに違いないその山を、私が正しく「だいやま」と呼ぶのを聞いて、口頭試問に答えた生徒を称えるように、私の肩をうれしそうに叩くのである。

ロープを張った悪い水場をトラバースし、ゼンマイ小屋の跡地に出て休憩する。こんな小屋場があったろうかと思案するが、もちろんあったのだろう。エゾハルゼミの鳴く森の向こうに御神楽岳が浮かんでいた。

清野さんは私たちのことなど忘れたように、跡地に密生しているワラビを摘みはじめた。まるでこれが案内の目的だったか、と思わせるような没頭ぶりである。

ひとしきりワラビを採り終えると清野さんは、きょうはどこまで行くのかとふたたび問い直し、「俺はこれで帰るが、お前たちも気をつけて行けよ」といって踵を返した。

私たちはお礼を告げて清野さんを見送ったが、唐突に別れを告げられて、先の道筋を聞き漏らしたのが躓きのもとだった。問題の箇所は小屋の跡地の二〇〇メートル先にあったのである。平坦な道が忽然と消え、右の急斜面にピンクテープがつづいていた。あまりの急斜面に首をひねるが、トラロープを頼りに登ると稜線に導かれ、その先にロボット小屋（無人の雨量観測所の通称）があり、道はそこで途絶えた。ロボット小屋は、早出川ダム建設に伴う測量のためのもので、ダムが完成しても稼働しており、ピンクテープの道はロボット小屋の保守点検の道だったのである。

稜線をたどっても、船窪山までは一キロもあるまい。小屋場に戻って行方の知れない道を探すより、いっそ稜線の藪を漕いだほうが早いかと思案しているとき、郁子にやさしく、「それは目的に反しませんか？　たとえ敗退することになっても、本来のゼンマイ道を探すべきではないですか」と諭されてはっとする。たしかにそのとおりなのだ。

ふたたび急斜面を下ってゼンマイ道まで戻る。すでに十四時半で、このまま荷を背負って危うい道を進んでも、泊まり場が得られる保証はどこにもない。空身で偵察すると、一条の踏み跡が水平に延びていて、これならどうにかたどれそうだと、引き返して泊まり場を探す。

小屋場からの道は片流れで平地に乏しかったが、泊まり場の必須条件である薪と水の得られる小さな平地を、まんまと見つけだして泊まった。こうした急場しのぎは得意なのである。

朝は鳥の声で目覚めた。ウグイス、アカショウビン、ミソサザイ、コゲラ、ツツドリ。まるで初夏の森のシンフォニーであった。

見失った道は、かすかだが行方を追えた。地形図の崖記号を前にして、あるはずの迂回路を求めて右往左往したが、ようやく見つけだした道は、やがて尾根を越えて反対斜面に明瞭につづき、船窪山のコルに達していた。ここまで来れば勝ったも同然かと思ったが、そうはいかなかったのである。

右下の沢に小さな雪渓が残っており、氷を採ってきて景気づけにオンザロックを傾ける。

コルから先は記憶にあったが、途中でふたたび道を失う。あちこち踏み惑っているうちに沛然と雨が降り出した。船窪山の山腹をトラバースして、向こうの稜線に乗れば道があるはずと踏ん張るが、雨に濡れて這い上がった尾根には鉈目はあるものの、道はすでに藪に覆われていた。そこから、今早出沢に下る尾根の分岐までの一キロが苦難の藪漕ぎであった。

郁子のスマホのGPSに助けられて、今早出沢に下りる尾根に乗る。時代はすでに紙地図ではないらしい。藪は変わらずつづいたが、太いブナの幹に鉈目が刻まれていて道の正しさを知る。室谷の近くの鍵取《かぎとり》集落の鉈目、昭和三年の古い鉈目。この道を往時のゼンマイ採りたちは、重荷を背負って歩いたのである。

深い藪尾根を忠実にたどったのは、滝があるかもしれない左右の支沢に入りこみたくなかったからだが、山から下りて古い文献を繙《ひもと》くと、左右の沢筋には滝もなく、ましてゼンマイ採りの時期には雪渓に埋もれて、たやすくたどることができたのだ。

ゼンマイ道は、今早出沢の右岸に点在する小屋の数に応じて幾本も拓かれ、あるいはたどる上下の区別によって、沢と尾根を使い分けたのかもしれない。

十五時、下流を雪渓に閉ざされた今早出沢に下りる。長い道のりを歩んだ末に、また早出川に会えた喜びがこみ上げる。

泊まり場を探していたら、ほんの少し上流に、一ノ又越の入り口のアカバ沢が見えた。一ノ又越を里からたどると、昼すぎには着いて本流や今出に向かうため、いままで泊まることのなかった出合である。

初めて泊まる高台の幕場で夜を過ごす。私たちのほかはだれもいない静かな夕暮れだった。カジカガエルが鳴き、夜は時鳥《ほととぎす》とジュウイチが鳴いた。

懐かしの今早出沢に降り立つ。一ノ又越の入り口はすぐ上流にあった

翌朝、朝靄の向こうからアカショウビンの声が聴こえた。きのう摘んでおいたウルイとヨブスマソウの味噌汁に、麻婆丼の朝飯を食べ、八時に発つ。

苦労した室谷越を戻るには時間が足りず、やむなく一ノ又越を帰路に定めるが、すんなりとはいかなかった。アカバ沢は、遡行してすぐ右にゼンマイ道を分けるが、これを見落として稜線までつめ上がってしまい、下降の一ノ又沢もまた、ズタズタの雪渓の通過に難渋した。沢を縫ってつづいているはずのゼンマイ道が、藪に埋もれていたからである。

ゼンマイ採りが絶え、遡行者や釣りびとだけが通るのであれば、道を探すより沢を忠実に遡行するほうが早く、そのぶん道が消えていく道理である。

滝場になる前に休んでいたら、カモシカの母仔が目前の斜面を駆け上っていった。いつだったか会津の丸山岳の山頂で、脱兎の言葉そのままに走り去る兎を見たが、内臓が透けるような体色だったのを思い出す。

目睫の急斜面を駆けあがる母仔のカモシカもまた、私たちの登場に驚いて逃げ去ろうとする必死の表情とともに、その迫力に満ちた体の大きさと、くっきり見える体毛が室谷越の掉尾を飾る思いがけない記憶であった。

＊

晩秋の磐梯山《ばんだい》に向かった。山頂直下の小屋を手伝う江川里加さんを訪ねたのである。室谷の清野晶三さんを紹介してくださり、さまざまな情報を教えていただいたお礼に、ご挨拶へ伺おうという話になったのだ。

どうせ伺うのなら、彼女が働く磐梯山がいいと思ったのは、私にとって百名山の一角である磐梯山が、いまだ未踏だからである。

すでに百名山のうち八十山ほど登っているが、べつに百名山を狙ったわけではない。登山道や渓谷から、仕事やプライベートにかかわらず登った結果が八十山だったということだ。

だが、百名山も八十を超えるとべつの意味をもつ。どうせなら全山に立ってやろうという欲が生まれるのだ。それなら元祖の深田久弥《ふかだきゅうや》に倣って表ルートを登るのが王道というものだが、老齢を言い訳に、手軽な裏磐梯の八方台から登った。

前夜に乗り入れ、目覚めたら八方台の駐車場は車で埋まっていた。週末とはいえ、百名山の人気を思い知る。

緩やかに小さな峠を越えると中ノ湯の跡地で、そこから傾斜を増した山道をたどる。そこは明治の爆裂火口の上の道で、左に大きくトラバースすると四合目の弘法清水《こうぼうしみず》に出る。そこに弘法小屋と岡部《おかべ》小屋の二軒の売店が建っている。

岡部小屋の玄関を開けると江川里加さんが迎えてくださった。初めてお会いしたが、短髪で目鼻立ちの整った、きびきびとした女性である。彼女は岡部小屋で、すでに十年ものあいだ、週末ごとにボランティアで働いている。

彼女の本業は阿賀町の職員で、まちづくり観光課に勤めているが、数少ない山好きを見こまれて、阿賀町が管轄する飯豊連峰の避難小屋の諸問題に対応し、周辺の集落の催しや行事にも参画している。いずこにも適材適所というものがあるが、彼女を見ているとその典型を知らされる思いである。阿賀町もまた得難い人材に恵まれたのだ。

かたわらで立ち働いているのが、小屋主の岡部みよしさんだった。幾分天然が入っているかと思わされる話好きの女性で、もう四十年ものあいだ、郡山の支援学校の厨房で働き、週末になると小屋に上がってくる。もう六十七歳になったのよと言われて、その若さと肌のきれいさに驚かされる。

江川さんとみよしさんが、ひっきりなしに訪れる登山客の応対の合間に、私たちをもてなしてくれた。やがて、みよしさんのご主人の岡部久《ひさし》さんが登ってきて顔を出す。彼は、すでに解散した地元の「郡山山岳会」に在籍していて、埼玉で私と同じ山岳会に所属し、帰省して郡山山岳会に入った水野栄次の山仲間である。

一緒に登らないかと誘ったが、家の都合で参加できなかった水野の話になり、郡山山岳会が総力を挙げて取り組み、その後に私も水野も携わった白戸《しろと》川の開拓話で盛り上がる。

岡部さんは、白戸川の洗戸《あらいど》沢奥壁の初登攀者と目されているのだと水野に聞いたことがある。話が盛り上がったのは、酒の力があったかもしれない。

まあ一杯と勧められ、さすがに朝からはといったんは断るが、麻生という運転手がいるから呑めないわけでもない。まだ山頂にも立っておらず、登頂意欲を失わない程度にお付き合いして腰を上げる。

弘法清水が四合目なのは、頂上が五合目だからである。それには諸説があって、富士山と比肩する説と、爆発以前の標高を十合目とする説である。

風に吹かれて、酔いを醒ましながら登っていると、後ろから岡部さんがやってきて、一緒に頂上に立ってくれた。頂上には磐梯明神の石の祠が南を向いて立っている。ときおりガスの合間に猪苗代《いなわしろ》湖の湖面が光って見えた。

岡部小屋は四月第四日曜に小屋を開け、十一月初旬まで週末ごとに営業する。またぜひ来てくれと言われ、小屋を閉める時間までのんびりくつろいで、仕事を終えた江川さんと共に小屋をあとにした。

またひとつ、山を守る小さな小屋と、そこで働く山好きの人びとに出会えたよろこびがある。登ってよかったと、心に刻んだ晩秋の一日であった。

室谷越～早出川
今早出沢

2022年6月2～4日

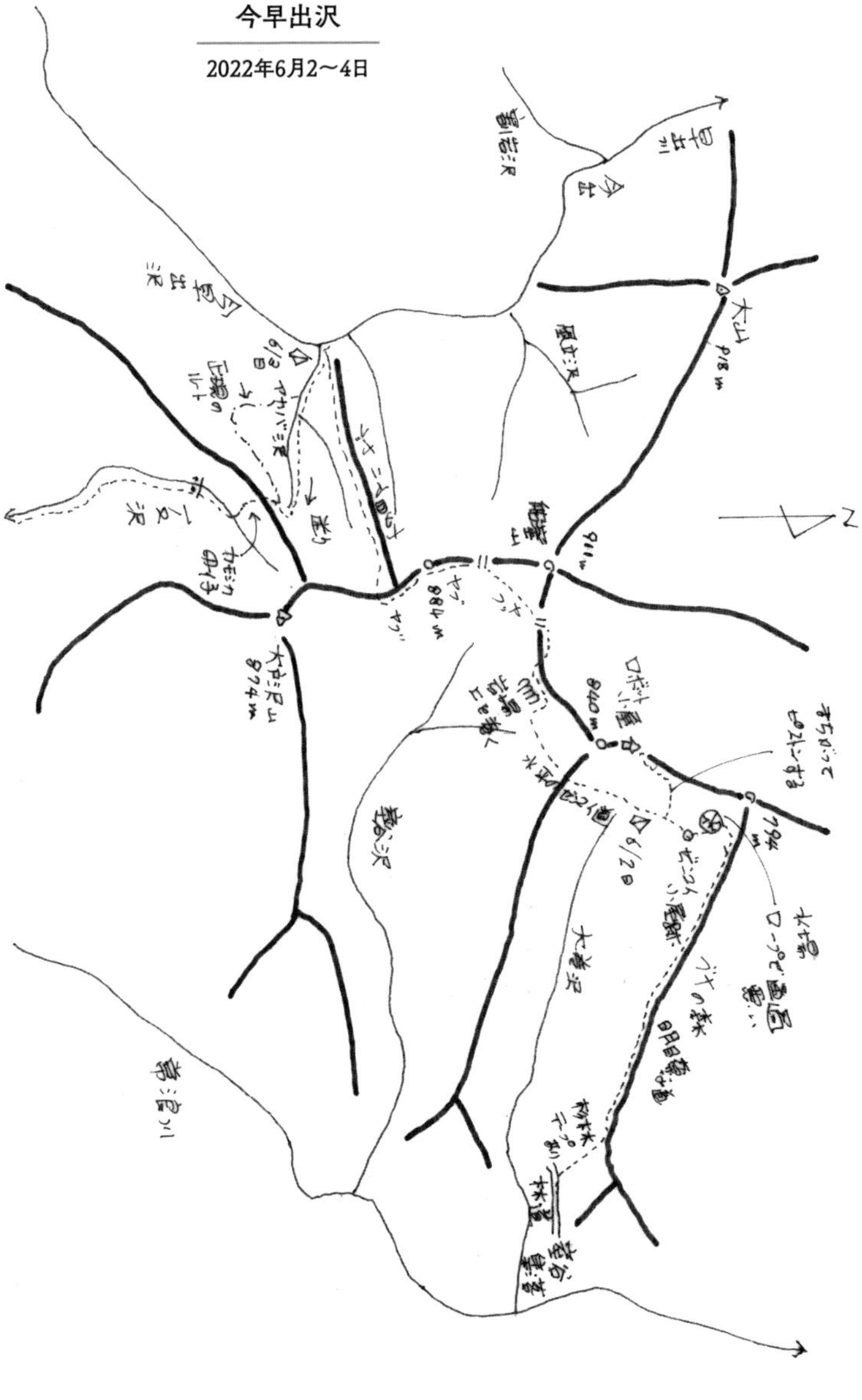

二十五年古酒

岡部小屋で。左が奥さんのみよしさん。私、岡部久さん、右が江川里加さん

秋の深まる遡行の行方

奥利根　宝川本流ナルミズ沢　二〇二三年晩秋

前夜は水上《みなかみ》の道の駅に泊まった。山行の日程を有効に使おうと思えば夜行のアプローチが欠かせない。

はるか昔に夜行列車が廃止されてしまった現在、入渓点近くで屋根付きの泊まり場を得ようとすれば、道の駅はそのための有効な手段である。

近年、道の駅での宿泊が取り沙汰され、やがて使えなくなる日が来るのだとしても、「来たときよりも美しく」を心がけ、折に触れて道の駅の物産を買い求めるのが、その一隅に泊まらせてもらう私たちの、せめてもの感謝と支援の証であろう。

翌朝は、車がどこまで入れるかと不安を抱えての出発であった。藤原の集落を走り抜け、分岐を左にそれて利根川に架かる橋を渡ると宝川温泉は近い。

それとは口にしなかったが、私には懐かしい温泉宿だった。もちろん泊まったわけではない。先代の宿の社長が「奥利根山岳会」の会長だった関係で、知己ではあったが、一泊二万円以上もする高級温泉宿に泊まれるはずもなかったのである。

以前、宝川本流を忠実に遡行したことがあった。利根川本流に注ぐ宝川の分岐から遡行を開始すると、宝川温泉の敷地内を通る。正確には温泉宿の建物内を通らざるを得ないのだ。

宝川温泉の建物は宝川を覆うように立っている。したがって、流れに架けられた建物内の小橋をくぐり抜け、混浴を含めた大小さまざまな露天風呂を横目に遡行することになる。

湯船には湯浴みする女性の姿があり、こちらの姿を認めて、なすすべもなく立ちすくむ。いや、立ってはいなかったか。

いまなら大騒ぎになる事態だろう。おおらかな時代だったというのは、こちらの勝手な言い分である。まさか闖入者が登山者などと思うはずもなく、あっという間に通り抜けた私たちに、唖然とするしかなかったというのが実態だったであろう。

そんな記憶を懐かしみながら、車は藪のかぶさる林道を進み、当初の予定どおりゲートまで入った。

ゲート前には無人の林業試験場が建っている。いまは名称が替わって「宝川森林理水試験地」というらしいが、私たちの時代は宝川林業試験場であった。

周辺一帯の伐採と保水力との因果関係を調べるのを目的とするが、当時は月岡正次《つきおかまさじ》という管理人一家が住んでいた。管理に専念していたのか、技官も兼ねたのかは不明だが、建物のそばには畑が丹精されていた。

場所柄、登山者の遭難に多く携わり、猟もしていた月岡さんは、地元の名士でもあった。その名残りが、ゲートをくぐった右手の石碑に刻まれている。「不空羂索観音《ふくうけんじゃくかんのん》」というのは、仏教の菩薩の一尊で、平たくいえば狩猟の神である。たしか、この碑《いしぶみ》は月岡さんが祭ったものだと記憶している。

身支度を整えて歩き出す。林道は数キロ先の登山口まで延びているが、ゲートの先で数カ所崩落して、すでに車が通れる状態ではない。

左に宝川本流の美しい淵が現われ、遡行した昔日を思い出す。

まもなく板幽《いたゆう》沢に架かる橋に着いて荷を下ろす。以前は右岸の岩の上に小さな木の祠があっ

宝川森林理水試験地の路傍にたたずむ「不空羂索観音」に沢旅の無事を祈る

た。古い山仲間の女性が、自身の守り神にしていた祠である。

この板幽橋を基点として、周辺の奥利根の山々を、季節を問わずめぐり歩いたのである。その祠はもうないが、ここを通るたびに立ち止まり、ひと休みして、祠のあった場所に手を合わせる習慣はいまも変わらない。

板幽橋は、本流を遡行した初日の終着点であった。

上流の徒渉点まで遡行するつもりでいたが、あの温泉の湯船で目にした妙齢の女性の湯浴み姿に幻惑され、おそらく以後の遡行意欲を失ったのである。

林道は本流に沿ってしばらく進み、やがて大きく屈折を繰り返して登山口まで登っていく。本流に架かる吊橋の残骸は、送電線の巡視路である。使われている形跡はないが、巡視路が廃止されるはずもないから、いまはどのように巡視しているのかと首をひねる。

ススキの伸びた秋の林道は見通しが悪く、屈曲を繰り返すたびに熊が怖いとカメラマンの高橋郁子が笛を吹く。

屈曲が終わると登山口は近い。登山道とは不思議なもので、舗装路が絶えた途端に野生を取り戻す。ここからは、多少の上下はあっても、徒渉点まで水平の道がつづく。

休憩していたら、風が吹くたびにぽとぽとと、どんぐりの落ちる音がする。見まわすと、辺りはミズナラの林であった。もしやと巨木の周囲をめぐってみるが、時期も遅くマイタケにはお目にかかれなかった。

これまで何度も通っていながら、傾いた水平の道に足をとられそうで怖いのは、滑り落ちたら本流まで一直線という傾斜への恐怖か、はたまた老いた証左か。なにがあってもいいように、水の得られる支流と泊まり場の確認をしつつ、ゆっくりと歩みを進める。

森の彼方で鹿が鳴いた。会津の丸山岳でもそうだったが、すでにここまで鹿が標高を上げてきている。雪国で鹿が生息できなかったのは、降り積もった雪で腹が擦り、動けなくなるからだ。
これが雪の少ない丹沢や大菩薩の山なら、

奥山に 紅葉踏み分け鳴く鹿の 声聞くときぞ 秋は悲しき

などと百人一首を諳んじて、秋の風情を楽しんでもいいが、進む雪国の温暖化を思えば、そういってもいられまい。

崖下の道を行くと、左下に八宝《はっぽう》滝を見下ろすようになる。徒渉点はその上流にある。道は、いましばらく進んで下りに差しかかる。

徒渉点は難なく渡れた。ここは水が少なければたやすいが、過去に何度か登山者が流されて死者が出ている。対岸を登るとふたたび水平の道になり、広河原に導かれる。

広河原は、左俣のウツボギ沢と右俣本流のナルミズ沢の二俣にある。もちろん、ここで泊まるつもりで来たものの、なにやら殺伐としているうえに、冷たい風が吹きわたって泊まる気にならなかった。おまけに薪も乏しい。

やむなく編集の麻生弘毅に偵察を頼み、私も周辺を探してみたが、気に入った場所がなかった。いつもは幕場のほうから俺を呼ぶ、と豪語する私だが、きょうはなぜか囁かない。

やがて麻生が、いい場所がありましたと得意げに帰ってきた。なんと、すぐ近くの対岸に好物件を見つけてきたのである。高台で薪もあり、ブナの木々が風をさえぎる極上の幕場であった。これなら麻生が鼻を高くするのも頷ける。

燃え上がった焚き火のそばに座って酒を酌み交わしていると幸福な思いになる。

しかし、と不意に思う。この幸福は暖かいからだ。焚き火がなければ、晩秋の風に晒されて寒い夜を過ごさねばならなかった。つまり、ここまで寒くなる前に遡行してさえいれば、風を避けるべく動きまわらずとも快適な夜を過ごせたはずなのだ。

酷暑の夏は、あっという間に過ぎ去って、雨の降りつづく八月を迎え、それでも九月に入ると少しは天候が安定し、そのたびに私は、早く宝川に行こうと催促する。もとより、仕事など入るべくもない暇な身である。

しかし、撮影仕事に追われる郁子が、どうにかやりくりして日程を確保しても、麻生が煮え切らなかった。ぐずぐずと日を延ばすのである。

郁子がいれば麻生は要らねえ、と私に宣告されて腹を決めたか、それなら前夜発で十月十一日からの三日間でどうかと提案してきた。周囲には、その時期の沢はもう冷たいよ、下手をすると時雨《しぐ》れるかもね、という声があったが、それを麻生に言えば嫌味になる。

それしかないか、と言いながら念を押す。ただし、初日と三日目は多少の雨でもかまわないが、大烏帽子山に立つ二日目だけは、なんとしても晴れさせろ。

そのことを思い出して腹が煮えたが、ここで蒸し返すのも大人げないし、いまが快適ならそれでいい。ただし念だけはさらに押した。「明日が雨なら、ここで停滞して帰るよ」

やがて十六夜《いざよい》の月が昇って森を照らした。明日は晴れるかもしれない。

その夜は遅くまで呑んだ。奥利根の一角に住まう安静が酔いをいざなう。地面がふかふかだからか、郁子が、ここならいくらでも眠れそう、と言った。明日は停滞しても構わない、という意味だろうか。

翌朝、下枝《しずえ》から落ちる雨音で目覚めた。判断に迷う天気だ。それでも準備だけはしておこうと、朝飯を作りはじめる。飯を食い終わったあと、いったんは停滞を宣言したのだ。すると麻生が、そうなると酒が足りなくなりますねえ、と暗に私を責めるのである。

寒い渓の朝のルーティン。靴下を焚き火で温める

私は大いに迷った末に決断する。せめて大石沢まででも遡っておけば、敗退の原稿ならなんとでも書ける。写真もそれなりに撮れるはずだから、取材は成立するだろう。

＊

八時に幕場を発つ。小雨模様のはっきりしない天気だ。天気が悪いのなら、大石沢まで道を使えばいいものを、まったく考えなかった。完全遡行にこだわったのだろうか。

淡々と遡り、見覚えのない滝に阻まれて思案する。こんな滝などあっただろうか。古い記憶をたどろうとするが、ひとつもよみがえってくれない。左の登山道から高巻いて沢に下りる。沢はふたたび平穏になり、大石沢の出合に至るや、にわかに空が明るくなって、陽が差しはじめる。これなら行けると、やっとその気になる。

思えば長い道のりであった。奥利根のルポをどこにするかの話し合いで、すぐさま挙がったのが奥利根本流である。当然であろう。だが、私と麻生と郁子の三人では手に余る。助っ人になってくれそうな名前を挙げたのが坂内幸男と水野栄次だった。ふたりとも過去の豊富な実績がある。

だが私の打診に、ふたりとも首を縦には振らなかった。いや、坂内は大いにその気になったのだが、水野が難色を示した。理由は言うまでもなく、老いである。遡行を日常にしなくなるほど渓は遠ざかる。水野は奥利根本流が、情熱だけで立ち向かえる渓ではないことを知っているのである。

それほど奥利根本流は一筋縄ではいかない存在であった。本流がだめなら楢俣《ならまた》川はどうか、水長《みなが》沢から平《ひら》ヶ岳に立ち、剣《けん》ヶ倉《くら》沢を下る一周はどうかなど、候補はさまざまに挙がったが、いずれも決定打に欠けた。

結果として浮上したのが宝川本流だったのである。宝川は奥利根のとば口にあり、矢木沢ダム以奥の奥利根とはまったく趣を異にする。いわば奥利根の飛び地に等しい。

流麗な流れと明るく開けた渓の精妙。藪漕ぎひとつなく、山頂に駆け上がる源頭のエピローグ。それなりの遡行者を迎えながら、ナルミズ沢が許容し得る遡行者にとどまっているのは、国境稜線を走る、難路といわれる縦走路のゆえである。

あの完成された美の渓を奥利根のルポにしたい。それが私の結論であった。

大石沢出合の滝を左から巻き登ると、左岸の彼方に、色づきを増した大烏帽子山が見えた。はたしてあそこまで行けるだろうか。

青空が広がってくると、光が渓を精妙によみがえらせる。行動してよかったと、つくづく思う。いまごろ幕場で酒を呑んでいたなら、後悔することしきりだったであろう。

ナルミズ沢には破綻というものがなかった。ナメであれ滝であれ、森であれ草花であれ、ゴルジュであれスラブであれ、渓のあらゆるパーツが、そこしかないパズルのように嵌めこまれ、際立たせる。

記憶にない高巻きを強いられるたびに首をひねるが、ああそうかと納得する。これまでは暑い季節しか遡っていないからだ。強い日差しの下で清冽な水と戯れ、少しの流れなら果敢に浸かって遡ったナルミズ沢が、晩秋のいまは私たちを冷たく拒絶する。その拒絶を振りきって挑む勇気はさらさらない。

やがて「通らず」になる。深く連なる淵の上を、右から踏み跡に従って越えていく。この通らずは記憶にあった。そろそろ魚止のはずである。

釜のある八メートルの魚止滝を、右のルンゼから登って覚悟する。これまで敗退を視野に入れて遡ってきたが、ここまで来たからにはあとには引かず、大烏帽子山をめぐって、登山道から広河原に戻ろうと決意する。

三メートルのナメ滝を越えたとき、ふたたび鹿が鳴いた。ここまで標高を上げると、下から来たか稜線を越えてきたかが、わからなくなる。おそらく里を避け、雪の少ない山波を越えてきたのであろうと思うほかはない。

滝をふたつ越えると渓の様相が一変する。源頭に至ったのだ。山肌には、いまが盛りの草紅葉が色づいていて、あまりの美しさにため息が漏れる。

この展開を麻生が狙ったのだとすれば、彼に謝罪せねばなるまいが、もちろんそれはあり得ない。しかし、不順な天候に悩まされながら遡ってきた甲斐がここにある。

渓を遡るたびに、また訪れたいと思いつつも、渓は一期一会だと知らされる。これが最後と思い定めなければ、山も渓も、目にしたものすべてがたやすく記憶の彼方に沈んでいく。

渓は大きく二手に分かれていた。左俣は稜線直下に巨大な岩壁をめぐらし、朝日岳に直接突き上げるもので、これは以前に遡った記憶がある。

右の沢は少し上で二手に分かれ、その右を遡って矢木沢に継続した日を覚えている。右俣の左沢は、もしかしたら未見かもしれなかったが、それはどちらでもいいのである。右俣左沢が宝川の本流であることはあきらかなのだから、いい機会に恵まれたと思えばそれでいい。

手がかり足がかりの豊富な細流を、快適に遡っていく。連続するナメに、思わず歓声が上がる。ちょっといやらしい二メートル滝を、笹を頼りに強引に右から巻き上がると最後の二俣に出た。

ここから稜線までは、だれが付けたか「天国のつめ」と呼ばれている。私たちの遡行した時代にはなかった言葉だ。おそらくナルミズ沢を「デート沢」と呼んで紹介した連中の命名だろうが、そう言いたい気持ちはわからないでもない。だが、いかに美しかろうと、渓にデート沢と名付ける感覚が私には理解できない。

ことさらデート沢といわれるまでもなく、その渓を遡行するカップルは数多《あまた》いる。美しい渓を連れ添って遡るふたりの姿には余情があるが、デート沢と呼んだ途端に、余情は跡形もなく消え失せる。デート沢という言葉には不遜な響きがあるからだ。

たしかに「天国」と呼ぶにふさわしいエピローグであった。

最後の二俣の先の草原に踏み跡がつづき、その踏み跡は、小さな池塘のかたわらを通り、藪とも呼べない笹原を抜けて稜線に至っていた。

周囲の見晴らしはよく、すぐ近くに大烏帽子山の山頂が見えた。目測で往復四十分だが、すでに十三時で、行く手には難路が待ち受けている。また来ればいいさと、山頂をあきらめて腰を上げるが、おそらく私にまた、はない。

縦走路は笹原に埋もれていた。よく見ると、笹原の上端がわずかに窪んでいて、それが道の標なのであった。難路と呼ばれるゆえんである。その窪みをかき分けて進むが、遅々とした足取りになる。

やがてガスが上がってきて山稜を白く包む。道を失って、いくたびか踏み惑い、それでも牛歩の歩みを重ねて、ジャンクションピークにたどり着く。

開放された道から振り返ると、「この先難路」の標識があった。はるかな昔に拓かれ、藪に沈んだ道である。巻機《まきはた》山から大水上山を越え、平ヶ岳から至仏《しぶつ》山につづく縦走路の復活が私の願いだが、いまは深い藪の下である。この道がよみがえれば本邦屈指の縦走路になるが、その願いは、私が生きているうちは叶うまい。

ジャンクションピークから朝日岳への道は、谷川岳の馬蹄形をめぐる縦走路の一角で、多くの登山者が訪れる。私たちがたどった国境稜線の、身を没するような難路とは雲泥の違いだが、べつにそれを不公平だとは思わない。あの難路を好んで歩く登山者もいるのである。

天国のつめ。踏み跡の向こうにガスの去来する大烏帽子山を見る

一級国道に等しい登山道を歩いて朝日岳に向かう。池塘を見下ろしてひと山越えると、不意に広河原への分岐に出た。古い記憶では、分岐は朝日岳の向こうにあったはずだが、うれしい誤算に朝日岳を割愛して下山路を下る。

いつも下るばかりで登ったことのない登山道である。荒々しい道で、ナルミズ沢の魚止滝付近まで険しい斜面をトラバースし、そこから急坂を転げ落ちるようにして下るのだが、やがて森に入っておだやかになる。水音が聞こえるようになると大石沢は近い。晴れると知っていたなら、もっと早く出発して余裕の帰着になったはずだが、それを悔いても仕方がない。

日没の気配が忍び寄ってくる。かなりハイペースで下ったつもりだが、コースタイムとさほど変わらない。下りでコースタイムを更新するなどあり得ないのだから、気ばかり焦っていたことになる。

急場しのぎは得意だが、帳尻合わせはなおさら得意である。大石沢からつづく山道を急ぐと、狙いすましたように、辺りが闇に沈みはじめた日没寸前にベースに帰り着く。

薄暮のなかで焚き火を熾してくつろいでいると、静寂《しじま》の向こうからせせらぎが聞こえ、森のあちらこちらで鹿が鳴き交わした。棲み処を追われた彼らの抗議の声にも聞こえたが、叱られる覚えは微塵もない。お前たちは新参者で、この渓の先住者は私なのだ。

光と色彩に満ちた源頭の光景がよみがえる。あと少しで渓は色を失い、白い季節を迎えるだろう。そのきわどい間隙に、かろうじて間に合った思いがある。

停滞に備えた酒が残っている。だが祝杯だといいつつも、疲れが瞼を重くする。郁子のように、いつまでも眠れるというのなら眠ればいい。明日はあの斜めに傾いだ山道を大過なくたどって、車までたどり着くことができればそれでいいのだ。

焚き火の爆ぜる音をかすかに聴きながら、私は深い眠りに落ちていった。

宝川本流
ナルミズ沢

2022年10月11〜13日

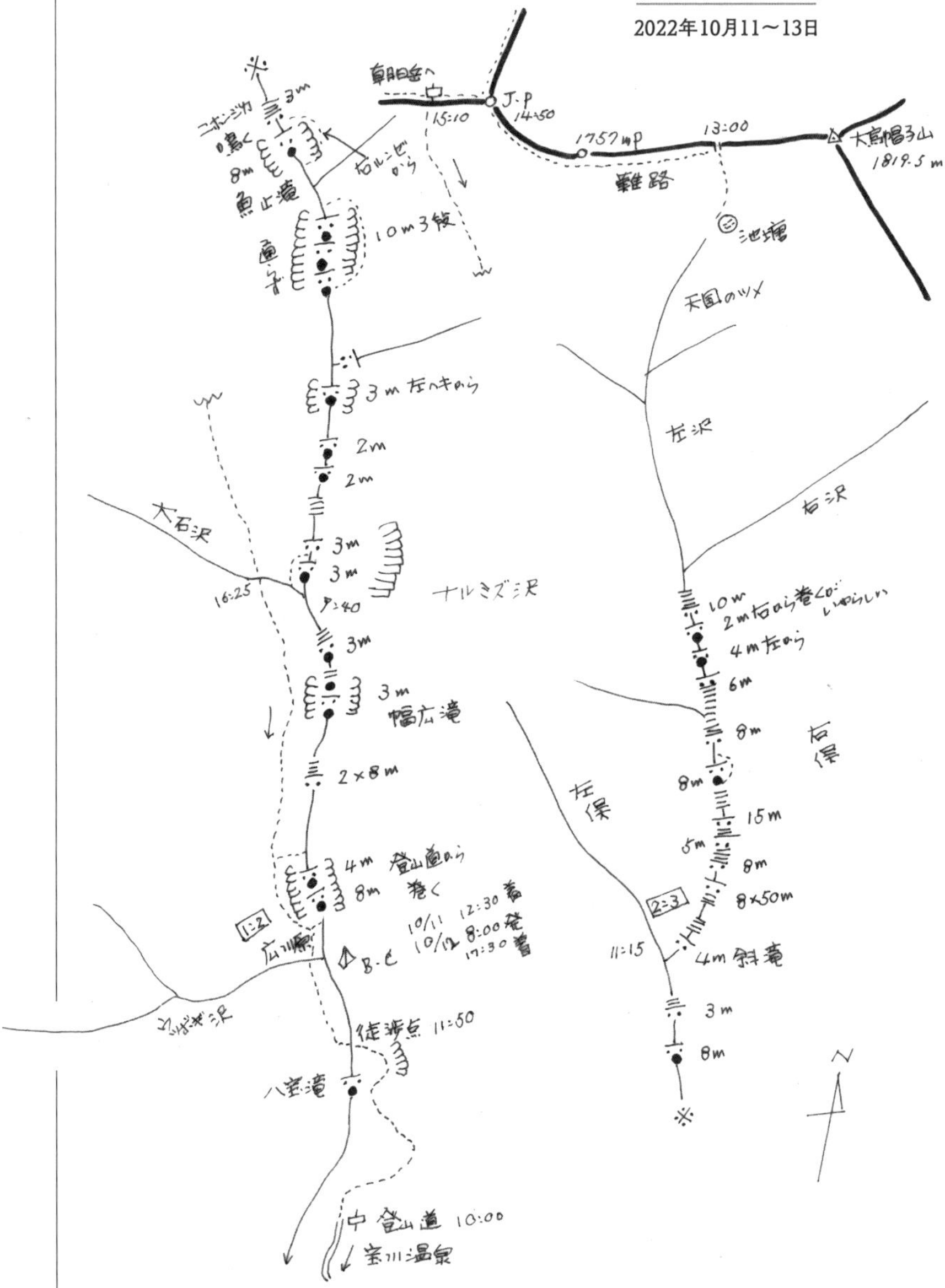

ナルミズ沢の左岸で麻生
が見つけたブナ森の泊ま
り場。近くで鹿が鳴いた

ぼくの師匠

石井伸和

聞き書き＝麻生弘毅

初めてお目にかかったのは二〇〇四年、師匠がガイドする北アルプスの黒部源流への山行に、知人が声をかけてくれたのがきっかけでした。もともと渓流釣りが好きで、浦和浪漫山岳会のことは雑誌で見ていました。大きなザックを背負って渓を遡り、焚き火を熾して酒を飲む……そんな世界に憧れていたんですね。渓での師匠はやっぱりかっこよくて、「本物は違う」と思ったことをすごく覚えています。

その山行が忘れられずにいたところ、「ろうまん山房」が会員募集していることを知り、思い切って門を叩いたのは翌年の春。月二回、大宮で開かれる集会ではいつも緊張していました。同世代の先輩四人は楽しそうに山の話をしているのですが、必ず遅れてやってくる師匠が近寄りがたい。話しかけようにも山を知らないから共通の話題はないし、師匠の言葉をメモするので手いっぱいでした。

初めての春合宿は川内山塊の矢筈岳、足を引っ張らないよう必死でした。その後、七月の遡行で滑落し、大腿骨を骨折。浦和浪漫時代から無事故だという話を聞いていたので、入会するなりその歴史に泥を塗ったぼくは、とても会にいられないと思いました。二カ月後に退院してリハビリを終えると、祈るような気持ちで一月の南会津の家向《いえむかい》山山行に参加したのですが、なにごともなかったように受け入れてくれたんです。師匠についていき、会のために働こうと決めたのは、この事故がきっかけです。

そうして、山での作法を一から教わりましたが、面食らうこともありました。たとえば、水はひとつの水筒をまわし飲みをするんです。水が限られた雪山で、パーティで保有する水の量を常に把握するためであり、その水筒も弱っている仲間のザックから出す。このあたりは合理的ですが、水がいくらでも取れる沢でも、カップの水をまわし飲むんですよね。師匠の「いただきます」の声で食事をはじめること、味噌汁は煮干しで出汁をとり、生味噌を使うことなどなど。とはいえ、ぼくはほかの山岳会を知らないので、わりと馴染むことができました。

師匠はよく「計画、準備、実行」と口にし、合宿の二カ月前から動きはじめるとともに、本番の前週に準備会を開きます。計画書を読み合わせてルートを確認、装備を点検して、食料や酒、お新香まで分けるなどし、不安要素を消していく。そうやってやるべきことを徹底したら、山では悠然としているんです。自然と同化しているというのかな、風が吹こうが雪が降ろうが動じない。あの安心感と存在感の大きさは言葉にできないですね。そして、「計画、準備、実行」は山だけでなく、自分の仕事においても心がけている、大切な教えです。

師匠と話ができるのに、三年ほどかかりました。集会へは栃木から車で行き、車中泊していたのですが、あるころから、集会所のそばに住む師匠がぼくの車まで来るようになったんです。そうしてお酒を飲み、一緒に寝て、翌朝ご自宅へ送るうちに……ですかね。師匠と呼びはじめたのは、先輩たちに倣ったのもあるけれど、畏れ多くて名前を口にできなかったというのが正直なところです。いちど秋田のご実家にお邪魔し、師匠のお兄さんとお酒を飲んだとき、いつものように師匠と呼んでいると、お兄さんが「おまえはなんの師匠なんだ⁉」って。でも、ぼくが教わったのは山だけではないので、やっぱり「高桑さん」ではなく「師匠」なんです。

厳しい登攀をしてきたので、弱い人間には容赦がないと思っていました。けれど、師匠はチームで登ることを大切にしているんです。山で何日も過ごしていると、隠しようのない弱さを露呈してしまうことがあります。だけどそこでいかに正直でいられるか。滝を上手に登れないぼくは、生活面で役に立とうと心がけています。このあたりの感覚は、どこか家族のよう。まあ、ヤニ臭い水筒をまわし飲む家族もいないでしょうが（笑）。

手元に、浦和浪漫山岳会結成三十五周年を記念して誂えた、師匠のネーム入りのナイフがあります。あるとき師匠が集会にこの業物を持ってきて、「これを託すのは石井だな」って。先輩たちは浦和時代からの強者ぞろい。だからこそ「おまえも浦和浪漫の仲間だ」という意味かなと思って……。おいそれと使えない宝物ですが、きっとこのことを忘れている師匠が「おい、そのナイフはどうしたんだ？」って言うと思うので、山には持っていきません。

いしい・のぶかず　一九六八年生まれ。浦和浪漫山岳会解散後に立ち上げた、ろうまん山房に在籍する、料理ともてなし上手な最若手。高桑氏から息子のように愛され、母親のように頼られている。

あとがき

一九八〇年七月の『槍ヶ岳・穂高岳』を皮切りに、一九八二年六月にかけて刊行された『日本登山大系』全十巻（白水社）は、登山界に衝撃を与えた。それまで登山専門誌や山岳会などの会報でしか知りえなかった列島の膨大なバリエーションルートの紹介が、矢継ぎ早に開陳されたのである。それはその時点における日本列島のバリエーションルートの集大成であった。

その衝撃から素早く立ち直り、『日本登山大系』に未知未踏の軸足を求める思潮をもたらしたのが、当時の先鋭的な登山者たちであった。すなわち「登山大系に収録されていないルートを探せ！」というものである。その思潮の片隅に、わが浦和浪漫山岳会も存在していた。『日本登山大系』の手法を踏襲し、「奥利根」「川内・下田」「南会津」の各山域の渓谷に対象を定め、街の小さな山岳会の地域研究としてまとめ直したのが本書である。

もとより、名著『日本登山大系』に対抗しようなどと、大それたことを企てたのではない。ただ、『日本登山大系』が発刊を開始した一九八〇年以前から地域研究に手を染め、二十一世紀初頭までのそれら山域の空白を、ささやかだが埋められたのではないかと自認している。

本書の企画を提案し、執筆を勧めてくれた山と溪谷社の松本理恵さん。編集に携わり、すべてのルポに同行してくれた麻生弘毅さん。詩情あふれる撮影をしてくれたカメラマンの高橋郁子さんに感謝しています。最後に、当時の地域研究を支えてくれた浦和浪漫山岳会の諸兄姉に、本書を通じて感謝の思いを捧げます。懐かしい記憶の発掘でした。

二〇二三（令和五）年春　新緑の筑波嶺を望む山里にて　高桑信一

patagonia

渓の旅、いまむかし
山懐に漂い半世紀

二〇二三年六月五日　初版第一刷発行

著者　高桑信一
発行人　川崎深雪
発行所　株式会社　山と溪谷社
〒一〇一-〇〇五一
東京都千代田区神田神保町
一丁目一〇五番地
https://www.yamakei.co.jp/

印刷・製本　株式会社　光邦

造本装丁　朝倉久美子
本文写真　高橋郁子、高桑信一
地図製作　千秋社
DTP　ベイス
校正　中井しのぶ
編集　麻生弘毅、松本理恵（山と溪谷社）

■乱丁・落丁、及び内容に関するお問合せ先
山と溪谷社自動応答サービス
電話　〇三-六七四四-一九〇〇
受付時間／十一時～十六時（土日、祝日を除く）
メールもご利用ください。
［乱丁・落丁］service@yamakei.co.jp
［内容］info@yamakei.co.jp

■書店・取次様からのご注文先
山と溪谷社受注センター
電話　〇四八-四五八-三四五五
ＦＡＸ　〇四八-四二一-〇五一三

■書店・取次様からのご注文以外のお問合せ先
eigyo@yamakei.co.jp

ISBN978-4-635-18056-6